성인학습자를 위한

평생교육론

김지현 박미희 손성화 이재주
이종원 장나리 최경밀 한광식

신정

발간사

전문대학은 그동안 500만 명이 넘는 전문기술 인력을 양성해 왔습니다. 전문대학의 최대 강점은 일반대학보다 유연한 교육과정 운영이 가능하고, 산업현장과 밀접하게 연계돼 있으며, 소규모 적합형 인력양성이 가능하다는 점입니다. 이를 최대한 활용하기 위해 2021년 10월에 지금의 전문대학평생직업교육협회(COLiVE)를 발족하게 되었습니다.

평생직업교육은 교육을 받고 바로 취·창업으로 연결해야 한다는 점에서 전문대학이 주도해야 할 영역임에 틀림이 없습니다. 이제는 전문대학이 직업교육과 재취업을 책임지는 평생직업교육의 중심기관으로 역할과 책임을 다해야 하며, 성인학습자의 수요에 탄력적으로 대응해 나가야 합니다.

이와 관련하여 이번에 출간한 『성인학습자를 위한 평생교육론』은 성인학습자를 이해하는 것에서부터 출발해 그들을 위한 프로그램을 어떻게 기획하고 실천하며 개선해 나갈 수 있는지에 대한 실질적인 방안을 제시하고 있습니다.

또한 이 책을 학습한 후 다음 단계로 연계·취득할 수 있는 〈지역평생직업교육전문가〉 자격과정을 지난 9월 10일 고용노동부 승인을 받아 개발·완료하였습니다. 〈지역평생직업교육전문가〉는 지역의 평생직업교육 수요를 진단하고 학습자 맞춤형 교육을 기획·운영하는 전문가를 육성하는 과정입니다.

AID(인공지능·디지털)가 중요시되면서 3L과 4C 역량을 갖춘 인재를 양성하는 데 집중할 필요가 있습니다. 3L은 △데이터 리터러시(Data Literacy, 데이터를 읽고 분석하고 활용하는 역량) △테크놀로지컬 리터러시(Technological Literacy, 컴퓨터 사고력과 공학원리에 관한 이해력) △휴먼 리터러시(Human Literacy, 인문학적 이해와 디자인 역량) 등을 말하며, 4C는 △창의력(Creativity) △비판적 사고력(Critical Thinking) △협업(Collaboration) △의사소통(Communication) 등을 의미합니다.

앞으로 전문대학평생직업교육협회와 한국평생교육사협회가 협력하여 평생직업교육 분야에서 지속가능한 미래 비전을 제시하고, 구체적인 전략과 방안을 제공할 수 있도록 최선을 다하겠습니다. 끝으로 이 책이 출간될 수 있도록 함께 수고해 주신 모든 분들께 진심으로 감사드립니다.

2025년 12월

사단법인 전문대학평생직업교육협회

회장 남 성 희

추천사

성장 마인드셋의 교재를 추천하며

우리에게 널리 알려진 스탠퍼드 인간 성장 프로젝트 『마인드셋』에서 캐럴 드웩은 "세상은 배우려는 자와 배우지 않으려는 자로 나뉜다."라고 말하면서 성장 마인드셋을 강조했다. 배우지 않으려는 자는 '능력은 변하지 않는다'고 믿는 고체형 고정 마인드셋을 가진 사람이다. 반면에 배우려는 자는 '능력은 얼마든지 발전시킬 수 있다'고 믿는 액체형 성장 마인드셋을 가진 사람이다.

성장 마인드셋에 이르는 4단계로 캐럴 드웩은 인정-파악-명명(命名)-교육과 동행 단계를 제시했다. 하이라이트는 교육과 동행 단계로 캐럴 드웩은 "항상 '배움'에 집중하라"면서 평생학습을 계명처럼 강조하였다. 평생학습 하면 평생 성장한다. 교육은 성장이다. 평생학습 하는 사람이면 이미 캐럴 드웩이 말하는 '성장 마인드셋'을 가진 자로 4단계인 교육과 동행하는 사람이다.

성장 마인드셋의 결실 단계인 교육과 동행하는 『성인학습자를 위한 평생교육론』이 출간되어 기쁘다. 지역과 일터에서 늘 쓸모 있는 평생학습 실천을 위해 애쓰는 한국전문대학교육협의회 파생 사단법인 전문대학평생직업교육협회(COLIVE)와 한국평생교육사협회 소속 분들이 이론기반실천, 실천기반이론을 집대성한 교재를 내놓아 학습자들의 성장 마인드셋을 형성하는 데 크게 기여할 것으로 기대된다.

세부내용을 보면, 평생교육과 성인교육개념, 평생교육 정책, 평생교육 프로그램, 평생교육기관, 평생교육 홍보 마케팅, 지역공동체와 평생학습도시 네트워크, 지역사회 학습자원 연계, 디지털 기반 평생학습 역량, 로컬크리에이터와 지역문제 해결, ESG 마인드셋 등 두루 다루고 있다.

내용에서 보듯이 이 책은 이론과 현장을 아우르는 통합적 지침서이다. 학습자 편에서는 성인학습자의 학습 동기, 프로그램 운영, 지역사회와의 연계뿐 아니라, 디지털 전환과 AI 시대가 요구하는 미래 역량까지 폭넓게 다루고 있어서 한계 없는 배움의 폭과 깊이를 예고한다.

성인교육자 편에서도 그동안 평생직업교육과 지역사회교육을 위한 교재가 아쉽던 부족한 부분을 메꾸는 반가운 교재이다. 성인학습자와 평생교육자 모두가 쉽게 공감하며 배움을 실천하는데 매우 유용할 것이다. 성장 마인드셋을 위한 교재로 손색이 없다. 이 책을 활용하여 우리 모두 배우지 않으려는 자가 아닌, 배우려는 자로 기록되기를 바란다.

2025년 12월 15일

중앙대학교 교육학과 교수, 前한국평생교육협회 회장

이 희 수

머리말

우리 사회는 더욱 빠르게 변화되고 있으며, 새로운 지식과 기술을 학습해야 하는 평생학습시대에 살고 있습니다. 특히 성인학습자(26세 이상인 학습자)는 단순히 지식 습득을 넘어 자신의 삶과 직결된 문제를 해결하고 더 나은 삶을 위한 주체로서 학습에 참여해야 합니다.

이번에 출간한 『성인학습자를 위한 평생교육론』은 성인학습자의 특성과 요구에 공감하고 평생교육의 이론과 실제를 탐구하기 위해 출판되었습니다. 다양한 현장 사례와 평생교육의 실천 방향을 제시하였고, 평생학습 관계자로서의 자질을 함양시키는 데 중점을 두었습니다.

이 책의 구성은 다음과 같습니다. 제1장에서는 평생교육과 성인학습의 개념 및 그 의미를 제시하고, 제2장에서는 정책의 변천과정, 정책 사례 및 발전 과제 등을 소개하고 있습니다. 제3장은 평생교육 프로그램 개발과 기획, 개발 절차, 프로그램 유형을, 제4장은 평생교육 프로그램의 7가지 영역을 설명하고, 제5장은 평생교육기관의 이해와 운영으로 평생교육기관의 유형과 분류 및 경영자원관리를 알기 쉽게 설명하고 있습니다.

또한 제6장에서는 평생학습의 효과적인 홍보를 위한 마케팅 기초를, 제7장은 지역공동체와 평생학습도시 네트워크에 대해 설명하고 있습니다. 제8장은 지역사회의 학습자원을 어떻게 분석하고, 어떻게 연계·활용할 것인가에 대한 전략과 실무적 적용 방안을 다루고 있습니다. 제9장에서는 디지털 기반의 평생학습 역량으로 디지털사회의 성인학습자의 미래역량 등을 제시하고 있습니다. 제10장은 로컬크리에이터와 지역문제 해결로 로컬크리에이터의 개념과 이들의 다양한 활동 및 운영 사례를 소개하고, 제11장은 ESG 마인드셋으로 ESG의 기초개념 및 그 이슈와 필요성, 관련 용어, 창업사례 등을 알기 쉽게 제시하고 있습니다.

또한 각 단원마다 핵심 단원학습 문제를 추가하여 독자들에게 사고의 깊이를 더 할 수 있도록 하였고, 부록에서는 기획서 및 보고서 작성법, 프레젠테이션 스킬을 위한 핵심 사항을 수록하였습니다.

이와 같이 『성인학습자를 위한 평생교육론』은 성인학습자가 평생교육을 이해하는 것에서부터 출발해 프로그램을 어떻게 기획하고 실천할 것인지를 제시한 실질적인 지침서라고 할 수 있습니다. 단순히 이론적인 지식과 기술 전달보다는 학습자들에게 평생교육에 대한 역량을 높이는데 주안점을 두고 집필하였습니다.

끝으로 이 책을 집필하는 과정에서 함께 고민을 나누어 준 동료, 현장 관계자, 학습자 여러분께 진심으로 감사드리며, 출판을 맡아 주신 도서출판 신정 최용구 대표님과 관계자 여러분께도 감사를 드립니다. 앞으로 이 책이 평생교육을 공부하는 학습자들에게 이론적 틀을 정립하고, 더 나아가 현장 적용의 관점을 넓히는 데 도움이 되기를 바랍니다. 감사합니다.

2025년 12월

저자 일동

차례

Chapter

01

평생교육과 성인학습

1. 평생교육의 개념과 핵심특성
2. 성인학습의 개념
3. 성인학습자의 특성과 참여
4. 성인학습의 의미

학습목표

1. 평생교육의 개념과 핵심 특성을 파악하고 성인학습의 관계를 비교하고 설명할 수 있다.
2. 성인학습의 개념, 주요이론, 학습자의 특성을 설명할 수 있다.
3. 성인학습의 사회적 의미와 평생학습사회에서의 역할을 설명할 수 있다.

단원 키워드

경험중심성, 경험학습(Experiential Learning), 발달단계, 상호보완성, 성인학습, 안드라고지, 학습공동체, 학습동기. 평생교육, 평생학습

CHAPTER 01

Lifelong Education Theory

평생교육과 성인학습

1. 평생교육의 개념과 핵심특성

1) 평생교육의 개념

평생교육(Lifelong Education)은 개인이 태어나서 죽을 때까지 전 생애에 걸쳐 지속적으로 학습하는 교육활동을 의미한다. 이는 단순히 학교교육의 연장이 아니라, 개인의 삶의 질 향상과 자아실현을 위한 포괄적인 교육 개념이다.

유네스코는 평생교육을 출생에서 노년까지 전 생애에 걸쳐, 공식적·비공식적·무형식적 방식으로 모든 사람이 계속해서 배우는 과정으로 규정한다.

즉, 아동, 청소년, 성인, 노년 등 모든 연령층과 가정, 학교, 직장, 지역사회 등 다양한 환경, 그리고 형식적(학교), 비형식적(지역기관, 직장 등), 무형식적(생활 속 경험) 학습 방식을 모두 포함하는 것으로 "개인과 집단 모두의 삶의 질을 향상시키기 위하여 개인의 전 생애에 걸쳐 학습을 확장하고 지속시키는 것"으로 정의하고 있다. 이러한 정의는 평생교육이 단순한 지식 전달을 넘어서 개인의 전인적 발달과 사회 발전에 기여하는 교육 패러다임임을 보여준다.

2) 평생교육의 핵심특성

평생교육의 핵심특성은 다음과 같이 정리할 수 있다.

(1) 지속적 학습

평생교육은 인간이 전 생애에 걸쳐 지속적으로 학습과 자기발전을 추구하는 과정이다. 한 번에 끝나는 교육이 아니라 평생 동안 꾸준히 이루어져야 한다는 점이 특징이다. 이는 변화하는 사회 환경과 개인의 발달 단계에 따라 새로운 지식과 기술을 습득해야 하는 현대사회의 요구를 반영한다.

지속적 학습의 의미는 단순히 오랫동안 학습하는 것을 넘어서, 학습이 개인의 삶과 통합되어 일상화되는 것을 의미한다. 이러한 학습은 개인의 생애 주기별 발달 과업과 연계되어 체계적으로 이루어져야 한다.

(2) 자기주도성

학습자가 자신의 학습 목표와 계획을 스스로 설정하고 주도적으로 참여하는 학습 방식이다. 평생교육에서는 학습자의 선택과 필요에 기반한 자율적 학습이 강조된다.

자기주도적 학습자는 다음과 같은 특성을 가진다.

- **자기인식**: 자신의 학습 필요와 목표를 명확히 인식
- **계획수립**: 학습 목표 달성을 위한 구체적 계획 수립
- **자원활용**: 다양한 학습 자원과 기회를 적극적으로 활용
- **자기평가**: 학습 과정과 결과에 대한 지속적인 자기평가와 성찰

(3) 학습의 다양성 및 융통성

평생교육은 공식적(학교 교육), 비공식적(직장, 지역사회 프로그램), 무형식적(생활 속 경험과 실천형 학습) 등 다양한 형태와 장소에서 이루어진다. 또한 학습

내용과 방식이 변화하는 사회 요구에 맞게 유연하게 조정된다.

면대면 학습, 온라인 학습, 혼합형 학습, 개별학습, 집단학습, 협력학습 등 학습형태가 다양하며, 학습장소 또한 평생교육기관, 직장, 지역사회, 가정, 온라인 공간, 도서관, 박물관, 문화센터, 카페 등 생활 속 학습공간 등에서 다양한 형태로 학습이 진행된다.

(4) 사회통합과 포용성

평생교육은 사회 모든 계층과 세대가 함께 참여하며, 사회통합과 포용을 촉진하는 역할을 한다. 다양한 배경의 사람들이 교육 기회를 가지면서 사회적 연대와 협력이 강화된다. 경제적, 사회적 배경에 관계없이 모든 사람에게 학습기회를 제공하는 계층 간 포용성과 다양한 연령층이 함께 학습하며 세대 간 이해와 소통을 증진하는 세대 간 통합의 기능도 있으며, 서로 다른 문화적 배경을 가진 학습자들의 문화적 다양성을 존중하는 특성을 지닌다.

(5) 실용성 및 문제 해결 지향성

학습은 단순 지식 전달을 넘어서, 실생활과 직업, 사회문제 해결에 적용할 수 있는 실용적이고 구체적인 내용 중심으로 이루어진다. 학습자가 실제로 직면한 문제 해결에 도움이 되는 현실 문제 중심적 접근과 학습한 내용이 즉시 실생활이나 직업 현장에서 활용가능하며, 학습 결과가 개인의 삶의 질 향상이나 직업 역량 강화로 연결되는 실용적 특징을 가지고 있다.

(6) 학습자 중심성과 참여적 특성

평생교육은 학습자를 교육의 중심에 두고, 학습자의 능동적이고 적극적인 참여를 강조하는 교육이다. 평생교육은 수평적이고 대등한 관계하에 함께 참여하고 공존하는 특성을 지닌다.

평생교육은 학습자 개인의 특성, 관심사에 맞춘 교육을 설계하며, 각 학습자의 고유한 상황과 요구를 반영하는 교육을 제공한다. 또한, 학습자는 교육과정에서 수동적 수용자가 아닌 능동적 참여자로서의 역할을 수행하며, 학습자와 학습자 간, 학습자와 교육자 간 활발한 상호작용을 통해 학습의 질을 높이고 다양한 관점을 접하는 기회를 제공한다.

2. 성인학습의 개념

1) 성인학습의 정의

성인학습이란 성인이 생애의 다양한 시점에서 개인적·사회적 필요를 충족하고, 삶의 질을 향상시키기 위해 지식, 기술, 태도뿐 아니라 가치관, 정체성, 감정, 사회적 역할에 대한 이해와 능력을 의식적으로 구성하고 재해석해 가는 과정이다. 이 학습은 형식적·비형식적·무형식적 환경 속에서 일어나며, 기존 경험을 기반으로 자기주도적·목적지향적으로 진행된다(김신일, 2004).

(1) 성인학습의 주요 특징

성인학습의 특징은 아동·청소년기 학습과 구별되는 성인기의 학습방식과 태도를 반영한다(이희수 외, 2016; Brookfield, 1986; Merriam & Cafarella, 2007). 대표적으로 다음과 같은 다섯 가지 특징을 가진다.

① 자기주도성

성인학습자는 자신의 학습 목표와 방법을 스스로 결정하고 주도적으로 참여한다. 이는 성인이 학습의 주체로서 학습과정을 능동적으로 이끌어가는 태도를 말한다.

② 경험중심성

성인은 풍부한 생활경험을 학습의 중요한 자원으로 활용한다. 새로운 지식은 기존의 경험과 연결될 때 더욱 효과적으로 학습되며, 경험을 통해 자신의 지식을 재구성한다.

③ 실용성과 즉시 적용성

성인학습은 직면한 문제 해결이나 새로운 기술 습득 등 실질적 목적을 지향한다. 따라서 학습 내용은 현실적인 문제 해결과 직결되며, 학습 성과는 바로 실천으로 이어진다.

④ 명확한 목적지향성

성인학습은 개인의 진로, 직업적 필요, 자기계발 등 명확한 목적을 달성하기 위해 진행된다. 이 목적지향성은 학습의 지속성과 동기 유지에 중요한 역할을 한다.

⑤ 내재적 동기의 중요성

성인학습은 외부의 보상이나 강제보다는 자기성장과 흥미를 기반으로 한 내재적 동기에 의해 지속된다. 자기효능감과 성취감은 성인의 학습 참여를 촉진한다.

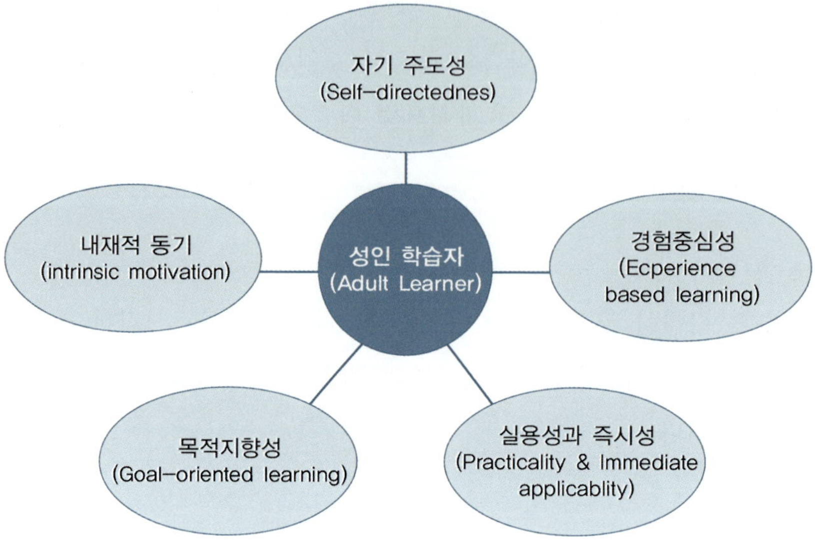

[그림 1-1] 성인학습 5대 특징

(2) 평생학습과 성인학습의 관계

① 평생학습의 개념

평생학습은 "생애 전반에 걸쳐 이루어지는 모든 형태의 학습활동"을 의미한다. UNESCO는 이를 "개인적 · 시민적 · 사회적 · 고용 관련 목적을 위해 지속적으로 수행되는 학습"으로 정의하고, 학습의 범위를 "학교교육을 넘어 일상생활, 직업세계 전반으로 확장한다"고 설명한다(UNESCO, 2020).

② 평생학습과 성인학습의 관계

평생학습과 성인학습은 상호 밀접하게 연결되어 있다. 평생학습은 성인학습을 포함하는 상위 개념이며, 성인학습은 평생학습의 중요한 구성요소로 자리한다(기영화 외, 2020). 두 개념의 관계는 다음과 같이 정리할 수 있다.

- **포괄 · 포함 관계:** 평생학습은 아동 · 청소년 · 성인을 모두 아우르는 개념으로, 성인학습을 자연스럽게 포괄한다.

- **상호 보완성:** 평생학습은 거시적 비전과 정책을 제시하며, 성인학습은 이를 개인적·직업적 실천으로 구체화한다. 두 개념은 서로 보완하며 발전한다.
- **연속성:** 성인학습은 평생학습의 연속선상에서 이루어진다. 개인의 생애주기에 따라 변화하는 학습과업을 충족시키며, 전생애적 학습의 기반이 된다.
- **사회적 맥락 공유:** 평생학습과 성인학습 모두 현대사회의 변화와 요구에 대응하는 교육적 접근이라는 공통점을 지닌다. 이는 사회통합과 공동체 발전에도 기여한다.

〈표 1-1〉 평생학습과 성인학습과의 관계 비교

구분	평생학습	성인학습
정의	생애 전반의 학습	성인의 자기주도적 학습
관점	거시적 비전	미시적·개인적 실천
연결성	생애주기별 학습연계	경험·목적중심학습
사회적의미	지속가능한 사회발전 지역사회 통합	직업·사회적 역할 수행 시민참여 확대

출처: 기영화 외(2020); UNESCO(2020).

2) 주요이론

(1) 안드라고지

① 노울즈(Malcolm Knowles)의 안드라고지(Andragogy) 이론

안드라고지(Andragogy)는 노울즈(Malcolm Knowles, 1980)가 제시한 성인학습 이론으로, 아동을 대상으로 한 교수법인 페다고지(Pedagogy)와 대비되는 개념이다. 노울즈(Malcolm Knowles)는 성인이 학습과정의 주체로서 상호보완적이며, 풍부한 경험을 토대로 문제 중심의 학습을 선호한다고 주장하였다.

안드라고지(Andragogy)의 기본 가정(5대 원리)을 살펴보면 다음과 같다.

- **자기주도성:** 성인은 자신의 학습을 스스로 계획하고 실행할 수 있는 주체적

존재이다.

- **경험의 중요성**: 성인은 풍부한 경험을 학습의 자원으로 활용하며, 새로운 지식을 기존 경험과 연결한다.
- **학습 준비성**: 성인은 사회적 역할, 직업적 필요와 같은 실제적 요구와 관련된 학습에 더 적극적이다.
- **문제 중심적 학습**: 성인은 문제 해결에 도움이 되는 실제적이고 실용적인 학습을 선호한다.
- **내재적 동기**: 성인의 학습은 외적 보상보다 자기계발, 성취감 등 내재적 동기가 중요한 원동력이 된다.

안드라고지 이론은 성인교육의 독자적 원리를 체계화하였으며, 성인학습자 중심의 학습환경 설계와 교수·학습 방법론 개발에 기여한다.

② 콜브(David Kolb)의 경험학습(Experiential Learning) 이론

콜브(David Kolb, 1984)는 학습을 단순히 지식으로 습득하는 것이 아니라, 경험을 바탕으로 한 순환적 과정이라고 보았다. 즉, 사람은 실제 경험을 하고, 그것을 반성하고, 거기서 의미를 이끌어 내고, 다시 그 의미를 실천에 옮기는 과정 속에서 진정으로 학습한다는 것으로 경험학습의 네 단계는 다음과 같다.

- **구체적 경험**(Concrete Experience): 실제 상황에서의 직접 체험하거나 활동을 하는 단계로, 어떤 문제에 직접 참여해 보는 것
- **성찰적 관찰**(Reflective Observation): 경험을 되돌아보며 관찰하고, 무엇을 느꼈는지 생각해보는 단계로, "왜 그렇게 되었을까?", "어떤 점이 좋았고, 어떤 점이 아쉬웠나?" 되짚어 보며 의미를 성찰하는 것
- **추상적 개념화**(Abstract Conceptualization): 성찰을 바탕으로 원리나 개념을 도출해 내는 단계로, 이 경험을 통해 '일반화된 교훈'이나 '이론적 이해'를

얻는 것으로 이론과 개념을 형성하는 것

- **능동적 실험**(Active Experimentation): 새롭게 얻는 개념이나 교훈을 실제 상황에 다시 적용해 보는 단계로, 다음 활동에서 새로운 전략이나 방법을 시도해 보는 것

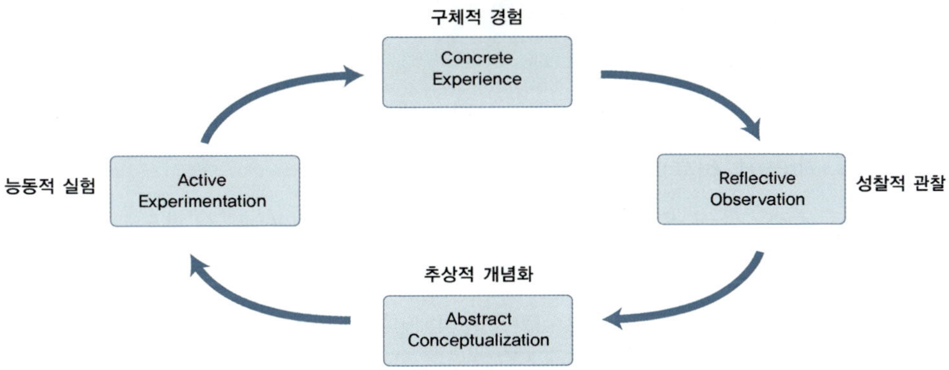

[그림 1-2] 콜브(David Kolb)의 경험학습 모델

콜브(David Kolb)의 이론은 학습자 중심의 활동 설계와 실천적 학습(예: 워크숍, 프로젝트 학습 등)에서 매우 효과적으로 적용된다. 성인은 자신의 경험을 기반으로 학습을 심화·발전시키며, 이를 통해 새로운 문제를 창의적으로 해결할 수 있다.

③ 에릭슨(Erik H. Erikson)의 성인 발달이론

에릭슨(Erik H. Erikson, 1950)은 인간의 전 생애를 8단계의 심리사회적 발달단계(Psychosocial Stages of Development)로 구분하고, 각 단계마다 개인이 해결해야 할 주요 심리적 과제를 제시하였다. 이 이론은 성인의 삶이 아동·청소년기의 연장선에 있으며, 성인기에도 지속적인 심리사회적 발달과 학습이 이루어진다는 점을 강조한다.

특히 성인기는 다음의 세 가지 주요 발달단계로 구분되며, 각 단계의 발달 과업은 성인학습의 필요성과 방향을 이해하는 데 기초가 된다.

■ 성인기의 발달단계와 학습적 함의

- 성인 초기(20~40세): 친밀감 대 고립감
  학습적 초점: 인간관계 형성, 직업 탐색과 정착, 경력 설계
- 성인 중기(40~65세): 생산성 대 침체감
  학습적 초점: 직업적 성취와 자기실현, 사회적 기여, 가족·지역사회 활동
- 성인 후기(65세 이후): 통합성 대 절망감
  학습적 초점: 삶의 의미 성찰, 지혜 전수, 은퇴와 노후 설계

〈표 1-2〉 에릭슨(Erik H. Erikson)의 성인기 발달단계별 학습과업

발달단계	심리사회적 과업	주요과업	예시
성인 초기 (20~40세)	친밀감 vs 고립감	인간관계, 경력 설계	관계형성, 진로탐색
성인 중기 (40~65세)	생산성 vs 침체감	직업적 성취, 사회적 역할	리더십, 자기성찰
성인 후기 (65세 이후)	자아통합 vs 절망감	삶의 성찰, 지혜 전수	은퇴 준비, 멘토링

에릭슨(Erik H. Erikson)의 발달이론은 성인학습자의 발달단계별로 학습과업과 관심을 다르게 설정해야 함을 강조한다. 이를 통해 학습자의 요구와 특성을 반영한 맞춤형 교육이 가능해진다.

3) 성인학습자의 이해

(1) 성인기 발달단계별 학습특성과 과업

성인학습은 발달단계별로 학습자의 요구와 관심사, 학습의 목적과 과업이 달

라진다. 아래에서는 성인기의 각 단계별 학습특성과 과업을 정리한다.

① 성인 초기(20~40세)

■ 학습특성

- 새로운 역할(직업인, 배우자, 부모 등)에 대한 학습 의욕이 높다.
- 사회적 관계 형성에 대한 관심이 증가한다.
- 현실적이고 실용적인 학습을 선호한다.
- 자신의 삶을 주체적으로 설계하고자 하는 자기주도적 학습 성향이 강하다.

■ 주요 학습과업

- 경력 개발과 직업적 정착을 위한 전문성 학습
- 결혼과 가정 형성에 따른 새로운 역할 이해와 수행
- 사회적 네트워크 구축과 대인관계 기술 향상

② 성인 중기(40~65세)

■ 학습특성

- 직업적 성취와 사회적 기여에 대한 학습욕구가 강화된다.
- 가족 내 역할(부모, 배우자)과 지역사회 참여에 관심이 높아진다.
- 자신을 돌아보고 재평가하는 자기성찰적 학습 경향이 뚜렷해진다.
- 삶의 균형과 의미를 재조명하는 학습을 중요시한다.

■ 주요 학습과업

- 리더십과 조직관리, 전문역량의 심화
- 자녀교육과 부모 역할에 대한 학습
- 중년기 위기 대응을 위한 자기성찰과 재평가 학습

③ 성인 후기(65세 이후)

■ 학습특성

- 삶의 의미를 탐색하고, 통합적 성찰을 중시한다.
- 은퇴 이후의 생활 설계와 건강관리, 사회참여에 관심이 많아진다.
- 지혜와 경험을 후속세대와 공유하는 학습을 중요하게 여긴다.
- 내면적 성장과 안정감을 추구하는 학습으로 전환된다.

■ 주요 학습과업

- 삶의 회고와 자기수용을 위한 학습
- 은퇴 준비와 노후 생활 설계 학습
- 지혜 전수와 멘토 역할 수행 학습

〈표 1-3〉 성인기 발달단계별 학습특성과 주요 학습과업

발달단계	학습특성	주요 학습과업
성인 초기 (20~40세)	역할 학습의욕 높음, 실용적 학습 선호, 자기주도적 학습 성향	직업 전문성 개발, 새로운 역할 학습, 사회적 관계 형성
성인 중기 (40~65세)	직업적 성취·사회적 기여 관심, 자기성찰 경향 강화	리더십·조직관리 학습, 부모·지역사회 역할 학습, 자기성찰 학습
성인 후기 (65세 이후)	삶의 의미·통합적 성찰, 지혜 공유, 내면적 성장 추구	삶의 회고·자기수용, 노후 준비· 건강관리, 지혜 전수 학습

3. 성인학습자의 특성과 참여

1) 개별적 특성

성인학습자는 각자 고유한 생활배경과 경험, 학습의 동기와 목적을 가지고 있으며, 새로운 지식을 기존의 삶과 연결시키는 특징을 지닌다. 이는 성인학습

의 효과성과 참여 방식에 중요한 영향을 미친다.

(1) 배경과 경험

성인학습자는 개인의 교육 수준, 직업, 소득, 문화·가치관 등 사회경제적·문화적 배경에서 큰 차이를 보인다(Brookfield, 1986). 또한, 직업적 경력, 가정과 사회적 역할, 지역사회 참여 등의 풍부한 삶의 경험을 지닌다. 이러한 배경과 경험은 학습자 개인의 학습 목표와 방식에 영향을 주며, 학습에 있어서 중요한 자원으로 활용된다. 예를 들어, 직업 경험이 많은 성인은 새로운 기술을 기존의 업무와 연결해 학습하려 하고, 지역사회 활동 경험이 있는 성인은 사회적 학습에 더 적극적으로 참여할 수 있다.

(2) 동기와 목적

성인학습자는 아동·청소년과 달리 명확한 학습 동기와 목적의식을 가지고 학습에 참여한다(Merriam & Cafarella, 2007).

- **개인적 동기:** 자기계발, 자아실현, 지적 호기심 충족 등
- **직업적 동기:** 승진, 이직, 직업능력 향상, 새로운 기술 습득 등
- **사회적 동기:** 사회적 인정, 네트워크 형성, 지역사회·시민참여 등

이러한 동기와 목적은 학습의 지속성, 참여 의지, 학습 효과성에 중요한 역할을 하며, 성인이 학습을 자발적·능동적으로 수행하게 하는 원동력이 된다.

(3) 지식의 연결

성인학습은 기존의 지식과 경험을 새로운 학습 내용과 연결하는 특성을 지닌다. 성인은 이미 다양한 지식과 경험을 쌓아온 만큼, 학습은 기존의 틀을 활용하거나 새로운 정보로 재구성되는 과정으로 진행된다.

■ 지식 연결의 3가지 전략

- **동화**(Assimilation): 새로운 정보를 기존 지식체계에 통합
- **조절**(Accommodation): 새로운 정보에 맞춰 기존 지식체계를 수정 · 재구성
- **전이**(Transfer): 한 영역에서 학습한 내용을 다른 영역에 적용

이러한 지식 연결 방식은 성인이 학습 내용을 더욱 깊이 이해하고, 새로운 상황에 효과적으로 대처하는 데 기여한다.

2) 성인학습자의 참여요인과 동기

(1) 촉진요인과 저해요인

성인학습의 참여에는 학습을 돕는 촉진 요인과 참여를 방해하는 저해요인이 상호작용한다(Brookfield, 1986).

① 개인적 요인

- **촉진**: 학습에 대한 긍정적 태도, 자기효능감, 학습에 대한 내재적 동기
- **저해**: 시간 부족, 경제적 부담, 부정적 학습 경험

② 사회적 요인

- **촉진**: 가족의 지지, 직장의 지원, 사회적 인정과 참여기회
- **저해**: 가족의 반대, 직장의 무관심, 사회적 편견과 차별

③ 제도적 요인

- **촉진**: 접근 가능한 교육기회, 유연한 학습체계, 경제적 지원제도
- **저해**: 교육기회의 부족, 경직된 교육체계, 제도적 지원 미비

이러한 요인은 성인학습자의 학습의지와 성취도에 큰 영향을 미치므로, 학습

프로그램 설계 시 반드시 고려해야 한다.

(2) 내재적 동기와 외재적 동기

성인학습자의 학습동기는 학습의 방향과 강도를 결정짓는 핵심요인으로, 일반적으로 내재적 동기(Intrinsic Motivation)와 외재적 동기(Extrinsic Motivation)로 구분된다(Merriam & Cafarella, 2007).

① 내재적 동기(Intrinsic Motivation)

내재적 동기는 학습 활동 자체에서 즐거움이나 만족을 느끼는 내면의 욕구에서 비롯된다. 즉, 외부보상이나 조건 없이 학습 그 자체가 흥미롭고 의미 있다고 느낄 때 나타나는 동기이다.

■ 사례

- **자기계발:** 새로운 능력을 개발하거나 자신의 한계를 극복하려는 욕구
- **자아실현:** 학습을 통해 자신이 지닌 잠재력을 최대한 발휘하고자 하는 동기
- **지적 호기심 충족:** '왜?', '어떻게?'에 대한 질문에 대한 답을 찾는 과정에서의 즐거움
- **심리적 만족감:** 스스로 선택하고 주도하는 학습을 통해 얻는 성취감

■ 내재적 동기의 특징

- 자발적이고 지속적인 학습 행동을 유도
- 학습에 대한 몰입(Flow) 경험을 가능하게 함
- 학습의 질과 깊이를 향상시킴
- 자기주도학습과 밀접한 관련

② 외재적 동기(Extrinsic Motivation)

외재적 동기는 학습의 결과로 얻을 수 있는 외부의 보상이나 사회적 인정 등을 목적으로 한 동기를 말한다. 즉, 학습 자체보다 학습을 통해 얻는 이익에 초점이 맞춰져 있다.

■ 사례

- 취업·승진을 위한 자격증 취득
- 급여 상승, 업무 재배치 등의 경제적 보상
- 사회적 지위 향상이나 인정받기 위한 노력
- 타인의 기대 충족(예: 가족, 상사, 조직)

■ 외재적 동기의 특징

- 구체적인 목표 달성에 효과적
- 단기적인 성과 중심 학습에 강한 추진력 제공
- 동기 유지를 위해 외부 요인 관리 필요

성인학습에서 이 두 동기는 대립적인 것이 아니라 상호보완적으로 작용할 수 있다. 외재적 동기는 초기 학습 참여를 유도하거나 구체적인 목표를 달성하는 기폭제 역할을 할 수 있으며, 이후 학습 경험이 누적되면서 내재적 동기로 전환되거나 병행될 수 있다. 즉, 내재적 동기가 학습의 지속성과 상호보완적을 높이고, 외재적 동기는 학습의 방향성과 구체적 목표 성취를 자극하는 역할을 한다. 두 동기가 적절히 결합될 때 성인학습의 효과가 극대화된다.

(3) 성인학습자의 동기유형

성인학습자의 학습 참여는 단일한 요인이 아닌 복합적인 동기 요인에 의해 결정된다. 이는 성인의 삶이 가족, 직장, 지역사회 등 다양한 영역과 맞닿아 있기 때문이다. 특히, 개인적, 직업적, 사회적 동기는 상호보완적으로 작용하며, 학습자의 생애 주기, 역할, 가치관에 따라 그 우선순위와 결합 방식이 달라진다 (Merriam & Bierema, 2013).

① 개인적 성장 동기

이 동기는 성인학습자가 자기 자신을 위한 발전을 추구할 때 나타나는 내면 중심적인 동기이다. 내재적 동기와 깊은 연관이 있으며, 자율적이고 지속적인 행동으로 이어진다.

② 직업적 필요 동기

직업적 필요 동기는 성인이 직업 세계에서의 요구나 기회에 대응하기 위해 학습에 참여할 때 나타난다. 외재적 동기와 밀접하게 연결되어 있으며, 명확한 목표 지향성 및 단기 성과를 중심에 두는 특징이 있다.

③ 사회적 관계 동기

사회적 관계동기는 성인이 사회적 연결망을 확장하거나, 공동체와의 관계를 강화하려는 욕구에 기반한다. 관계 중심 학습에 대한 욕구가 반영되며, 학습의 사회적 의미와 연대성을 강조하는 특징을 지닌다.

이러한 세 가지 동기유형은 상호보완적이며, 학습자의 삶의 맥락과 목표에 따라 다양하게 나타난다. 성인학습자는 개인적 성숙, 직업적 변화, 사회적 맥락 속에서 복합적인 동기를 기반으로 학습에 참여한다. 따라서, 성인학습 프로그램을 기획할 때는 학습자의 다층적인 동기구조를 이해하고 반영하는 것이 중요하다. 이는 성인의 학습 참여를 촉진하고, 지속가능한 학습경험으로 이어질 수 있도록 도와준다.

〈표 1-4〉 성인학습 참여 촉진·저해요인과 동기 유형

구분	내용
촉진 요인	긍정적 태도, 자기효능감, 가족·직장·사회적 지지, 유연한 교육체계 등
저해요인	시간·경제적 제약, 부정적 경험, 사회·제도적 편견과 지원 부족 등
내재적 동기	자기계발, 성취감, 지적 호기심 충족 등
외재적 동기	승진, 급여 인상, 자격증 취득, 사회적 지위·인정 등
동기 유형	개인적 성장, 직업적 필요, 사회적 관계 동기

3) 학습공동체와 학습동아리

(1) 개념

① 학습공동체

성인학습에서 학습공동체란, 성인학습자들이 공통의 학습목표와 필요를 바탕으로 자발적으로 모여 상호 학습과 공동 성장을 실현하는 집단을 말한다. 학습공동체는 개인의 경험과 지식을 상호 공유하며, 사회적 관계를 확대하고, 성인학습의 사회적 의미를 강화한다.

성인학습에서의 학습공동체는 다음과 같은 특징을 가지고 있다.

- 성인학습자의 상호보완성과 상호존중을 기반으로 형성된다.
- 학습자 간의 상호작용과 경험 공유를 통해 공동의 문제를 해결한다.
- 직업적·사회적 필요를 충족하고, 지역사회 발전과 연계된다.

성인학습에서 학습공동체는 학습자의 소속감과 사회적 지지를 제공하며, 평생학습사회 실현의 토대가 된다.

② 학습동아리

성인학습에서 학습동아리란, 공통의 관심사나 주제를 중심으로 소규모의 성

인학습자들이 자발적으로 모여 협력적 학습을 실현하는 집단을 말한다. 학습동아리는 비공식적이고 유연한 구조로 운영되며, 구성원 간의 경험과 지식 공유를 통해 학습의 효과를 높이며, 다음과 같은 특징을 가지고 있다.

- 소규모, 친밀한 분위기의 학습 모임으로 자발적으로 형성된다.
- 공통의 관심사나 직업·취미 분야를 중심으로 주제를 설정한다.
- 토론, 실습, 공동 프로젝트 등 협력적 활동을 통해 학습한다.

성인학습의 맥락에서 학습동아리는 개인의 학습을 사회적 학습으로 확장하며, 학습의 지속성과 성취감을 높인다.

〈표 1-5〉 성인학습과의 연계 의의

구분	학습공동체	학습동아리
성격	사회적·조직적 차원의 학습 네트워크	소규모·비공식적 성인학습 모임
구성 목적	지역사회·조직 차원의 성인학습 공동체	공통 관심사 기반의 협력적 성인학습
역할 및 의의	사회적 연대 강화, 지속가능한 학습문화 조성	성인학습의 실천적·지속적 참여 촉진

(2) 성인학습에서 동료학습의 중요성

성인학습에서는 개인의 자기주도적 학습뿐만 아니라, 다른 성인학습자와의 동료학습이 매우 중요한 역할을 한다. 동료학습은 성인학습자가 자신의 경험과 지식을 다른 학습자와 상호 공유하며, 학습을 더욱 깊이 있고 실천적으로 발전시키는 과정을 의미한다(Brookfield, 1986).

① 성인학습의 사회적·협력적 특성

성인은 이미 풍부한 삶의 경험과 지식을 보유하고 있으며, 이를 다른 성인학습자와 나눔으로써 학습의 폭과 깊이를 확장할 수 있다. 동료와의 학습은 다음과 같은 효과를 가져온다.

- **다양한 관점과 경험의 공유:** 성인은 서로 다른 삶의 배경과 직업, 역할을 가지고 있어, 동료학습을 통해 다양한 시각을 접하게 된다.
- **학습동기와 참여의 촉진:** 동료로부터 받는 격려와 지지는 성인의 학습의지와 자신감을 높여준다.
- **비판적 사고력과 문제해결능력의 강화:** 동료와의 토론과 상호 피드백 과정은 비판적 사고력과 창의적 문제해결능력을 키우는 데 기여한다.

② 동료학습의 주요 방식

성인학습에서 동료학습은 다음과 같은 방식으로 이루어진다.

- **토론과 대화:** 동료와의 의견 교환과 토론을 통해 학습 내용을 심화한다.
- **협력적 프로젝트:** 공동 과제나 프로젝트 수행을 통해 실제적 · 문제중심 학습을 실현한다.
- **상호 피드백과 평가:** 학습결과를 상호 점검하고 발전시킨다.
- **멘토링과 코칭:** 경험 많은 동료가 다른 학습자의 학습을 돕는다.

③ 성인학습에서 동료학습의 의의

- 성인학습을 사회적 학습으로 확장시켜 학습의 지속성과 참여를 촉진한다.
- 학습공동체의 기반을 강화하여 평생학습사회 실현에 기여한다.
- 성인의 학습을 단순한 지식 습득을 넘어, 사회적 관계망과 협력적 역량을 강화하는 과정으로 발전시킨다.

(3) 학습공동체 형성과 운영원리

① 학습공동체의 형성 원리

학습공동체는 공통의 학습목표와 사회적 요구를 공유하는 성인학습자들이 자발적으로 형성한다. 그 과정에서 다음과 같은 형성 원리가 작용한다.

- **자발성과 참여성**: 학습공동체는 구성원의 자발적 참여와 학습에 대한 주인의식을 기반으로 한다. 성인은 스스로 학습의 필요를 인식하고 공동체 활동에 적극적으로 참여한다.
- **공통의 관심과 목표**: 구성원들은 직업, 생활, 사회적 역할 등 공통의 관심사나 학습목표를 공유한다. 이로써 공동의 문제 해결과 역량 개발이 가능해진다.
- **상호 신뢰와 존중**: 공동체는 상호 신뢰와 존중의 문화를 바탕으로 형성되며, 개인의 의견과 경험을 존중한다.

② 학습공동체의 운영 원리

학습공동체는 지속가능하고 효과적인 학습을 위해 다음의 운영 원리를 따른다.

- **자기주도적 학습 환경**: 학습공동체는 구성원들이 주체적으로 학습 목표를 설정하고, 학습방식을 선택·조정할 수 있는 환경을 제공한다.
- **상호 협력과 경험 공유**: 공동체의 활동은 개인의 경험과 지식을 상호 공유하고, 협력적 학습을 통해 새로운 지식을 창출하는 데 초점을 맞춘다.
- **유연한 학습구조**: 학습공동체는 경직된 규칙보다, 구성원들의 요구와 상황에 맞게 융통성 있는 학습과정과 일정으로 운영된다.
- **학습의 실천성과 문제중심성**: 활동은 실제적이고 현실적인 문제 해결과 직결되며, 학습 결과는 개인과 공동체의 삶에 실질적으로 기여한다.
- **평가와 피드백의 순환**: 활동 결과에 대한 정기적 평가와 상호 피드백을 통해 학습의 질을 향상시키고, 공동체의 지속 가능성을 강화한다.

③ 학습공동체의 의의

성인학습에서 학습공동체는 개인의 지속적인 자기계발뿐 아니라, 사회적 연대와 공동체의 발전을 촉진한다. 특히, 지역사회와 연결된 학습공동체는 평생학습사회 실현의 핵심 기반으로 자리한다.

4. 성인학습의 의미

1) 개인적 의미

성인학습은 단순히 지식을 습득하는 것을 넘어, 개인의 삶 전반에 긍정적인 변화를 가져온다. 성인은 학습을 통해 자기 자신을 새롭게 이해하고, 변화하는 환경에 능동적으로 적응하며, 자신의 가능성과 가치를 확인하게 된다. 이러한 관점에서 성인학습의 개인적 의미를 다음과 같이 세부적으로 살펴볼 수 있다.

(1) 자아정체성 확립

성인학습은 학습자의 삶의 경험과 가치관을 재구성하고, 새로운 정체성을 형성하는 데 기여한다. 성인은 학습을 통해 자신의 지식과 태도를 점검하고, 자기 자신에 대한 이해를 깊이 있게 발전시킨다.

이를 통해 자아정체성이 강화되며, 자신의 사회적 역할과 개인적 목표를 재확인한다(Brookfield, 1986). 예를 들어, 직업적 정체성뿐 아니라 지역사회 구성원, 부모, 배우자 등 다양한 사회적 역할 속에서 자신을 재발견하고 학습을 통해 이를 새롭게 규정할 수 있다.

(2) 전환기 적응

성인은 삶의 여러 전환기(예: 취업, 결혼, 경력 전환, 자녀 독립, 은퇴 등)를 맞이한다. 이러한 전환기는 불확실성과 새로운 역할 요구로 인해 도전이 될 수 있다.

성인학습은 이러한 전환기에서 새로운 지식과 기술을 습득하고, 자신의 역할을 재구성하도록 돕는다. 학습을 통해 변화에 유연하게 대응하고, 전환기를 성장의 기회로 전환할 수 있게 된다. 이는 성인의 심리적 안정감과 자기조절능력을 높이는 데 중요한 역할을 한다.

(3) 자기효능감 향상

성인학습은 성인이 자신의 학습과 성취를 스스로 경험하면서 자기효능감(Self-efficacy)을 강화한다. 자기효능감이란, 개인이 특정 상황에서 목표를 달성할 수 있다는 자기신뢰를 의미한다.

성인은 학습을 통해 새로운 지식과 기술을 익히며, 이를 실제로 활용하면서 자신의 능력을 확인한다. 이러한 경험은 "내가 할 수 있다"는 긍정적 신념을 강화하고, 더 큰 도전에도 주저하지 않게 한다. 결과적으로, 자기효능감은 성인의 학습 참여와 삶의 만족도를 높이는 핵심 요소로 작용한다(Merriam & Cafarella, 2007).

2) 사회적 의미

성인학습은 개인의 성장뿐만 아니라 사회 전반의 발전과 변화를 촉진하는 중요한 역할을 한다. 성인은 학습을 통해 사회적 관계를 확대하고, 공동체의 일원으로서의 역할을 강화하며, 사회적 통합을 이루어 간다.

(1) 사회참여 확대

성인학습은 학습자가 지역사회와 사회문제에 대한 인식을 넓히고, 이를 바탕으로 사회참여를 확대하는 역할을 한다(UNESCO). 성인은 학습을 통해 새로운 지식과 기술을 습득하며, 이를 지역사회나 시민사회 활동에 적극적으로 활용할 수 있게 된다.

이는 민주적 의사결정과 지역사회 발전에 기여하며, 사회적 연대와 협력 문화를 강화한다. 예를 들어, 성인학습을 통해 자원봉사, 마을공동체 활동, 지역사회 개선 프로젝트에 참여함으로써 사회적 책임을 실현한다.

(2) 사회적 네트워크 형성

성인학습의 과정은 학습자 간의 상호작용과 협력을 촉진하여, 사회적 네트워크를 형성하게 된다. 성인학습자는 학습공동체나 학습동아리 등 소규모 집단에 참여하면서 다양한 사람들과 경험과 지식을 나눈다.

이러한 네트워크는 정보·자원의 교류뿐 아니라, 정서적 지지와 사회적 소속감을 제공한다. 또한, 직업적·사회적 협력관계로까지 확대되어 성인의 삶의 질을 높이고, 지역사회 발전에도 기여한다(Brookfield, 1986).

(3) 사회통합의 기반

성인학습은 사회적 약자·소외계층을 포함한 모든 성인에게 학습 기회를 제공함으로써 사회통합을 중요한 역할을 한다. 성인은 학습을 통해 세대·계층 간의 이해를 높이고, 상호 존중의 문화를 형성한다.

특히, 학습공동체와 평생학습 프로그램은 지역사회의 협력과 소통을 증진시켜, 갈등을 해소하고 공동체의 연대감을 강화한다. 이를 통해 성인학습은 개인의 참여를 넘어 사회적 변화를 촉진하는 동력으로 자리 잡는다.

3) 평생학습사회에서의 성인학습의 의미

(1) 지식기반사회에서 성인학습의 역할

현대사회는 지식과 정보가 사회발전의 핵심 자원이 되는 지식기반사회이다. 이러한 사회에서는 기존의 학교교육만으로는 빠르게 변화하는 사회에 적응하기 어렵기 때문에, 성인학습을 통한 지속적인 역량 개발이 필수적이다.

성인학습은 새로운 지식과 기술을 습득하고, 변화에 능동적으로 대응할 수 있는 힘을 길러주는 역할을 한다. 또한 성인학습은 문제해결력과 창의성을 강화하여, 개인과 조직, 나아가 사회 전체의 경쟁력을 높이는 데 기여한다. 신기술 도입, 직무 변화, 은퇴 후 제2의 인생 설계 등 다양한 삶의 전환기에서 성인학습은 필수적인 준비과정이다. 이러한 환경에서 성인학습은 다음과 같은 핵심적 역할을 한다.

〈표 1-6〉 평생학습사회에서 성인학습의 주요 역할

영역	성인학습의 주요 역할
개인	자기계발, 변화 적응, 평생직업능력 개발
사회	사회적 통합, 시민의식 함양, 네트워크 형성
경제	생산성 향상, 국가경쟁력 강화
환경/지속가능	환경·건강·시민교육 참여, 사회적 자본 형성

(2) 평생학습사회 구현과 사회발전

평생학습사회란 모든 국민이 생애 전 주기에 걸쳐 학습할 수 있는 기회와 환경이 보장되는 사회를 의미한다. 성인학습은 평생학습사회 실현의 핵심 동력이다. 성인학습을 통해 연령, 직업, 학력, 지역에 관계없이 누구나 학습에 참여할 수 있는 학습권이 보장된다. 성인학습은 사회적 통합과 포용을 기여하며, 다양한 계층과 세대가 함께 배우고 성장하는 사회를 만든다. 또한 성인학습은 국가의 인적 자원 개발을 촉진하여 사회·경제 발전의 기반이 된다. 지역 평생학습관, 온라인 강좌, 직업능력개발 프로그램 등 다양한 형태의 성인학습 기회가 확대되는 현상은 평생학습사회가 점차 실현되고 있음을 보여주는 증거이다.

(3) 개인과 사회의 지속가능한 발전

성인학습은 개인의 역량 강화뿐만 아니라 사회 전체의 지속가능한 발전에 기여한다. 세대 간 지식과 경험의 공유가 가능해지며, 이는 사회적 연속성과 공동체 의식 강화로 이어진다. 학습공동체, 동아리, 협동조합 등 다양한 형태의 사회적 네트워크가 형성되어 신뢰와 협력이 증진된다. 성인학습은 환경, 건강, 시민의식 등 다양한 분야에서 실천되며, 사회 전체의 지속 가능성을 높이는 역할을 한다. 은퇴자 멘토링, 지역사회 봉사, 환경교육 등은 성인학습이 사회적 자본을 확장하는 대표적인 사례이다.

평생학습사회에서 성인학습은 지식기반사회에 적응하고, 사회적 통합과 국가경쟁력을 높이며, 지속가능한 사회를 만드는 데 필수적인 역할을 한다. 성인학습은 개인의 성장뿐만 아니라 사회 전체의 발전을 견인하는 핵심 동력이다.

용어정리

- **경험중심성:** 성인이 풍부한 생활경험을 학습의 중요한 자원으로 활용하며, 새로운 지식이 기존 경험과 연결될 때 더 효과적으로 학습이 이루어지는 성인학습의 특징
- **경험학습(Experiential Learning):** 콜브(David Kolb)가 제시한 학습 이론으로, 학습자가 실제 경험을 하고, 이를 성찰하며, 개념화하고, 다시 실천에 옮기는 순환적 과정을 통해 진정한 학습이 이루어진다는 이론
- **발달단계:** 에릭슨(Erik H. Erikson)이 제시한 인간의 전 생애를 8단계로 구분한 심리사회적 발달단계 중, 성인기의 단계별(성인 초기, 중기, 후기) 주요 심리적 과업과 학습적 함의를 의미
- **상호보완성:** 성인학습자가 자신의 학습 목표와 방법을 스스로 결정하고 주도적으로 참여하며, 학습의 주체로서 학습과정을 능동적으로 이끌어가는 태도와 특성
- **성인학습:** 성인이 생애의 다양한 시점에서 개인적·사회적 필요를 충족하고, 삶의 질을 향상시키기 위해 지식, 기술, 태도, 가치관, 정체성, 감정, 사회적 역할에 대한 이해와 능력을 의식적으로 구성하고 재해석해 가는 과정. 형식적·비형식적·무형식적 환경에서 기존 경험을 기반으로 자기주도적·목적지향적으로 진행됨
- **안드라고지:** 노울즈(Malcolm Knowles)가 제시한 성인학습 이론으로, 성인이 학습과정의 주체가 되어 자기주도적으로 학습하며, 풍부한 경험을 자원으로 활용하고, 문제 중심의 학습을 선호한다는 이론
- **학습공동체:** 성인학습자들이 공통의 학습목표와 필요를 바탕으로 자발적으로 모여 상호 학습과 공동 성장을 실현하는 집단으로, 경험과 지식을 공유하고 사회적 관계를 확대하는 역할을 함
- **학습동기:** 성인학습자가 학습에 참여하도록 이끄는 내적·외적 요인으로, 자기계발, 자아실현, 직업적 필요, 사회적 인정 등 다양한 동기가 존재함

- **평생교육:** 개인이 태어나서 죽을 때까지 전 생애에 걸쳐 지속적으로 이루어지는 교육활동을 의미하며, 공식적, 비공식적, 무형식적 방식 모두를 포함한다. 학교교육의 연장이 아닌, 삶의 질 향상과 자아실현을 위한 포괄적인 교육 개념
- **평생학습:** 개인이 삶 속에서 지속적으로 배우고 성장해 가는 과정 전체를 의미하며, 공식교육뿐 아니라 일상에서의 자발적 학습활동 전반을 포함하는 개념이다. 개인의 성장, 시민의식 향상, 사회참여 등을 포함한 학습 중심 패러다임

단원학습문제

객관식 문제

1. 평생교육에 대한 유네스코의 정의 중 올바른 설명은?

   ① 학교 교육에 한정되어 있다.
   ② 출생부터 노년까지 모두 포함하여 학습을 지속하는 과정이다.
   ③ 성인만을 대상으로 한다.
   ④ 공식적 학습만 포함한다.

2. 평생교육의 핵심특성에 해당하지 않는 것은?

   ① 지속적 학습 ② 자기주도성
   ③ 일회성 학습 ④ 사회 통합과 포용성

3. 성인학습의 특징에 대한 설명으로 옳은 것은?

   ① 외적 보상에 의해 주로 동기가 유발된다.
   ② 아동기 학습자와 마찬가지로 교사의 지시에 의존한다.
   ③ 실용성과 즉시 적용성을 중시하는 경향이 있다.
   ④ 학습과 경험의 연결보다는 암기 위주의 학습을 선호한다.

4. 노울즈(Knowles)의 안드라고지 이론에 대한 설명으로 틀린 것은?

   ① 성인은 자기주도적 학습자가 되어야 한다.
   ② 성인은 학습 시 풍부한 경험을 자원으로 활용한다.
   ③ 성인은 교사의 지시에 따라 수동적으로 학습하는 것이 효과적이다.
   ④ 성인은 실제적인 문제 해결 중심의 학습을 선호한다.

5. 콜브(Kolb)의 경험학습 이론에 포함되지 않는 단계는?

   ① 구체적 경험 ② 성찰적 관찰
   ③ 추상적 개념화 ④ 결과 평가

6. 에릭슨의 성인기 발달 단계와 관련된 설명으로 옳은 것은?

① 성인 후기에는 직업적 성공에 대한 욕구가 증가한다.
② 성인 초기에는 지혜를 후세에 전하는 역할을 강조한다.
③ 성인 중기에는 사회적 기여와 생산성이 중요한 학습과업이다.
④ 성인 중기는 관계 형성과 진로 탐색이 중심이다.

7. 평생학습과 성인학습의 관계에 대한 설명으로 올바른 것은?

① 성인학습은 평생학습을 포괄하는 상위 개념이다.
② 평생학습은 아동기에 한정된 학습 개념이다.
③ 평생학습은 성인학습과 분리된 별개의 영역이다.
④ 평생학습은 성인학습을 포함하는 포괄적 개념이다.

8. 성인학습자의 내재적 동기에 해당하지 않는 것은?

① 자기계발
② 승진을 위한 자격증 취득
③ 지적 호기심 충족
④ 자아실현

9. 학습공동체의 운영 원리로 부적절한 것은?

① 구성원의 자기주도적 학습 지원
② 경직된 규칙을 강조한 일관된 운영
③ 상호 협력과 경험 공유 중심의 학습
④ 실제적 문제 해결 중심의 학습

10. 다음 중 성인학습의 사회적 의미에 해당하는 것은?

① 시험을 위한 단기 암기 학습
② 개별주의적 지식 습득
③ 사회통합 기반 형성
④ 개인의 경제적 성공만을 목표로 함

주관식 문제

1. 평생교육의 핵심 특성 중 하나를 선택하여 그 의미와 실제 예를 설명하시오.

2. 성인학습의 개념과 주요 특징에 대해 설명하고, 아동기 학습과 구별되는 점을 서술하시오.

3. 노울즈(M. Knowles)의 안드라고지 이론이 성인학습에 끼친 영향을 서술하고, 그의 5대 가정 중 2가지를 예를 들어 설명하시오.

4. 에릭슨의 성인기 발달이론에 근거하여 성인 후기(65세 이후) 학습자의 학습특성과 학습과업을 구체적으로 기술하시오.

5. 학습공동체와 학습동아리의 차이점을 서술하고, 성인학습에서 학습공동체가 가지는 교육적 의미를 설명하시오.

정답 및 해설

1. 정답: ②

평생교육은 출생부터 노년까지 전 생애에 걸쳐 공식·비공식·무형식적 학습을 모두 포함한다.

2. 정답: ③

평생교육은 일회성이 아니라 전 생애에 걸친 지속적인 학습이다.

3. 정답: ③

성인학습은 현실 문제 해결과 직결되는 학습을 선호하며, 학습 결과가 바로 실천으로 이어지기를 기대한다.

4. 정답: ③

노울즈는 성인이 스스로 학습을 계획하고 수행하는 자기주도적 존재임을 강조하였다. 수동적 학습은 아동 학습의 특성에 가깝다.

5. 정답: ④

콜브의 모델은 ① 구체적 경험 → ② 성찰적 관찰 → ③ 추상적 개념화 → ④ 능동적 실험으로 이어지는 순환적 구조다. 결과 평가는 포함되지 않는다.

6. 정답: ③

성인 중기는 '생산성 대 침체감' 단계로, 직업적 성취, 사회적 책임 등이 핵심 과업이다.

7. 정답: ④

사회참여 확대는 사회적 의미에 해당하며, 개인적 의미에는 자아정체성 확립, 전환기 적응, 자기효능감 향상 등이 있다.

8. 정답: ②

승진과 자격증은 외재적 동기에 해당하며, 내재적 동기는 자기계발, 자아실현, 지적 호기심 등 학습 자체에 대한 만족감에서 비롯된다.

9. 정답: ②

학습공동체는 자율성과 유연성을 중시하며, 경직된 운영 방식은 효과적인 학습을 방해할 수 있다.

10. 정답: ③

성인학습은 사회적 약자 포함, 공동체 활동 참여 등을 통해 사회통합에 기여한다. 이외 선택지는 사회적 의미와 거리가 있다.

Chapter

02

평생교육 정책의 개관

1. 평생교육 정책의 이해
2. 평생교육 정책의 변천과정
3. 평생교육 정책의 주요 사례
4. 평생교육 정책의 발전과제

학습목표

1. 평생교육 정책의 개념과 이념을 설명할 수 있다.
2. 평생교육 정책의 변천과정을 시대별로 구분할 수 있다.
3. 평생교육 정책의 주요 사례(평생교육법, 평생학습도시 등)를 설명할 수 있다.
4. 평생교육 정책이 당면하고 있는 문제를 구체적으로 지적할 수 있다.
5. 평생교육 정책의 발전과제 및 해결방안을 논의할 수 있다.

단원 키워드

평생교육 정책, 교육 정책, 평생교육 이념, UNESCO · OECD의 평생교육 정책, 평생교육법, 평생교육진흥기본계획, 평생학습도시, 평생교육 추진체계, 국가평생교육진흥원, 평생학습참여율, 평생교육재정, 대학 평생교육, 학습문화, 디지털 전환, 지역 평생학습

CHAPTER 02

Lifelong Education Theory

평생교육 정책의 개관

1. 평생교육 정책의 이해

1) 평생교육 정책의 개념

평생교육 정책의 개념을 이해하기 위해서는 우선 교육 정책 내지는 공공정책이 무엇인가를 살펴 볼 필요가 있다. 왜냐하면 평생교육 정책도 크게 보면 교육 정책의 범주를 벗어날 수가 없기 때문이다. 교육 정책이란 국가와 지방자치단체가 교육에 관해 공적으로 제시하는 기본 방침으로 교육의 목적 실현을 위해 선택한 수단이다. 보다 구체적으로 사회적 · 공공적 · 조직적 활동으로서의 교육활동에 관하여 국민의 동의를 바탕으로 하면서 국가의 공권력을 배경으로 강행되는 기본 방침 또는 지침을 의미하며, 그것은 교육활동의 목적 · 수단 · 방법 등에 관한 최적의 대안을 의도적 · 합리적으로 선택한 것이다(김종철, 1999).

이러한 정의에 따르면 훌륭한 교육 정책이 되려면 반드시 국민의 동의를 전제해야 한다는 시사를 받을 수 있다. 정책의 적용 자체가 국민이나 교육관련 집단을 대상으로 하기 때문이다. 정일환(2003)은 교육 정책의 개념을 종합적으로 공공정책으로서 교육활동을 위해 국가나 공공단체가 국민 또는 교육관련 집단 및 수혜집단을 대상으로 전개하는 교육의 지침으로 규정하고 있다. 보다 단순하게 정치적 권력과정을 거쳐서 형성된 어떤 교육계획이 실천되는 일체의 과정으로, 조직의 목표를 달성하는 일연의 과정으로 이해할 수도 있다. 즉 교육 정책은 교육제도 안에서 사람들을 조직하여 시설·재정 및 정보의 도움을 받으며, 학사관리 같은 조직목표를 달성하는 일연의 과정으로 보고 있다(표시열, 2002: 221).

이와 같은 교육 정책은 몇 가지 기본적인 속성을 지니고 있는데, 구체적으로 다음과 같다(김종철, 1990: 680-681).

- 교육 정책은 교육활동을 대상으로 하며, 교육활동을 위해 봉사하는 수단적인 면을 지닌다.
- 교육 정책의 주체는 정치체제를 형성하는 국가 또는 지방자치단체가 된다.
- 교육 정책은 교육활동과 내용의 지침을 제시한다.
- 교육 정책은 교육문제를 해결하기 위한 합리적 의사결정과 최적의 대안을 탐색하는 과정이다.
- 교육 정책은 국가나 지방자치단체가 설정하는 교육이념을 구현하는 수단이 되며, 집행 성격으로써 교육행정에 대한 기본적인 지침이나 방향 제시가 된다.

이상과 같은 교육 정책의 기본적인 속성도 결국은 교육 정책의 개념을 구체적으로 이해하기 위한 방편에 지나지 않는다. 하나의 교육 정책이 탄생하기 위해서는 문제제기, 정책의제 형성, 정책목표 정립, 정책 대안 탐색, 정책 심의 및 결정 등의 과정을 거치며, 이 과정에서 정책형성에 영향을 미치는 다양한 변수들이 작용하고 있다. 교육체제의 환경, 정책결정자의 특성을 비롯하여 다양한 이해 관계자, 즉 국회와 정당, 이익단체, 매스컴, 연구기관·학자, 학부모, 국민 등의 관여 및 영향을 받기도 한다(김윤태, 2000: 346-352).

이러한 교육 정책의 개념을 평생교육에 원용하면, 평생교육 정책의 개념 정립도 용이할 수 있다. 우선 평생교육의 개념 규정은 다각적인 접근이 가능하나, 여기서는 일단 그 영역을 평생교육법 제2조에 규정되어 있는 "학교의 정규 교육과정을 제외한 학력보완교육, 성인문해교육, 직업능력 향상교육, 성인 진로 개발역량 향상교육, 인문교양교육, 문화예술교육, 시민참여교육 등을 포함하는 모든 형태의 조직적인 교육활동"을 따른다. 평생교육 정책이란 이러한 7가지 영역의 교육활동을 위해 국가나 지방자치단체가 국민 내지는 교육관련 집단 및 수혜집단을 대상으로 전개하는 기본방침 또는 지침으로 평생교육 목적 달성을 위해 선택한 최적의 대안이라 할 수 있다.

이와 같은 정책은 법이나 제도를 그 표출수단으로 하고 있다. 환언하면, 법이나 제도에 의해서 시행하지 않는 정책이란 존재하기가 어렵다. 따라서 헌법, 법률, 명령 및 조례·규칙에 이르기까지 어떠한 수준에서 규정되든지 법이나 제도에 의해서 시행될 때 그것을 정책이라 할 수 있다.

2) 평생교육 정책의 이념

평생교육 정책의 이념 및 그 이념이 어떻게 변천되어 왔는가를 파악하기 위해서는 평생교육 정책을 주도해 온 양대기구인 UNESCO와 OECD 정책의 초점 내지는 이념을 살펴볼 필요가 있다.

UNESCO의 평생학습은 소위 평생학습의 4기둥으로 표현되듯이 UNSCO가 추구하는 평생학습의 개념을 4개 영역으로 규정하고 있는데 이를 4기둥이라 칭한다. 알기 위한 학습(Learning to know), 실천하기 위한 학습(Learning to do), 함께 살아가기 위한 학습(Learning to live together), 존재하기 위한 학습(Learning to be)이 그것이며, 이 4기둥은 독립적이라기보다는 상호 연계되어, 평생에 걸쳐 반복적으로 실천되어야 하는 교육의 방향이자 이념이라 할 수 있다(UNESCO, 1996). 이와 같은 4기둥은 단순한 지식 전달에 그치지 않고 개인의 성장과 사회적 통합, 그리고 인간 존엄과 연대를 바탕으로 한 지속가능한 발전을 지향하고 있다.

한편, OECD는 21세기를 지향하면서 평생학습은 핵심논제가 될 것이며, 모든 이가 접근가능할 수 있어야 한다면서 지식기반 경제로의 전환에 따라 인간자본(지식, 기술 등)과 사회적 자본(네트워크, 사회적 가치 등)의 중요성을 강조하기 시작하였다. 이와 함께 교육훈련체계는 형평성과 효율성을 동시에 추구해야 한다고 주장하였다. 따라서 평생학습은 학교교육, 직업교육, 비형식학습 등 다양한 형태의 학습을 연계하는 체계적 관점이 필요하다고 제안하였다(OECD, 1996).

한마디로 〈표 2-1〉에 제시하고 있듯이 UNESCO의 평생교육 정책 이념은 전인적 성장과 사회통합, 평등을 강조하는 반면 OECD는 경제적 성장과 직업능력 개발, 국가경쟁력 강화를 위한 평생학습체계 구축에 초점을 맞추고 있다. 많은 국가는 두 기관의 정책을 혼합하여 적용하고 있으나, 최근 OECD의 경제적 관점이 보다 더 강조되고 있는 추세로 볼 수 있다. 참고로 EU의 경우도 유럽 2020 전략을 통해 평생학습을 통한 기술 및 역량증진을 경제성장과 사회안정의 핵심으로 강조하고 있다(국가평생교육진흥원, 2015). 한마디로 OECD와 유사한 경향을 보이고 있다. OECD의 평생교육 정책의 이념을 평생학습-경제발전-사회통합의 선순환으로 잘 설명하고 있는 모형이 [그림 2-1]과 같다.

〈표 2-1〉 UNESCO와 OECD의 평생교육 정책 비교

구분	UNESCO	OECD
이념	전인적 자아실현, 인간중심, 인권중심, 모두를 위한 교육, 학습사회론	경제발전, 인적 자원개발, 직업능력개발, 사회적 결속, 학습경제론
학습 개념	생애전반에 걸친 형식, 비형식, 무형식 교육 모두 포함	직업과 연계된 형식·비형식 학습에 중점을 두는 직업역량 향상에 기여하는 체제 강조
정책 목표	평등한 교육기회, 교육권 보장, 글로벌 시민 양성, 4기둥 중심학습	노동시장 대응력 강화, 순환교육, 일과 학습의 연계, 평생직업 역량개발
핵심 가치	포용성, 사회정의, 문해력 지속가능 발전(SDGs4)	국가경쟁력, 고용가능성, 경제적 효율성
접근 방식	인권, 평등, 사회적 포용, 지속가능 발전 관점	노동시장 연계, 역량중심 재교육, 직업교육강화 등 기능적 관점
정책 사례	난민, 기초교육 확대, 문맹 퇴치, 학습도시 사업 등	노동시장 대응학습, 재교육 정책, 기업 내 직무기반 학습 강화 등

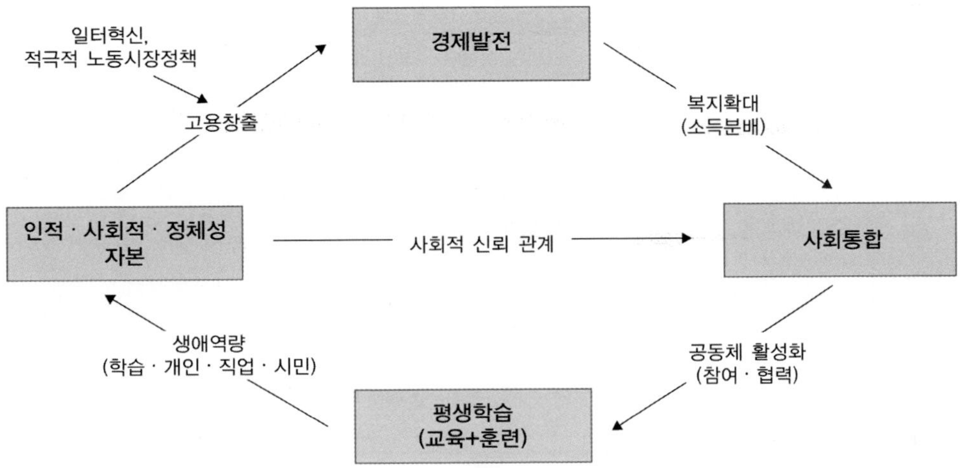

[그림 2-1] 평생학습–경제발전–사회통합의 선순환 모델

출처: 최상덕(2022). p.4.

한국의 평생교육 정책의 이념은 UNESCO의 인권 · 포용 · 전인 중심의 이념과 OECD의 경제적 · 역량개발 중심의 이념을 모두 반영한 혼합형태의 모형으로 발전해 왔다. 최근(제5차 기본계획)에는 디지털 전환, 고령화, 취약계층 지원, 지속가능한 발전(SDGs) 연계 등 국제적 추세를 광범위하게 고려하면서 정책을 다각적으로 수립 · 추진하고 있다.

앞으로도 평생교육을 통해 사회적 포용성과 미래대응력을 동시에 강화해 나가야 할 것이다. 〈표 2-2〉에 평생교육 정책의 이념을 자아실현, 고용가능성 제고, 사회통합 실현과 같이 UNESCO와 OECD의 특성을 함께 고려하여 3가지로 제시하고 있다. 각각의 이념에 따른 정책 영역과 세부 추진 사업이 예시되고 있다. 한국의 평생교육 정책 이념이 추구해 나가야 할 방향의 하나를 일목요연하게 제시하고 있음을 시사받을 수 있다.

〈표 2-2〉 평생교육의 정책 이념

구분	자아실현	고용가능성 제고	사회통합 실현
필요성	개인의 성장, 인간의 잠재력 계발과 삶의 질 향상	경제적 경쟁력 확보가 개인 삶의 기회와 질을 결정하기 때문에 생애에 걸친 고용 가능성 증진 필요	사회 결속, 시민성 증진을 통하여 포용적 사회, 시민 사회 형성에 기여
정책 영역	문해교육 등 성인기초교육 문화예술교육	직업능력개발	시민교육 지역사회교육
세부 영역	생애설계 취업·진로교육, 제2인생설계 준비교육, 은퇴 후 생애설계교육, 생애정리교육, 기본생활 적응교육, 노후대비교육, 건강교육, 노후 건강관리교육	직무기초능력교육, 직업윤리교육, 직무능력 전문화 교육, 제2직업준비교육, 창업·전직·전업준비교육, 경력단절 여성 직업교육, 노후 커리어 관리교육	부모역할교육, 자녀교육 가족갈등해소교육, 세대 간 통합교육, 지역사회 참여교육, 사회봉사활동교육, 사회관계 개선교육

출처: 이희수(2012). p.22.

3) 평생교육 정책의 기본성격

위에서 기술하였듯이 정책의 표출 수단은 법과 제도이다. 평생교육 정책의 경우 헌법, 교육기본법, 평생교육법 등 법률에 근거하여 국민의 평생학습권을 보장하고, 이를 실현하기 위한 국가의 책무를 명확히 규정하고 있다. 평생교육법은 모든 국민이 평생에 걸쳐 학습하고, 교육 받을 권리를 보장함으로써 국민의 삶의 질 향상과 사회발전을 목표로 한다. 이와 같이 평생교육 정책은 법적·제도적 기반위에 성립되고 있다. 이러한 평생교육 정책은 몇 가지 기본적인 성격을 지니고 있다.

첫째, 5·31교육개혁 방안에서도 선언하고 있듯이, 평생학습정책은 누구나, 언제, 어디서나 원하는 교육을 받을 수 있는 열린교육 체제 구축을 지향하고 있다. 뿐만 아니라 학습자의 자발적인 학습을 지향하며, 학력 위주로부터 능력 위주 사회로의 전환을 추구한다.

둘째, 모든 국민의 보편적 학습권을 보장한다. 모든 국민이 연령, 학력, 직업, 지역, 경제상태 등에 구애받지 않고 평생교육을 받을 수 있는 권리를 보장해야 한다. 환언하면, 평생학습을 국민의 기본권으로 인식하여 국민 모두에게 실질적 교육기회와 학습기회를 제공하는 데 초점을 둔다.

셋째, 국가와 지방자치단체의 책임을 강화하고 있다. 평생교육 정책이 소기의 성과를 거두기 위해서는 정책 추진체계가 촘촘하게 구성되어 있어야 한다. 이러한 추진체계의 핵심이 국가와 지방자치단체라 할 수 있다.

넷째, 맞춤형 평생학습과 포용적 지원을 강화하고 있다. 생애주기별, 계층별, 지역별 맞춤형 평생학습프로그램 운영을 강화하며, 다양한 연령층을 위한 특화 프로그램을 확대한다.

다섯째, 디지털·융합적 학습 환경을 강화한다. 온·오프라인 연계 디지털 기반 기술 활용 등 새로운 학습환경을 적극 도입하여 평생교육의 접근성과 편의성을 도모하고 있다.

여섯째, 평생교육 과정을 이수한 자에게는 사회적으로 그에 상응하는 자격 및 학력인정 등 사회적 대우를 부여하여 학습의욕을 고취한다.

한마디로 평생교육 정책의 기본적인 성격은 "학습사회"의 실현이라는 표현이 적절하다. 이는 전생애에 걸쳐 모든 사람이 다양한 환경에서 지속적으로 배우며 성장하는 사회, 즉 학습이 일상화된 사회를 지향한다는 본질을 함축하고 있다.

2. 평생교육 정책의 변천과정

1) 평생교육 정책의 시대구분 기준

우리나라 평생교육 정책의 변천과정을 파악하기 위한 시대구분 및 그 명칭은 크게 5가지로 구분하였다. 이와 같은 구분은 편의적으로 단순하게 명명한 것이 아니라 몇 가지 기준을 종합적으로 고려하여 선정하였다. 이러한 기준으로 우선 고려한 것이 법적·제도적 변화로 평생교육 관련 법률 제정 및 개정시점 등과 같이 정책의 법적 기반이 마련된 시기를 들 수 있다. 다음으로 행정체제 및 정책기구의 변화도 중요한 기준의 하나이다. 평생교육의 담당 조직신설, 전담 기구 설치 등 정책 추진체계의 변화도 중요한 시대 구분의 기준이 될 수 있다. 그 다음으로 중요한 기준의 하나가 정책 내용의 추진방향 변화이다. 평생교육의 정책 목표, 추진전략, 중점사업 등이 변하는 시점이 중요할 수 있다는 것이다. 산업화, 고령화, 정보화 등과 같은 사회구조의 변화와 이에 따른 평생교육의 역할 및 필요성 증대가 시대구분의 배경이 될 수 있다. 평생학습사회 이념 확산 등과 같이 국제적 동향이나 이념의 변화 등도 시대구분에 원용될 수 있다. 한 마디로 요약하면, 법·제도적인 변화, 정책의 내용, 사회적 환경변화 등이 중요한 기준이 될 수 있다. 이와 같은 기준을 종합적으로 고려하여 우리나라 평생교육 정책의 변천과정을 파악하기 위한 시대구분을 다음과 같이 5가지로 구분하였다.

2) 평생교육 정책의 변천시기

(1) 태동기(1970년대 이전)

이 시기는 해방 이후 1970년대 이전까지 국가적 과제로 문맹퇴치와 성인교육 등이 강조되던 시기이다. 이후 학교교육의 보완형으로 사회교육이 실시되었다. 이 시기(1960년대)는 UNESCO 중심으로 평생교육의 필요성이 제기되면서 평생교육 자체가 주요 의제로 부상하기 시작하였다. 구체적인 정책사례를 열거하면 다음과 같다.

- 1954년 문맹퇴치 5개년 사업 실시, 전국 주요도시에 성인학교 개설
- 공민학교, 고등공민학교, 기술학교 등에서 연령, 성별, 학력 등에 관계없이 교육기회 부여
- 사회계몽형 교육중심(김기연, 2005)
- 농촌지도 및 지역사회 개발형 교육(김기연, 2005)
- 1961년 “국가재건 국민운동에 관한 법률”로 문자해득교육, 문고보급운동

등 국가주도의 사회교육 시도
- 1960년대 "마을문고운동" 전개

(2) 제도화기(1970년대)

1970년대의 주요 특징으로는 산업화에 따른 기술교육이 확대되었고, 사회교육 개념의 확산과 함께 민간단체의 사회교육 참여가 증가하였다. 이 시기는 주로 지역사회 개발 및 정신 계몽형 사회교육이 지배적이었고, 특히 지역사회개발 사회교육이 범국민적으로 확대되었다(박태준 외, 2005). 이 시대의 정책 사례를 열거하면 다음과 같다.

- 직업훈련원, 사설학원, 방송통신고등학교, 방송통신대학, 산업체부설학교 등 설립
- 언론기관 문화센터, 도서관·박물관 등의 교육활동 확대
- 1973년 유네스코 한국위원회가 평생교육발전 세미나 개최와 함께 평생교육이라는 용어 사용

(3) 법제화기(1980년대~1990년대 초)

이 시기는 한국 평생교육의 법적 근거가 마련된 시기이며, 국가주도의 평생교육 체제가 구축되기 시작하였다.

- 1980년대 헌법에 처음으로 "국가는 평생교육을 진흥하여야 한다"는 내용을 명시
  - 이 당시 국가에 평생교육진흥 의무를 신설한 것은 당시 학교교육을 둘러싼 내적·외적 변화에 적극적으로 대처하기 위한 방안이었음. 즉, 학교교육의 제한과 과열과외에 대한 보완책이 필요하였고, 산업발전에 부응하는 인력수급이 필요하였으며, 청소년 비행이 증가하여 청소년 선도의 필

요성 부각으로 부녀자, 노인들에 대한 적응교육이 필요했기 때문임(권두승, 1999).

- 1982년 "사회교육법" 제정으로 사회교육의 개념과 국가의 책임을 규정
- 개방대학, 대학부설 평생교육원 설립, 독학학위제, 사이버대학 등 설립
- 1990년 정부조직법을 개편하여 교육부장관에게 평생교육 관련 업무 수행 의무 명시

(4) 기반 구축기(1990년대 중반~2000년대 중반)

이 시기는 평생학습사회의 지향, 법적·행정적 체계의 현대화, 지역중심의 평생교육 확대가 이루어졌다. 한마디로 평생학습사회의 기반조성을 위해 진일보했던 시기라 할 수 있다(교육부·국가평생교육진흥원, 2021).

- 1995년 5.31 교육개혁안에서 열린교육사회와 평생학습사회 비전 제시
- 1996년 평생교육종합계획 수립
- 1997년 학점인정 등에 관한 법률 제정
- 1999년 평생교육법 제정(사회교육법 폐지)
- 2000년 한국교육개발원 내 평생교육센터 및 16개 시도 지역평생교육정보센터 설치
- 2001년 제1차 평생교육진흥기본계획 수립
- 2001년 제1회 전국평생학습축제 개최
- 2001년 평생학습도시 조성사업 시작

(5) 확장기(2000년대 중반 이후)

그동안 1999년에 제정·적용되어 오던 평생교육법이 2007년에 전면 개정되었다. 이 개정 법률이 현 시점에도 적용되고 있는 평생교육법의 주요 골격이라 할 수 있다. 그럼에도 이 법은 정책수단은 강조되고 있으나, 평생교육 철학에

대한 사회적 합의는 지속적으로 간과되고 있음도 지적되고 있다(고영상, 2010).

지방분권화, 지역사회 중심 평생학습도시 정책 추진, 평생교육의 일상화 등으로 평생교육 정책은 확산 및 심화단계에 접어들고 있다. 평생교육의 대상과 범위가 확대되고 있으며, 학력보완, 직업능력 향상, 인문교육, 시민참여 등 전체 영역에서 조직적 교육활동이 전개되고 있다. 디지털 기반 맞춤형 학습체제 구축 필요와 함께 다양한 자격·경력·학력 등이 연계되는 평생학습 플랫폼도 구축·운영되고 있다(교육부·국가평생교육진흥원, 2021).

- 2006년 성인문해교육 지원사업 시작
- 2007년 평생교육법 전부 개정
- 2008년 평생교육진흥원 설립(2013년 국가평생교육진흥원으로 명칭 변경)
- 2008년 대학중심의 평생학습 활성화 지원 시작
- 2008년부터 제2~제5차 평생교육진흥기본계획 수립·추진
- 2010년 학습계좌제 도입
- 2014년 국가평생학습 포털 "늘배움"서비스 개통
- 2017년 대학의 평생교육체제 지원사업 시작(양흥권, 2019: 281-302)
- 2018년 국가 장애인평생교육진흥센터 설립
- 2018년 평생교육바우처 지원사업 시작
- 이 외에도 문해교육, 직업능력향상, 인문교육, 시민참여 등 다양한 평생교육 프로그램 확대·운영

3. 평생교육 정책의 주요 사례

1) 정책 사례 선정기준

앞에서 한국 평생교육 정책의 시대적 전개를 중심으로 그 발전 과정을 고찰하였다. 평생교육에 관한 정부나 지방자치단체의 방침이나 지침도 모두가 평생교육 정책이라 할 수 있기 때문에 그 수많은 정책 사례를 헤아리는 것이 결코 쉽지만은 않다. 따라서 많은 정책 사례 중에서 대표적인 몇 가지를 선정한다는 것 자체가 관점에 따라 다양하게 나타날 수밖에 없을 것이다. 그럼에도 불구하고 몇 가지 기준에 관한 키워드를 생각해 볼 수 있다. 정책 자체가 지니고 있는 중요도, 정책이 미치는 파급력 내지는 영향력, 정책의 포괄성 등이다. 정책의 적용시한, 즉 현재에도 적용되고 있는 정책인가의 여부 등도 중요한 기준이라 할 수 있다.

이와 같은 기준을 종합적으로 고려하여 한국 평생교육 정책의 대표적인 사례를 추출하였다. 물론 이와 같은 기준 내지는 원칙이나 그에 따라 선정된 사례는 필자의 주관적인 견해이며, 혹자는 이러한 결과와 견해가 다를 수도 있음을 전제한다.

2) 평생교육 분야 5대 정책 사례

(1) 평생교육법 제정

그동안 우리나라 평생교육은 사회교육법 체제로 운영되어 오던 것을 명실공히 평생교육법 체제로 개편되기 시작하였다. 평생교육법은 문민정부(김영삼정부)의 대통령직속 교육개혁 전담기구인 "교육개혁위원회"에서 "신교육체제 수립을 위한 교육개혁 방안"(세칭 5·31교육개혁 방안)을 발표하면서, 이 방안에 포함된 평생교육을 추진하기 위해서는 법의 제정이 필요함을 제기하면서 탄생하였다. 5·31교육개혁 방안은 "누구나, 언제, 어디서나 원하는 교육을 받을 수 있는 열린교육사회, 평생학습사회(Edutopia) 건설"을 위해 다각적인 그 기반구축 방안을 포함하였다. 5·31교육개혁 방안에 뒤이어 제2, 제3, 제4차 교육개혁 방안이 제시되었고, 이 방안 중 평생학습 관련 방안도 함께 포함되었다. 교육개혁위원회에서 구안한 "평생학습법의 기본방향과 시안"은 그후 추진 경과 조치들을 거치면서 최종적으로 1999년 8월 31일, 법률 제6003호 평생교육법으로 명칭을 변경하여 공포되었다.

이와 같이 공포된 평생교육법의 제정 취지를 살펴보면 다음과 같다(교육부, 2000: 7-8).

- 교육개혁위원회에서 제시된 교육관계법의 기본체제 구축
- 교육개혁의 비전인 21세기의 세계화·정보화 시대를 주도하는 신교육체제의 "열린교육사회·평생학습사회" 건설
- 국민의 학습권과 학습자의 선택권을 최대한 보장하여 평생학습 분위기 조성
- 평생학습과정 이수자의 사회적 대우와 평생학습 의욕 고취
- 형식적 학력위주 사회를 실질적 능력위주 사회로 변화 유도
- 성인교육 기회 확대와 고등교육 수준으로 국민의 능력향상
- 국가 및 지방자치단체의 평생학습 정책 지원 강화
- 민간 자본을 통한 지식·인력개발 사업 육성

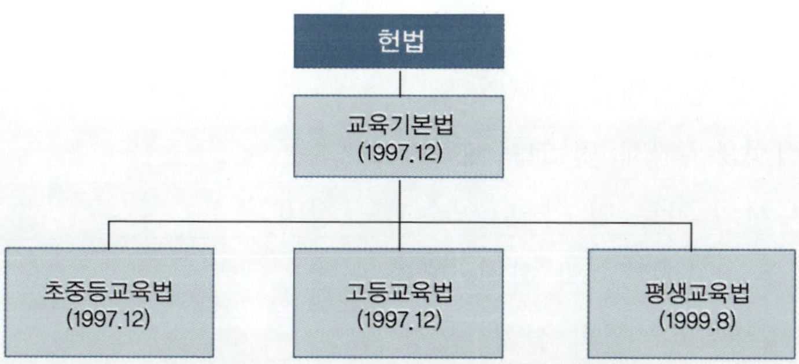

[그림 2-2] 교육관계법의 기본체제 구축

평생교육법이 제정됨으로써 우리나라 교육관계법의 기본체제 구축도 완성되었다. 제정 당시 평생교육법은 5장 32개조로 구성되었으며, 5장의 내용을 개관하면 다음과 같다.

제1장 총칙
- 목적, 정의, 이념, 공공시설의 이용

제2장 국가 및 지방자치단체의 임무
- 평생교육협의회, 경비보조, 지도 및 지원
- 평생교육센터, 평생학습관 운영

제3장 평생교육사
- 평생교육사 자격, 양성기관, 배치

제4장 평생교육시설
- 학교형태, 학교부설 평생교육 시설
- 사내대학, 원격대학 등 각종 평생교육 시설

제5장 보칙

이상과 같이 구성되고 있는 평생교육법의 주요 내용은 다음과 같이 요약된다(교육부, 2000: 16-17).

- 학습비 지원 및 유·무급 학습휴가제 도입
- 평생교육 전담·지원기관 운영
- 사내대학 및 원격대학 제도의 도입
- 전문인력정보은행제 및 교육계좌제 도입
- 평생교육사의 기능 및 양성·연수제도 정비
- 문하생 등 학습경험자의 학점·학력 인정
- 다양한 평생교육시설의 설치·운영

이와 같이 5장 32개조로 얼개를 구성하여 탄생한 평생교육법은 2007년 전면 개정과 함께 수차례 걸친 수정·보완의 과정을 거치면서 2024년 6월 13일 개정 법률 기준으로 그 내용이 총 9장 46개조로 확대되어 왔다. 다음에 확대된 9개 장의 내용이 제시되고 있다.

제1장 총칙
제2장 평생교육진흥기본계획 등
제3장 국가평생교육진흥원 등
제4장 평생교육사
제5장 평생교육기관
제6장 문해교육
제7장 성인 진로교육
제8장 평생학습결과의 관리·인정
제9장 보칙

이미 평생교육 정책의 개념에서도 언급하였듯이 모든 정책의 제일 중요한 구현 수단은 법이다. 환언하면, 평생교육 정책도 그 기본골격은 평생교육법 내지는 그 관계법령에 명시되고 있다. 따라서 이러한 법의 내용을 상세히 분석하고, 해석한다면 이것이 관련 정책을 이해하는 첫 걸음이 될 수 있다. 그만큼 정책과 법은 불가분의 관계에 있다.

(2) 평생교육진흥기본계획 수립·추진

정부는 평생교육법 제정·공포와 함께 곧바로 평생교육진흥기본계획을 수립·추진하기 시작하였다. 이 기본계획은 5개년 계획으로 제1차 기본계획(2002~2006)에서부터 현재 이미 제5차계획(2023~2027)이 수립·추진 중에 있다. 2000년 평생교육법이 본격적으로 발효되기 시작하면서 이 법의 정신을 가장 잘 반영한 포괄적인 정책이 기본계획의 수립·추진이라 할 수 있다.

현행 평생교육법에 의하면, 국가와 지방자치단체는 모든 국민에게 평생교육 기회가 부여될 수 있도록 평생교육 진흥정책과 평생교육 사업을 수립·추진토록 하고 있다(법 제5조1항). 이와 관련하여 교육부장관은 5년마다 평생교육진흥 기본계획을 수립하여야 하고(법 제9조1항), 관계 중앙행정기관의 장 및 시·도지사는 기본계획에 따라 연도별 평생교육진흥 시행계획을 수립·시행토록 하고 있다(법 제11조1항). 이와 같이 기본계획의 수립·시행은 교육부를 비롯한 중앙의 유관 행정기관은 물론 시·도지사에게도 반드시 시행해야만 하는 강행규정이라 할 수 있다.

평생교육진흥 기본계획에는 반드시 포함되어야 하는 사항(법 제9조2항)이 있는데, 이를 구체적으로 나열하면 다음과 같은 7가지 사항이다.

- 평생교육진흥의 중·장기 정책목표 및 기본방향에 관한 사항
- 평생교육의 기반구축 및 활성화에 관한 사항
- 평생교육을 위한 투자 확대 및 소요재원에 관한 사항
- 평생교육진흥정책에 대한 분석 및 평가에 관한 사항
- 장애인의 평생교육진흥에 관한 사항
- 장애인평생교육진흥정책의 평가 및 제도 개선에 관한 사항
- 그 밖에 평생교육진흥을 위하여 필요한 사항

이와 같은 계획수립에 포함되어야 하는 사항들을 고려할 때, 매 5년마다 수립되어야 하는 기본계획은 그야말로 평생교육의 비전 설정에서부터 정책목표, 정책과제 추진을 위한 로드맵 제시 등 종합발전 계획의 성격을 띠고 있다. 이는 마치 개발연대 시기에 우리 정부가 주도적으로 수립·추진했던 경제개발 5개년 계획, 경제사회발전 5개년 계획 등과 함께 각 부문별로 수립했던 계획(예: 교육부문 계획)과 유사하다고 볼 수 있다. 말하자면, 5년마다 국가주도의 계획 경제

정책을 통하여 경제성장 목표를 달성해 왔듯이 평생교육진흥기본계획도 국가 주도로 5개년 계획을 수립하여 그 진흥 목표를 달성해 나가자는 것이다.

평생교육과 관련해 정부는 평생교육법에 여러 가지 정책의 골격을 제시하고 있는데, 그 구체적인 내용들을 본격적으로 추진하기 위하여 5개년의 기본계획을 수립하기에 이르렀다. 그동안 정부가 5차에 걸쳐 수립·추진해 온 기본계획의 비전 및 핵심키워드를 살펴보면 다음 〈표 2-3〉과 같다.

〈표 2-3〉 평생교육진흥 기본계획의 비전 및 핵심

구분	비 전	핵심 키워드
제1차계획 ('02–'06)	배우는 즐거움, 나누는 기쁨, 인정받는 학습사회 실현	지역, 사회통합, 성인교육, 기반
제2차계획 ('08–'12)	배우는 즐거움, 일구어가는 내일, 함께 살아가는 평생학습사회 실현	창조적 학습자, 사회 통합
제3차계획 ('13–'17)	100세 시대 창조적, 평생학습을 통한 국민행복 실현	대학, 온라인, 사회통합, 지역
제4차계획 ('18–'22)	개인과 사회가 함께 성장하는 지속 가능한 평생학습사회 실현	누구나, 일자리, 지역, 기반
제5차계획 ('23–'27)	누구나 계속 도약할 수 있는 기회, 함께 누리는 평생학습사회	지속가능성, 기회, 연계

출처: 관계부처합동(2022).

그동안 정부가 평생교육진흥 기본계획을 수립·추진함으로써 정부별 국정철학을 담은 평생학습사회 구현에 노력해 왔고, 그 결과 평생학습은 국가정책의 한 영역으로 자리매김하고, 관련 인프라 확충, 사회적 인식제고 등의 성과를 도출해 왔다(관계부처 합동, 2022: 4). 보다 구체적으로 다음과 같은 4가지 성과를 들 수 있다.

- 학점, 학위과정 확대를 통한 다양한 성장경로 제시
- 지역 평생학습 활성화를 통한 사회적 관계망 형성·촉진

- 온라인을 활용한 국민의 평생학습 접근성 확대
- 사회적 취약계층 지원으로 국민간 학습격차 해소 등

이러한 기본계획의 성과에도 불구하고 계획 자체가 비전과 혁신간의 간극이 크고, 평생교육 개념의 혼란과 법적 한계, 거버넌스와 추진체계의 한계, 목표와 성과지표의 부재 등의 문제가 지적될 수 있다(정민승, 2024: 1-26). 뿐만 아니라, 시대변화에 대응하는 평생교육 추진방안 미흡, 평생교육추진체계 재구조화, 평생교육사의 질적 개선방안 부재, 평생교육 재정 확대 및 재정운영 체계 미흡 등의 문제점도 지적되고 있다(조대연, 2022). 따라서 앞으로의 계획 수립과정에서는 이러한 문제들을 주도면밀하게 검토해 나갈 필요가 있다.

한편으로 현재 수립되고 있는 기본계획은 한 마디로 국가 주도계획이다. 국가가 평생교육의 진흥을 위해 향후 5년간 달성해야 할 비전을 설정하고, 이를 실현하기 위한 다각적인 정책들을 제시하고 있다. 그 결과 학점은행제, 독학학위제, 평생학습도시, K-MOOC, 평생교육 바우처(평생교육 이용권), 대학 평생교육, 성인문해교육, 평생학습계좌제, 장애인 평생학습도시 등 여러 영역에서 평생학습 정책의 성과를 보이고 있다. 이러한 기본계획을 교육부가 수립·추진하도록 평생교육법에도 명시되고 있지만 지방자치 정신을 훼손시킬 수 있다는 우려가 제기될 수도 있다. 따라서 어느 시점까지 이러한 계획을 국가가 주도하는 일종의 유도계획(Indicative Planning)으로 추진할 것인가에 대해 진지한 고민이 뒤따라야 할 것이다. 당분간 평생교육의 발전 수준이 미흡하며, 지역 간 편차가 심하기 때문에 현행과 같은 기본계획 수립체제를 유지한다 하더라도 그것은 최저 필수(Minium Essential)에 해당하는 내용으로 중앙 정부가 리드하지 않으면 안 되며, 지방자치단체 간 균형을 유지해야 하는 내용위주로 축소하고, 지방자치단체의 자율을 신장시켜 나가려는 노력이 필요하다고 본다.

(3) 평생학습도시 정책

평생학습도시는 개인의 자아실현, 사회적인 통합증진, 경제적 경쟁력을 제고하여 궁극적으로 개인의 삶의 질 제고와 도시 전체의 경쟁력을 향상시킬 수 있도록 누구나, 언제, 어디서나 원하는 학습을 즐길 수 있는 학습공동체 건설을 도모하는 총체적인 도시 재구조화 운동이다(한국교육개발원, 2002). 이러한 도시는 지역사회 주민의 요구를 찾아내어 지역사회의 모든 부문을 포괄하는 사회적 결속, 혁신, 경제적 발전을 증진시키는 전략으로 학습을 적극적으로 활용하는 공동체를 의미한다. 평생학습도시가 지니고 있는 장점은 다음 4가지로 요약될 수 있다(한국교육개발원, 2005).

- 학습도시는 지역사회가 갖고 있는 경제적, 사회적, 문화적 자원을 발굴하고, 서로 연결하여 미래지향적 지역 활성화를 가능케 함
- 지역사회 주민들의 기술과 재능을 최대한 활용함
- 부와 일자리를 창출하여 지역사회의 경제적 경쟁력을 강화함
- 낙후되고 소외된 지역을 고르게 발전시킴

이와 같은 평생학습도시 정책은 1997년 경기도 광명시가 자체적으로 학습도시를 선언(이지혜, 2021)한 이후 2001년부터 교육부가 시·군·구 기초자치단체를 대상으로 평생학습도시를 지정하기 시작하였다. 2001년에 경기 광명시, 대전광역시 유성구, 전북 진안군이 처음으로 평생학습도시로 지정되었고, 이후 꾸준히 증가하여 2025년 현재 전체 226개 기초자치단체 중 201개(88.9%)가 평생학습도시로 지정·운영되고 있다.

평생학습도시가 크게 증가하게 된 이유는 2007년 전부 개정된 평생교육법의 영향이라고 할 수 있다. 개정된 평생교육법에 평생학습도시 조항이 포함되어 국가는 지역사회의 평생교육 활성화를 위해 시·군·구를 대상으로 평생학습도시를 지정·지원할 수 있도록 하였다. 이와 함께 평생학습도시 간의 연계·협력

및 정보교류의 증진을 위해 전국평생학습도시협의회를 둘 수 있게 하였다.

여기서 지역사회의 평생교육을 활성화한다는 의미는 지역학습자원 간 네트워크 구축 및 지역주민의 평생학습기회 확장을 통해 지식의 사회통합 및 지속가능성 확대를 유도하는 학습공동체를 형성하는 데 있는 것이다(국가평생교육진흥원, 2015). 이는 평생학습도시가 지역사회 내 자원활용을 통해 주민에게 교육을 제공하고 주민 스스로 학습공동체를 형성함으로써 개인과 지역사회의 경제·사회적 능력 향상을 촉진하기 위한 지역단위 학습지원시스템이라는 견해(김신일, 2004: 5)와 궤를 같이하고 있다. 따라서 지방자치단체가 이러한 확장된 역할을 지속가능한 방식으로 할 수 있는 추진체계를 갖추는 것이 중요하다.

이상과 같은 평생학습도시는 2018년부터 지속가능한 발전과 질 관리를 위해 재지정 평가의 도입이 결정되었고, 2020년부터 1주기 재지정 평가가 추진되고 있다(한인섭 외, 2022). 평생학습도시 사업의 지속여부는 지역주민이 원하는 교육을 언제, 어디서나 받을 수 있도록 지방자치단체가 그 인프라를 제공할 수 있느냐에 달려 있다. 궁극적으로 지역의 여건 및 특성과 수요를 적절히 반영하면서도 주민이 원하는 교육서비스의 제공 노력을 경주해 나갈 때 가능하리라고 본다.

(4) 평생교육 추진체계 구축

평생교육 추진체계는 국가와 지방자치단체가 연계·협력하여 국민 모두가 생애전반에 걸쳐 원하는 학습을 받을 수 있도록 평생교육 인프라와 행정체계를 갖추는 것이라 할 수 있다. 이러한 체계는 평생교육법을 비롯한 관련 법령을 토대로 중앙정부, 지방자치단체, 평생교육기관·단체, 그리고 다양한 심의·협의기구로 구성되고 있다. 이와 같은 추진체계가 어떻게 구성되느냐에 따라 평생교육진흥정책의 전달체계도 달라지는 것이기 때문에 합리적이고 효율적인 추진체계의 구축은 정책의 성과제고를 위해서도 대단히 중요하다고 할 수 있다.

평생교육 추진체제의 구성요소는 〈표 2-4〉에서와 같이 심의·협의기구, 행정기구, 전담기구와 평생교육기관 등이다.

〈표 2-4〉 평생교육 추진체계 구성요소

심의·협의기구	행정기구	전담기구
평생교육진흥위원회	교육부	국가평생교육진흥원
		국가장애인평생교육센터
시·도평생교육협의회	시·도지방자치단체	시·도평생교육진흥원
	시·도교육청	
시·군·구평생교육협의회	시·군·구기초자치단체	시·군·구평생학습관
문해교육심의위원회	교육지원청	읍·면·동평생학습센터
	직속기관	
법정위원회(경제사회발전노사정위원회, 국가교육위원회 등) 평생교육기관(평생교육시설, 도서관, 사회복지관, 지역시설 등)		

출처: 교육부·국가평생교육진흥원(2024). p.50.

1999년 제정된 평생교육법에서의 평생교육 추진체계는 교육감소속 하에 평생교육협의회를 설치하고, 전담기구로 평생교육센터, 지역평생교육정보센터, 평생학습관의 3단계 체계를 두었다. 말하자면, 교육감 중심의 평생교육 추진체계가 근간을 이루었다(이정석·임호, 2013). 이것이 2007년 평생교육법 전면 개정과 함께 평생교육 진흥에 대한 국가와 지방자치단체의 책무를 강조하고 평생교육의 제도와 영역이 구체화되면서 추진체계가 정비되었다. 평생교육진흥원의 설립으로 분산 운영되던 평생교육 추진체계가 통합되었다. 평생교육서비스의 전문성과 책무성 확보를 위해 평생교육진흥원 전담기구를 설립하여 국가수준(국가평생교육진흥원), 광역수준(시·도평생교육진흥원), 기초단체의 평생학습관으로 이어지는 3대 전담기구의 운영형태를 확립하는 계기가 되었다(최은수, 2012). 평생교육법 개정으로 국가수준, 시·도수준과 시·군·구 수준으로 이어지는 수직적 연계체계와 평생교육협의회를 통한 수평적 연계체제를 확보하는 계기가 되었다(이상용, 2011).

이와 같이 평생교육 추진체계는 국가와 지방자치단체, 전담기구 및 협의기구 등이 유기적으로 협력하는 다층적 구조로 법령과 정책에 따라 개선·발전해 왔다. 그럼에도 불구하고 정부부처 간 단점을 극복하는 평생교육 거버넌스의 협업 및 전달체계 강화, 모든 계층을 아우르는 학습지원 인프라 구축, 평생교육 추진 주체 간 법·제도 및 재정측면에서 협력과 이행근거 마련 등의 노력이 필요하다(김태준 외, 2011). 뿐만 아니라 평생교육 진흥을 위한 맥락구조 개선을 위하여 국가와 지방자치단체의 책무강화, 평생교육진흥을 위한 지방의 재정확보, 평생교육 진흥의 효율성 담보 등이 이루어져야 하고, 평생교육 진흥을 위한 계획수립, 위원회·협의회 설치, 전문기관 운영 등을 포함한 운영구조 개선이 함께 이루어져야 함도 지적하고 있다(고영상, 2012).

앞으로도 국가와 지방자치단체가 지역의 평생교육 진흥을 위해 연계·협력을 할 수 있는 방향으로 주체별 역할을 확대·강화해 나가야 할 것이다. 법령 정비, 전문성 강화, 네트워크 구축, 디지털 전환 등을 포함하는 미래지향적 체제의 구축 노력은 계속되어야 한다. 궁극적으로 평생교육 추진체계의 구축이란 국가(National)−지방(Regional)−지역사회(Local)가 유기적으로 연결된 행·재정 지원체제를 통해 모든 국민이 언제, 어디서나 평생학습의 기회를 보장받는 시스템을 갖추는 것이다. 환언하면, 이는 평생교육의 이념이 실제로 구현되는 사회적 기반을 마련한다는 데 그 의의가 있다. 재론의 여지없이 평생교육추진체계를 완벽하게 구축하는 정책은 평생교육 정책의 전담체계 확립은 물론 정책의 성과제고를 위해서도 반드시 추구되어야 하는 중요한 정책의 하나이다.

(5) 국가평생교육진흥원 설립

'국가평생교육진흥원의 설립'이라는 정책은 사실 상기한 평생교육 추진체계 구축이라는 정책에 포함되어 있다고도 볼 수 있다. 국가평생교육을 전담하고 있는 기구라는 점에서 이미 언급하였지만, 기관이 수행하고 있는 기능과 역할이 광범위하고 많은 정책사업의 성과 여부에 지대한 영향을 미치고 있다는 점에서 별도 정책 사례의 하나로 다루고자 한다.

국가평생교육진흥원은 2007년 개정 평생교육법에 따라 2008년 1월 평생교육진흥원으로 설립되었다. 설립 당시에 한국교육개발원의 평생교육센터와 학점은행센터, 한국방송통신대학의 독학학위검정원을 합하여 하나의 기관으로 출범한 것이다. 이 기관이 탄생하게 된 가장 큰 이유는 평생교육지원을 위한 3대 전담기구인 국가수준의 평생교육진흥원의 설치가 필요했기 때문이었다. 설립 당시 평생교육진흥원이던 기관 명칭도 2014년 7월부터 국가평생교육진흥원으로 변경되어 오늘에 이르고 있다.

평생교육법 제19조 제4항에 국가평생교육진흥원이 수행해야 하는 업무가 명시되고 있다. 제1호 평생교육진흥을 위한 지원 및 조사업무에서부터 제13호 그 밖에 진흥원의 목적 수행을 위해 필요한 사업에 이르기까지 광범위한 업무를 수행하고 있음을 알 수 있다. 국가평생교육진흥원의 누리집(www.nile.or.kr)에서 기관이 수행하고 있는 업무를 다음과 같이 요약·제시하고 있다.

■ 평생교육 기회 확대

- 지역중심의 평생학습생태계 강화, 성인문해력 향상, 전 국민의 학습격차 완화를 통해 평생교육 기회 확대
- 평생교육 이용권, 성인문해 교육지원, 지역 평생교육 활성화

■ 다양한 성장 경로와 역량 향상 기회 제공

- 학점학위 과정 확대와 평생교육 전문가 역량강화를 통해 다양한 성장 경로와 역량향상 기회를 제공
- 평생교육사 자격제도, 학점은행제, 독학학위제, 평생교육 검정고시 지원

■ **디지털 평생교육체제 전환**

- 디지털 평생교육 플랫폼 구축, 디지털 평생교육 콘텐츠 다양화, 디지털 지원시스템 제도화를 통해 디지털 평생교육체제로 전환
- 평생학습계좌제, 매치업, 온국민 평생교육배움터, K-MOOC, 재직자 AI·디지털 집중과정

■ **뉴노멀 대응 평생교육 체질 개선**

- 대학 평생교육 활성화, 학교평생교육 체계적 지원을 통해 뉴노멀에 대응하는 평생교육 체질 개선
- 다문화교육 활성화 지원, 대학 평생교육 체제 지원, 학부모·자녀 교육 역량 강화

이와 같은 업무를 수행하고 있는 국가평생교육진흥원은 한국의 평생교육 정책이 제도적으로 정착하고 발전하는 데 있어 핵심적인 역할을 수행해 온 기관임은 분명하다. 이 기관은 국가의 평생학습생태계 조성과 평생교육 문화의 확산을 위한 노력과 함께 그 제도화·지속화에도 중추적 역할을 수행해 왔다. 보다 구체적으로 국가차원의 평생교육 체계 구축, 평생교육 제도적 기반구축, 종합정보시스템 등과 같은 평생학습정보 및 인프라 제공, 평생학습문화 확산 및 우수사례 발굴·확산 등 광범위한 사업을 수행해 왔다.

국가평생교육진흥원은 우리나라 평생교육의 발전에 대한 많은 기여에도 불구하고, 교육행정과 일반행정 간 행정체계의 분리로 인한 정책 및 운영상의 갈등과 혼란이 상존하고 있음도 부인할 수 없다. 즉 국가평생교육진흥원과 시·도평생교육진흥원 간의 정책의 실효성 및 연계의 미흡이 지적되고 있다. 더 나아가 이러한 한계가 보완되지 않는다면 변화하는 사회적 요구에 대한 선제적 대응도 미흡할 것이라는 우려를 해소하기 어려울 것이다. 이러한 한계와 우려는 원초적이고 구조적인 현상에서 제기되는 것이라 할지라도 이를 극복하기 위

한 도전적인 노력은 지속되어야 한다.

4. 평생교육 정책의 발전과제

1) 평생학습 참여율 제고와 학습격차 축소

평생학습의 성과를 가늠할 수 있는 가장 대표적인 지표가 학습참여율이라 할 수 있다. 학교교육의 경우 취학률 이외에도 학업성취도, 학업태도, 학업만족도 등 여러 가지를 나열할 수 있지만 평생학습의 경우는 시계열로 조사·보고되고 있는 대표적인 지표가 참여율이라고 하겠다. 따라서 이러한 학습참여율이 어느 정도 수준에 도달하고 있느냐가 문자 그대로 평생교육의 발달 수준을 제시하는 척도가 된다. 학습참여율 수준이 낮다면 인적·물적투자를 비롯하여 여러 가지 정책·지원 등을 확대해야 한다. 반면에 평생학습의 발전을 위하여 어려가지 정책·지원 여건 등을 확충해 왔음에도 그 성과지표인 학습참여율이 계속 낮게 나타난다면 그 부문에의 투자 확대 논리는 설명력이 약화될 수밖에 없다. 이와 같은 양면적인 성격을 띠고 있는 것이 유일한 성과지표인 평생학습참여율이라 할 수 있다. 이러한 점에서 평생학습 참여율이라는 지표가 평생교육 정책에 주는 시사는 대단히 크다 하겠다.

성인(25~79세)의 평생학습의 참여율을 보면, 2019년 41.7%를 정점으로 '20년 40.0%, '22년 28.5%, '23년 32.3%, '24년 33.1%로 나타나고 있다(한국교육개발원, 2024). '22년의 경우 COVID-19의 영향으로 감소하고 있으며, '23년도부터는 약간씩 증가하고는 있으나 COVID-19 이전의 수준을 회복하지는 못하고 있다. 참고로 이러한 성과를 올리기 위해 참여한 학습자수는 연인원으로 1,838만 명에 이르고, 평생교육 프로그램도 16만 5,485개에 달하고 있으며, 이는 지속적으로 증가추세를 보이고 있다(교육부·국가평생교육진흥원, 2024: 108). 이러한 지표를 OECD 수준과 비교하면 아주 낮은 수준을 보이고 있음을 알 수 있다. 우리나라의 25~29세의 참여율은 7.9%로 OECD 평균 16.2%의 절반 수준에 지나지 않고 있으며, 30~39세의 경우도 1.7%로 OECD의 6.9%보다 현저히 낮음을 알 수 있다. 40세 이상의 경우도 0.4%로 OECD의 평균 1.5%에 미달하는 수준을 보이고 있다(한국교육개발원, 2024: 142-143). 이러한 평생교육 참여 정도는 사회적 차원의 성과와도 밀접한 관점이 있는 것으로 알려져 있는데, OEDC 국가들의 평생교육의 참여율은 당해 국가의 GDP, 사회적 네트워크, 사회참여에 긍정적인 영향을 미치는 것으로 나타나고 있다(최돈민, 2013).

이와 같은 참여율을 세분해 보면 다음과 같은 경향이 나타나고 있다(한국교육개발원, 2024: 150).

- 여성(33.5%)이 남성(31.2%)보다 높게 나타나고 있다.
- 20대(44.8%), 70대(23.0%)로 연령이 높을수록 낮게 나타나고 있다.
- 중졸 이하(22.1%), 대졸 이상(39.9%)으로 학력이 높을수록 높은 수준을 보이고 있다.
- 150만 원 미만(21.2%), 500만 원 이상(36.1%)과 같이 소득수준이 높을수록 높게 나타나고 있다.
- 농어촌(31.7%)보다 광역도시(32.7%) 일수록 높게 나타나고 있다.
- 비경제 활동(25.7%)보다 취업(34.0%)과 같이 경제활동을 할수록 높게 나타나고 있다.
- 취약계층(22.0%)일수록 그렇지 않은 계층(32.8%)보다 낮은 수준을 보이고 있다.

이상에서 같이 평생학습의 참여율은 전체적으로 그 수준이 낮을 뿐만 아니라 성별, 연령, 소득수준, 학력수준, 경제활동 여부 등에 따라 격차도 상존하고 있음을 알 수 있다. 따라서 다양한 계층간의 학습참여 요인들을 다각적으로 분석하여 참여율 증진과 그 격차를 축소하기 위한 노력이 무엇보다도 선행될 필요가 있다. 말하자면, 다양한 평생학습의 수요를 충족시킬 수 있는 프로그램의 개발·확장이 이루어져야 한다. 이와 함께 학습자의 교육기회를 확대하기 위한 경제적 보완책, 디지털 교육기회 확대 등을 통한 정책적 노력이 경주되어야 한다. 한마디로 이는 평생학습 참여의 계층 간 불평등 해소를 위한 노력이 선행되어야 함을 시사하고 있는 것이다.

2) 평생교육 재정의 안정적 확보와 구조개선

2025년도 예산기준으로 교육부 예산규모는 104조 8,684억 원인데, 그중 평생·직업교육 부문예산은 1조 1,023억 원으로 전체의 1.05% 수준에 지나지 않고 있다. 이는 한마디로 교육부 예산 중 평생·직업교육 예산이 대단히 영세한 수준임을 시사하고 있는 것이다.

이러한 평생·직업교육 예산은 크게 6가지 내역으로 구성되고 있다. 인적 자원정책 기반강화, 평생·직업교육체제 구축, 국제교육협력 증진, 국립국제교육원 지원, 산학연 협력 활성화, 정보활용 활성화 지원이 그것이다. 이 중 산학연 협력 활성화 부문에 6,931억 원을 편성하여 전체의 62.9%를 차지하고 있다. 따라서 전 국민을 대상으로 하는 평생교육의 활성화를 위해 투자될 수 있는 평생·직업교육체제 구축 예산은 전체 평생교육 예산의 6.6%에 지나지 않고 있으며, 이는 전체 교육부 예산 대비 0.06% 수준이다(교육부, 2025).

교육부 이외의 타 부처의 예산 중 평생·직업교육비 지출 비중을 보면, 고용노동부 5.36%, 과학기술정보통신부 9.44%, 보건복지부 2.28%, 통일부 5.44%, 문화체육관광부 2.23% 등이다(김민정, 2022). 물론 이러한 숫치는 상대적인 비중이기 때문에 이 자체가 평생·직업교육의 예산 규모의 크고 작음을 나타낸다고 보기는 어렵다. 그럼에도 불구하고 교육부 이외의 중앙부처도 평생교육 예산을 편성하는 곳이 많음을 알 수 있으며, 전체 예산에서 차지하는 비중은 모두 높게 나타나고 있다. 한마디로, 평생교육을 총괄하는 교육부의 평생교육 예산이 대단히 영세하다는 지적을 피하기는 어렵다고 본다.

한편, 교육부 예산 중 대종을 이루는 지방교육재정교부금은 시·도교육청으로 교부되어 시·도 자체 재원과 함께 세출예산으로 편성되고, 그중 일부가 지방 평생교육예산이 된다. 이러한 과정을 고려하면, 우리나라 평생교육 부문에 투자되고 있는 재정의 규모를 교육부 예산만 가지고 논하기에는 한계가 있다. 따라서 중앙 각 부처의 예산, 시·도교육청 예산, 시·도 예산, 시·도 평생교육진흥원, 시·군·구 평생학습센터, 평생교육기관 등의 자체예산 등을 합산, 순계로 산출하는 평생교육 재정에 대한 종합적인 분석이 시도될 필요가 있다. 이는 평생교육 재정의 중복·낭비 요인을 제거하여 그 효율을 제고할 수 있는 첩경이 될 뿐만 아니라 재정 확보의 전제가 되어야 한다는 점에서 우선적으로 이루어져야 하는 사항이다.

그럼에도 불구하고 위에서 기술했듯이 100조 원이 넘는 교육부 예산 중 1조 원 남짓을 평생·직업교육 예산에 투자하고 있다는 것이 결국 적정하다고 볼 수는 없다. 평생교육의 개념 범주는 논외로 하더라도 교육기본법 하에 초·중등교육법, 고등교육법, 평생교육법이라는 교육3법 체제를 두고 교육을 운영·지원하고 있는데, 이 중 전체예산의 1%만을 평생교육법 소관에 배분하고, 99%는 초·중등교육법과 고등교육법 소관 예산으로 편성되고 있다는 현실이 타당하지도 않을 뿐만 아니라 어떠한 논리로도 설명될 수가 없다고 본다.

그동안 평생교육 재정의 확충을 위한 다양한 연구들이 수행되었다(강대중, 2022; 김민정·남수경, 2023; 김민희·최희용, 2024; 김현곤, 2022; 남수경, 2022; 남수경·김현수·양병찬, 2023; 이상훈, 2024). 이러한 연구들에서 제시하고 있는 대부분의 방안은 평생교육의 진흥을 위해 교육부 예산을 확충·지원해야 한다는 주장과 함께 기금신설, 바우처(이용권) 확대, 특별회계 확대 등도 제시하고 있다. 물론 재정의 효율화를 통한 재원 확충 효과도 언급하고 있다.

그러나 재정의 규모가 열악한 수준인 것은 분명하지만, 그렇다고 다다익선식의 주장은 선언적인 의미의 주장으로 끝날 수밖에 없으리라고 본다. 중앙부처 간, 중앙과 지방 간, 교육행정과 일반행정 간, 광역단체와 기초단체 간 평생교육진흥사업의 성격과 구조 등을 고려하여 재정소요의 추정과 함께 기능별 재정의 분담원칙을 수립하는 것이 우선될 필요가 있다. 그 다음으로 이러한 분담원칙의 법제화 등이 구체적으로 명시되어야 할 것이다.

3) 평생교육 정책 추진체계 및 거버넌스 강화

평생교육의 추진체계는 중앙–지방–교육현장으로 이어지는 다층적인 구조와 기반위에 구축되어 있다. 따라서 중앙정부, 지방정부 및 민간이 유기적으로 협력할 수 있는 체계적 거버넌스 구축이 필요하다. 이를 위해 우선 부처별 이기주의와 분할주의를 극복하고, 범부처적 협력과 지역 중심의 평생학습지원체계가 강화될 필요가 있다. 이는 각 부처에서 어떠한 평생·직업교육 정책사업이 어느 정도 규모로 어떻게 추진되고 있는가의 파악을 불가능하게 하여 결국 국가 전체의 종합분석 및 대책의 어려움을 방지하자는 것이다. 한 예로 평생교육 진흥위원회 중심의 정책 기획·심의·조정 등이 확대되고, 지자체의 실질적인 지원체계가 마련될 필요가 있다.

더 나아가 「대한민국 평생교육 연대」는 중앙정부 평생교육 체계의 혁신과 실질화가 절실하기 때문에 국무총리 소속 「평생교육처」를 정부조직으로 신설하여 전 부처의 평생직업교육 관련 정책을 총괄·조정하여 통합적으로 추진해야 함을 제안하고 있다(대한민국 평생교육 연대, 2025). 이와 함께 대통령 소속 국민평생교육 거버넌스 기구 설치(또는 교육위원회) 및 관계 부처 간 평생교육 정책협의회 기능 강화도 제안하고 있다.

다음으로 평생교육법의 법적 성격을 재검토하여 교육전반의 연계와 통합이 이루어져야 할 것이다. 현행 초·중등교육법, 고등교육법 및 평생교육법을 통합하는 교육기본법을 평생교육법으로 대체하는 논리에 대해 광범위한 논의를 전개해야 할 것이다(김태준, 2022). 이는 사실상 평생교육법을 상위법으로 하자는 논리이기 때문에 개념적·실제적으로 많은 논의가 이루어져야 하고 사회적 합의가 전제되어야 할 것이다. 이와 관련하여 헌법 제31조에 규정된 누구나 언제나 배울 권리와 국가의 평생교육진흥 책무를 명료하게 하기 위해 「평생학습기본법」을 제정해야 한다는 구체적인 제안도 있다(대한민국 평생교육 연대, 2025).

4) 대학의 평생교육기능 활성화

향후 한국의 평생교육기능이 활성화되기 위해서는 대학의 역할이 강화되어야 한다. 적어도 지금까지는 성인학습자가 고등교육기관에 참여하기 위해서는 3가지 허들을 해결해야 했다. 즉 성인학습자가 고등교육기관에 참여할 때 "차단" 현상, 참여 이후의 "분리" 현상, 그리고 이수 이후의 "비효과" 현상이 지속적으로 나타나고 있다(이상훈, 2023: 14). 이러한 문제는 성인학습자가 대학에 접근하기조차 어려우며, 대학에서 원하는 성과를 얻기 어렵게 하고, 대학이 실제로 성인학습자에게 제공하는 교육이 그들의 삶과 경력에 긍정적인 영향을 미치지 못하는 경우가 많았음을 시사하는 것이다.

앞으로 대학이 평생교육 정책의 진흥을 위해서 기능해야 할 과제는 다양하지만 적어도 다음과 같은 원칙은 반드시 견지될 필요가 있다.

첫째, 앞으로 대학은 성인학습자와 친화적인 교육기관으로 전환할 필요가 있다. 대학은 그동안의 학령기 중심 교육에서 벗어나 성인학습자, 재직자, 지역주민 등 다양한 학습자의 요구에 부합하고, 맞춤형 교육과정을 개발하고 유연한 학사제도를 도입·적용해 나가야 할 것이다. 궁극적으로 대학에 성인도 쉽게 접근할 수 있어야 한다(관계부처 합동, 2022).

둘째, 대학은 지역사회 및 산업체와의 연계를 강화해야 한다. 대학–지자체–기업이 상호협력하여 지역특성에 맞는 학습수요를 발굴하여 지역 맞춤형 평생학습체계를 구축하고 지역 주민의 삶과 밀착된 평생학습기회를 제공해야 할 것이다. 지역과 대학의 연계·협력 성숙도 향상이 대학평생교육 기능 활성화의 핵심이다(안현용, 2024).

셋째, 평생교육의 질적 성장을 주도해 나가야 할 것이다. 대학은 다양한 사회의 요구에 부응하는 융합형, 실용형 학문영역을 창출할 뿐만 아니라 산학 협력형 학과개설, 경험기반의 전공 개설·운영 등 창의적·선도적 평생교육 운영 모형을 선도해 나갈 필요가 있다.

넷째, 대학은 지역, 정부, 산업계 등 다양한 주체와 협력적 거버넌스를 구축하여 평생교육 생태계의 중심적 역할을 담당해야 한다(국가평생교육진흥원, 2025).

이상에서와 같이 한국의 평생교육이 한 차원 높게 발전하기 위해서는 대학의 역할이 지금보다는 한층 더 강조되어야 할 것이다. 또 그러한 전제하에서 대학의 기능강조를 제안하고 있다. 무엇보다도 대학이 폐쇄적인 성격에서 벗어나 평생학습 지향적인 성격으로 변화하지 않으면 안 된다. 평생학습 친화형 대학을 구축하기 위해 주말대학 도입, 지역사회 찾아가는 대학, 성인학습자에 대한 학자금 융자도입, 기업의 인력 육성과 자격제도 연계 프로그램 지원 등도 고려해 볼 수 있다(박태준 외, 2005). 그럼에도 불구하고 미래의 대학은 어떻게 개념화하고 어떠한 방향하에 운영할 것인가에 대해서는 유보하고 있다(이상훈, 2023: 14-15). 환언하면, 평생교육의 관점에서 대학의 기능을 어떻게 확장·전환 할 것인가에 대해서는 논외로 하고, 평생교육의 기능을 확장 수용해야 한다는 당위론적인 주장만 계속되고 있는 실정이다. 이 같은 주장만 계속하면서 앞에서 언급한 대학의 평생교육에 대한 3가지 허들은 해소해 나가지 않는다면 대학 평생교육 기능의 활성화는 기대하기 어려울 것이다. 환언하면, 제5차 기본계획에서 제시하고 있듯이 앞으로의 대학은 학령기 학위과정 중심의 평생학습에서 재교육·향상교육의 상시 평생학습플랫폼으로 대전환되어야 할 것이다.

5) 평생교육에 대한 국민인식 제고 및 평생학습문화 정착

평생교육에 대한 국민의 인식과 문화정착은 개인의 삶의 질 향상, 사회의 지속적 발전, 국가 경쟁력 강화, 교육의 평등실현 등 다방면에서 핵심적이다. 국민 모두가 평생교육의 가치를 인식하고 실천할 때만이 변화하는 미래사회에 능동적으로 대응하고 보다 나은 사회를 만들어 갈 수 있는 것이다. 그렇기 때문에 평생교육에 대한 국민의 인식제고 및 평생학습문화의 정착·발전은 평생교육의 발전을 가늠하는 척도가 될 수도 있다. 따라서 국가나 지방정부도 이를 위한 노력을 게을리해서는 안 되리라고 본다. 그럼에도 불구하고 이러한 발전 과제가 쉽게 달성될 수 있는 것은 절대 아니다.

우선, 평생교육에 대한 국민의 인식을 제고해 나가기 위해서는 평생학습을 국민 모두의 실질적인 권리로 전환해 나가도록 해야 할 것이다. 그동안 평생학습은 일부 계층의 복지로 인식되던 행태에서 벗어나 전국민의 권리로의 인식전환이 필요하다. 물론 이를 위해 정부는 평생학습의 필요성을 다각적으로 설파해야 할 것이다. 이와 함께 평생학습의 필요성과 중요성을 적극적으로 알리고, 소외계층과 취약계층을 대상으로 하는 국가적 캠페인도 병행해 나가야 할 것이다(국가평생교육진흥원·유네스코한국위원회, 2021).

우리가 평생학습의 개념을 온전히 수용하려면 학습과 교육은 "전 생애(Life-long)"에 걸쳐 일어나고, "삶의 전 영역(Life-wide)"에 걸쳐서 일어난다는 사실을 사회가 다시 생각해야 한다(국가평생교육진흥원·유네스코한국위원회, 2021: 40). 뿐만 아니라 평생학습을 통해서 얻은 성과가 노동시장이나 사회에서 공식적으로 인정받을 수 있도록 국가역량체계 개선이나 학습경험 인정제도 확산 등 제도적 장치도 마련되어야 할 것이다.

평생학습문화의 정착이란 단순한 교육 정책이 아니라 사회 전체가 학습의 일부로 받아들이고, 이를 통해 개인과 공동체가 함께 성장하는 지속가능한 사회를 만드는 핵심적 과정이다. 보다 구체적으로 모든 국민이 언제, 어디서나 배우고 가르치는 것이 자연스럽고 당연한 사회 분위기 속에서 자연스럽게 학습을 실천하고, 학습이 삶의 질을 향상시키는 중요한 가치로 인정받는 상태가 평생학습문화의 정착이라 할 수 있다.

국민의 인식제고와 함께 평생학습문화를 뿌리 내리기 위해서는 평생학습의 중요성과 필요성을 알리는 대국민홍보 및 캠페인을 강화해 나가고, 학습도시 활성화, 지역 학습네트워크, 공공기관과의 협력 강화 등 지역중심의 평생학습 생태계 조성 노력을 경주해 나갈 필요가 있다. 이와 함께 지자체·대학·기업의 연계 체제를 강화하고, 맞춤형·디지털 평생학습 기회 확대, 평생학습 네트워크 및 정보공유체제 구축 등이 이루어져야 할 것이다. 이러한 노력이 지속적으로 이루어진다면 평생학습에 대한 국민의 인식이 바뀌고, 평생학습이 국민의 일상 속 문화로 자리 잡을 수 있으리라고 본다.

용어정리

- **학력보완교육:** 정규학교 교육을 받지 못한 사람에게 학력을 보완해주는 성인문해교육 등 읽기, 쓰기, 셈하기 등 기초 문해력을 제공하는 교육(예: 검정고시, 성인 초·중학교육)
- **성인문해교육:** 성인에게 읽기, 쓰기, 셈하기 등 기초 문해력을 제공하는 교육
- **직업능력 향상교육:** 직업과 관련된 지식과 기술을 습득·향상시키기 위한 교육(예: 자격증, 직업훈련)
- **성인 진로개발역량 향상교육:** 성인이 자신의 경력 개발, 직업 탐색, 전직 및 재취업, 경력 전환, 평생직업설계 등을 위해 필요한 진로 관련 지식, 기술, 태도(역량)를 체계적으로 향상시키는 교육
- **인문교양교육:** 인문학적 소양과 교양을 함양하는 교육(예: 문학, 철학, 역사 등)
- **문화예술교육:** 예술적 감수성과 창의성을 기르는 문화·예술 관련 교육(예: 미술, 음악, 연극 등)
- **시민참여교육:** 시민의식, 사회참여, 민주주의 역량을 키우는 교육(예: 자원봉사, 지역사회 활동 등)
- **평생교육 정책:** 국가나 지방자치단체가 국민 또는 교육 관련 집단을 대상으로 평생교육의 목적 달성을 위해 수립·실행하는 기본 방침 또는 지침(헌법, 교육기본법, 평생교육법 등)
- **평생학습도시:** 언제, 어디서나, 누구나 원하는 학습을 즐길 수 있도록 개인의 자아실현, 사회적 통합, 경제적 경쟁력 제고, 삶의 질 향상을 위해 지역사회 전체가 학습공동체로 기능하는 도시
- **평생교육시설:** 평생교육법에 의해 인가, 등록, 신고 또는 설치 보고된 시설로서, 평생교육을 주된 목적으로 하는 시설, 법인 또는 단체, 평생교육을 제공하는 기관(평생학습

관, 대학 평생교육원, 주민자치센터 등)

- **평생교육이용권(평생교육 바우처):** 저소득층 등 취약계층의 성인학습자에게 평생교육 강좌 수강료 등을 지원하는 정부의 교육복지 정책
- **계속교육, 추가교육, 성인교육, 순환교육 등:** 각각 성인기 이후의 지속적 학습, 산업화에 따른 추가적 학습, 성인 대상 교육, 생애주기별 반복적 학습을 의미

단원학습문제

객관식 문제

1. 다음 중 「평생교육법」상 평생교육의 개념에 가장 부합하는 설명은 무엇인가?

① 학교의 정규교육과정만을 포함하는 모든 교육활동
② 학교의 정규교육과정을 제외한 학력보완교육, 성인문해교육, 직업능력 향상교육, 인문교양교육, 문화예술교육, 성인 진로개발역량 향상교육, 시민참여교육 등을 포함하는 모든 형태의 조직적인 교육활동
③ 오직 직업능력 향상을 위한 교육
④ 아동 및 청소년만을 대상으로 하는 교육

2. 우리나라의 평생교육 법제화가 처음으로 마련된 시기는 언제인가?

① 1972년 평생교육 개념이 처음 도입된 시기
② 1982년 사회교육법이 제정된 시기
③ 1999년 평생교육법이 제정된 시기
④ 2007년 평생교육진흥원이 설립된 시기

3. 우리나라에서 정부 차원의 평생학습도시 조성사업을 처음 시행한 연도는?

① 1994년 ② 1999년
③ 2001년 ④ 2007년

4. 우리나라 평생교육 정책의 사례 중 기본 골격에 해당한다고 판단되는 것은?

① 평생교육법 제정 ② 평생교육진흥기본계획 수립 · 추진
③ 평생학습도시 정책 ④ 시 · 도평생교육진흥원 설립

5. 현재(2025년 기준) 우리나라에서 시행 중인 평생교육진흥 기본계획은 몇 차에 해당하는가?

① 제2차 ② 제3차
③ 제4차 ④ 제5차

6. 평생교육법 전면개정으로 평생교육이 교육감 소관에서 지방자치단체로 그 책무가 확대된 시기는?

① 1999년도 ② 2000년도
③ 2007년도 ④ 2013년도

7. 평생교육 추진체계 구성요소 중 국가평생교육진흥원은 어느 요소에 해당하는가?

> 평생교육 추진체계 구성요소에는 심의 · 협의기구, 행정기구, 전담기구로 구분하고 있다. 국가차원의 의결심의기구, 정책을 실행하는 중앙부서, 정책과 현장을 잇는 가교 역할을 하는 전담기구가 있다.

① 심의 · 협의기구 ② 행정기구
③ 전담기구 ④ 평생학습관

8. 다음 중 대학의 평생교육 기능 활성화에 대한 설명이 아닌 것은?

① 대학은 성인학습자와 친화적인 교육기관으로 전환할 필요가 있다.
② 대학은 지역사회 및 산업체와의 연계를 강화해야 한다.
③ 대학은 지역, 정부, 산업계 등 다양한 주체와 협력적 거버넌스를 구축, 중심적 역할을 담당해야 한다.
④ 대학은 학령기위주의 학위 취득을 강화 · 유지해야 한다..

9. 대한민국 평생교육 연대 결성에서 가칭 '평생교육처' 신설을 제안하고 있는데, 이의 소속은?

① 교육부 ② 행정안전부
③ 문화관광부 ④ 국무총리

10. 현행 평생교육법을 상위법으로 해야 한다는 논의가 이루어지고 있는 가장 주된 배경은?

① 평생교육법은 교육부 정책을 실행하는 법령으로 적합하기 때문에
② 현행 평생교육법이 학교 정규교육과정을 제외한 법령이어서
③ 현행 평생교육법은 중앙정부의 정책을 실행하는 법령으로 적합하기 때문에
④ 각 부처에서 추진되는 평생교육 정책을 총괄 · 조정하는 통합적 추진을 위해

주관식 문제

1. 5 · 31 교육개혁(안)이 평생학습정책에 미친 영향이 무엇인지 대해 설명하시오.

2. 우리나라 평생교육 정책 변천과정을 태동기에서 확장기까지 시대별로 개관 · 설명하시오

3. 평생교육진흥기본계획 수립 · 추진이 평생교육의 발전에 주는 의미를 설명하시오.

4. 제5차 평생교육진흥기본계획에서 강조하고 있는 핵심 키워드가 무엇인지 나열하시오.

5. 유네스코는 '평생학습'의 개념을 4개 영역으로 규정하는 소위 평생학습 4기둥론을 제시하고 있는데, 이를 설명하시오.

정답 및 해설

1. 정답: ②

평생교육법 제2조(정의) '평생교육이란 학교의 정규교육과정을 제외한 학력보완교육, 성인문해교육, 직업능력 향상교육, 인문교양교육, 문화예술교육, 성인 진로개발역량 향상교육, 시민참여교육 등을 포함하는 모든 형태의 조직적인 교육활동을 말한다'고 규정하고 있다.

2. 정답: ②

1980년대 헌법에 처음으로 "국가는 평생교육을 진흥하여야 한다"는 내용의 명시와 함께 1982년 사회교육법 제정으로 사회교육의 개념과 국가의 책임을 처음으로 규정하였다.

3. 정답: ③

우리나라 평생학습도시 조성사업이 공식적으로 시작된 시기는 2001년입니다. 이 해에 정부(교육인적자원부)가 광명시, 전북 진안군, 대전 유성구를 최초로 평생학습도시로 지정하며 국가 차원의 평생학습도시 조성사업을 본격적으로 추진하기 시작했다.

4. 정답: ①

제시된 4가지 사례는 모두 평생교육 정책에 해당하는 내용이라 할 수 있지만, 그중에서도 가장 기본적이며 정책의 골격에 해당되는 것은 평생교육법 제정이라 할 수 있다. 모든 정책은 법과 제도에 의해 표출된다는 점을 상기할 필요가 있다.

5. 정답: ④

평생교육진흥기본계획 수립 · 추진은 5개년 계획으로 제1차(2002~2006)에서부터 제2차(2008~2012), 제3차(2013~2017), 제4차(2018~2022)를 거쳐 현재 제5차(2023~2027) 계획이 추진 중에 있다.

6. 정답: ③

1999년에 사회교육법 폐지와 함께 평생교육법이 제정되었고, 이는 2007년에 전면 개정되었다. 이 개정법률에 교육감 소관 평생교육 책무가 지방자치단체로 이관되면서 시 · 도지사 소관의 시 · 도평생교육진흥원이 설치 또는 지정 · 운영하기 시작하였다.

7. 정답: ③

국가평생교육진흥원은 평생교육 추진체계 중 국가수준의 전담기구에 해당하며, 시 · 도수준의 평생교육진흥원, 시 · 군 · 구 평생학습관, 읍 · 면 · 동 평생학습센터에 이르기까지 전담기구 운영 형태를 구축하고 있다.

8. 정답: ④

초고령사회 진입과 함께 AI 등 디지털 기반사회로 접어들면서 대학은 더 이상 학령기 학습자의 학위중심 시대는 아니다. 대학은 지역사회와 함께 위의 1~3번과 평생교육의 질적 성장을 주도해 나가야 할 것이다.

9. 정답: ④

대한민국 평생교육 연대 결성을 통해 "모든 국민의 배움 권리 보장을 위한 평생학습"이란 큰 틀에서 국무총리 소속 「평생교육처」의 신설을 제안하고 있다.

10. 정답: ④

현행 평생교육법은 교육기본법하의 초 · 중등교육법, 고등교육법과 함께 교육3법의 하나로 구성되어 있다. 따라서 동법은 교육기본법하에서의 상층은 물론 정부 각 부처에서 수행하는 평생교육법 관련 정책의 통합 · 조정을 어렵게 하고 있다. 따라서 이를 통합적으로 확대 추진하여 그 효율을 제고하기 위해서는 평생교육법을 상위법으로 개편해야 한다는 논의가 제기되고 있기도 하다.

Chapter

03

평생교육 프로그램 개발의 이해

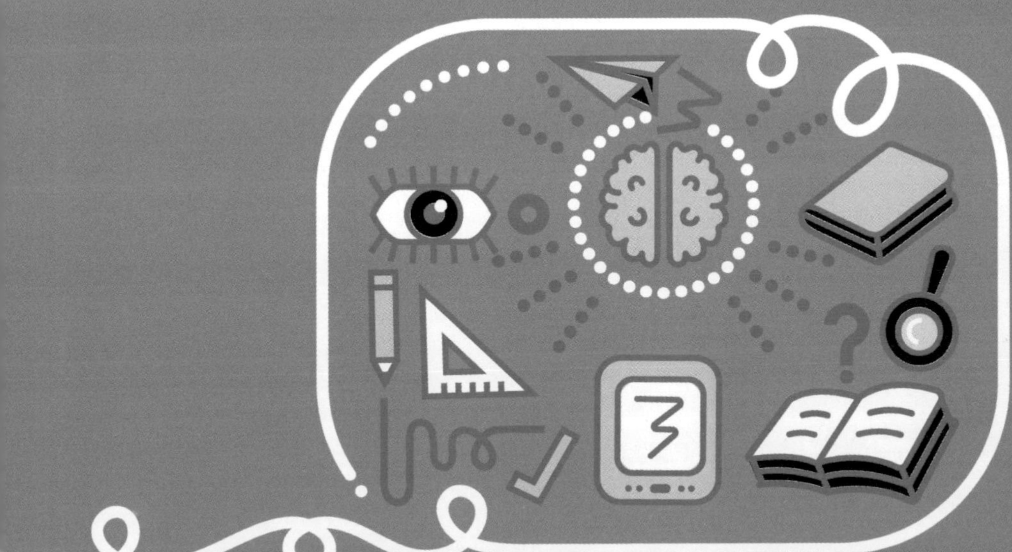

학습목표

1. 평생교육의 개념을 확인하고 설명할 수 있다.
2. 평생교육 프로그램의 의미를 이해하고 그 중요성을 설명할 수 있다.
3. 프로그램 개발의 절차를 설명할 수 있다.

단원 키워드

평생교육 프로그램, 프로그램 개발, 프로그램 기획

평생교육 프로그램 개발의 이해

1. 평생교육 프로그램의 이해

1) 평생교육의 개념과 배경

평생교육(Lifelong Education)은 전 생애에 걸쳐 형식적(Formal)·비형식적(Non-formal)·무형식적(Informal) 학습이 개인의 지속적 발전을 지원하는 총체적 교육활동이다. 이는 정규 교육을 포함하여 시민교육, 직업교육, 자기계발, 여가생활을 포괄하며 개인적, 사회적, 직업적 삶의 모든 영역에 걸쳐 지속적으로 이루어진다(UNESCO, 1972).

에드가 포르(Edgar Faure)는 1972년 유네스코에서 발표한 『Learning to Be』 보고서에서 평생교육이 개인의 전인적 성장을 위한 필수적 수단이며, 폭넓고 유연한 학습 능력을 갖추도록 하는 데 중점을 두었다. 특히, 전문 분야에 국한되지 않고 여러 분야의 지식을 융합하여 평생 동안 다양한 요구에 적응할 수 있는 역량을 강조하였다(Faure et al., 1972).

한국은 1999년 「평생교육법」을 통해 제도적 기반을 마련했고, 2000년대 중반부터 평생학습관, 온라인 평생교육 플랫폼, '국민내일배움카드' 제도 등 다양한 평생학습 지원 정책을 실행해 왔다. 최근에는 디지털 기반 학습이력 관리와 교육비 지원사업도 추진되고 있다. 2023~2027 평생교육진흥 기본계획에서는 특히 AI 기반 학습자 맞춤형 설계, 디지털 역량 강화, 지역 기반의 거버넌스 체계 구축 등을 핵심 전략으로 제시하고 있다(교육부, 2022).

현대사회의 빠른 변화와 다경력 시대의 도래로 인해 평생교육의 필요성은 더욱 증가하고 있다. 특히, 급격한 기술 발전과 노동시장 변화는 개인에게 지속적인 학습과 적응 능력을 요구하고 있다.

2) 평생교육 프로그램 정의와 특성

연구자 / 기관	정의 내용	핵심 개념 키워드
Boone, Safrit & Jones(2002)	프로그램은 사전에 계획된 일련의 활동으로, 참여자들에게 유익한 경험을 제공하고자 하는 목표지향적 활동이다.	목표 지향, 계획된 활동, 참여자 경험
Caffarella(2002)	성인교육 프로그램은 학습자의 필요를 충족시키기 위해 설계된 조직화된 학습 경험이다.	학습자 필요, 조직화된 학습
Knowles, Holton & Swanson(2016)	평생교육 프로그램은 성인을 위한 교육활동으로, 자기주도성과 경험 중심 학습에 초점을 둔다.	자기주도, 경험 중심, 성인 학습
Schroeder(1980)	프로그램은 학습자의 요구를 충족시키기 위해 목표, 내용, 방법, 일정, 장소 등을 포함하는 구조화된 교육 체계이다.	구조화된 교육 체계, 요구 기반, 구성요소 통합
권두승(2004)	평생교육 프로그램은 특정한 학습 목표를 달성하기 위해 교수자와 학습자 간의 상호작용 속에서 계획된 교육활동이다.	상호작용, 교수–학습 관계, 목표 달성

다양한 학자들은 평생교육 프로그램을 '사전에 계획된 일련의 교육 활동'으로 보며, 이 활동은 학습자의 필요나 요구를 충족시키기 위한 구조적이고 조직화된 형태라는 데 공통점을 둔다. 특히 현대의 평생교육 프로그램은 학습자 중심성, 자기주도적 참여, 경험 기반 학습, 그리고 교육의 유연한 설계와 운영을 핵심 요소로 강조한다. 이러한 정의들을 종합하면, 평생교육 프로그램은 일정한 목표와 체계를 기반으로 학습자의 삶과 맥락에 맞게 설계되는 교육 실천이라 할 수 있다.

(1) 프로그램과 커리큘럼의 비교

평생교육 프로그램과 전통적 학교교육의 커리큘럼은 목적과 내용, 접근 방식에서 근본적인 차이를 보인다. 프로그램은 실용적이며 문제 중심적 접근을 강조하며, 학습자의 요구에 따라 유연하게 변화할 수 있다. 반면, 커리큘럼은 기관 중심의 이론적이며 체계화된 접근을 중심으로 설계된다(기영화, 2004; Niemi & Nagle, 1979).

〈표 3-1〉 프로그램과 커리큘럼 비교(Niemi & Nagle, 1979)

구분	프로그램	커리큘럼
주요 관점	학습자 요구와 실생활 중심	이론적 지식과 체계화된 내용 중심
학점 인정	비학점화(자격 및 실무 중심)	학점화(학위 및 수료 중심)
설계자	학습자와 교육자 공동 협력	전문가 및 교수진 주도
주제 범위	실제 필요 및 문제해결 중심	학문적 이론과 지식 전달 중심
초점	현장 적용 가능성 중시	이론적 체계성과 일관성 중시
특징	학습자 경험 최대 활용, 요구 즉각 반영	명시적 목표, 체계적 내용 조직

(2) 평생교육 프로그램 특성

- 목표 지향성(Goal Orientation)
  - 프로그램마다 '지식(Knowledge) - 기술(Skills) - 태도(Attitudes)' 차원을 구분하여 구체적 성과 목표를 설정
  - 예: "디지털 기초역량 향상(기능 사용)", "환경 리더십 함양(태도 변화)"
- 유연성(Flexibility)
  - 학습자 특성·환경 변화에 따라 교육 내용·방법·일정을 신속히 조정 가능
  - 코로나19 팬데믹 시기에 온라인·블렌디드 학습으로 전환한 사례
- 참여성(Participation)
  - 학습자, 강사, 운영자가 기획 단계부터 평가에 이르기까지 공동 의사결정
  - 포커스 그룹 인터뷰, 학습자 대표 워크숍 등 참여적 설계 기법

• 통합성(Integration)
– 형식·비형식·무형식 학습 간 연계를 통해 학습 효과 극대화
– 예: 사전 온라인 콘텐츠→대면 실습→사후 커뮤니티 활동 연계
• 순환적 평가–환류(Evaluation & Feedback Loop)
– Kirkpatrick의 4단계 평가(반응·학습·행동·성과)를 적용하여 다면적 성과 측정
– 운영 중·후 평가 결과를 즉시 설계에 반영

이 외에도 메지로우(Mezirow)의 전환학습(Transformative Learning) 이론이 자주 인용된다. 이는 학습자가 기존의 관점(Frame of Reference)을 비판적으로 성찰하고, 새로운 의미 구조를 형성함으로써 심층적 변화를 이끌어 내는 과정을 강조한다(Mezirow, 1991).

3) 평생교육 프로그램의 유형

(1) 프로그램 개발 주체에 따른 분류

평생교육 프로그램의 유형은 개발 주체에 따라 크게 국가 프로그램과 기관 프로그램으로 나눌 수 있다(이해주 외, 2023).

〈표 3-2〉 평생교육 프로그램의 주체별 유형과 예시

구분	국가 프로그램	기관 프로그램
개발 목적	사회 통합·발전	기관 비전·목표 달성
성격	정책적	사업적
주체	정부·지자체·국책연구기관	민간·NGO·시민단체
예시	역사연극프로그램, 국토탐사활동	YMCA 청년봉사활동

첫째, 국가 프로그램은 주로 정부, 지방자치단체, 국책연구기관 등 공적 기

관이 주도하여 사회적 통합과 발전이라는 정책적 목적을 달성하기 위해 운영하는 프로그램이다. 국가 프로그램의 성격은 공익적이고 정책 지향적이며, 대체로 정부의 주요 정책 과제와 밀접히 연결되어 있다. 예를 들어, 기후환경 보호를 위한 환경교육, 사회적 약자에 대한 인식개선을 위한 장애인식 개선교육, 성인지 교육, 폭력 예방 교육, 아동학대 예방교육, 인권교육, 자살예방 교육, 정보보안 교육, 직장 내 괴롭힘 예방교육, 청렴 교육, 통일 교육 등이 대표적이다. 이러한 프로그램은 정부가 정책 목표를 직접 전달하기보다는 교육 프로그램을 통해 시민들이 자발적으로 정책 목표를 이해하고, 이를 생활 속에서 실천하도록 유도하는 방식으로 진행된다(국가평생교육진흥원, 2023). 구체적인 사례로 기후환경 프로그램의 경우를 보면, 정부가 일방적으로 자원 재활용과 쓰레기 감량을 시행하는 것이 아니라 시민들을 대상으로 분리수거 방법, 친환경 소비습관 등을 교육하여 시민 스스로 참여와 실천을 이끌어 내고 있다(환경부, 2023).

둘째, 기관 프로그램은 주로 민간단체, NGO, 시민단체 등 다양한 조직이 기관의 비전과 목표를 달성하기 위한 목적으로 개발하고 운영하는 프로그램이다. 이러한 프로그램은 특정한 사업적 목적과 비전을 이루기 위해 고안되며, 구체적인 기관의 사명과 전략에 따라 내용과 방식이 다양하게 구성된다. 예를 들어 YMCA의 청년봉사활동, 지역 커뮤니티 단체의 지역특화 문화·예술 프로그램 등이 있다(이해주 외, 2023).

결과적으로 프로그램 개발 주체에 따라 평생교육 프로그램은 사회적 목적과 기관의 목표 달성이라는 각각의 고유한 목적을 가지고 있으며, 프로그램의 설계와 운영 방식은 주체의 특성에 따라 뚜렷하게 차별화된다.

(2) 프로그램 목적에 따른 분류

학습활동을 통해 변화를 이끌고자 하며 즉, 프로그램 참여자들의 문제나 요구를 해결하고자 한다.

① 목적의 차원

〈표 3-3〉 프로그램 목적 차원에 따른 분류와 예시

차원	프로그램 목표	구체적 사례
개인	성장·발달, 생활문제 해결	교양 강좌, 퇴직 준비 교육
조직	직업준비, 조직 대응력 강화	신입사원 교육, 팀워크 워크숍
사회	사회문제 해결	환경보전·소비자 보호 교육

출처: Caffarella(1994); UNESCO APEID(1998).

② 목적의 유형

〈표 3-4〉 프로그램 목적별 유형 비교

구분	내용
문해 프로그램	기본적인 문해력과 수리력, 문제해결력, 디지털 문해력 향상, 사회구성원으로서 기본적인 역할과 업무수행능력 강화
학력인정 프로그램	기존의 형식교육에 상응하는 대안적 성격의 교육으로서 학력인정과 연계된 보충적·보완적 평생교육 프로그램
소득증대 프로그램	소득증대 활동 참여를 위한 직업기술 획득 및 향상, 빈곤 상태에 놓인 사람들을 위한 직업훈련교육 등을 포함
삶의 질 향상 프로그램	개인적·사회적 삶의 질 향상을 위한 기본적인 지식과 태도, 가치관, 기술을 습득
개인적 욕구 충족 프로그램	개인의 사회적·문화적·정신적 욕구와 건강·예술 부문의 교육적 욕구를 충족
미래지향적 프로그램	급속하게 진행되는 사회적·기술적 변화에 대처하는 데 필요한 새로운 기술과 지식, 기법을 제공

출처: Caffarella(1994); UNESCO APEID(1998). 유네스코 아테지역 사무처.

(3) 프로그램의 대상과 내용에 따른 분류

〈표 3-5〉 프로그램 대상과 내용에 따른 분류와 예시

대상별
아동
청소년(학교밖청소년 포함)
청년
중장년, 신노년
노년, 퇴직자, 은퇴자
장애인, 이주민, 다문화가정

교육내용별
기초문해교육: 한글교실, 노인대상 스마트폰 활용교육
학력보완교육: 성인검정고시
직업능력향상교육: 직무교육, 기술교육
인문교양교육: 철학, 문학, 역사 등
시민참여교육: 주민자치학교, 민주시민교육, 환경교육 등
문화예술교육: 미술, 공예, 음악, 무용, 국악, 요가, 필라테스 등
직업진로개발 역량교육: 직업전환, 퇴직자 진로설계

이러한 평생교육 프로그램의 구체적 사례는 다음과 같다.

- **성인 대상 인문학 강좌:** 평생학습관에서 제공하는 성인을 위한 인문학 강좌로, 학습자의 인문학적 소양 증진 및 자기계발을 목표로 한다.
- **주민자치회관 프로그램:** 지역 주민을 대상으로 문화, 여가, 취미생활, 시민참여 역량 강화를 목적으로 하는 교육 프로그램이다.
- **문화회관 일반인 대상 프로그램:** 지역 문화 활성화와 주민의 문화적 삶의 질 향상을 위해 음악, 미술, 연극 등의 문화예술 활동을 제공하는 프로그램이다. 최근 한 자치구에서는 뮤지컬센터를 개관하여 뮤지컬과 관련된 부분을 분절하여 프로그램화하여 지역사회와 청소년들에게 많은 호응을 받고 있다. 테스트배드처럼 이쪽을 희망하거나 희망했던 이들에게 징검다리 또는 효능감을 주고 있다.
- **고용노동부 지원 전문 직업 기술 교육(국비 지원 프로그램):** 청년층과 경력단절여성, 중장년층 등 취약계층이 직업적 역량을 확보하여 경제적 자립을 이루도록 지원하는 프로그램이다.

이러한 사례들은 평생교육 프로그램이 다양한 대상과 목적에 따라 구체적이고 실질적인 방식으로 설계되고 운영된다는 것을 보여준다(고용노동부, 2023; 국가평생교육진흥원, 2023).

4) 종합적 정의와 교육 철학

이해주 외(2018)의 정의를 토대로, 평생교육 프로그램은 교육 철학(Educational Philosophy)과 실천 전략(Practice Strategy)이 결합된 '실천적 시스템(Practice System)'으로 볼 수 있다.

〈교육 철학〉

- 인본주의(Humanistic) 관점에서 학습자의 자기실현을 강조
- 민주주의(Democratic) 관점에서 참여적 · 협력적 의사결정 지향

〈실천 전략〉

- 상황분석(Situational Analysis): 학습자 · 조직 · 사회적 환경 종합 파악
- 전략적 설계(Strategic Design): 목표 · 내용 · 방법 · 평가 통합 설계
- 유연한 운영(Flexible Implementation): 변화 대응 체계 구축
- 참여적 평가(Participatory Evaluation): 모든 이해관계자 참여

이를 통해 평생교육 프로그램은 학습자 주체성과 사회적 책임을 동시에 구현하는 핵심 메커니즘이 된다.

2. 평생교육 프로그램의 기획과 개발

1) 평생교육 프로그램 기획

평생교육 프로그램 개발은 일반적으로 기획, 설계, 실행 및 운영, 평가의 순환적 구조로 이루어지며, 이 중 기획 단계는 전체 개발 방향과 틀을 설정하는 전략적이고 필수적인 준비 과정이다(Boone, Safrit, & Jones, 2002; Caffarella, 2002).

기획 단계에서는 기관과 지역사회의 상황을 면밀히 분석하고, 명확한 목적과 목표를 설정해야 한다. 또한 적절한 개발 모델을 선택하고, 잠재적 학습자의 요구를 심층 분석해 이를 교육목표로 구체화하는 작업이 포함된다(이화정 외, 2003; Knowles, Holton, & Swanson, 2016).

특히 '기획(Planning)'과 '계획(Plan)'의 개념 구분이 중요하다. 기획은 장기적 · 전략적 목표 설정 과정이고, 계획은 이를 실현하기 위한 실행 방안, 일정, 자

원 등을 구체화하는 절차이다(Gilbert & Specht, 1977).

(1) 프로그램 기획의 개념과 중요성

Boone(1985)은 프로그램 기획을 미래지향적이고 전략적인 활동으로 정의하며, 단순한 계획 수립을 넘어 자원 배분과 운영을 통해 기관의 효율성을 증대시키는 행위라고 보았다. 그는 프로그램 기획이 정보 수집과 분석, 학습자 요구 확인 및 평가를 포함한 단계적이며 협력적인 과정임을 강조하였다.

즉, 프로그램 기획은 행정적 절차를 넘어서 다양한 구성원이 참여하는 지속적이고 집단 지향적(Collaborative & Group-oriented) 활동이며, 기관의 목표와 학습자의 요구를 효과적으로 통합하는 기능을 가진다(Boone, 1985).

한편, Gilbert와 Specht(1977)는 프로그램 기획을 특정 목표 달성을 위한 의도적이고 체계적인 전략 수립 과정으로 보았으며, 계획은 기획의 구체적 산출물로서 실행 가능한 절차와 방법을 제시한다고 설명하였다.

〈표 3-6〉 프로그램 기획(planning)과 계획(plan)의 개념적 차이

기획(planning)	계획(plan)
무엇을 할 것인가(목표)	어떻게 할 것인가(실행방법)
무엇을 만들 것인가(방향)	어떻게 만들 것인가(절차)
무엇이 될 것인가	어떠한 방법을 사용할 것인가
What to do	How to do
Why to do	Which to do

출처: 이해주 외(2023); Gilbert & Specht(1977).

■ **프로그램 기획 과정에서 이루어지는 일(Boone, Safrit, & Jones, 2002; Caffarella & Daffron, 2013)**

① 프로그램 필요성 및 개발의 기본 방향 설정

② 프로그램 개발 모델 선정

③ 평생교육기관과 조직의 상황 분석(예산, 인적 자원 등)
④ 잠재 학습자에 대한 파악
⑤ 학습자의 교육 요구 및 필요 분석
⑥ 조사된 요구를 명확한 교육목표로 전환

■ **평생교육 프로그램 기획의 중요성**

평생교육 프로그램 기획의 중요성에 대해 Kowalski(1988)는 평생교육 기획을 "마스터 플랜(Master Plan)"으로 정의하며, 프로그램의 전반적인 질과 방향성을 결정하는 핵심적 과정으로 강조하였다. 그는 기획 과정이 평생교육 프로그램의 목표와 내용을 명확히 규정할 뿐 아니라, 기관 내·외부 조직과의 관계 형성, 갈등의 조정, 자원의 효율적인 배분을 가능케 하며, 프로그램 운영 결과를 평가하기 위한 명확한 기준을 제공한다고 하였다(Kowalski, 1988).

특히 Kowalski는 평생교육 기획이 프로그램 개발의 전반적 틀(Framework)을 마련하고, 프로그램의 모든 단계(설계, 운영, 평가)가 유기적으로 연계되어 작동할 수 있도록 돕는다고 강조하였다. 따라서 평생교육 기관이 장기적이고 지속 가능한 교육 성과를 달성하기 위해서는 프로그램 기획 단계를 체계적으로 수행하는 것이 필수적이다(Kowalski, 1988).

■ **프로그램개발과정과 프로그램 기획단계의 모형((이해주 외 2023; Boone, Safrit, & Jones, 2002; Caffarella & Daffron, 2013)**

평생교육 프로그램 개발의 기획 단계는 전체 프로그램 개발 과정을 안내하는 기본 틀이자, 방향성을 설정하는 핵심적 역할을 한다.

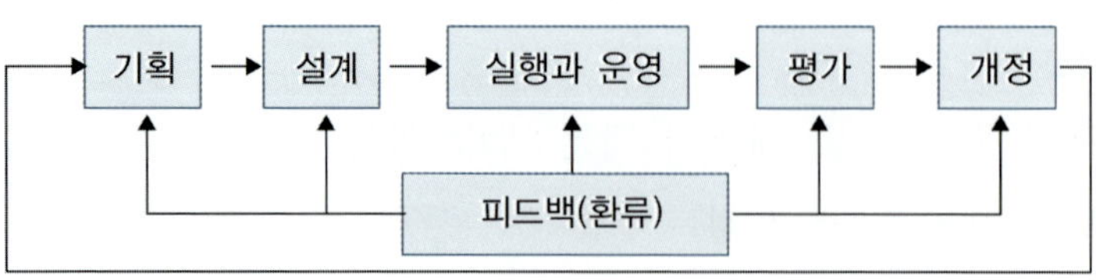

■ **프로그램 기획의 원리(Boone, 1985)**

Boone(1985)은 프로그램 기획의 주요 원리로 다음을 제시하였다.

① **계획된 변화(Planned Change)의 원리:** 학습자의 변화를 목표로 명확하게 설정한다.

② **연계성(Linkage)의 원리:** 평생교육 기관과 환경 간의 상호 관련성을 유지하며 연계성을 강화한다.

③ **민주성(Democracy)의 원리:** 학습자의 참여와 민주적 의사결정을 촉진한다.

④ **전환성(Translation)의 원리:** 교육자의 가치관과 지식이 학습자 집단을 통해 효과적으로 전달되도록 한다.

■ **프로그램 기획의 절차와 방법(Caffarella & Daffron, 2013; Knowles et al., 2015)**

① **필요성 확인 및 타당성 조사:** 프로그램 주제와 목적 명확화

② **브레인스토밍:** 전문가와 잠재적 학습자 참여로 아이디어 창출 및 반영

③ **기관의 조직 상황 및 환경 분석:** 예산, 자원, 조직문화 등 분석

④ **기본 방향 설정:** 프로그램의 전략적 목표 설정

⑤ **모델 선정:** 적합한 프로그램 개발 모델 선택

⑥ **학습자 특성 분석:** 연령, 성별, 학습경험 등

⑦ **교육 요구 및 필요 분석:** 구체적인 요구 조사 및 분석

⑧ **교육 요구의 목표 전환:** 명확한 교육목표로 요구사항 전환

이와 같이 평생교육 프로그램의 기획 단계는 프로그램 개발 전체의 성공을 좌우하는 중요한 과정이며, 철저한 분석과 참여적 접근을 통해 효과적이고 실질적인 프로그램을 설계하고 운영할 수 있도록 한다.

2) 평생교육 프로그램 개발

평생교육 프로그램 개발은 단순히 강좌를 설계하는 것을 넘어, 학습자, 기관, 사회라는 세 축이 유기적으로 결합된 총체적 과정이다(이화정 외, 2003). 개발 단계마다 명확한 개념 구분과 체계적 접근방법을 이해하고, 실제 현장의 다양성을 반영해야 비로소 학습 효과와 지속 가능성을 담보할 수 있다.

(1) 프로그램 개발의 개념과 접근방법

① 프로그램 개발 관련 용어의 개념 구분

평생교육 프로그램 개발과 관련된 용어로는 흔히 '프로그래밍(Programming)', '프로그램 개발(Program Development)', '프로그램 계획(Planning)', '교육과정 개발(Curriculum Development)' 등이 사용된다. 이 중 '교육과정 개발'은 일반적으로 학교와 같은 제도권 교육 환경에서 사용되는 반면, 나머지 용어는 평생교육의 맥락에서 보다 적합하게 사용된다.

〈표 3-7〉 프로그램 개발 관련 용어의 개념 구분

용어	초점	특징
프로그래밍 (Programming)	과정 지향	기획 · 설계 · 운영 · 평가 전 과정(변화지향적)
프로그램 개발 (Program Development)	절차+협력	프로그래밍 + 협력 · 환류 강조
프로그램 계획 (Planning)	계획 · 설계	기획(planning)+시행(implementation) 포함하여 명확한 계획과 설계 중시(Kowalski, 1988)
교육과정 개발 (Curriculum Development)	학교 중심	제도권 교육기관에서 사용되는 구조적이고 체계적인 교육과정

출처: Boyle(1981); Caffarella & Daffron(2013); Kowalski(1988)

프로그래밍(Programming)은 기획, 설계, 운영, 평가의 전 과정을 포괄하는 과정 지향적 개념으로, 변화하는 환경이나 학습자의 요구에 유연하게 대응할 수 있는 역동성을 강조한다. 예를 들어, 지역 평생학습관에서 운영하는 '디지털 기초 과정'이 진행 중 참여자 피드백을 반영해 주차별 커리큘럼을 조정하는 사례는 프로그래밍의 대표적인 실천 양상이라 할 수 있다(Boyle, 1981); Kowalski, 1988).

한편, 프로그램 개발(Program Development)은 프로그래밍 개념을 확장하여, 기획에서 평가에 이르는 전 단계에서 학습자, 기관, 강사 간의 협력적 상호작용(Collaborative Interaction)을 핵심 요소로 본다. 즉, 개발자는 초기 설계뿐 아니라 운영 과정에서도 학습자 의견을 수렴하고 즉각 반영하는 능동적 역할을 수행해야 한다(Caffarella & Daffron, 2013).

프로그램 계획(Planning)은 '무엇을 할 것인가(What to do)'를 구체화하는 단계로, 목표 설정, 내용 구성, 자원 배분, 일정 수립 등의 세부 요소를 포함한다. 이 기획 단계의 충실도가 이후 운영의 효율성과 평가 결과에 직결되기 때문에, 특히 중장기 프로그램일수록 지역사회 요구나 노동시장 변화에 대한 심층 분석이 요구된다(Caffarella, 2002).

마지막으로 교육과정 개발(Curriculum Development)은 주로 학교나 대학 등 제도권 교육에서 사용하는 개념으로, 교육 목표 달성을 위한 구조적 설계(Structural Design)와 교과목 간의 논리적 연계를 중시한다. 평생교육 영역에서도 이 개념을 참고할 수 있으나, 보다 유연하고 학습자 맞춤형으로 운영될 수 있도록 재구성할 필요가 있다(Cervero & Wilson, 2006).

② Kowalski의 프로그램 개발 단계 구분

Kowalski(1988)는 프로그램 개발을 크게 계획 단계(Plan)와 시행 단계(Do)로 나누어 설명한다.

〈표 3-8〉 Kowalski의 프로그램 개발 단계

단계 구분	세부 단계	주요 내용	구체적 활동 및 예시
계획 단계	기획 (Needs Analysis & Goal Setting)	학습자, 기관, 지역사회 요구를 진단하고 우선순위를 설정함	고령층 디지털 강좌 수요조사 실시, "스마트폰 조작"과 "음성명령 활용" 항목 비교 분석
	설계(Design)	요구와 목표를 기반으로 내용 구성, 교수·학습 방법 선정, 평가 기준 마련	모듈형 구성(기초–활용–응용)사례 기반 학습, 루브릭 중심 평가 설계
시행 단계	운영 (Implementation)	강사 배치, 장소·시간표 확정, 예산·자원 관리, 학습자 모집 및 안내 등 실행 요소 구체화	LMS 플랫폼 구축강의안·참여 안내문 제작기기·자료 준비
	평가 및 환류 (Evaluation & Feedback)	Kirkpatrick의 4단계 평가를 적용하여 성과를 분석하고 다음 기획에 반영함	사전·사후 테스트, 만족도 조사피드백 회의 및 개선 계획 수립

*LMS: Learning Managemant System(학습관리시스템).

③ 평생교육 프로그램 개발의 접근방법

평생교육 프로그램 개발은 상황과 목적에 따라 다양한 접근방식을 활용할 수 있다. Kowalski는 다음과 같이 접근방법을 제시하였다.

〈표 3-9〉 평생교육 프로그램 개발의 접근방법 비교

접근법	특징	장점	단점
선형적 접근 (Linear)	목표→내용→실행→평가 순차적 진행	구조 명확·관리 용이	중간 피드백 반영 어려움, 유연성 부족
비선형적 접근 (Nonlinear)	단계 간 반복적 피드백, 각 단계가 상호 환류	변화 대응력 우수, 실시간 수정 가능	관리 복잡, 자원 소요
비통합적 접근 (Non-integrated)	기존 요소 일부만 점진적 수정	급격한 변화 위험 낮음	전체 질 향상 한계
통합적 접근 (Integrated)	초기부터 목표·내용·방법·평가를 유기적으로 연계	일관성·효과성 극대화, 전체 연계성 확보	초기 기획 부담 큼, 높은 전문성 요구
체제분석적 접근(System analysis)	투입→과정→산출→환류의 시스템 관점, 단계별 합리적 의사결정 지원	모든 단계 가시화, 과학적·체계적 관리 가능	데이터 수집·분석 노력·시간 요구

출처: 이해주 외(2023); Caffarella & Daffron(2013); Knowles et al.(2016); Kowalski(1988).

• 선형적 접근(Linear Approach)

선형적 접근법은 가장 전통적인 방법으로서, 프로그램 개발의 각 단계(목표 설정→내용 선정→실행→평가)가 일직선적으로 진행된다. 각 단계는 이전 단계가 완전히 마무리된 후에 다음 단계로 넘어가는 방식이며, 과정이 단순하고 명확하여 안정감을 제공한다. 그러나 유연성이 부족하고, 단계 간 수정이나 피드백 반영이 어렵다는 단점이 있다(Kowalski, 1988; Caffarella & Daffron, 2013).

• 비선형적 접근(Nonlinear Approach)

비선형적 접근법은 프로그램 개발의 단계가 일직선적으로 고정되지 않고 유연하며 순환적으로 이루어지는 방식이다. 각 단계에서 도출되는 평가와 피드백이 프로그램의 이전 단계로 다시 환류되는 순환적 구조를 가지고 있어, 프로그램 설계 및 운영 과정에서 발생하는 다양한 문제와 학습자의 요구 변화에 유연하게 대응할 수 있다. 이 접근방식은 각 단계 간의 상호작용과 피드백을 강조한다(Kowalski, 1988; Cervero & Wilson, 2006).

• 비통합적 접근(Non-integrated Approach)

비통합적 접근은 기존 프로그램의 일부 요소를 점진적으로 수정하거나 모방하여 제한적으로 개선하는 방식이다. 이 방법은 프로그램의 전반적인 구조나 목표를 크게 바꾸지 않고 점진적이고 단계적으로 작은 변화를 도입하기 때문에 급격한 변화로 인한 혼란을 줄일 수 있다는 장점이 있으나, 전체 프로그램의 통합적 질적 향상에는 한계가 있다(Kowalski, 1988; Caffarella & Daffron, 2013).

• 통합적 접근(Integrated Approach)

통합적 접근법은 프로그램 개발 초기부터 모든 요소(목표, 내용, 운영, 평가)를 유기적이고 통합적으로 연결하여 설계하는 방식이다. 프로그램 구성 요소 간

긴밀한 연계를 강조하며, 전반적인 프로그램의 질과 효과성을 높이기 위한 총체적인 계획과 조정 과정을 중요시한다(Kowalski, 1988; Cervero & Wilson, 2006).

- **체제적 접근(System Analysis Approach)**

체제적 접근은 시스템 이론에 기초하여 프로그램 개발을 투입(Input), 과정(Process), 산출(Output), 환류(Feedback)의 네 가지 단계로 구성하여 분석하고 관리하는 방식이다. 이 접근법은 전체 프로그램 개발 과정을 하나의 시스템으로 이해하며, 단계별로 명확하고 합리적인 의사결정을 내릴 수 있도록 지원한다. 체제적 접근은 프로그램의 효과성을 평가하고 개선하는 데 체계적인 틀을 제공한다(Kowalski, 1988; Knowles et al., 2015).

이러한 접근방법들은 각기 다른 프로그램 개발 상황과 목적에 따라 적절히 선택하여 적용할 수 있다. 특히 현대의 빠르게 변화하는 교육 환경에서는 비선형적이고 통합적이며 체제적인 접근이 프로그램의 질적 향상과 지속가능성을 보장하는 데 유리한 것으로 평가되고 있다(Caffarella & Daffron, 2013).

- 현대적 권장 모델: 비선형 + 통합적 접근을 결합해, 빠른 피드백과 초기 일관성을 동시에 확보하는 하이브리드 모델이 주류다.

④ 평생교육 프로그램 개발의 효과적 접근

- **협력적 설계(Collaborative Design)**: 학습자 포커스 그룹, 강사 워크숍, 운영자·외부 전문가 자문 등이 기획·설계 단계에 참여.
- **프로젝트 기반 학습(Project-based Learning, PBL)**: 실제 과제를 중심으로 한 학습 경험 제공(예: 지역사회문제 해결 캠페인 수행).
- **데이터 기반 의사결정(Data-driven Decision Making)**: 학습 데이터(LMS log,

평가 결과)를 실시간 분석해 커리큘럼·방법을 조정.

- **디지털 융합(Digital Integration):** AR/VR, 모바일 앱, 온라인 커뮤니티를 활용해 대면·비대면 학습 경험을 통합.

⑤ 평생교육 프로그램 개발과정에서의 핵심 요소

- **학습자 분석:** 인구통계, 학습 스타일, 디지털 리터러시 수준, 동기 요인 등 다층적 프로파일링
- **목표 설정:** SMART 원칙을 적용해, "습득할 역량"과 "측정 지표"를 명확히 구분(구체적, 측정가능, 달성가능, 관련성, 시간제한)
- **내용 조직**
  - 모듈 기반: 기초→심화→실습 순으로 단계적 구성
  - 사례 기반 학습: 지역사회 성공 사례·실패 사례 비교 학습
- **교수·학습 방법 설계**
  - 혼합형 학습(Blended Learning): 대면 워크숍 + 온라인 콘텐츠 + 멘토링
  - 협동학습(Cooperative Learning): 역할 분담, 동료 평가, 그룹 프로젝트
- **평가 및 환류**
  - 반응 평가: 만족도 설문, 참여도 지표
  - 학습 평가: 사전·사후 지식 테스트, 실습 과제
  - 행동 평가: 직무 적용 사례, 자기보고 행동 변화
  - 성과 평가: 조직 성과 지표, 사회적 가치 창출
  - 환류: 분기별 리뷰·워크숍을 통해 개선안 도출, 다음 기수 설계 반영

■ **평생교육 프로그램 개발의 기본적인 성격**

평생교육 프로그램 개발은 단순한 교육 활동 기획을 넘어, 교육기관의 비전 실현과 사회문제 해결, 참여자 성장을 동시에 추구하는 통합적 실천 과정이다(이화정 외, 2003; Caffarella & Daffron, 2013).

우선, 프로그램은 각 기관의 고유한 특성과 비전에 부합하는 방향으로 개발되어야 한다. 이는 설립 목적, 지역 환경, 대상 학습자의 특성을 고려한 내용 구성과 운영 전략을 요구하며, 예를 들어 지역 평생학습관은 지역 문화와 주민 수요를 반영한 교양 프로그램이나 시민참여 강좌를 통해 기관의 정체성과 목표를 구현한다(권두승 외, 2017).

또한 프로그램 개발은 기획-운영-평가 전 과정을 분석하고, 사회 변화에 즉각 반응할 수 있는 유연하고 반응적인 설계가 필요하다. 학습자의 요구와 환경은 끊임없이 변화하므로, 개발자는 이를 지속적으로 파악하고 최신 동향을 반영해 프로그램을 수정·보완할 수 있어야 한다(Caffarella & Daffron, 2013).

세 번째로, 프로그램 개발은 고령화, 디지털 격차 확대 등 사회적 변화 속에서 발생하는 교육 소외 문제 해결을 위한 실천적 대응이다. 예컨대, 스마트폰 사용법이나 키오스크 활용 교육은 노년층과 저소득층을 위한 필수 지원 활동으로 자리매김하고 있다(고용노동부, 2023; 국가평생교육진흥원, 2023).

네 번째는 집단적 의사결정 과정이다. 운영자, 강사, 학습자 등 다양한 주체가 협력적으로 참여하여 프로그램을 공동 기획·조율함으로써, 프로그램의 질을 높이고 구성원의 소속감과 책임감도 강화된다(Boone, 1985; 이해주 외, 2021).

마지막으로, 개발자는 단순한 지식 전달자가 아니라 학습자이자 실천가로서 자기 성찰과 역량 개발을 통해 함께 성장하는 존재여야 한다. 이와 같은 개발자의 자세는 더 나은 교육 설계와 교육 공동체 형성으로 이어진다(Brookfield, 1986; Kowalski, 1988).

결국, 평생교육 프로그램 개발은 주제 중심의 교육 설계를 넘어, 기관 전략 실현, 사회적 기여, 학습자 중심 운영, 협력적 의사결정, 실천가의 성장을 모두 포함하는 총체적 교육 실천이라 할 수 있다(Caffarella, 2002; Merriam & Bierema, 2014).

■ 평생교육 프로그램 개발의 특성

평생교육 프로그램 개발은 다양한 요인들이 유기적으로 상호작용하는 복합적이고 역동적인 과정이다. 기관의 특성, 프로그램 유형, 학습자의 요구, 개발자의 철학 등이 서로 영향을 주고받으며, 이들의 통합은 프로그램 운영의 성패를 좌우하는 핵심 요인이 된다(이화정 외, 2003; Caffarella & Daffron, 2013).

첫째, 평생교육 프로그램은 기관의 성격과 목적에 따라 구성 방식이 달라진다. 공공기관과 민간기관, 대규모와 소규모 기관, 국가 지원 여부 등은 기획 방향, 내용 구성, 운영 방식에 영향을 준다. 예를 들어, 지방자치단체 평생학습관은 주민 생활에 밀접한 교양 및 실용 프로그램에 중점을 두며, 민간기관은 시장 수요와 기관의 전략적 목표에 따라 차별화된 콘텐츠를 개발하는 경향이 있다(이화정 외, 2003; Boone, Safrit & Jones, 2002).

둘째, 프로그램은 목적과 내용에 따라 생활문제 해결형, 여가 및 문화예술형, 직무능력 향상형, 시민교육형 등으로 다양하게 분류된다. 각각 교육 목표, 교수 전략, 평가 방식이 다르며, 예를 들어 직업훈련 프로그램은 실습 중심으로 현장 적응력을 강화하고, 문화예술 프로그램은 자율성과 창의성 중심의 활동 기반으로 운영된다(김진화 외, 2024; Caffarella & Daffron, 2013).

셋째, 개발 과정은 학습자, 기관, 사회 요구 간 상호작용을 기반으로 하며, 그중 학습자의 요구가 핵심이다. 초기 단계에서 요구 분석이 철저히 이뤄져야 하며, 프로그램은 삶의 질 향상과 역량 개발이라는 실제적 목표를 반영해야 한다. 아울러 기관의 비전과 전략, 기술 발전, 고령화 등 사회적 변화도 함께 고려되어야 한다(Gilbert & Specht, 1977; Knowles, Holton & Swanson, 2015).

넷째, 프로그램은 학습자와의 지속적 상호작용과 피드백 반영을 통해 유연하게 운영되어야 한다. 학습자의 참여를 촉진하고, 그들의 의견을 설계·운영 과정에 반영함으로써 만족도와 교육성과를 높일 수 있다. 특히 성인학습자에게는 민주적이고 자율적인 소통 구조가 효과적이다(Boone, 1985; Caffarella & Daffron, 2013).

다섯째, 프로그램의 질은 개발자의 철학과 전문성에 큰 영향을 받는다. 개발자의 교육 신념, 경험, 창의성은 기획과 실행 전반에 걸쳐 반영되며, 지속적인 자기 성찰과 역량 개발을 통해 프로그램의 질을 높일 수 있다(Kowalski, 1988; Cervero & Wilson, 2006).

결론적으로, 평생교육 프로그램 개발은 기관 특성, 목적, 학습자 요구, 사회 환경, 개발자의 철학이 종합적으로 작용하는 과정이다. 이러한 요소들을 균형 있게 조정할 때 실제적이고 지속가능한 프로그램 운영이 가능하다.

⑥ 평생교육 프로그램 개발의 가치

평생교육 프로그램 개발의 가치는 개인, 조직·기관, 국가·사회 차원에서 각각 명확히 드러난다.

첫째, 개인 차원에서는 직무역량 향상, 자아실현, 사회적 관계 확장 등 다양한 이점이 있다. 성인학습자는 평생학습을 통해 변화하는 직무 환경에서 필요한 새로운 지식과 기술을 습득하여 직업 안정성과 경쟁력을 확보할 수 있다(Knowles, Holton & Swanson, 2016). 또한 평생학습은 성인학습자의 자존감(Self-esteem)과 자기효능감(Self-efficacy)을 높이며, 개인적 성취감을 통해 자아실현을 촉진한다(Caffarella & Daffron, 2013). 아울러 평생학습 프로그램에 참여한 학습자들은 다양한 사회적 네트워크를 형성하고 확장하는 기회를 얻게 되며, 이를 통해 사회적 자본을 증대할 수 있다(Field, 2005).

둘째, 조직·기관 차원에서 평생교육 프로그램은 인적 자원 개발, 조직 혁신, 지역사회 발전에 기여한다. 조직은 평생교육 프로그램을 통해 직원들의 지속적인 학습과 역량 강화를 지원함으로써 조직 전체의 경쟁력과 생산성을 향상시킬 수 있다(Boone, Safrit, & Jones, 2002). 평생학습을 지원하는 조직은 학습 지향적 문화를 구축하여 직원들의 창의성과 혁신성을 촉진함으로써 조직 혁신을 이룰 수 있다(Senge, 2006). 나아가, 평생학습 프로그램은 지역사회의 요구와 특성을 반영하여 지역주민의 참여를 높이고 지역사회의 삶의 질을 실질적으로 향상시키는 역할을 할 수 있다(Merriam & Bierema, 2013).

셋째, 국가·사회 차원에서 평생교육 프로그램은 평생학습사회의 구현, 시민의식 함양, 경제적·문화적 가치 창출에 기여한다. 평생학습사회는 모든 시민이 평생 동안 원하는 학습 기회를 자유롭게 활용할 수 있는 환경을 구축하는 것을 목표로 한다(Delors et al., 1996). 이는 시민들이 다양한 사회적 문제에 능동적으로 참여하고 대응할 수 있는 시민의식을 함양하는 데 필수적이다(Jarvis, 2007). 또한 평생학습을 통해 다양한 전문성을 갖춘 인력을 양성하여 국가의 경제적 생산성과 문화적 다양성을 확대하고, 국가적 경쟁력을 높이는 데 중요한 역할을 한다(교육부, 2022; OECD, 2019).

3. 평생교육 프로그램 개발자의 역할과 시사점

평생교육 프로그램의 성공적인 개발과 운영은 단지 교육 내용을 설계하는 기술적 능력만으로 달성되지 않는다. 프로그램 개발자는 학습자의 삶과 사회의 변화를 연결하는 학습 공동체의 변화 촉진자(Change Agent)로서의 역할을 수행해야 하며, 이 역할은 단순한 기획의 범위를 넘어선다. 프로그램 개발자는 초기 기획 단계에서부터 학습자, 이해관계자, 조직 구성원과의 참여적 의사결정 구조를 명확하게 수립하고, 이 과정을 통해 학습자의 요구와 기대가 충분히 반영된 학습자 중심 프로그램을 설계해야 한다(Boone, 1985; Caffarella, 2002).

특히 프로그램 개발자의 교육철학과 신념 체계는 전체 개발 과정에서 일관되게 반영되어야 한다. 기획, 운영, 평가라는 일련의 과정은 단절된 절차가 아니라 하나의 철학적 흐름으로 이어져야 하며, 개발자는 자신의 교육적 가치관을 명확히 정립하고 이를 설계와 실행 전반에 걸쳐 지속적으로 강화해야 한다(Brookfield, 1986; Kowalski, 1988). 이 과정은 단순한 실무가 아니라, 교육적 실천가로서의 정체성을 기반으로 한 성찰적 실천(Reflective Practice)으로 이해되어야 한다.

아울러 프로그램 운영의 실제 현장에서는 조직 내부의 문화, 예산·제도, 지역사회 네트워크 등 내·외적 환경 요인과의 상호작용을 종합적으로 고려해야 한다. 개발자는 이러한 요인들이 프로그램의 실행 가능성과 지속성에 어떠한 영향을 미치는지 분석하고, 운영을 저해할 수 있는 리스크 요인을 사전에 예측하여 전략적으로 대응할 수 있어야 한다(국가평생교육진흥원, 2023; Boyle, 1981; Cervero & Wilson, 1994). 특히 운영과 평가, 환류 간의 순환적 체계는 환경 요인의 영향을 받을 수밖에 없기 때문에, 이를 종합적으로 파악하는 능력은 프로그램의 질적 향상과 지속 가능성을 확보하는 핵심 역량으로 작용한다.

이와 더불어, 프로그램 개발자는 교육 활동이 학습자의 인지와 행동에 실질적인 변화를 유도하는 사회적 개입임을 깊이 인식해야 하며, 이에 따른 윤리적 책임을 갖춰야 한다. 프로그램은 단순한 지식 전달이 아니라, 삶의 질 개선과 공동체 역량 강화로 이어지는 실천적 변화를 추구하는 것이므로, 개발자는 자신의 프로그램이 실제로 그러한 변화를 초래했는지를 객관적이고 증거 기반으로 평가해야 한다(고용노동부, 2023; Knowles et al., 2011). 평가 결과와 개선 방안은 이해관계자들과 투명하게 공유되어야 하며, 이는 프로그램에 대한 신뢰 형성과 지속적 개선을 위한 기반이 된다(이화정 외, 2003; Posavac & Carey, 2003).

결국, 프로그램 개발자는 단순한 설계자가 아니라, 교육을 통해 개인과 사회의 변화를 이끄는 윤리적 실천가이자 전략적 기획자이다. 이들의 철학적 성찰, 참여적 리더십, 환경 분석 능력, 책임감 있는 평가 태도는 모두 평생교육이 추구하는 전인적 성장과 사회적 평등이라는 가치를 실현하는 데 핵심적인 요소로 작용한다. 따라서 평생교육 프로그램 개발자는 자기 성장과 사회 변화를 동시에 견인하는 이중적 사명을 가진 전문 실천가로 자리매김해야 한다.

용어정리

- **평생교육 프로그램:** 평생교육을 주도하는 기관이 그 기관의 비전에 따라 학습자의 성장과 발전에 돕기 위해 체계적으로 개발하여 수립하는 지식과 경험을 포함한 모든 학습지원활동의 사전계획과 기대되는 결과
- **평생교육 프로그램 개발:** 프로그램을 효과적으로 실행하기 위하여 프로그램을 기획, 설계, 실행, 운영, 평가하는 일련의 활동
- **평생교육 프로그램 기획:** 프로그램 개발과정에서 프로그램의 형태를 결정하기 위한 기초작업

단원학습문제

객관식 문제

1. 다음에 공통적으로 들어가는 용어는?

> ○○○○ 프로그램에 대한 정의는 학자마다 다르지만, "○○○○을 주도하는 기관이 그 기관의 비전에 따라 학습자의 성장과 발전을 돕기 위하여 체계적으로 개발하여 수립하는 지식과 경험을 포함한 모든 학습지원활동의 사전계획과 기대하는 결과"로 정의한다.

① 평생교육 ② 학교교육
③ 유아교육 ④ 아동교육

2. 다음의 특성을 가지고 있는 것은?

> 탄력적, 미래지향적, 목표지향적, 수단적, 행동지향적, 동태적

① 커리큘럼(Curriculum) ② 평생교육 프로그램

3. 개정 이전의 평생교육법에서 구분하고 있는 평생교육 프로그램 6대 영역에 더하여, 최근 개정된 평생교육법에서 새롭게 추가된 영역은 무엇인가?

① 창의인재교육 ② AI교육
③ 성인 진로개발역량 향상교육 ④ 아동교육

4. 평생교육 프로그램을 개발할 때 영향을 미치는 주된 요인에 해당되지 않는 것은?

① 평생교육기관의 특성 ② 프로그램의 유형
③ 학습자의 형태 ④ 프로그램개발 참여자의 수

5. 개정 이전의 평생교육법에서 구분하고 있는 평생교육 프로그램의 6대 영역은 기초문해교육, 학력보완교육, 직업능력교육, ○○○○○○, 인문교양교육, 시민참여교육이다. 이때 빈칸에 들어가는 용어는 무엇인가?

① 문화예술교육　　② 다문화교육
③ 스포츠교육　　④ 유아아동교육

6. 교수 학습 방법 중 온라인학습과 오프라인학습의 혼합형 교수방법은 다음 중 어떤 것인가?

① 강의식　　② 토론식
③ 온라인학습　　④ 블랜디드(Blended)

7. 프로그램 기획의 원리가 아닌 것은?

① 계획된 변화(Planned Change)의 원리　　② 연계성(Linkage)의 원리
③ 민주성(Democracy)의 원리　　④ 독립성의 원리

8. 프로그램 개발자의 신념과 철학은 프로그램 개발과정에 많은 영향을 미친다. 다음 중 긍정적인 프로그램 개발자의 행동으로 볼 수 있는 것은?

① 교사 중심적으로 짜도록 한다.
② 전문가가 알아서 프로그램을 짜도록 한다.
③ 프로그램 개발과정에 학습자를 되도록 많이 참여 시킨다.
④ 교수활동을 지식전달자라고 생각하고 설계한다.

9. 평생교육 프로그램의 필요성에 해당하지 않는 것은?

① 기술 · 산업의 급속한 발전　　② 인생2막 준비
③ 시민사회 역량강화　　④ 학교교육의 성적향상

10. 슈뢰더의 평생교육 프로그램 의미가 아닌 것은?

① 지역사회에서 이용할 수 있는 모든 교육적 활동
② 조직이나 기관에서 사람들에게 제공하는 모든 교육적 노력
③ 특정 집단을 위해 설계된 교육적 활동
④ 이러한 활동을 서로 분절 시키려는 활동

주관식 문제

1. 국가기관(정부, 지자체)이 주체로 사회통합과 공공의 안녕을 위해 이루어지는 평생교육의 예를 설명하시오.

2. 평생교육 프로그램과 커리큘럼의 차이를 설명하시오.

3. 2023년 개정된 평생교육법에 추가된 평생교육 프로그램 영역은 어느 부분인지 설명하시오.

4. 평생교육 프로그램개발 접근방법 중 선형적(Linear)접근에 대해 설명하시오.

5. 평생교육 프로그램개발에서 '기획(Planning)'과 '계획(Plan)'의 차이를 설명하시오.

정답 및 해설

1. 정답: ①

평생교육 프로그램에 대한 정의는 학자마다 조금씩 다르지만, 본 장에서는 "평생교육을 주도하는 기관이 그 기관의 비전에 따라 학습자의 성장과 발전을 돕기 위하여 체계적으로 개발하여 수립하는 지식과 경험을 포함한 모든 학습지원활동의 사전계획과 기대하는 결과"로 정의

2. 정답: ②

평생교육 프로그램은 학교교육의 교육과정 등과 유사한 의미로 불리기도 하지만 탄력적, 미래지향적, 목표지향적, 수단적, 행동지향적, 동태적 특성을 가짐.

3. 정답: ③

2023년 평생교육법 개정에서 추가

4. 정답: ④

5. 정답: ①

상위개념의 6대 영역에 해당되는 것은 문화예술교육이다.

6. 정답: ④

온라인수업과 대면수업의 장점의 혼합으로 설계되는 수업방식이다.

7. 정답: ④

프로그램기획은 되도록 참여를 기본으로 한다.

8. 정답: ③

프로그램 개발자의 신념과 철학은 프로그램기획 단계에서 되도록 많은 전문가와 학습자참여를 기본으로 한다.

9. 정답: ④

평생교육은 학교교육 외 교육활동이다.

10. 정답: ④

이러한 활동을 서로 연결하려는 사회적 활동

Chapter

04

평생교육 프로그램 분류

1. 성인문해교육
2. 학력보완교육
3. 직업능력교육
4. 인문교양교육
5. 문화예술교육
6. 시민교육
7. 성인 진로개발역량 향상교육

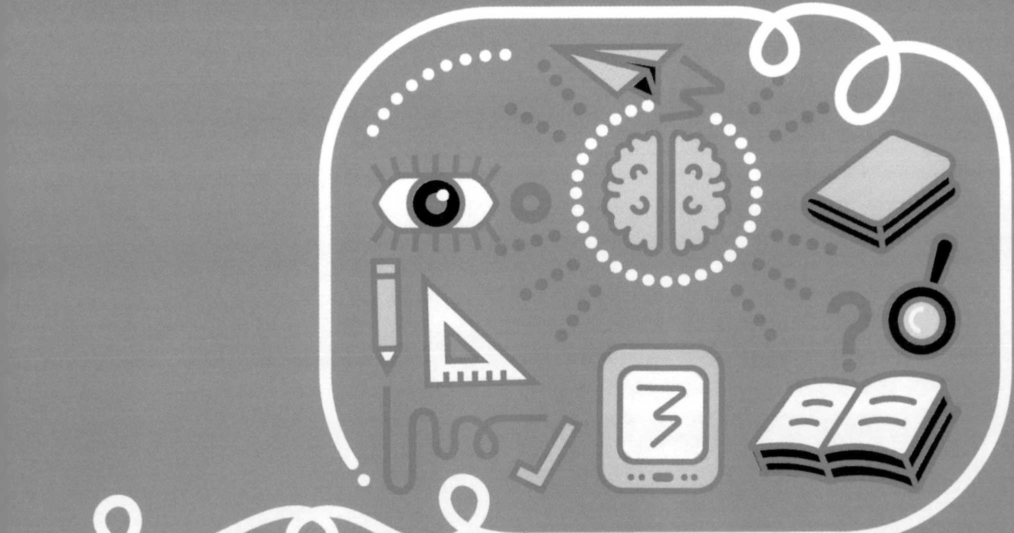

학습목표

1. 성인문해교육의 개념과 특성을 이해할 수 있다.
2. 인문교양교육의 개념과 특성을 이해할 수 있다.
3. 평생교육의 관점에서 문화예술교육의 개념과 특징, 의미를 이해할 수 있다.
4. 민주주의 사회 발전을 위한 시민교육의 역할과 중요성을 인식할 수 있다.
5. 진로전환의 개념에 대해 설명할 수 있다.

단원 키워드

성인문해교육, 인문교양교육, 문화예술교육, 인권(Human Rights), 직업윤리

평생교육 프로그램 분류

1. 성인문해교육

1) 성인문해교육의 개념과 필요성

(1) 문해교육의 개념

문해교육이란 「평생교육법」 제2조에서 "가정, 사회 및 직업생활에서 일상생활을 영위하는 데 불편을 느끼는 자에게 문자해득 능력을 갖출 수 있도록 하기 위한 조직화된 교육 프로그램"으로 정의하고 있다.

전통적으로 문해는 '기초문해(Basic Literacy)', 즉 글자를 읽고 쓰는 능력으로 좁게 정의되었으나, 오늘날에는 그 개념이 확장되고 있다. 특히 21세기 들어 지식정보화사회로의 진입과 함께 문해의 정의는 읽기, 쓰기, 셈하기를 포함한 기능문해(Functional Literacy)를 넘어서 다양한 사회·문화적 맥락 속에서의 의사소통, 정보활용, 비판적 사고 등을 포함하는 포괄적 역량으로 재정의되고 있다(김수혜, 2019; UNESCO, 2013).

UNESCO가 발간한 『GRALE 2(Global Report on Adult Learning and Education)』에서는 문해를 '읽고, 쓰고, 셈하는 기능에 국한된 것이 아니라, 현대사회의 사회문화적 변화에 적응하고 지식사회에서의 주체적 참여를 위한 역량'으로 재정의하였다(UNESCO, 2013). 이는 단지 생존을 위한 기술로서의 문해가 아니라, 사회적 존재로 살아가기 위한 통합적 능력으로서 문해를 인식해야 함을 강조하는 것이다.

문해능력은 "개인의 생애 전반에 걸쳐 요구되는 고차원적 능력으로, 의사소통 능력, 문제해결력, 비판적 사고, 자기이해, 타인과의 상호작용 역량까지 포함하는 포괄적 생애역량"으로 설명되기도 한다(최운실, 2006). 즉, 문해는 단순한 기술이 아니라 삶의 질을 결정하는 기초 역량이며, 성인이 주체적으로 사회에 참여하고 존엄한 삶을 살아가기 위한 권리로 간주된다(임은자, 2021).

다양한 문해의 유형도 제시되고 있다. '기초문해'는 전통적 의미의 문자 해득 능력을 말하며, '생활기능문해'는 일상생활에서 필요한 계산, 공공문서 이해, 금융이해 등의 실용적 능력을 포함한다. '비판문해'는 사회적 불평등 구조를 인식하고 적극적으로 사회적 실천에 참여할 수 있는 능력으로, 문해를 비판적 시민성과 연계하여 이해하는 관점을 반영한다(김수혜, 2019).

이처럼 문해의 개념이 '총체적 삶의 영위 능력'으로 확장되면서, 문해교육도 단순한 해득교육이 아니라 성인의 삶을 통합적으로 지원하고 사회참여를 가능하게 하는 핵심 교육 영역으로 부상하고 있다(UNESCO, 2013).

(2) 문해교육의 필요성

문해교육은 단지 글자를 읽고 쓰는 기능의 습득을 넘어서, 성인이 사회에서 자율적이고 존엄한 존재로 살아가기 위한 권리 실현의 출발점이다. 성인은 생애 초기의 교육기회를 상실하거나, 사회 구조적 배제 속에서 문해 능력을 충분히 갖추지 못한 경우가 많다. 이들에게 문해교육은 제2의 기회이자 삶의 회복을 위한 첫걸음이 된다(임은자, 2021).

최근 한국 사회는 고령화, 다문화사회로의 진입, 비문자환경의 증가 등 다양한 구조적 변화를 겪고 있으며, 이에 따라 문해교육의 대상도 다양화되고 있다. 예컨대, 이주민, 탈북민, 장애인, 노년층, 노숙인, 보호관찰자 등 다양한 배경을 지닌 성인들이 문해교육의 주요 수혜대상으로 부상하고 있다(김수혜, 2019).

글로벌화된 정보사회에서는 문자이해 능력뿐만 아니라 디지털 문해력, 금융 문해력, 건강 문해력 등 다양한 형태의 복합문해(Multiliteracies)가 요구되고 있으며, 이를 충족하지 못할 경우 정보격차, 건강격차, 경제격차로 이어질 수 있다(최운실, 2006). 따라서 문해교육은 이러한 사회적 불평등을 완화하고 사회통합을 촉진하는 정책적 도구로서도 중요하다.

Benavot는 성인문해교육 프로그램이 사회구성원 간의 의사소통, 신뢰, 사회적 관계를 촉진하여 민주적 시민사회의 기반을 마련하는 데 핵심적인 매개체가 될 수 있다고 강조하였다(김수혜, 2019; Benavot, 2015). 문해교육은 단순한 기능 습득을 넘어서, 사회적 자본(Social Capital)의 형성과 공동체 의식의 강화로 이어진다는 점에서 공동체 발전 전략으로도 작동한다.

또한 OECD(2020)의 보고서에서는 문해력 부족이 개인의 고용 가능성, 소득 수준, 건강 상태 등에 부정적 영향을 미친다고 분석하며, 성인기초교육이 국가의 인적 자원 개발과 지속가능한 경제성장을 위한 핵심 요소임을 강조하였다.

〈표 4-1〉 문해 개념의 확장과 교육 목적의 변화

문해 유형	핵심 내용	교육 목적
기초문해	문자 해득 중심(읽기, 쓰기)	일상생활 불편 해소, 개인 생활능력 증진
생활기능문해	계산, 공공문서 읽기, 금융 등 실용 중심	사회제도 활용능력 제고
디지털문해	디지털 정보 접근 및 활용	정보격차 해소, 디지털 참여
건강문해	건강정보 이해 및 활용	건강권 확보, 자기건강관리 능력 향상
비판문해	사회 구조에 대한 비판적 이해와 실천	비판적 시민성 형성, 민주적 참여 확대

출처: 김수혜(2019); 임은자(2021); 최운실(2006).

문해교육은 끊임없이 생성되는 정보와 지식의 활용을 강조하는 기능적 문해(Functional Literacy) 관점과 이들의 획일적 수용을 비판적으로 보면서 그것들이 구성해가는 의미의 사회적 실천을 강조하는 비판적 문해(Critical Literacy)

관점으로 크게 나눌 수 있다. 이 두 관점은 사회적 맥락에 따라 서로 다르게 다루어져야 하는 상대적 개념, 즉 '선택'과 '배제'의 문제가 아니라 '포용'의 논리로 보는 시각이 필요하다(곽삼근 외, 2016; 손순종, 2020).

2) 성인문해교육 프로그램

성인문해교육 프로그램은 문해능력이 부족하거나 전무한 성인을 대상으로 문자 해득은 물론, 일상생활에 필요한 실용기술과 사회참여 역량까지 함양할 수 있도록 구성되는 교육과정이다. 한국에서는 「성인문해교육 지원법」 및 「평생교육법」을 바탕으로 중앙정부와 지방자치단체, 비영리단체, 민간기관 등이 문해교육 프로그램을 운영하고 있다(교육부, 2021).

(1) 성인문해교육 운영 유형

성인문해교육은 다양한 방식으로 운영된다. 대표적인 운영 유형은 다음과 같다.

〈표 4-2〉 문해교육 운영 유형

유형	내용	예시
공공기관 주도형	지방자치단체 및 평생학습관 중심 운영	시·군·구 평생학습관 문해반
학교시설 연계형	초등학교를 야간 또는 주간에 활용	초등학력인정 프로그램
시민단체·비영리형	지역 시민단체 및 종교기관 등에서 운영	성인문해학교, 문해서당 등
디지털 매체 활용형	온라인 문해교육 콘텐츠 및 학습 플랫폼	'늘배움' 플랫폼, 유튜브 기반 강좌

출처: 국가문해교육센터, 한국문해교육협회.

최근에는 디지털 기기의 보편화로 온라인 문해교육이 활성화되고 있으며, 모바일 앱을 활용한 학습, AI 음성비서 기반 문해 훈련 등 기술을 접목한 프로그램도 시도되고 있다(국가평생교육진흥원, 2023).

(2) 학력 인정 연계 프로그램

학력인정제도는 학령기에 사회 경제적인 이유로 학력을 취득하지 못한 만 18세 이상의 성인을 대상으로 규정된 일정 시간을 이수하면 졸업장(학력인정서)을 주는 제도를 말한다. 본 교재에서는 학력보완교육과 관련된 구체적 인증 방법 및 제도의 운영 방식에 대해 다음 절(학력보완교육)에서 자세히 살펴볼 것이다.

초등학력 인정 문해교육 프로그램은 성인이 초등학교 졸업 학력을 공식적으로 취득할 수 있도록 지원하는 제도로, 2011년 서울시교육청에서부터 운영이 시작되었다(서울시교육청, 2012). 초등학력 인정 과정은 총 3단계 과정으로 3년 동안 초등 1, 2학년 수준의 1단계, 초등 3, 4학년 수준의 2단계, 초등 5, 6학년 수준의 3단계로 구성되어 있다(임은자, 2021).

2. 학력보완교육

1) 학력보완교육의 개념

학력보완교육은 정규학교 교육과정을 이수하지 못한 성인에게 학력을 인정받을 수 있는 다양한 제도와 교육과정을 제공하는 평생교육 영역이다. 이는 교육기회의 형평성과 학습권 보장의 차원에서 중요한 의미를 지닌다(김성기, 2022).

전통적으로 학력은 정규학교의 이수를 통해서만 공적으로 인정되었으나, 현대사회에서는 학교 밖에서 이루어진 다양한 학습 경험 또한 공교육과 동등하게 인정받을 수 있도록 보완적 학력인정제도가 마련되고 있다. 대표적인 예로는 검정고시, 학력인정 문해교육 프로그램, 학력인정 평생교육시설, 각종 학교(대안학교 포함) 등이 있다(김성기, 2022).

이러한 학력보완제도는 교육소외계층, 학업중단 청소년, 이주민, 고령자 등에게 실질적인 도움이 되며, 사회통합을 위한 교육복지의 일환으로도 기능한다. 동시에 이는 개인의 삶의 질 향상과 국가의 인적 자원 개발에도 이바지하고 있다(국가평생교육진흥원, 2021; UNESCO, 2016).

2) 학력보완교육의 실례

학력보완교육은 다양한 법적 근거를 통해 제도화되어 있으며, 평생교육법, 초·중등교육법, 지방자치단체 조례 등을 기반으로 운영된다. 주요 유형은 다음과 같다.

(1) 검정고시 제도

검정고시는 학교 교육과정을 이수하지 못한 사람이 시험을 통해 학력을 인정받을 수 있는 대표적인 제도이다. 「초·중등교육법」 제27조의2에 따르면, 대통령령으로 정하는 시험에 합격한 경우 초·중·고등학교 졸업자와 동등한 학력을 인정받을 수 있다(초·중등교육법 제27조의2).

검정고시는 일반적으로 매년 상·하반기 두 차례 시행되며, 초등·중등·고등 수준별로 구분되어 있다. 시험 합격자는 고등교육기관 진학 자격뿐 아니라 자격증 취득, 공무원 시험 응시 등 사회 참여의 기회를 확대할 수 있다(교육부, 2023).

또한 최근에는 검정고시 합격자를 위한 학습 멘토링, 입시지원 프로그램 등 후속지원 사업도 운영되고 있어, 단순한 학력 취득을 넘어 실질적인 교육복지 실현으로 이어지고 있다(국가평생교육진흥원, 2021).

(2) 문해교육 연계 학력인정제도

문해교육과 연계된 학력인정제도는 성인문해교육 이수 시 초등 또는 중학학력의 일부 또는 전부를 인정받을 수 있도록 하는 제도로, 「초·중등교육법」과 「평생교육법 시행령」에 근거하고 있다(교육부, 2021).

「평생교육법 시행령」 제74조는 문해교육 프로그램 이수자의 학력인정 절차를, 제75조는 학력인정 기준을 명시하고 있으며, 일정 시간 이상 교육을 이수하고 평가를 통과하면 학력을 인정받을 수 있다(김성기, 2022; 교육부·국가문해교육센터, 2022).

이 제도는 성인학습자에게 "초등학교 졸업장"이라는 상징적 성취를 제공하며, 학습자의 자존감 회복과 사회참여 확대, 노동시장 진입에 이르기까지 긍정적 영향을 미치고 있다(임은자, 2021).

(3) 학교형태의 학력보완교육 제도

학력보완교육은 학력인정 평생교육시설이나 각종학교 형태로도 운영되고 있다.

① 학력인정 평생교육시설

「평생교육법」 제31조에 따라 설립된 평생교육시설 중 일정 기준을 충족한 기관은 시·도 교육감으로부터 학력인정기관으로 지정받을 수 있다. 이 시설들은 초·중·고등학교와 유사한 형태의 수업을 운영하며, 졸업 시 정규 학력으로 인정받을 수 있다(교육부, 2021). 대표적으로 'OO문해학교' 등이 이에 해당한다.

② 각종학교(대안학교 등)

「초·중등교육법 시행령」 제90조에 의거하여 설립된 각종학교는 정규학교 체제 밖에서 독자적인 교육과정을 운영할 수 있는 제도로, 주로 대안학교, 국제학교, 외국인학교 등이 이에 포함된다. 이들 학교는 학생의 개별 특성과 다양한 삶의 경로를 존중하는 교육을 통해 학력 취득뿐만 아니라 전인적 성장을 지원한다(교육부, 2023).

특히 대안학교는 기존 교육체계에서 중도탈락하거나 적응이 어려운 청소년과 성인을 위한 '다른 형태의 학교'로서 중요한 역할을 하며, 일부는 정규 학력 인정권을 갖고 운영되기도 한다(김성기, 2022).

〈표 4-3〉 보완적 학력인정제도의 유형과 특징

제도 유형	주요 내용	법적 근거	대상
검정고시	시험을 통해 학력 취득	초·중등교육법 제27조의2	초·중등 중단자 등
문해교육 연계	문해교육 이수 후 학력 인정	평생교육법 시행령 제74~75조	성인문해학습자
학력인정 평생교육시설	학교 형태의 교육시설	평생교육법 제31조	성인학습자
각종학교(대안학교)	정규학교 외 다양한 교육 운영	초·중등교육법 시행령 제90조	탈학교 청소년, 외국인 등

출처: 국가평생교육진흥원(2022). 「문해교육 학력인정 가이드북」 내용 재구성.

이와 같이 학력보완교육은 다양한 제도적 통로를 통해 학습자 중심의 평생학습 사회 구현에 기여하고 있으며, 나아가 교육격차 해소와 사회통합의 주요 전략으로 자리 잡고 있다.

3. 직업능력교육

1) 직업능력교육의 개념과 필요성

(1) 직업능력의 개념

직업능력이란 개인이 특정 직무를 수행하기 위해 요구되는 지식, 기술, 태도, 가치 등을 포괄하는 개념으로, 일반적으로 직무수행능력(Competency)을 의미한다(한국고용정보원, 2022). 직업능력은 단순히 기술이나 지식의 축적을 넘어서, 문제해결력, 의사소통력, 협업능력, 디지털활용력 등 변화하는 노동환경에 적응할 수 있는 전반적인 능력 구조를 포함한다(CEDEFOP, 2014).

OECD는 직업능력을 "개인이 일과 관련된 과업이나 역할을 효과적으로 수행하기 위해 필요로 하는 통합된 인지적·기술적·사회적 역량"으로 정의하며, 이는 평생교육의 핵심 구성 요소이자 현대 노동시장의 핵심 요구조건이라고 보았다(OECD, 2019). 특히 제4차 산업혁명 시대와 AI 시대에는 신기술에 대한 적응력, 창의적 사고, 디지털 리터러시와 같은 신직업능력이 강조되고 있다(CEDEFOP, 2014; OECD, 2019).

직업능력은 다음과 같이 세 가지 영역으로 구분하여 설명할 수 있다(한국산업인력공단, 2020).

- **기초직업능력**: 모든 직종에 공통적으로 요구되는 기본 능력(예: 의사소통능력, 수리능력, 문제해결능력)
- **직무수행능력**: 특정 직종·직무에서 요구되는 전문기술과 실무능력
- **전이가능능력**: 다양한 직무·산업에 걸쳐 활용 가능한 범용역량(예: 디지털활용능력, 협업, 리더십)

(2) 직업능력교육의 필요성

① 고용환경 변화에 따른 직무역량 재구조화 필요

지속적인 기술 진보와 산업구조의 변화는 기존 직무의 소멸과 신직무의 출현을 가속화하고 있다. 이에 따라 한 번 습득한 지식이나 기술만으로는 평생직업을 유지하기 어려워졌으며, 직업능력의 주기적 갱신과 재구성이 요구된다(OECD, 2020). 최근 AI기반 자동화시스템으로 산업구조의 재편, 데이터 기반의 경제 구조에서는 새로운 유형의 직무능력이 끊임없이 요구되고 있다.

② 중장년층 및 저학력 성인에 대한 평생직업능력 강화

고령화가 심화됨에 따라 경제활동을 지속하려는 중장년층이 증가하고 있으며, 이들을 위한 재취업 및 전직 교육의 핵심은 실질적인 직업능력 배양에 있다(한국직업능력연구원, 2023). 또한, 학력보완을 마친 성인학습자들에게 직업능력교육은 고용 연계를 가능하게 하는 중요한 후속 단계로 기능한다(김수혜, 2019).

③ 청년·경력단절자·경력전환자의 역량 회복 지원

청년층의 경우 이론 중심 교육에 치우친 학교교육만으로는 직무현장에서 즉시 활용 가능한 능력을 갖추기 어렵다. 경력단절 여성이나 산업 전환기의 노동자는 실무 기반의 직업능력 훈련을 통해 재진입 기회를 확보할 수 있으며, 이는 사회적·경제적 참여를 촉진하는 핵심 기반이 된다(한국고용정보원, 2022; CEDEFOP, 2014).

④ 지역 산업과 연계한 맞춤형 직업역량 강화 필요

지역 기반 일자리 창출과 노동시장 활성화를 위해서는 지역 특성에 맞는 직업능력 프로그램이 필요하다. 농어촌, 고령사회, 저밀도 지역 등에서는 디지털 역량, 마을관광해설사, 사회서비스형 일자리 등 지역 특화 직무능력을 개발해야 한다(국가평생교육진흥원, 2021).

〈표 4-4〉 직업능력의 유형과 특성

유형	정의	예시
기초직업능력	직무 공통의 기본역량	의사소통능력, 수리력, 자기관리
직무수행능력	특정 직무에서 요구되는 전문성과 실무기술	회계업무, 기계조작, 용접기술 등
전이가능능력	여러 분야에서 공통적으로 적용 가능한 능력	디지털문해력, 문제해결, 창의성 등

출처: 한국직업능력연구원(2021). 「직업능력개발 기본개념 및 분류체계 안내서」 내용 재구성.

이처럼 직업능력은 단순한 취업 수단을 넘어서 평생에 걸쳐 변화하는 직업과 사회환경에 능동적으로 대응하기 위한 핵심 역량으로 작동한다. 직업능력의 강화는 개인의 경제적 자립뿐만 아니라 국가의 지속가능한 성장, 사회통합, 노동시장의 유연한 전환을 가능하게 하는 핵심 축이라 할 수 있다(한국직업능력연구원, 2023; OECD, 2019).

2) 직업능력교육 프로그램의 분류와 특성

직업능력교육 프로그램은 크게 직업준비 프로그램, 자격인증 프로그램, 현직 직무역량 프로그램으로 나눌 수 있다(김진화, 2010; 한은정, 2017).

〈표 4-5〉 직업능력교육 프로그램 유형별 분류 및 실제 사례

구분	주요 교육 프로그램 예시	제공 기관 및 정책 (2025년 기준)	특징 및 지원 내용
직업준비 프로그램	–인력양성과정, 취업준비과정, 창업관련 과정, 재취업 정보교육 등	–고용노동부 국민취업지원제도 –지자체 재취업지원센터	취·창업 희망자를 위한 실무 중심 교육. 이력서 작성, 면접 기술, 사업 아이템 구상 등 취·창업 실전 능력 강화
자격인증 프로그램	–외국어자격(TOEIC, TOEFL), 지도사 양성과정, 민간 자격증 과정 등	–교육부·민간기관 자격대비 교육 –민간자격정보서비스(KRIVET)	특정 분야 자격 취득 목적. 공인 시험 대비, 실기 병행 교육 중심 운영
현직 직무역량 프로그램	–공통직무연수, 전문직무연수, 평생교육사 보수교육 등	–HRD–Net 기업직업훈련카드 –체계적 현장훈련(S–OJT) –국가인적 자원개발컨소시엄(KOHRD)	재직자 대상. 직무 고도화 및 디지털 전환 대응. 기업 수요 맞춤 교육 제공
협력 기업 직무 교육 사례	–한수원 협력사 온라인/오프라인 일반직무교육	–한국수력원자력 협력사 교육지원사업(2025) –위탁교육기관 8개 지정	중소 협력사 대상. 교육비 80% 정부 지원, 기업당 최대 400만원 이내 정산

출처: 고용노동부(2025); 김진화(2010); 한국산업인력공단(2025); 한국수력원자력(2025); 한은정(2017); 한국직업능력연구원(2025).

4. 인문교양교육

1) 인문교양교육의 개념

인문교양교육(Humanities-oriented Liberal Learning)은 인간과 사회, 문화에 대한 비판적 성찰을 통해 개인의 인격을 통합적으로 성장시키고 공공선에 기여할 시민적 자질을 기르는 평생학습 활동이다(한국교육개발원, 2022). 고대 그리

스의 파이데이아는 자유인의 덕성과 공동체적 책임을 동시에 함양하는 교양 학습을 교육의 본령으로 삼았으며(김종일, 2012), 르네상스 시대의 Trivium-quadrivium 체계는 문·사·철에 더해 수학과 천문·음악까지를 교양 학습의 범주로 제도화하였다(서희정, 2019). 이러한 전통은 20세기 중반, 유네스코 포르 보고서에서 '존재성을 실현하는 학습(Learning to be)'이라는 평생학습의 이념으로 계승되었으며(UNESCO, 1972), 이후 유럽의 시민대학, 북미의 커뮤니티 칼리지, 일본의 시민공익대학 등에서 성인 대상 인문교양교육 프로그램이 확산되었다(Elfert, 2023).

인문교양교육의 주요 목적은 자기 성찰과 정체성 형성, 비판적 사고 및 의사소통 능력 함양, 민주시민성 및 공동체 의식의 제고, 문화적 치유와 웰빙 증진, 통섭적 사고 기반의 창의성 촉진 등이다.

2) 교육 내용과 프로그램 유형

인문교양교육은 인간으로서 갖추어야 할 일반적 소양과 도덕적 감수성을 기르기 위한 교육으로, 각 영역별 학습 목표와 대표 주제는 다음과 같다.

〈표 4-6〉 인문교양교육 영역별 학습 목표와 대표 주제

영역	핵심 학습 목표	대표 주제(예시)	학습 방법
문학·언어	표현력·공감 능력	현대시 낭독, 북클럽 토론	리딩 서클, 낭독 워크숍
역사·철학	비판적 사고·가치 성찰	시민혁명사, 윤리학 세미나	강의-토론, 원전 직접 읽기
예술·미학	심미안·창의성	미술사, 영화 읽기	감상 후 비평, 창작 실습
과학 인문	과학적 소양·통섭적 사고	AI 윤리, 기후변화사	케이스 스터디, 시나리오 기획
지역 인문	공동체 이해·지역 정체성	로컬 스토리텔링, 마을 기록학	답사 프로젝트, 구술사 인터뷰

출처: 서울시평생교육진흥원(2025); 한국교육개발원(2022). 내용 재구성.

3) 국내·외 우수 사례

인문교양교육은 국가와 지역의 특성에 맞추어 다양한 형태로 실현되고 있다. 다음은 대표적인 국내 · 외 사례이다.

- **서울시민대학 '명품 인문교양 클래스'**: 8개 캠퍼스, 160명 규모의 '길 위의 인문학' 현장 탐방형 과정을 운영해 연간 6만여 명이 수료하였다(서울시, 2025).
- **인문360° '인문레터°'**: 뉴스레터 · 팟캐스트 · 온라인 포럼을 통해 월 10만 구독자가 참여하는 디지털 인문교양 생태계를 조성하였다(인문360°[1], 2024).
- **핀란드 오픈대학 '시민인문 아카데미'**: 도서관 · 노동조합 · 노키아 CSR[2]이 협력해 직장인 야간 인문학 과정을 무상 지원, 업무 스트레스 감소와 조직 혁신 아이디어 창출 효과를 입증하였다(Laakkonen, 2021).
- **캐나다 토론토 공공도서관 'One City One Book'**: 동일 도서를 도시 전체가 함께 읽는 시민 독서 캠페인을 통해 연간 50만 명 이상이 참여하며, 시민 통합 지수가 8%p 상승하였다(Fraser, 2022).

4) 당면 과제와 미래 전망

인문교양교육이 평생학습체제 내에서 제 기능을 다하기 위해 다음과 같은 과제를 고려할 필요가 있다.

- **상업화 · 피상화 방지**: 콘텐츠 소비에만 그치지 않고 깊은 읽기, 집필, 프로젝트 기반 학습이 병행되는 '느린 인문학(Slow Humanities)'을 확대해야 한다(박혜진, 2024).

---

1) 문화체육관광부와 한국문화예술위원회가 운영하는 온라인 인문 플랫폼

2) Corporate Social Responsibility(사회적 책임)

- **접근성 · 격차 해소:** 농어촌 지역을 위한 '찾아가는 인문버스', 공공도서관 메이커스페이스를 활용한 플랫폼 연계 교육이 요구된다(평생교육법 개정안, 2023).
- **AI 시대 융합 인문학 강조:** 데이터 휴머니티, 알고리즘 윤리, 감성 컴퓨팅 등을 다루는 디지털 융합 인문학 과정이 핵심 역량으로 부상한다(UNESCO UIL[3], 2025).
- **지속 가능 재원 및 인력 모델:** 지역 대학, 기업 CSR, 사회적경제 조직이 참여하는 '시민인문교육 복합체' 모델을 통해 재원과 인력을 안정화한다(박혜진, 2022).
- **성과 평가 및 인증 체계 구축:** 국가공인 시민인문능력 인증제와 연계하여 학습 동기를 높이고 사회적 가치를 명확히 할 수 있어야 한다(교육부, 2024).

인문교양교육은 삶 전반에서 이루어지는 평생학습으로, 학교 밖의 일상적 학습 환경을 제공하고, 성찰과 자기 해석을 통해 개인의 역량과 잠재력을 확장한다(김신일, 2014; 최운실, 2017). 이는 자기주도 학습을 기반으로 평생교육의 핵심 영역으로 기능하며, 지식 · 가치 · 행동의 통합을 통해 개인과 사회의 질적 전환을 견인한다(한국교육개발원, 2022). 디지털 전환과 인구 변화가 심화되는 시대, 인문교양교육은 공동체 회복과 연대 의식을 강화하는 데 중요한 역할을 한다.

3) 유네스코 평생학습연구소

5. 문화예술교육

1) 문화예술교육의 이해

(1) 문화예술교육의 개념

문화예술교육은 인간의 감정과 가치를 표현하고, 공동체 문화를 계승하는 오래된 교육 형태이다. 원시시대의 벽화나 종교의식 속 예술을 포함해, 19세기 말에는 미술·음악 등의 교과로 체계화되었지만, 초기에는 기능 습득과 감상 중심에 그쳤다(김종일, 2012; 정지은, 2020).

20세기 중반 이후 문화민주주의·창의성 교육·문화권리 개념이 확산되며, 문화예술교육은 전인적 성장과 사회통합의 수단으로 이해되기 시작했다(김경화, 2015; UNESCO, 2006). 오늘날에는 감성, 창의성, 소통 능력, 공동체 의식을 기르는 종합적 교육활동으로 자리매김하고 있다(한국문화예술교육진흥원, 2023).

이는 전통예술부터 시각·공연예술, 문학까지 다양한 장르를 다루며, 창작과 감상, 비판적 사고를 촉진한다. 또한 평생교육, 지역사회, 복지, 문화복지 등 여러 영역에서 확대되고 있으며, 4차 산업혁명과 다문화사회, 전 세대 삶의 질 향상에 기여하는 핵심 교육으로 중요성이 더욱 강조된다(정지은, 2020). 또한 전 세대를 아우르는 삶의 질 향상과 개인의 자아실현을 지원하기 위한 문화복지의 차원에서도 문화예술교육의 사회적 중요성은 지속적으로 증가하고 있다.

(2) 문화예술교육의 목적·영역·유형

① 문화예술교육의 목적

문화예술교육은 인간의 삶과 사회의 발전을 위한 다양한 목적을 내포하고 있으며, 크게 다음의 세 가지 축으로 정리할 수 있다.

- **개인적 차원의 목적:** 정서적 안정과 심리적 치유, 창의적 사고와 표현력 향상, 자존감 및 정체성 확립

- **사회적 차원의 목적:** 공동체 의식과 협업 능력 배양, 문화적 다양성 존중과 포용성 향상, 사회적 연대와 참여 촉진
- **문화적 차원의 목적:** 문화유산의 계승과 해석, 지역문화의 활성화, 문화민주주의 실현과 문화권 보장(김경화, 2015; 한국문화예술교육진흥원, 2023)

이러한 목적은 특정한 교육 대상(예: 아동, 청소년, 노인 등)과 교육 환경(학교, 지역사회, 복지시설 등)에 따라 다양한 방식으로 구체화된다.

② 문화예술교육의 영역

문화예술교육은 다음과 같은 주요 영역을 포함한다.

〈표 4-7〉 문화예술 프로그램 영역별 분류

영역	영역별 활동 예시(안)
레저스포츠 프로그램	체력증진 및 여가선용을 위한 체육활동 및 전문 스포츠 프로그램. 레저활동(승마, 양궁), 생활스포츠(수영, 골프), 스포츠예술활동(라인댄스, 밸리댄스) 등
생활문화예술 프로그램	생활문화의 질 향상 및 풍성한 삶의 문화 향유 지원. 풍선아트, 사진예술, 노래교실, 인테리어홈패션, POP 등
문화예술향상 프로그램	문화예술 작품 체험 및 완성 지도. 음악, 무용, 미술, 서예, 도자기공예, 연극·영화관람 등

출처: 김진화 외(2010); 이해주 외(2023).

〈표 4-8〉 문화예술교육의 가치 영역별 내용

가치 영역	내용
개인적 가치	정서 발달, 미적 감수성, 자기 표현력, 정체성 확립 등
사회적 가치	협동심, 다문화 수용성, 지역사회 소속감, 사회적 책임감 함양
문화적 가치	지역 문화자산 이해 및 계승, 문화민주주의 실현, 생활 속 예술 향유 역량 강화(김종일, 2012)

문화체험형 문화예술교육 프로그램의 다양화를 위해서는 장기 수강생과 초기 진입 수강생의 수준과 단계별 차이를 고려하여 프로그램을 세분화할 필요가

있다. 또한 평생교육사의 문화예술교육 전문직무역량 강화를 위한 프로그램을 개발하고, 평생학습기관에서 다양한 문화예술 정보를 데이터베이스화한다면, 이는 평생교육의 역할을 한층 더 강화할 수 있을 것이다.

③ 문화예술교육의 유형

문화예술교육의 유형은 전달 방식과 교육 목표에 따라 다음과 같이 구분할 수 있다(정지은, 2020; 한국문화예술교육진흥원, 2023).

- **향유형 교육:** 관람, 감상, 해석 중심의 수용적 학습(공연 관람, 작품 해설 강연, 영화 감상 수업 등)
- **학습형 교육:** 예술이론, 미학, 장르별 지식 등을 중심으로 한 학문적 접근(문예창작, 음악사, 미술사, 도자기 만들기 강의 등)
- **활동형 교육:** 실기 중심, 창작과 표현을 중시하는 참여형 학습(연극놀이, 합창, 미술 만들기, 영상 제작 등)

대부분의 문화예술교육 프로그램은 위 세 유형을 복합적으로 구성하며, 참여자의 특성에 따라 학습 경험의 밀도와 방향이 달라진다.

(3) 문화예술교육 프로그램 운영 형태

문화예술교육은 특정한 교육 장소에 한정되지 않고, 학교, 사회기관, 지역사회, 온라인 플랫폼 등 다양한 공간에서 이루어진다. 이러한 교육 환경은 학습자의 연령, 목적, 필요에 따라 적합하게 구성되며, 다음과 같이 구분할 수 있다(한국문화예술교육진흥원, 2023).

① 학교문화예술교육

학교문화예술교육은 정규 교육과정 내의 예술교과(음악, 미술 등)와 방과후 활동, 자율동아리 등을 포함한 비정규 교육과정으로 이루어진다.

- **정규 교육과정:** 초·중등학교 교과로서의 예술 수업
- **비정규 교육과정:** 방과후 교실, 자유학기제 활동, 창의적 체험활동 등
  학교에서의 문화예술교육은 학생의 전인적 성장, 감성·창의성 발달, 인성 교육 등과 밀접하게 연결되어 있다(김경화, 2015; 정지은, 2020).

② 사회문화예술교육

사회문화예술교육은 학교를 벗어나 지역사회, 문화시설, 평생교육기관 등에서 이루어지는 예술교육을 말한다. 이는 아동부터 노인까지 전 생애 주기를 포괄하는 교육으로 다음과 같은 장소에서 이루어진다.

- **문화시설:** 도서관, 박물관, 미술관, 문화예술회관, 문학관 등
- **평생교육기관:** 평생학습관, 문화센터, 대학교 부설 기관
- **기타기관:** 주민자치센터, 생활문화센터, 청소년문화의집 등

이러한 교육은 개인의 삶의 질 향상, 문화적 역량 강화, 지역사회 활성화에 기여한다(김종일, 2012).

■ **지역 기반 문화예술교육의 유형과 사례**

지역 문화예술교육은 공공기관, 민간단체, 지역문화재단 등 다양한 주체에 의해 다음과 같은 방식으로 운영된다.

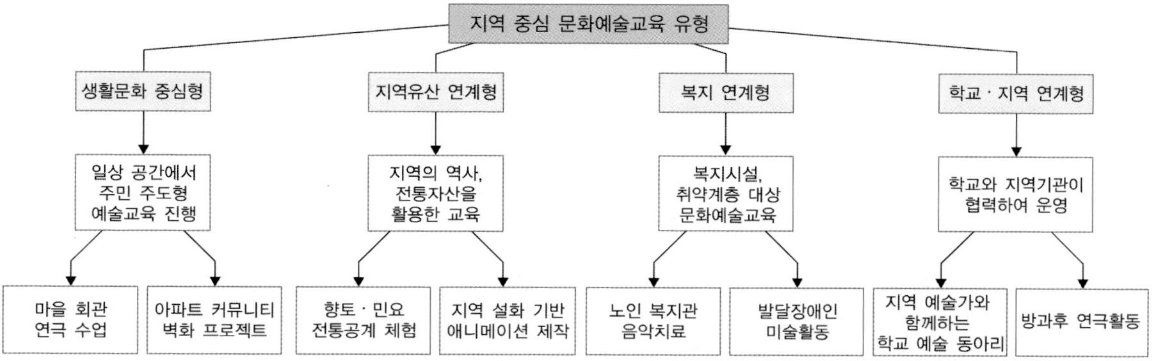

[그림 4-1] 지역문화 기반 문화예술교육 유형별 내용과 사례

이처럼 문화예술교육은 지역 고유의 문제와 필요에 맞춘 맞춤형 실천 모델로 다양하게 전개된다(한국문화예술교육진흥원, 2022).

2) 문화예술교육 프로그램

(1) 공연예술교육: 합창·오케스트라·밴드·뮤지컬을 중심으로

① 공연예술교육의 개념과 의의

공연예술교육은 음악, 연극, 무용 등 무대 공연 중심의 예술활동을 통해 학습자의 표현력, 공동체성, 창의력, 감성을 기르는 예술교육이다(McCaslin, 2006). 이는 단순한 기술 습득을 넘어서, 무대를 준비하고 협업하며 하나의 예술 작품을 만들어가는 전 과정을 통해 전인적 성장을 유도하는 데 목적이 있다(Bamford, 2006).

공연예술교육은 협동 중심의 예술 활동, 신체와 감정의 통합 표현, 공감 능력과 타인 이해의 심화, 자기효능감과 성취 경험을 제공하는 예술 실천의 특징을 갖는다(Catterall et al., 2012).

② 주요 공연예술 장르별 교육적 특성

공연예술교육은 장르별로 요구되는 예술적 표현 방식과 협업의 구조가 상이하며, 이에 따라 교육적 특성과 기대되는 학습 효과 또한 다르게 나타난다. 특히 합창, 오케스트라, 밴드, 뮤지컬과 같은 주요 공연예술 장르는 성인학습자의 정서적 안정, 사회적 상호작용, 창의적 표현 능력, 공동체 의식 함양 등 다양한 측면에서 교육적 효과를 발휘할 수 있다.

한편, 오케스트라 교육은 '엘 시스테마(El Sistema)' 모델을 기반으로 한 국내 프로그램인 '꿈의 오케스트라'를 통해 아동·청소년을 넘어 성인 대상까지 확산되고 있으며, 이는 음악을 통한 사회 통합과 평생학습의 대표적 실천 사례로 주목받고 있다(정원순, 2020).

다음의 표는 이러한 공연예술 장르별 특성을 교육적 관점에서 비교한 것이다.

〈표 4-9〉 공연예술 장르별 교육적 특성 비교

장르	교육적 특성	기대 효과	운영 형태
합창	집단 음악표현, 협업, 조화, 호흡, 소통 중심	사회성 향상, 책임감, 공동체 의식	공공합창단, 동호회 등
오케스트라	다양한 악기, 파트 간 협업, 지휘자와의 호흡	정서안정, 집중력, 사회적 통합	지역 오케스트라
밴드	소규모 그룹, 자율성, 창작 중심	자기표현, 창의성, 또래 정체성 강화	청소년밴드, 주민밴드
뮤지컬	노래+연기+춤 통합예술, 창의적 협업	발표력, 표현력, 자존감, 정서 치유	시니어뮤지컬, 마을뮤지컬 등

출처: 김지혜(2020); 한국문화예술교육진흥원(2022). 내용 재구성.

③ 공연예술교육의 교육 효과 및 사례

공연예술교육은 다음과 같은 영역에서 전인적 효과를 지닌다(Catterall, 2009).

〈표 4-10〉 문화예술교육(공연예술교육)의 발달 영역별 교육 효과

영역	구체적 효과
정서적 발달	감정 조절, 자기 인식, 심리적 안정
사회적 발달	협업 능력, 리더십, 공동체 의식
인지적 발달	청각·언어 능력, 집중력, 기억력 향상
창의성	즉흥성, 표현력, 이야기 구성 능력
자아효능감	성취 경험, 자존감 향상, 긍정적 자기 이미지 형성

출처: Catterall(2009); 정지은(2020); 한국문화예술교육진흥원(2022). 내용 재구성.

- **청소년 뮤지컬 프로젝트:** 중·고등학생이 대본 집필부터 무대 구성까지 직접 참여. 진로 탐색과 자기표현력 강화, 세대 간 소통 효과 유도(Maeda, 2017).
- **실버합창단 운영:** 노인 대상 합창 수업을 통해 우울감 완화, 사회적 고립 감소, 자아존중감 향상에 기여(Kim & Lee, 2019).
- **학교 협동 연극수업:** 국어, 음악, 체육을 연계한 연극 활동은 창의적 문제 해결력, 표현력, 협동심을 함양시킴(Bailey & Davidson, 2005).

공연예술교육은 단순히 예술적 기술을 습득하는 과정이 아니라, 예술 활동을 통해 타인의 목소리에 귀를 기울이고 협력하여 공동의 목표를 이루어나가는 과정이다(이선영, 2019). 따라서 공연예술교육 자체가 풍부한 교육적 의미를 지니며, 학습자들은 인내, 관용, 자신감, 소통능력 등의 다양한 역량을 키울 수 있다(김미영, 2021). 또한 공연예술교육은 자발적인 커뮤니티 형성을 촉진하는 특징을 지니며, 이러한 자발적 공동체 형성은 개인의 사회적 관계 증진과 삶의 질 향상에도 긍정적인 영향을 미친다(박혜진 외, 2020).

(2) 시각문화예술교육: 미술교육을 중심으로

① 시각문화교육의 개념과 의의

시각문화예술교육은 단순한 기법 전수나 재현 중심의 훈련을 넘어, 자기표현과 사회적 해석 능력을 기르는 데 중점을 둔다(Freedman & Wood, 1999). 학습자는 이미지와 시각 언어를 활용해 감정과 생각, 정체성, 사회적 메시지를 구성하며, 이를 타인과 공유하는 과정을 통해 자아 존중감과 문화적 시민성을 함양하게 된다(Freedman & Wood, 1999).

이러한 표현 중심 수업은 현대사회의 시각매체 환경과도 밀접하게 연결되며, 다음과 같은 활동들을 통해 구체화된다.

〈표 4-11〉 시각문화예술교육 활동 주제와 교육적 효과

활동 주제	교육적 효과
자화상 다시 그리기	자기정체성 탐구, 감정 표현, 비언어적 소통 능력 강화
사회적 포스터 디자인	시사 이슈 인식, 메시지 구성 및 시각적 전달력 강화
꿈의 지도 만들기	상상력 표현, 공간 인식, 개인 서사의 시각적 구성
감정 카드북 제작	정서 인식, 타인의 감정 공감, 시각 언어 표현력 향상
뉴스 콜라주	미디어 리터러시, 사회 이슈 입장 표현, 혼합매체 활용 능력 증진

출처: Freedman & Wood(1999). 내용 재구성.

② 현대 미술교육의 방향과 적용

현대 미술교육은 회화·조소·공예 등 기능 중심 교육에서 벗어나, 문화와 예술을 통합한 표현 중심 교육으로 변화하고 있다(Eisner, 2002). 시각적 표현은 이제 개별 학습자의 감정, 사회적 경험, 문화적 배경을 반영하며, 다음과 같은 핵심 목표를 지닌다.

- **이미지 읽기:** 광고, 유튜브, 패션 등 다양한 시각매체의 해석 훈련
- **문화다양성 수용:** 다양한 시각 표현 양식에 대한 이해와 존중

- **비판과 창조:** 기존 이미지에 대한 재해석을 통해 새로운 의미 창출(Graff, 1990; Freedman, 2003)

이 과정은 미술교육을 예술기능 훈련이 아닌 사회적 메시지 생산의 장으로 전환시키며, 학습자 주도 수업, 과정 중심 평가, 사회참여형 프로젝트 등 새로운 교육방식이 확산되고 있다(Freedman, 2003).

③ 연령별 수업 사례

연령대	수업 사례	교육적 효과
초등	미술×사회 융합 수업(예: 지역 환경 포스터 만들기)	시각적 상상력, 공동체 인식 형성
중등	시 낭송 + 드로잉 수업	감수성 발달, 문학·시각 표현력 통합
청소년	북아트 프로젝트(정체성·가족사 등 주제 전시)	자기 이해와 타자 공감, 사회적 발언
성인	정서 회복 중심 회화 활동(풍경화, 스케치 등)	몰입, 자기표현, 심리적 안정

출처: Freedman, K., & Wood, J. (1999). 내용 재구성.

이처럼 연령에 따라 시각문화예술교육은 개인 내면의 확장에서부터 사회적 참여까지 폭넓게 적용되며, 특히 성인학습자에게는 자기 성찰과 창의적 여가, 예술적 소통 역량 향상의 기회를 제공한다.

3) 생애주기별 문화예술교육의 방향

문화예술교육은 생애주기별 특성에 따라 다음과 같은 방식으로 설계된다(한국문화예술교육진흥원, 2023).

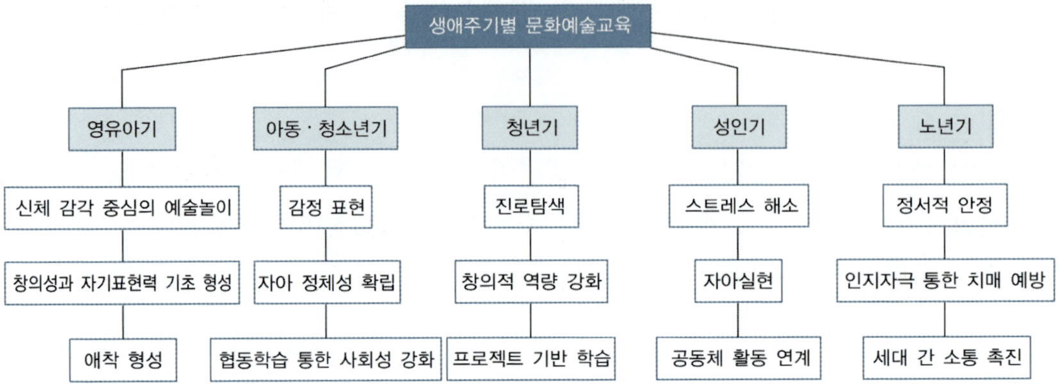

[그림 4-2] 생애주기별 문화예술교육의 특징과 교육 내용

〈표 4-12〉 생애주기별 대상별 문화예술교육 실천 사례

대상	주요 사례
노년층	미술활동, 회상극, 북아트, 복지관 연계 인형극,
중장년층	시 낭송, 캘리그래피, 동네극장 운영, 커뮤니티 활동, 시민연극,
청년	청년예술가 협업 프로젝트, 영상 창작 워크숍, 음악 창업 클래스, 연극, 유화, 만화 그리기

출처: 한국문화예술교육진흥원(2022).

이러한 실천 사례들은 문화예술이 생애 각 시기에 '삶을 배우고, 사회와 연결되며, 자기를 표현하는' 유기적인 학습 경로임을 보여준다(한국문화예술교육진흥원, 2022). 특히 노년기와 중장년기의 문화예술교육은 치매 예방, 정서 회복, 자존감 향상, 공동체 복원 등 다차원적 효과를 가진다(정지은, 2020).

문화예술교육은 다음과 같은 평생학습적 가치를 지향해야 한다(한국문화예술교육진흥원, 2023).

- **지속가능성:** 단기 강좌가 아닌 장기적, 연속적 운영
- **접근성:** 누구나 쉽게 참여할 수 있는 환경 조성
- **자율성:** 학습자의 기획과 표현을 존중
- **공공성:** 공동체 복원과 사회통합에 기여

〈표 4-13〉 평생학습적 가치를 반영한 문화예술교육 프로그램

평생학습적 가치	프로그램 예시
지속가능성	악기 앙상블, 지속형 뮤지컬·연극 교실
접근성	지역주민을 위한 찾아가는 음악회, 쇼핑센터 내 문화센터
자율성	학습자 기획형 전시회, 발표회
공공성	지역 합창단, 마을 축제 연계 프로그램

출처: 한국문화예술교육진흥원(2023).

■ 노인문화예술교육(Geragogy)의 관점

노인교육(Geragogy)은 노년을 '소비'의 시기가 아닌 '생산적 배움'의 시간으로 전환하는 교육적 패러다임이다. 이 교육은 단순한 여가 제공을 넘어서, 자기결정권, 사회적 참여, 세대 간 연대를 중시하며, 노인을 존엄한 학습 주체로 인정한다(Formosa, 2002; 2014).

노인 대상 문화예술교육은 다음과 같은 형태로 확장되고 있다.

- **정서 회복:** 회상극, 미술치료, 시 낭송
- **디지털 리터러시:** 스마트폰 영상 제작, 사진 전시
- **사회참여 촉진:** 실버극단, 마을 공동작품 제작

이러한 활동은 문화적 권리 보장, 예술을 통한 돌봄 통합, 노인의 사회변화 주체화라는 교육적 가치를 실현하며, '돌봄-표현-참여'가 융합된 예술교육 모델로 자리 잡고 있다(정지은, 2020).

6. 시민교육

1) 시민교육의 개념과 의의

시민교육(Citizenship Education)은 민주주의 사회를 구성하는 시민들이 능동적으로 사회에 참여하고, 공공의 이익을 실현하며, 책임 있는 판단과 행동을 수행할 수 있도록 돕는 교육이다. 이는 단순한 지식 전달이나 도덕적 교훈을 넘어서, 비판적 사고와 실천 역량을 길러주는 통합적 교육으로 자리매김하고 있다(UNESCO, 2015).

(1) 시민교육의 역사적 전개

시민교육의 기원은 고대 아테네의 직접민주정에서 찾을 수 있다. 당시의 시민은 공적 사안에 의견을 개진하고 공동체의 미래에 책임을 지는 정치적 주체로서 교육을 받았다(박찬열, 2020). 이후 중세 유럽에서는 종교 중심의 권위적 교육이 주류였으나, 계몽주의와 시민혁명을 거치면서 개인의 권리, 자유, 정치적 참여의 중요성이 강조되었다(UNESCO, 2015).

근대 이후 시민교육은 각국의 정치·사회·문화적 맥락에 따라 다양한 방식으로 발전하였다. 오늘날에는 국가 시민교육을 넘어, 지구적 이슈에 대응하는 '세계시민교육'으로 그 영역이 확장되고 있다(박찬열, 2020; UNESCO, 2015).

(2) 한국의 시민교육 전개

한국에서는 일제강점기 이후 해방 직후의 민족의식 고취를 시작으로 시민교육이 시작되었다. 이후 학교교육과 사회교육, 청소년교육, 노인교육 등 다양한 평생학습 형태로 확장되었다(김성경 외, 2021).

군사정권 시기에는 국가주의적 시민교육이 주를 이루었지만, 1987년 민주화 이후 풀뿌리 시민운동과 지역참여 중심의 교육이 확대되었다. 특히 시민단체, 지역사회, NGO 등이 주도하는 참여형 시민교육은 성인학습자의 민주역량을 강화하는 데 기여하였다(조희형, 2019).

(3) 포스트 트루스 시대와 시민교육의 역할

21세기 들어 '포스트 트루스(Post-truth)' 사회가 도래하면서 시민교육의 역할은 더욱 중요해졌다. 포스트 트루스는 사실보다 감정이나 신념이 더 큰 영향을 미치는 사회현상을 의미하며, SNS상의 가짜뉴스, 정치적 양극화 등의 현상이 대표적이다(McIntyre, 2019).

이러한 사회에서 시민교육은 미디어 리터러시, 비판적 사고, 정보 판별 능력을 중심으로 재구성되어야 하며, 시민이 허위정보 속에서도 합리적이고 책임 있는 판단을 내릴 수 있도록 도와야 한다.

(4) 시민교육의 본질과 현대적 의미

시민교육이란 시민이 사회의 기본 가치와 제도에 참여하며, 자신의 역할과 책임을 수행하도록 돕는 교육이다. 이는 민주주의, 권리, 의무, 사회적 책임, 공공선에 대한 인식을 토대로 설계된다(김성경 외, 2021).

현대 시민교육은 타인의 권리를 존중하고, 공동체의 지속가능성을 고민하며, 행동하는 시민으로 성장하도록 돕는 것을 목표로 한다. 나아가 개인의 삶을 넘어, 지역, 국가, 지구적 문제에까지 관심을 갖고 참여하는 성숙한 시민성을 함양해야 한다(OECD, 2016).

따라서 시민교육은 특정 시기나 교육 수준에 국한되지 않고, 유아부터 노년까지 이어지는 평생교육의 핵심 영역으로 자리 잡아야 하며, 국가적·지역적·세계적 차원의 통합적 실천이 요구되는 시대적 과제이다(교육부, 2022).

2) 시민교육 프로그램의 이해

(1) 시민교육 프로그램의 의미와 필요성

시민교육 프로그램은 시민의식 향상을 목표로 구성된 통합적 교육과정으로, 단순 지식 전달을 넘어 실천적 행동 변화를 추구한다(이형빈 외, 2022). 학습자 중심·참여 중심의 교수법과 교과 간 융합, 지역사회 연계가 필수이며, 다양한 삶의 맥락을 반영한 유기적 구조가 요구된다(강인애 외, 2020). 프로그램은 정의감, 공익의식, 비판적 사고 등을 갖춘 '깨어있는 시민'과 적극적으로 사회에 참여하는 '참여하는 시민'을 양성하는 데 중점을 둔다.

〈표 4-14〉 시민교육 프로그램의 핵심 목표와 학습자 특성

시민 유형	핵심 목표	주요 특성
깨어있는 시민	비판적 사고와 공익 감수성 함양	정의감, 합리성, 연대의식
참여하는 시민	공공선 실현과 실천적 참여 촉진	자발성, 문제해결력, 공동체성

(2) 민주주의 프로그램의 이론적 토대

시민교육 프로그램은 민주주의 이론, 시민사회론, 구성주의적 학습이론을 기반으로 한다. 이는 인간의 존엄성과 참여권 보장을 중심으로 자율적 참여와 토론을 촉진하고, 학습자의 경험과 자율성, 협력을 중시하는 교육환경을 조성하는 데 기여한다(Dewey, 1916; Kolb, 1984; 조희형, 2018).

- **시민교육 프로그램 원리:** 민주성, 참여성, 창조성, 논리성, 맥락성, 실현가능성

3) 시민교육 프로그램

시민교육은 현대사회의 복합적 문제에 능동적으로 대응할 수 있는 시민성을 기르는 다양한 프로그램을 포함한다. 본 절에서는 시민교육의 주요 하위 영역과 실천 사례를 중심으로 내용을 정리한다.

(1) 인권시민교육

인권시민교육은 인간의 존엄과 평등에 기반해 타인의 권리를 존중하고 차별을 성찰하는 태도를 기르는 교육으로, 일상 속 인권 감수성과 실천력 함양에 중점을 둔다(유네스코한국위원회, 2021; 한국인권재단, 2020).

교육은 인권의 역사, 사례 기반 몰입 학습 등으로 구성되며, 시민성 형성의 기초 역량인 자유·다양성·사생활 보호 등을 강조한다(조효제, 2017; Butts, 1980). 최근에는 학교와 직장 중심으로 성인지 감수성, 세대 이해 증진 등으로 주제가 확대되고 있다(최혜리, 2022).

(2) 생태적 시민성과 기후위기 대응 시민교육

기후위기와 생태 파괴는 단순한 환경 문제가 아닌 정치·경제·사회 전반에 걸친 총체적 위기로, 현대 시민은 이에 대응할 생태적 책임과 감수성을 갖춰야 한다(김태환 외, 2021).

생태적 시민성(Ecological Citizenship)은 자연과의 관계를 인식하고 지속가능한 삶을 실천하려는 태도를 의미하며, 이는 지역을 넘어 지구적 차원의 책임의식과 공동체적 실천을 동반한다(Dobson, 2003). 이에 따라 생태적 시민교육은 탄소 감축, 에너지 전환, 자원 순환, 생태 윤리 등을 포함하고, 학교와 지역사회가 연계된 통합 프로그램으로 운영되어야 한다(UNESCO, 2014).

이러한 교육은 시민의 생태 감수성과 실천 역량을 강화해 기후위기 대응과 지속가능한 사회 전환에 기여할 수 있다.

(3) 교양 있는 시민과 의사소통 교육 /디지털 시민교육

현대 시민에게는 단순한 자기표현을 넘어, 경청, 공감, 협상, 비폭력 소통 역량이 요구된다. 특히 비폭력대화(NVC[4])는 정치적 양극화와 갈등 속에서 민주적 관계 형성과 갈등 조정에 필수적이다(Rosenberg, 2003).

---

4) Nonviolent Communication

디지털 시대의 시민은 미디어 리터러시를 바탕으로 혐오 표현, 허위 정보, 알고리즘 편향에 비판적으로 대응할 수 있어야 하며, 이를 위한 교육은 다음과 같은 내용을 포함한다(UNESCO, 2018).

- 사실과 가치 구분, 프레임 분석
- 콘텐츠 제작 의도 파악과 비판적 수용
- 프라이버시 보호, 혐오 표현 인식, 알고리즘 윤리
- 공적 담론 참여와 공동체 기반 미디어 활동

AI 기술의 발전은 디지털 윤리·데이터 리터러시를 시민교육의 핵심으로 부각시켰으며, '이루다 사건'은 시민이 기술 감시자로서 책임과 감수성을 갖춰야 함을 보여준다(OECD, 2020).

(4) 평화교육과 다문화 시민교육

평화교육은 단순히 폭력의 부재를 넘어 차별, 불평등, 억압 등의 구조적 폭력을 인식하고 평화적으로 해결하는 역량을 기르는 데 중점을 둔다(Galtung, 1969). 사회정의, 인권, 자유, 상호 존중의 가치를 기반으로 민주적 소통과 갈등 해결을 교육한다. 다문화 시민교육은 평화교육의 연장선상에서, 다양한 문화적 배경의 시민들이 공존하는 사회에서 필요한 감수성과 실천 역량을 길러주는 교육이다(조희형 외, 2018). 주요 교육 내용은 다음과 같다.

- **다문화사회 이해:** 민족, 언어, 종교의 다양성
- **편견 극복:** 고정관념 비판 및 문화 상대주의 함양
- **시민성 함양:** 문화적 감수성과 상호 존중 태도 개발

이 교육은 이주민만이 아닌 모든 시민이 공존을 학습하는 평생교육으로 구현

되어야 하며, 포용사회로의 전환에 기여한다(UNESCO, 2017).

(5) 세계시민교육과 국제협력

세계시민교육(Global Citizenship Education)은 기후위기, 난민, 빈곤, 분쟁 등 지구적 문제에 책임감 있게 참여할 수 있는 시민성을 기르는 교육이다(UNESCO, 2015). 이는 국제이해교육을 넘어, 지속가능성과 정의의 가치, 문화 간 이해와 협력, 윤리적 소비와 기후정의 실천 등을 강조한다(OECD, 2020).

실천 사례로는 '국경 없는 마을'(안산시)과 같은 지역 기반의 다문화 이해·연대 프로그램이 있다. 학교 밖 시민교육으로 확장되어야 하며, 평생교육체계 속에서 세계시민으로서의 자질을 갖춘 학습자를 육성할 수 있다.

(6) 시민참여교육과 민주 시민교육

민주주의는 시민의 지속적인 참여를 통해 유지되며, 시민참여는 권리이자 길러야 할 역량이다. 시민참여교육은 선거 외에도 주민자치, 자원봉사, 참여예산, 지역 의제 발굴 등 다양한 형태의 실천을 포함한다(강인애, 2019). 특히 헌법교육과 인권·문해교육은 사회적 약자의 참여 역량을 높이며, 마을, 직장, 지역사회 전체를 교육공간으로 확장한다.

서울시 '시민참여예산제'는 참여가 곧 교육이 되는 대표적 사례로, 행정의 투명성과 시민성 함양을 동시에 달성하고 있다(교육부, 2022).

〈표 4-15〉 시민교육 프로그램 실천 사례

사례명	개요	학습 목표
타인의 삶 공감 토론	사회적 약자의 인권 사례를 듣고 의견 나누기	공감능력, 비판적 사고
지역 의제 해결 프로젝트	지역 쓰레기 문제 해결을 위한 캠페인 기획	문제해결력, 실천역량
디지털 시민 미디어 분석	혐오표현, 조작 뉴스 사례 분석 및 반박문 작성	미디어 리터러시, 윤리성
세계시민 체험 워크숍	SDGs 중심 이슈(기후·빈곤 등)[5]에 대한 팀별 모의 UN 회의	국제이해, 협력의식

출처: 교육부(2022); OECD(2020); UNESCO(2015).

7. 성인 진로개발역량 향상교육

1) 직업과 진로선택의 이해

현대사회에서 직업과 진로는 단지 생계유지 수단을 넘어, 인간의 자아실현과 삶의 질을 결정짓는 핵심 요소로 자리 잡고 있다. 특히 디지털 기술의 발전, 노동시장의 유연화, 인구 구조의 변화 등 복합적 요인은 직업과 진로에 대한 인식의 근본적 전환을 요구하고 있다. 이에 따라 성인학습자는 생애 전반에 걸쳐 자신의 진로를 지속적으로 탐색하고 조정하는 능력을 필요로 하며, 평생학습 체제를 통해 이러한 역량을 개발할 수 있어야 한다(김정숙 외, 2021).

(1) 진로와 직업의 개념

진로(Career)는 단순히 특정 직장이 아니라 개인이 삶에서 경험하는 직업적·교육적·사회적 경험의 흐름을 뜻하며, 고정된 목표가 아닌 평생 조정되는 동적 과정으로 이해된다(Savickas, 2005). 과거의 '평생직장' 개념은 사라지고, 다양한 경로를 걷는 '평생직업' 또는 '다중경력' 시대가 도래하였다(김병주, 2020).

직업(Occupation)은 일정 기간 보수를 받고 수행하는 활동으로, 경제적 기능뿐 아니라 자아실현과 사회적 역할의 의미도 갖는다. 직업은 다음과 같은 세 가지 수준으로 구분된다.

① **직무(Job)**: 조직 내 수행하는 구체적 활동
② **직업(Occupation)**: 유사한 직무들의 집합
③ **천직(Vocation)**: 내적 소명과 의미 중심의 직업 선택(Hansen, 2002)

직업에 대한 인식은 생계 수단에서 자율성, 정체성 실현, 사회 기여의 수단으

5) Sustainable Development Goals: 지속가능발전목표

로 발전해 왔으며(홍세화, 2019), 자기효능감·자아정체성·윤리의식 등을 포함하는 다차원적 개념으로 확장되고 있다. 즉, 직업은 단순 노동을 넘어 공동체 속 개인의 지속적 역할로 이해된다.

(2) 직업분류의 개념

직업분류는 수행되는 업무의 특성과 요구 능력을 기준으로 다양한 직업을 체계적으로 구분하는 것이다. 우리나라의 한국표준직업분류(KSCO)는 다음 두 가지 기준으로 직업을 분류한다(통계청, 2022).

- **직능수준(Skill Level)**: 직무 수행에 필요한 교육 수준, 훈련, 경험 등을 반영
- **직능유형(Skill Specialization)**: 사용 지식의 분야, 장비, 원재료, 생산 결과물 등 직무 특성

이를 통해 유사한 성격의 직업군을 체계적으로 분류하고, 직업정보 제공과 교육훈련 체계 설계의 기초 자료로 활용하고 있다.

(3) 진로 선택의 단계

진로선택은 단회적 사건이 아닌, 생애 전 과정에 걸친 계속적 탐색과 조정의 과정이다. 대표적인 진로선택의 과정은 [그림 4-3]과 같이 5단계로 정리할 수 있다(강명순, 2020). 이러한 단계는 직업생활에서의 안정성과 만족도에 직접적인 영향을 미치며, 평생교육의 개입 지점을 결정짓는 데 중요한 기준이 된다.

미래 사회는 인구 고령화, 디지털 전환, 탈탄소 사회 등 구조적 변화 속에서 직업 세계의 급격한 전환이 진행되고 있다. 디지털 기술의 발달로 단순 반복 업무는 자동화되고, 문제해결력, 창의성, 인간적 소통 능력 등 비인지적 역량이 핵심이 되고 있다(세계경제포럼(WEF), 2020). 이러한 변화 속에서 개인의 직업과 진로 선택에 대한 이해는 더욱 중요해졌다. 특히, 개인의 성격과 흥미에

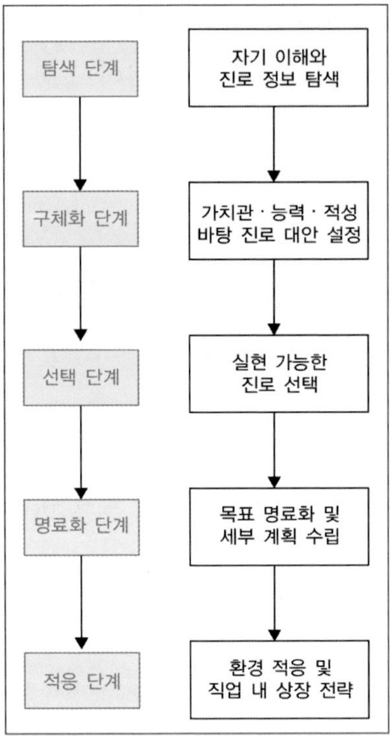

[그림 4-3] 진로선택의 단계

따라 직업을 탐색하고 선택하는 전략이 요구되며, 다음 절에서 다룰 홀랜드 이론은 이를 이해하는 데 유용한 틀을 제공한다.

2) 홀랜드 이론과 경력개발의 이해

진로설계와 직업선택은 개인의 삶에서 핵심적인 의미를 지닌다. 특히 불확실성과 유동성이 큰 현대사회에서는 진로에 대한 지속적인 탐색과 경력개발이 요구된다. 이 과정에서 직업심리학자 존 홀랜드(John L. Holland)가 제시한 이론은 매우 유용한 틀을 제공해 준다. 그의 이론은 개인의 성격 유형과 직업 환경 간의 적합성이 직업 만족도, 성취, 장기적 직업 안정성에 결정적인 영향을 미친다는 전제에 기반한다(Holland, 1997).

(1) 홀랜드 이론의 개요

홀랜드는 직업 선택이 개인의 성격과 환경 간의 '일치성(Person-environment Fit)'에 따라 달라진다고 보았다. 즉, 자신의 성격 유형과 잘 맞는 직업 환경을 선택할수록 직무 만족도와 성과가 높고 장기적 안정성을 확보할 수 있다는 것이다(Holland, 1997). 이를 위해 그는 인간의 성격을 여섯 가지 유형으로 구분하고, 각각에 적합한 직업 환경을 제시하였다. 이 모델은 RIASEC 이론으로 널리 알려져 있다.

(2) RIASEC 여섯 가지 성격 유형

홀랜드의 여섯 가지 성격 유형은 다음과 같다(박경숙, 2019; Holland, 1997).

〈표 4-16〉 홀랜드의 RIASEC 여섯 가지 성격 유형

유형	특성	적합 직업 예시
현실형(R)	도구, 기계, 신체 활동 선호	기술자, 정비사, 운동선수
탐구형(I)	논리, 분석, 과학적 탐구 지향	연구원, 의사, 분석가
예술형(A)	감성, 창의성, 표현 활동 선호	디자이너, 작가, 배우
사회형(S)	타인과의 상호작용, 도움 주는 활동 선호	교사, 상담사, 간호사
기업형(E)	설득, 리더십, 목표 지향	세일즈, 기업가, 관리자
관습형(C)	구조적, 체계적, 정확한 일 선호	회계사, 행정직, 사서

(3) 이론의 핵심 개념과 활용

홀랜드 이론은 단순한 성격 분류가 아니라, 진로 상담과 교육 현장에서 활용할 수 있는 4가지 핵심 개념을 제시한다(김지현, 2021; Holland, 1997).

- **일치성(Congruence)**: 성격과 직업 환경의 유사성
- **변별성(Differentiation)**: 성격 유형 간의 뚜렷한 구분 정도
- **일관성(Consistency)**: 유형 간 논리적 연관성
- **정체성(Identity)**: 자기 인식의 명확성, 진로 안정감에 기여

이러한 개념은 성인학습자가 진로를 설정하거나 경력을 재설계할 때 자기이해의 나침반 역할을 한다.

(4) 경력개발과 자기주도성

홀랜드 이론은 자기이해를 바탕으로 한 자기주도적 경력개발(Self-directed career Development)의 기초가 된다. 경력개발은 단일 직업에 머무는 것이 아니라, 변화하는 환경 속에서 자신의 목표를 지속적으로 설정하고 조정하는 능력이다(김성훈, 2020). 경력개발은 다음과 같은 순환 과정을 따른다.

- **자기이해:** 흥미, 가치, 성격유형 분석
- **직업 세계 탐색:** 노동시장 정보와 직업 특성 조사
- **목표 설정:** 경력 방향과 단계별 계획 수립
- **실행 및 피드백:** 실무경험, 교육 참여를 통한 실행과 조정

성인학습자는 이러한 과정을 통해 단순히 직업을 '갖는 것'을 넘어, 스스로의 삶과 가치를 설계하고 실현할 수 있게 된다. 다음 장에서는 이러한 경력개발이 중장년층과 같이 생애 전환기에 있는 학습자들에게 어떻게 적용될 수 있는지 살펴본다.

3) 경력개발의 변화와 중장년 경력개발의 이해

현대사회는 기술혁신과 세계화로 인해 직업환경이 급변하고 있다. 특히 인공지능과 자동화 기술은 산업구조와 고용 형태를 크게 변화시켰으며, 이제 평생 한 직장에서만 일하는 시대는 끝나고 있다. 이러한 변화는 경력개발(Career Development)의 패러다임 전환을 촉진하고 있다. 특히 개인이 자신의 경력을 스스로 설계하고 조정해 나가는 '프로틴 경력(Protean career)'이라는 개념이 새롭게 주목받고 있다(Hall, 2004).

(1) 전통적 경력개발에서 자기주도형 경력개발로

과거 경력개발은 주로 조직 중심의 경로에서 이루어졌으며, 승진, 연봉 상승, 직위 상승 등 외적 보상을 중심으로 구성되었다. 그러나 현대의 경력개발은 조직이 아닌 개인이 중심이 되어, 심리적 만족, 가치지향적 선택, 직무 기반의 성장을 중시하는 방식으로 변화하고 있다(김영미, 2021).

① 프로틴 경력의 개념

'프로틴(Protean)'은 고대 그리스 신화에 나오는 변형의 신 프로테우스

(Proteus)에서 유래한 개념으로, 상황에 따라 유연하게 자신을 변화시키는 존재를 상징한다. 이에 기반한 프로틴 경력은 변화하는 환경에서 개인이 주체가 되어 직무와 정체성을 유연하게 변화시키는 경력 유형으로, 최근 IT 업계에서 개발자들이 끊임없이 새로운 기술을 익히며 다양한 프로젝트를 스스로 선택하여 참여하는 방식이 대표적인 사례이다(김영미, 2021; Hall, 2004).

〈표 4-17〉 전통적 경력과 프로틴 경력의 비교

구분	전통적 경력	프로틴 경력
주체	조직 중심	개인 중심
성공 기준	외적 성과(승진, 보상 등)	심리적 만족, 내적 성장
경력관리 방식	수직적, 계층적 경로	수평적, 유연한 경로
핵심 역량	조직 순응력	자기주도성, 정체성 인식, 가치지향성

출처: 김영미(2021); Hall(2004).

② 프로틴 경력의 실천 요소

프로틴 경력을 실현하기 위해서는 개인이 다음과 같은 역량을 지속적으로 계발해야 한다.

- **지속적 학습**(Self-learning): 변화하는 직무 환경에 맞춘 재교육 및 직무전환 교육 참여
- **네트워킹**(Networking): 다양한 인적 관계 속에서 기회 탐색
- **직무 성취지향**(Task Fulfillment): 업무에서의 의미와 몰입 추구
- **자기정체성 형성**(Identity Shaping): 일과 삶의 균형 속에서 자아실현 추구

이러한 자기주도적 경력관리 전략은 고용 불안정성이 높아진 현대사회에서 생존과 성장의 필수 조건이 되고 있다(이정훈, 2020).

(2) 중장년 경력개발의 과제와 전략

중장년층은 생애주기상 중요한 전환기를 겪는 집단으로, 경력의 지속 가능성과 재설계 능력이 강조된다. 그러나 이들은 다양한 사회적 부담(부모 부양, 자녀 교육, 건강 문제 등)과 고용 차별의 위험 속에서 경력개발에 있어 구조적 제약을 받기 쉽다(박경순, 2019).

① 중장년 경력개발의 핵심 요건

중장년층의 경력개발 역량은 재취업 자신감, 직무적합성, 실무 능력, 개방성과 자기효능감, 건강과 가족 지지 등 개인의 기초자산으로 구성된다.

② '호모 헌드레드(Homo Hundred)' 시대의 도래

최근 들어 '호모 헌드레드'라는 용어가 중장년 교육 및 경력개발 담론에서 주목받고 있다. 이는 평균 수명이 100세에 근접함에 따라 인간의 일과 경력, 학습의 연장선이 자연스럽게 70~80대까지 이어지는 현상을 반영한 개념이다(이은미, 2022). 이제 은퇴는 삶의 마침표가 아니라, 새로운 진로의 시작점으로 인식되어야 한다. 단순한 재취업을 넘어 제2경력(Second Career)과 생애 전환 교육의 필요성을 증대시키고 있다.

③ 중장년 경력개발의 실천 전략과 정부 지원 사례

중장년층 경력개발은 현실적인 재취업과 경력 전환을 위한 전략이 중요하다. 이를 위한 실천 전략은 다음과 같다.

- 재취업 및 이직 지원 프로그램 참여(예: 국민취업지원제도, 중장년 일자리 희망센터)
- 생애경력설계 워크숍 및 직무교육 프로그램 활용
- 중장년 대상 멘토링 및 경력 상담 서비스 이용

대표적인 사례로, 한국고용정보원의 '중장년 생애설계 프로그램'은 실제 직업 탐색, 이력서 작성, 경력 상담 등 구체적이고 현실적인 도움을 제공하여 경력 재설계를 돕고 있다(한국고용정보원, 2022).

4) 진로전환의 이해와 실제

현대의 직업사회는 급속한 기술 발전, 산업 구조의 재편, 개인 생애주기의 다양화로 인해 진로의 연속성이 점점 약화되고 있다. 과거에는 한 직업을 평생 유지하는 것이 일반적이었으나, 오늘날 개인은 생애 동안 여러 번의 직무 전환이나 직업 변화, 경력 재설계를 겪는 것이 보편적인 현상으로 자리 잡고 있다(김정은, 2021). 이러한 변화 속에서 '진로전환(Career Transition)'은 단순한 선택이 아니라 불가피한 과업이자 성장의 기회로 이해되어야 한다.

(1) 진로전환의 개념과 주요 유형

진로전환이란 개인의 삶에서 특정한 사건이나 환경 변화로 인해 자기 자신과 세계관에 근본적인 변화가 일어나며, 이에 따라 행동과 관계 측면에서도 변화를 요구받는 과정을 말한다(Schlossberg, 1981). 진로전환의 발생은 직업의 변화에 국한되지 않으며, 직무 내용의 변화, 조직 내 위치 변화, 역할 정체성의 변화 등 폭넓은 형태로 나타난다.

진로전환의 유형은 다음과 같이 구분된다.

- **직무 변화(Job Shift)**: 동일 조직 내에서 역할이나 책임이 변경되는 경우
- **위치 변화(Position Shift)**: 승진, 좌천, 해외 발령 등 지위와 환경의 이동
- **직업 변화(Occupation Change)**: 완전히 다른 직종으로의 이동이나 재취업

(2) 진로전환의 세 가지 핵심 특징

진로전환은 단순한 외적 이동이 아니라 내적 정체성과 정서 변화까지 포함하

는 복합적 과정이다. 이 과정에는 다음과 같은 세 가지 특성이 수반된다(Anderson et al., 2012).

- **개인차**(Individual Differences): 동일한 전환 상황에서도 사람마다 느끼는 스트레스, 적응 속도, 기대 효과가 다르다.
- **양가성**(Ambivalence): 진로전환은 기회이자 위기이며, 두 감정이 공존한다. 두려움과 기대, 상실과 성취가 함께 나타난다.
- **맥락성**(Contextuality): 전환이 발생한 시기, 개인의 연령, 가족 상황, 사회 자원 등 맥락에 따라 전환 경험은 달라진다.

이러한 특성은 진로전환이 일률적 매뉴얼로 해결될 수 없으며, 개인화된 진단과 맞춤형 지원이 필수적임을 시사한다(박윤정, 2020).

(3) 진로전환의 유형: 규범적 전환과 비규범적 전환

진로전환은 일반적으로 다음 두 가지 유형으로 구분된다.

- **규범적 전환**(Normative Transition): 생애발달 과정에서 예측 가능한 전환(예: 학교 졸업, 첫 직장, 은퇴)
- **비규범적 전환**(Non-normative Transition): 예측 불가능하거나 위기 상황에서 발생(예: 구조조정, 질병, 승진/좌천)

또한 오랜 기간 누적된 만성적 직업 문제(예: 직무소진, 관계 갈등, 경력 정체)도 전환의 계기가 될 수 있으며, 이 경우에는 내면적 갈등이 표면화되는 '심리적 전환기'가 동반되기도 한다(이재홍, 2018).

(4) 진로전환의 과정: 정서적·인지적 변화의 흐름

진로전환은 충격과 부정, 자기 회의, 변화의 수용, 새로운 정체성 형성의 네 단계로 진행되는 연속적 과정이다(Anderson et al., 2012). 이 과정에서 심리적·정서적 지원과 개인 맞춤형 상담이 필수적이다(윤보영, 2021).

(5) 진로전환 지원 도구와 프로그램

진로전환을 체계적으로 지원하기 위한 방법 중 하나로 진로전환검사(Career Transition Inventory, CTI)가 활용된다. CTI는 다음과 같은 요소를 진단한다(Goodman, 1994).

- 진로 동기(Career Motivation)
- 자기효능감(Self-efficacy)
- 지지 인식(Social Support)
- 통제감(Locus of Control)
- 자율성/상호존중성(Independence and Mutual Respect)

검사 결과는 전직 준비자, 실직자, 중장년 재취업 대상자 등을 위한 맞춤형 전환 프로그램(심리 안정, 경력 상담, 직업훈련, 재교육 등)에 연계되어 활용된다(김형주, 2022).

5) 직업윤리의 이해

직업윤리는 단순한 개인의 도덕성이 아니라, 사회 질서와 공동체 유지를 위한 핵심 규범 체계이다. 직업은 타인과의 관계 속에서 수행되므로, 직업윤리는 타인 존중과 공공의 이익 실현으로 연결된다(최윤석, 2020). 성인학습자와 직업인은 윤리적 판단을 통해 신뢰를 얻고, 지속가능한 경력을 설계할 수 있다.

(1) 직업윤리의 개념과 의의

직업윤리란 직무 수행 과정에서 사회적 상호작용 속에서 반드시 지켜야 할 도덕적 규범과 가치체계를 말한다. 인간은 사회적 존재로서 타인과의 관계와 공동체 내 책임을 전제로 활동하며, 직업윤리는 이를 실천적 차원에서 제도화하는 장치라 할 수 있다(이은정, 2019).

직업윤리는 단지 조직 내 규범을 따르는 수준을 넘어, 개인의 가치관, 공동체 의식, 전문직업인의 책임감을 내면화하는 과정을 포함한다. 따라서 윤리의 문제는 조직 차원의 관리도 중요하지만, 성인학습자 스스로의 도덕적 자기훈련과 성찰이 동반되어야 한다.

(2) 직업윤리가 강조되는 이유

직업윤리는 다음과 같은 사회적·개인적 이유로 강조된다(김재영, 2021).

- **사회 질서 유지:** 비윤리적 행위는 공동체 붕괴로 이어질 수 있다.
- **개인 신뢰 형성:** 윤리적 평판은 장기적 경력에 긍정적 영향을 준다.
- **건강한 조직 문화:** 윤리는 협업 기반의 조직 운영을 가능하게 한다.

〈표 4-18〉 직업윤리의 기능

기능	내용	예시
사회 질서 유지	이기주의 억제, 도덕적 행동 유도	부정청탁 금지, 비윤리적 행위 제재
개인 신뢰 확보	윤리적 행동이 개인의 평판과 기회에 영향	정직한 서비스 제공 → 고객의 재신뢰 획득
공동체 의식 증진	공동의 이익, 협력 문화 강화	협업을 중시하는 팀워크 문화 조성

출처: 김재영(2021); 윤지은(2022); 이은정(2019); 최윤석(2020). 내용 재구성.

(3) 직업윤리의 주요 원칙과 기준

현대 직업인이 지켜야 할 윤리 기준에는 객관성, 고객 중심성, 전문성, 정직, 공정경쟁 등이 있으며, 이는 일반윤리와 구분되는 전문적 기준이다(한국윤리교육학회, 2020).

〈표 4-19〉 일반윤리와 직업윤리의 구분

구분	일반윤리	직업윤리
적용 범위	일상생활, 시민생활	직업 수행 과정 전반
판단 기준	양심, 관습, 법률	직무기준, 직업가치, 조직규범
예시	정직, 배려, 예의	고객정보 보호, 내부정보 비공개, 이해상충 회피

직업인은 일반적인 인간으로서의 윤리 외에도, 직업적 맥락에서 발생하는 다양한 상황에 맞는 고유의 윤리 기준을 숙지하고 실천할 책임이 있다(한상민, 2018).

(4) 바람직한 직업윤리의 구성 요소

직업윤리는 다음과 같은 가치에 기반한다(정은지, 2021).

- 소명의식, 천직의식, 직분의식,
- 봉사의식, 전문가의식, 책임의식

직업윤리는 단지 바람직한 행동을 강요하는 규범이 아니라, 직업인이 사회적 신뢰를 얻고, 공동체와 함께 성장할 수 있도록 돕는 자기통제의 철학이다. 성인 학습자는 윤리적 딜레마 상황에서 기준을 세우고 행동할 수 있는 내적 나침반을 가져야 하며, 평생교육은 이러한 직업윤리 능력을 길러주는 중요한 통로가 되어야 한다(윤지은, 2022).

용어정리

- **성인문해교육:** 성인들이 일상생활을 영위하는 데 필요한 기초지식 및 사회적, 문화적으로 요청되는 기초생활능력
- **인문교양교육:** 인간의 사상과 문화를 중심으로 자유로우면서도 비판적인 사고를 갖는 데 목적을 둔 전인적 교육
- **문화예술교육:** 향유할 수 있는 능력과 기술을 가르쳐 주는 것이며 자기만족을 할 수 있도록 도와주는 교육
- **인권:** 인간의 천부적인 존엄성과 가치, 자유 등을 누리며 인간답게 살 권리
- **직업윤리:** 사람들의 직업적 활동에 있어서 무엇이 옳고 그른지, 무엇이 선하고 악한 것인지에 대해 공통적으로 갖고 있어야 할 기준이자 규범

단원학습문제

객관식 문제

1. 다음에서 인문교양교육의 평생교육적 의미로 틀린 것은?

① 인문교양교육은 단기간에 성과를 달성하기 어려우며 자기주도적 학습과정이다.
② 인문교양교육은 개인의 삶의 전환을 가져오는 성찰학습을 가능하게 한다.
③ 인문교양교육은 학교교육의 보완적 의미이다.
④ 인문교양교육은 교양을 갖춘 자유롭지만 비판적인 사고를 지니도록 교육하는데 있다.

2. 다음에서 시민교육에 대한 내용 중 틀린 것은?

① 시민교육이란, 한공동체의 구성원으로서 갖추어야 하는 자질을 함양하는 교육이다.
② 시민교육의 구체적인 내용은 공통적으로 훌륭한 시민으로서 갖추어야 하는 태도, 시민참여를 위한 지식과 기술, 민주적 이념과 가치에 대한 신념 등을 들 수 있다.
③ 시민교육은 한사회의 구성원들이 그 사회가 지향하는 기본적인 이념이나 가치에 대한 확신을 가지고 체제에 효율적으로 참여하면서 주어진 역할과 책임을 수행해 나가도록 하는 교육이다.
④ 시민교육은 개인의 성장보다는 조직의 성장을 도모하는 교육이다.

3. 직업의 요건 중에 '계속성'이 있다. 이것과 관련이 있는 것은?

① 유사성을 갖는 직무를 지속적으로 수행해야 한다.
② 경제적인 거래만 생기면 된다.
③ 비윤리적 영리활동이나 반사회적 활동을 통한 이윤추구는 직업활동이 아니다.
④ 모든 직업활동은 사회공동체인 맥락에서 의미 있는 활동을 강조한다.

4. 다음 중 직업의 의미와 기능에 대한 설명으로 옳지 않은 것은?

① 직업은 개인의 지위와 정체성의 근본이다.
② 직업은 가정 밖의 사람들과의 관계를 형성해 준다.
③ 직업은 의무적인 활동과 목적감의 근본이다.
④ 직업은 시간을 조직화하는데 장애요인이다.

5. 다문화사회에 대한 공존적 접근에 대한 설명은?

① 다문화현상(이주노동자, 결혼이민자, 새터민 등)을 국가 발전에 최대한 활용한다.
② 다문화 이주민을 한국사회에 동화 시키려고 노력한다.
③ 다문화현상을 배타적 신비화의 문으로 바라본다.
④ 소수집단의 문화적 권리를 인정한다.

6. 퇴직자, 은퇴자 중 경제적 준비가 부족한 경우에는 일자리창출 프로그램의 요구가 있습니다. 이것을 위한 평생교육 프로그램 분야는 무엇인가?

① 취미 · 여가 프로그램
② 인문 · 교양 프로그램
③ 은퇴대비일자리교육
④ 시민교육프로그램

7. 다음 중 공연예술 교육에 해당하지 않는 것은?

① 판소리
② 뮤지컬
③ 오케스트라
④ 연필화

8. 다음 중 제라고지(Geragogy)는 어느 교육 용어인가?

① 아동교육
② 청소년교육
③ 성인교육
④ 노인교육

9. 다음 중 홀랜드 이론에 대한 설명 중 틀린 것은?

① 개인환경일치이론을 바탕으로 같은 직업군에 있는 사람들은 유사한 성격을 지니고 있을 것이라고 가정한다.
② 현실형, 탐구형, 예술형, 사회형, 기업형, 관습형의 여성가지 유형이 있다.
③ 사회형인 사람은 사회형 직업군(예: 교사, 상담사, 사회복지사)를 선택하면 직무만족도가 높다.
④ 개인의 성격과 직업환경 간의 유사성은 직업만족도와 관련이 없다.

10. 다음 중 진로전환의 특징으로 맞지 않은 것은?

① 개인차: 동일한 전환 상황에서도 사람마다 느끼는 스트레스, 적응속도, 기대효과가 다르다.
② 양가성: 진로전환은 기회이자 위기인 두 감정이 공존한다.
③ 맥락성: 사회적시기, 연령, 가족상황, 사회자원 등 맥락에 따라 달라진다.
④ 즉흥성: 순간적인 기분으로 결정한다.

주관식 문제

1. 노년기의 문화예술교육이 노인의 삶에 어떠한 영향을 끼치는지 서술하시오.

2. 관용을 중심으로 한 민주시민교육의 특징을 쓰시오.

3. 생태적 시민성에 대해 서술하시오.

4. 직업윤리에 대하여 기술하시오

5. 현대사회의 진로와 직업의 의미에 대하여 쓰시오.

정답 및 해설

1. 정답: ③

   인문교양교육은 학교를 넘어 삶의 터전 자체가 학습이 이루어지는 공간이며, 개인의 삶의 전환을 가져오는 성찰학습을 가능하게 한다.

2. 정답: ④

   시민교육은 개인의 성장을 기초로 조직, 사회의 성장을 도모하는 교육이다.

3. 정답: ①

   일시적인 것이 아닌 지속적으로 수행하거나 담보되어야 한다.

4. 정답: ④

   직업은 시간을 조직화하는데 중요한 요인이 된다.

5. 정답: ④

   어느 한 문화를 주도적으로 보는 관점이 아니라, 민주공동체의 구성원으로서 문화적 배경에 이해 또는 다름을 인정하는 데 목적이 있다.

6. 정답: ③

   재취업을 필요로 하는 은퇴자에게는 은퇴대비 일자리교육과 직무역량강화교육 등이 요구된다.

7. 정답: ④

   무대가 있는 것이 공연예술이다.

8. 정답: ④

   제라고지는 노인의 계속발달을 지지하는 노인교육을 의미한다.

9. 정답: ④

   홀랜드 이론은 개인의 성격과 직업환경 간의 유사성이 클수록 직업만족도와 성공가능성이 높다고 본다.

10. 정답: ④

    진로전환은 내적 정체성과 정서 변화까지 포함하지만 단순히 진로를 즉흥적으로 결정하는 것은 일반적이지 않다.

Chapter

05

평생교육기관의 이해와 운영

1. 평생교육기관의 이해
2. 평생교육기관의 유형과 분류
3. 평생교육기관의 경영자원관리
4. 평생교육기관의 행정과 운영실무

학습목표

1. 평생교육기관의 개념과 특성을 설명할 수 있다.
2. 평생교육기관의 유형과 분류 체계를 구분할 수 있다.
3. 평생교육기관의 경영자원(인적·물적·재정) 관리방법을 파악할 수 있다.
4. 평생교육기관의 행정 및 운영실무의 핵심 요소를 적용할 수 있다.

단원 키워드

평생교육기관, 평생교육법, 기관 분류, 경영자원관리, 인적 자원, 물적 자원, 재정자원, 조직관리, 운영실무, 학습자서비스 등

CHAPTER 05

평생교육기관의 이해와 운영

1. 평생교육기관의 이해

현대사회는 급속한 기술 발전과 사회 변화로 인해 개인이 한 번 습득한 지식과 기술만으로는 평생을 살아가기 어려운 시대가 되었다. 이러한 배경에서 평생교육기관은 개인의 전 생애에 걸친 학습을 지원하는 핵심적인 사회 인프라로서 그 중요성이 더욱 부각되고 있다.

1) 평생교육기관의 개념과 특성

평생교육기관은 「평생교육법」 제2조 제2호에서 "평생교육을 주된 목적으로 하는 시설·법인 또는 단체"로 정의된다. 이는 해당 기관의 설립 목적과 주요 사업이 평생교육에 있어야 함을 의미한다.

평생교육기관의 핵심 개념 요소는 다음과 같다. 첫째, 전 생애 학습 지원: 개인의 전 생애에 걸쳐 필요한 학습기회를 제공한다. 둘째, 정규교육 보완: 학교교육의 한계를 보완하고 실용적인 교육내용을 제공한다. 셋째, 사회적 요구 반영: 사회 변화에 따른 새로운 교육 요구에 신속 대응한다. 넷째, 교육 접근성 확대 시간·공간·경제적 제약을 최소화한 교육 기회를 제공하는 것이라고 할 수 있다.

(1) 평생교육기관의 사회적 의의

평생교육기관은 지식기반사회에서 매우 중요한 역할을 담당하고 있다. 21세기 지식기반사회에서는 지식의 수명주기가 매우 짧아져 2~3년마다 새로운 지식과 기술을 습득해야 하는 상황이다. 평생교육기관은 이러한 변화에 신속하게 대응하여 최신 지식과 기술을 제공할 수 있는 유연성을 갖추어야 한다.

우리나라는 2025년 초고령 사회에 진입했으며, '인생 100세 시대'가 현실화되고 있다. 평생교육기관은 생애주기별 맞춤형 교육을 통해 이러한 사회적 요구를 충족시킬 수 있다.

(2) 평생교육기관의 특성

평생교육기관은 정규 학교교육기관과는 구별되는 고유한 특성을 가지고 있다.

〈표 5-1〉 평생교육기관과 정규 학교교육기관의 특성 비교

구분	평생교육기관	정규 학교교육기관
교육목적	실용적 지식 기술 습득	체계적 학문 지식 습득
입학자격	제한 없음(누구나 참여)	특정 자격 요구
교육과정	유연하고 다양함	표준화되고 체계적
교육방법	참여형, 체험형, 토론형	강의형, 이론 중심
교육기간	비정형적	학제 기반
운영시간	학습자 편의 고려	정해진 시간표
평가방식	과정 중심, 절대 평가	결과 중심, 상대평가
학습동기	자발적, 내재적 동기	의무적, 외재적 동기

평생교육기관의 특성은 운영 원리상의 특성과 교육 내용과 방법의 특성으로 구분하여 살펴볼 수 있다.

첫째, 운영 원리상의 특성을 살펴보면 다음과 같다. 가장 먼저 학습자 중심성(Learner-centeredness)을 들 수 있다. 평생교육기관은 학습자를 교육의 중심에

두며, 학습자의 개별적 요구와 특성을 최우선으로 고려한다. 이는 교육과정 설계부터 교육방법, 평가에 이르기까지 모든 과정에서 나타난다. 다음으로 자발성과 자율성(Voluntariness & Autonomy)이 있다. 평생교육기관에서의 학습은 학습자의 자발적 의지에 기반한다. 이로 인해 학습 동기가 높고 적극적인 학습 태도를 보이며, 기관은 지속적으로 학습자의 만족도를 높이기 위해 노력해야 한다. 마지막으로 개방성과 접근성(Openness & Accessibility)을 들 수 있다. 연령, 성별, 학력, 경제적 지위 등에 관계없이 학습 의지가 있는 모든 사람에게 교육기회를 제공하는 '열린 교육'을 지향한다.

둘째, 교육 내용과 방법의 특성을 살펴보면 다음과 같다. 우선 실용성과 현실 적응성을 들 수 있다. 일상생활과 직업생활에 바로 적용할 수 있는 실용적 지식과 기술을 중시하며, 사회 변화에 신속하게 대응하는 교육내용을 제공한다.

셋째, 유연성과 다양성이 있다. 학습자의 다양한 여건과 요구에 맞추어 시간, 장소, 방법 등을 유연하게 운영하며, 다양한 분야의 교육 프로그램을 제공한다.

넷째, 지역사회 기반성을 들 수 있다. 지역의 특성과 주민의 요구를 반영하고, 지역 자원과 인력을 적극 활용하여 지역사회 발전에 기여한다.

2. 평생교육기관의 유형과 분류

평생교육기관은 법적 근거, 설립주체, 교육대상에 따라 다양하게 분류된다. 평생교육기관의 다양성을 체계적으로 이해하기 위해서는 적절한 분류 기준에 따라 각 유형의 특성을 파악하는 것이 중요하다. 이는 평생교육 정책 수립과 기관 운영에서 매우 중요한 기초 작업이다.

1) 법적 근거에 따른 분류

(1) 평생교육법에 의한 평생교육시설

「평생교육법」 제28조부터 제38조까지 규정된 평생교육시설들은 평생교육을 주된 목적으로 설립·운영되는 기관들이다.

① 학교 연계형

학교 연계형 평생교육시설은 다음과 같다.

구분	1–1. 학교 평생교육(제29조)	1–2. 학교 부설 평생교육시설(제30조)	1–3. 학점은행기관(제29조의 2)
설치자	「초·중등교육법」 및 「고등교육법」에 따른 각급학교의 장	각급학교의 장	학점은행기관의 장
교육 대상	학생, 학부모, 지역 주민	초·중·고등학교: 학생, 학부모, 지역 주민 / 학: 학생, 학생 외 일반인	일반인(학점취득 희망자)
운영 방식	직접 실시 또는 지방자치단체·민간 위탁(영리법인 제외)	학교 부설 독립시설로 운영	교육부장관 평가인정 학습과정 운영
설치 절차	별도 절차 없음 (학교 본연의 기능)	관할청에 보고	교육부장관 평가인정 필요
학력 인정	비학력인정 (교양·취미 중심)	비학력인정	학점인정(학위 취득 가능)
특징	–학교 교육여건을 고려하여 수요자 중심 교육과정 개발	–초·중·고: 교양증진, 직업교육 / 학: 자격취득 직업교육과정 등 다양한 평생교육과정 –학교 시설을 활용한 독립적 평생교육 운영	–학점은행제 학습과정 –학습과정 질 유지·개선 의무
시설 활용	학교 교실, 도서관, 체육관 등 기존 시설 활용	–	–

② 학력인정형

학력인정형 평생교육시설은 학교형태, 사내대학형태, 원격대학형태로 구분되며, 학력 또는 학위 인정을 주된 특징으로 한다.

구분	2-1-1. 일반 학교형태 평생교육시설(제31조)	2-1-2. 학력인정 평생교육시설(제31조)	2-1-3. 전공 학(제31조 4항)
설치자	일반인(제28조 결격사유 해당자 제외)	「사립학교법」상 학교법인 또는 「공익법인법」상 재단법인	「초·중등교육법」 제54조제4항에 따른 고등기술학교
교육 대상	일반인	일반인(고등학교 졸업 이하 학력 취득 희망자)	전문 학 졸업자
운영 방식	학교와 유사한 형태의 체계적 교육과정	정규학교에 준하는 교육과정	고등기술학교에서 평생교육시설로 전환
설치 절차	교육감에게 등록	교육감 지정(일정 기준 이상 요건 충족)	교육부장관 인가
학력 인정	비학력인정	고등학교 졸업 이하 학력 인정	전문 학졸업자와 동등한 학력·학위 인정
주요 특징	정규학교와 유사한 교육과정 운영	정규학교와 동등한 학력 인정, 엄격한 관리	고등기술학교의 평생교육시설 전환 모델
추가 사항	통령령으로 정하는 시설·설비 구비 필요	교원 배치 가능(「초·중등교육법」 제19조제1항), 지방자치단체 보조금 지원 가능	"전공 학" 명칭 사용 가능

구분	2-2. 사내대학형태 평생교육시설(제32조)	2-3-1. 일반 원격교육시설(제33조)	2-3-2. 학력인정 원격 학형태 평생교육시설(제33조)
설치자	통령령 규모 이상 사업장 경영자, 산업단지 입주기업 연합체, 산업부문별 인적자원개발협의체	누구든지(제28조 결격사유 해당자 제외)	일반인(제28조 결격사유 해당자 제외)
교육 대상	해당 사업장 고용 종업원, 타업체 종업원, 하도급·협력관계 업체 종업원, 동종업종·관련분야 업체 종업원	불특정 다수인(학습비 수취 시)	일반인
운영 방식	직접 운영 또는 「고등교육법」상 학교 위탁 운영	정보통신매체를 이용한 원격교육	정보통신매체를 이용한 체계적 고등교육
설치 절차	교육부장관 인가	교육감에게 신고(학교교과교습학원 제외)	교육부장관 인가
학력 인정	전문 학 또는 학졸업자와 동등한 학력·학위 인정	비학력인정	전문 학 또는 학졸업자와 동등한 학력·학위 인정
비용 부담	해당 종업원 고용주가 부담하는 것이 원칙	-	-
특징	기업 맞춤형 고등교육, 산업체 연계 강화	접근성 높은 온라인 평생교육	온라인 기반 정규 고등교육 과정, 교육부장관 평가 실시 및 결과 공개 의무

③ 기관 부설형

기관 부설형 평생교육시설은 다음과 같다.

구분	3-1. 사업장 부설(제35조)	3-2. 시민사회단체 부설(제36조)	3-3. 언론기관 부설(제37조)
설치자	통령령 규모 이상 사업장의 경영자	통령령으로 정하는 시민사회단체	통령령으로 정하는 언론기관 경영자
교육 대상	해당 사업장의 고객 등	일반 시민	일반 국민
운영 방식	사업장 부설 독립시설	시민사회단체 부설, 공공 · 민간 유휴시설 활용	언론기관 부설 독립시설
설치 절차	교육감에게 신고	교육감에게 신고	교육감에게 신고
학력 인정	비학력인정	비학력인정	비학력인정
교육 내용	해당 사업장 특성에 맞는 교육과정	해당 시민사회단체 목적에 부합하는 평생교육과정	교양증진, 능력향상 프로그램
특징	기업의 고객 서비스 차원의 평생교육	시민사회 역량 강화 및 공익적 평생교육	언론기관의 사회적 책임 수행, 중접근성 높음, 해당 언론매체를 통한 평생교육프로그램 방영
협력 체계	-	상호 유기적 협조체제 구축, 공동체·지역문화 개발	-

④ 전문 분야형

전문 분야형 평생교육시설은 다음과 같다.

구분	4-1. 지식·인력개발 관련 평생교육시설(제38조)
설치자	통령령으로 정하는 지식·인력개발사업 경영자
교육 대상	일반인(직업능력 향상 희망자)
운영 방식	지식정보 제공 및 교육훈련 중심
설치 절차	교육감에게 신고
학력 인정	비학력인정
교육 내용	지식정보 제공, 인력개발 교육훈련
특징	전문성 높은 직업교육 및 인력개발 전문, 국가 및 지방자치단체의 진흥·육성 대상

(2) 다른 법령에 의한 평생교육기관

평생교육법 이외의 법령을 근거로 설치되었지만 평생교육 기능을 수행하는 기관들은 매우 다양하다. 이들 기관은 각자의 고유한 목적을 가지고 있는, 동시에 지역사회의 평생교육 발전에도 중요한 기여를 하고 있다.

■ 도서관(도서관법)

도서관은 도서관법을 근거로 설치·운영되지만, 실제로는 평생교육에서 매우 중요한 역할을 담당하고 있다. 특히 공공도서관은 지역 주민들이 가장 쉽게 접근할 수 있는 평생학습 공간이다.

- 현황: 전국 1,271개(2024년 기준)[1)]
- 평생교육 기능
  - 독서교육: 생애주기별 독서교육 프로그램 운영
  - 정보활용교육: 정보 검색 및 활용 방법 교육
  - 문화프로그램: 강연회, 전시회, 공연 등
  - 평생교육 프로그램: 어학, 컴퓨터, 취미활동 등

■ 박물관·미술관(박물관 및 미술관 진흥법)

박물관과 미술관은 박물관 및 미술관 진흥법에 근거하여 문화유산의 보존과 전시라는 고유 기능과 함께 교육 기능을 수행한다.

- 현황: 전국 박물관 916개, 미술관 288개(2024년 기준)[2)]
- 평생교육 기능
  - 전시해설 및 체험교육: 전문 도슨트를 통한 전시 해설과 체험 프로그램
  - 문화예술교육: 미술, 음악, 무용 등 다양한 문화예술 분야 교육

1), 2) 문화체육관광부(2024). 2024년 전국 문화기반시설 총람.

- 지역문화 교육: 지역 역사와 전통문화 학습 및 체험
- 창의체험활동: 어린이와 청소년 대상 창의적 체험활동

■ 문화원(지역문화진흥법)

문화원은 지역문화진흥법에 근거하여 설치·운영되는 기관으로, 지역 문화의 창달과 보급을 목적으로 한다.

- 현황: 전국 232개(2024년 기준)[3)]
- 평생교육 기능
  - 전통문화 교육: 지역 전통 예술, 민속, 생활문화 전승 교육
  - 생활문화 교육: 주민들의 일상적 문화 활동 지원
  - 문화예술 교육: 음악, 미술, 무용, 연극 등 교육
  - 지역사 교육: 지역 역사와 문화유산 교육

■ 사회복지관(사회복지사업법)

사회복지관은 사회복지사업법에 근거하여 설치되는 종합사회복지시설로서, 지역사회 복지증진과 함께 평생교육 기능을 수행한다.

- 현황: 전국 약 500개소(2025년 기준)[4)]
- 평생교육 기능
  - 주민교육: 지역 주민 대상 교양 및 취미 교육
  - 직업교육: 취업을 위한 기술 및 자격증 교육
  - 문화교육: 문화예술 체험 및 교육 프로그램
  - 복지교육: 복지제도 이해 및 생활법률 교육

---

3) 문화체육관광부(2024). 2024년 전국 문화기반시설 총람.

4) 한국사회복지관협회(2025). 2025년 사회복지관 현황.

■ **노인복지관(노인복지법)**

노인복지관은 노인복지법에 근거하여 설치되는 시설로서, 노인의 건강한 노후생활과 사회참여를 지원하는 평생교육을 제공한다.

- 현황: 전국 약 350개소(2023년 기준)[5)]
- 평생교육 기능
  - 건강교육: 건강관리, 운동, 질병예방 교육
  - 교양교육: 인문학, 역사, 문학 등 교양 강좌
  - 취미교육: 서예, 그림, 노래, 춤 등 취미 활동
  - 정보화교육: 컴퓨터, 스마트폰 활용 교육

■ **청소년수련관(청소년활동진흥법)**

청소년수련관은 청소년활동진흥법에 근거하여 청소년의 건전한 성장을 지원하는 시설이지만, 지역사회 전체를 대상으로 하는 평생교육도 제공한다.

- 현황: 전국 약 200개소(2025년 기준)[6)]
- 평생교육 기능
  - 가족교육: 부모교육, 가족캠프 등
  - 시민교육: 지역사회 참여 및 봉사활동 교육
  - 문화교육: 음악, 미술, 스포츠 등 문화예술 교육
  - 평생체육: 생활체육 및 건강증진 프로그램

■ **체육시설(체육시설의 설치·이용에 관한 법률)**

체육시설은 체육시설의 설치 · 이용에 관한 법률에 근거하여 설치되는 시설로

5) KOSIS 국가통계포털, 보건복지부(2023). 노인복지시설현황.

6) 한국청소년수련시설협회(2025). 시설현황 통계.

서, 생활체육과 건강증진을 위한 평생교육을 제공한다.

- 평생교육 기능
  - 생활체육 교육: 다양한 종목의 체육활동 교육
  - 건강증진 프로그램: 건강관리 및 체력증진 교육
  - 스포츠 강습: 전문 지도자를 통한 체계적 스포츠 교육
  - 여가체육: 가족단위 체육활동 및 여가프로그램

■ **농업기술센터(농촌진흥법)**

농업기술센터는 농촌진흥법에 근거하여 농업기술 보급과 농촌지도를 담당하는 기관으로서, 농업인과 지역주민을 대상으로 하는 평생교육을 제공한다.

- 현황: 전국 154개소(2023년 기준)[7]
- 평생교육 기능
  - 농업기술교육: 최신 농업기술 및 농법 교육
  - 생활개선교육: 농촌생활 개선 및 가공기술 교육
  - 도시농업교육: 도시민 대상 원예 및 텃밭 가꾸기 교육
  - 귀농귀촌교육: 귀농·귀촌 희망자 대상 실무교육

■ **건강가정지원센터(건강가정기본법)**

건강가정지원센터(또는 가족센터로 통합 운영)는 건강가정기본법에 근거하여 가족의 건강성 향상을 위한 종합적 서비스를 제공하는 기관이다.

- 현황: 전국 222개소(2023년 기준)[8]

---

7) 농촌진흥청(2024). 지방농촌진흥기관 현황.

8) 여성가족부(2024). 2023년 건강가정지원센터 현황.

- 평생교육 기능
  - 가족교육: 부모교육, 자녀교육, 가족관계 개선 교육
  - 다문화교육: 다문화가족 대상 한국어 및 문화적응 교육
  - 생활교육: 가정관리, 자녀양육, 경제교육 등
  - 상담교육: 가족상담 및 치료 프로그램

〈표 5-3〉 다른 법령에 의한 주요 평생교육기관 유형 및 기능

기관 유형	근거 법령	주요 평생교육 기능
도서관	도서관법	도서교육, 정보활용교육, 문화프로그램
박물관·미술관	박물관·미술관진흥법	전시교육, 문화예술교육, 체험학습
문화원	지역문화진흥법	전통문화교육, 지역사교육, 문화예술교육
사회복지관	사회복지사업법	주민교육, 직업교육, 복지교육
노인복지관	노인복지법	건강교육, 교양교육, 정보화교육
청소년수련관	청소년활동진흥법	가족교육, 시민교육, 문화교육
체육시설	체육시설설치·이용법	생활체육교육, 건강증진프로그램
농업기술센터	농촌진흥법	농업기술교육, 도시농업교육
가족센터	건강가정기본법	가족교육, 다문화교육, 생활교육

2) 설립주체에 따른 분류

- **공립기관:** 국립기관(중앙정부 설립·운영), 공립기관(지방자치단체 설립·운영)
- **사립기관:** 법인설립 기관(학교법인, 사회복지법인, 종교법인), 개인설립 기관

〈표 5-4〉 설립주체에 따른 기관 유형 분류

	국립기관	공립기관
공립기관	중앙정부가 직접 설립·운영 전국적 차원의 정책 추진과 모델 개발 예: 국립중앙도서관, 국가평생교육진흥원	지방자치단체가 설립·운영 지역 특성과 주민 요구 반영 예: 시·도 평생교육진흥원, 구립도서관, 주민자치센터
	법인설립 기관	개인설립 기관
사립기관	학교법인: 대학 부설 평생교육원 사회복지법인: 복지관 부설 평생교육시설 종교법인: 종교시설 부설 평생교육시설	개인이 설립·운영하는 평생교육시설, 문화센터, 학원, 교습소 등

3) 교육대상에 따른 분류

- **일반성인 대상기관**: 성인 전반을 대상으로 하는 종합적 평생교육기관
- **특정계층 대상기관**: 여성, 노인, 장애인, 이주민 대상 전문기관
- **직업교육 전문기관**: 직업능력개발과 취업 지원에 특화된 기관

> **Tip. 평생교육기관 선택 시 고려사항**
> 평생교육기관을 선택할 때는 ① 교육목적과의 부합성, ② 접근성(거리, 교통), ③ 프로그램의 질과 강사진, ④ 수강료와 비용 대비 효과, ⑤ 시설환경과 학습여건, ⑥ 사후관리 서비스 등을 종합적으로 고려해야 한다.

3. 평생교육기관의 경영자원관리

평생교육기관의 효과적인 운영을 위해서는 인적 자원, 물적 자원, 재정자원 등 핵심 경영자원에 대한 체계적인 관리가 필요하다. 특히 4차 산업혁명 시대와 포스트 코로나 시대를 맞아 디지털 전환, 지속가능성, 사회적 가치 창출을 중심으로 한 혁신적 경영자원관리가 요구되고 있다.

1) 인적 자원관리

인적 자원은 평생교육기관에서 가장 중요한 경영자원이다. 평생교육의 질은 결국 사람에 의해 좌우되므로, 우수한 인재를 확보하고 체계적으로 관리하는 것이 기관 운영의 핵심이라 할 수 있다.

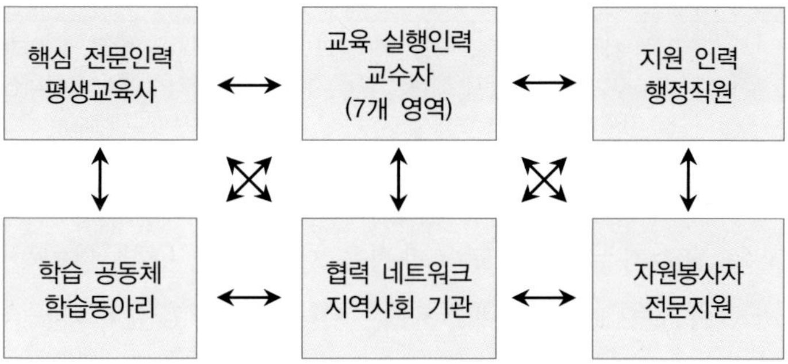

[그림 5-1] 평생교육기관 인적 자원 구성도

(1) 평생교육사와 교수자: 역할과 역량

평생교육사는 평생교육법에 따라 평생교육 진흥을 위하여 평생교육 프로그램의 요구분석·개발·운영·평가·컨설팅, 학습자에 대한 학습정보 제공, 생애능력개발 상담·교수 등의 직무를 수행하는 전문인력이다.

현대 평생교육기관에서 평생교육사는 단순한 행정업무 담당자가 아닌 평생교육 전 과정을 통합적으로 관리하는 전문가로서의 역할을 수행한다. 디지털 시대에는 온라인과 오프라인을 넘나드는 하이브리드 교육 환경에서 학습자 맞춤형 서비스를 제공하고, 지역사회 네트워크를 구축하여 협력 사업을 기획·운영하는 지역사회 코디네이터 역할도 중요하다.

평생교육기관의 교수자는 성인학습자의 특성을 이해하고 이들의 학습동기를 자극하며 평생학습 문화 확산에 기여하는 교육 전문가이다. 각 영역별 교수자는 해당 분야의 전문성과 함께 성인학습 특성에 맞는 교수법을 활용해야 한다.

〈표 5-5〉 평생교육사의 3대 핵심 역할

역할 구분	정의 및 역할 개요	주요 기능 요약
1. 교육기획자	학습자의 요구를 분석하고 교육 프로그램을 기획·설계하며, 성과 평가 및 환류 시스템을 구축하는 전문가	• 학습자 요구 분석 및 프로그램 개발 • 교육과정 설계 및 운영계획 수립 • 교육성과 평가 및 환류체계 구축
2. 학습촉진자	학습자의 참여와 동기를 높이며, 학습 환경을 조성하고 공동체 학습을 촉진하는 조력자	• 학습자 상담 및 학습동기 증진 • 학습방법 지도 및 학습환경 조성 • 학습공동체 형성 및 네트워킹 지원
3. 지역사회 연계자	지역 자원을 발굴하고 다양한 기관과 협력 하여, 지역사회문제 해결형 교육 사업을 기획·실행하는 연계자	• 지역자원 발굴 및 연계 활용 • 협력기관과의 파트너십 구축 • 지역사회문제해결을 위한 교육사업 기획

학력보완교육 교수자는 정규 교육과정을 이수하지 못한 성인들에게 초·중·고등학교 수준의 교육과정을 제공한다. 성인문해교육 교수자는 한글 해득이 어려운 성인들의 기초 문해 능력 향상을 담당한다. 직업능력 향상교육 교수자는 취업, 이직, 창업을 위한 실무 중심 교육을 제공하며, 성인 진로개발역량 향상교육 교수자는 최근 새롭게 추가된 영역으로 개인 브랜딩, N잡 준비 등 현대적 진로 개발을 지원한다.

〈표 5-6〉 평생교육법 7개 영역별 교수자 역할과 역량

교육 영역	주요 역할	필요 역량	교수 방법	성과 목표
학력보완교육	검정고시 준비, 학력 취득 지원	교과 전문성, 학습코칭, 동기부여 기법	개별 맞춤 지도, 단계별 학습, 멘토링	학력 취득률, 진학률 향상
성인문해교육	기초 문해 능력 향상, 의사소통 역량 강화	문해교육 이론, 개별화 교수법, 상담 기법	1:1 지도, 생활 밀착형 교육, 자존감 회복	문해 능력 향상, 사회참여 확대
직업능력 향상교육	취업·이직 지원, 실무 기술 교육	현장 경험, 최신 기술 동향, 네트워킹 능력	실습 중심 교육, 현장견학, 취업 연계	취업률 증가, 역량 인증 취득
성인 진로개발 역량 향상교육	진로 설계 지원, 개인 브랜딩, N잡 준비	진로상담 전문성, 트렌드 분석, 개인 코칭	맞춤형 상담, 포트폴리오제작, 네트워킹 지원	명확한 진로 목표, 개인 브랜드 구축

인문교양교육	인문학적 소양 함양, 비판적 사고 개발	해당 분야 전문성, 토론 진행 기법, 소통 능력	토론 중심 수업, 독서 활동, 성찰 글쓰기	사고력 향상, 문화적 소양 증진
문화예술교육	창의성 개발, 예술적 감성 함양	예술 전문 기법, 창작 지도, 개별화 교수법	체험 활동, 작품 제작, 발표 기회 제공	창작 능력 향상, 예술적 표현력
시민참여교육	시민 의식 함양, 사회 참여 촉진	사회 이슈 이해, 실천적 경험, 조직화 능력	현장 체험, 프로젝트 수행, 실천 활동	시민 의식 제고, 사회 참여 확대

인문교양교육 교수자는 인문학적 소양과 비판적 사고능력 함양을 위한 교육을 담당하고, 문화예술교육 교수자는 창의성과 감성 개발을 위한 예술 교육을 제공한다. 시민참여교육 교수자는 민주시민 의식과 사회 참여 역량 강화를 위한 교육을 담당한다.

(2) 행정직원과 자원봉사자: 지원체계와 운영

평생교육기관의 행정직원은 교육 활동이 원활히 이루어질 수 있도록 지원하는 핵심적인 역할을 담당한다. 과거에는 단순한 사무 업무를 수행하는 보조적 역할로 인식되었지만, 현재는 각 분야의 전문성을 갖춘 전문가로서 평생교육기관 운영에 필수적인 역할을 하고 있다.

〈표 5-7〉 주요 업무 영역별 역할과 역량

업무 영역	주요 담당 업무	필요 역량	성과 지표
학습자서비스 업무	입학 상담 및 안내, 수강신청 지원, 학습 코칭, 학사관리	상담 기법, 교육과정 이해, 의사소통 능력, 정보시스템 활용	학습자 만족도, 상담 해결률, 신속한 업무 처리
디지털혁신 업무	LMS 구축·운영, 온라인 플랫폼 관리, 콘텐츠 제작, 정보보안	IT 전문 지식, 멀티미디어 제작, 시스템 분석, 디자인 감각	시스템 안정성, 콘텐츠 품질, 이용자 증가율
기획 및 홍보 업무	마케팅 전략 수립, SNS 운영, 사업 기획, 대외 협력	마케팅 전략, 콘텐츠 기획, 네트워킹, 협상 능력	수강생 모집률, 브랜드 인지도, 협력사업 성과
시설·안전 관리 업무	시설 유지관리, 안전 점검, 환경 관리 업무 관리, 에너지 절약	시설관리 지식, 안전관리 자격, 예방 관리, 문제 해결	시설 가동률, 안전사고 제로, 에너지 절약률

자원봉사자는 평생교육기관의 중요한 인적 자원으로서 교육 활동과 기관 운영을 지원하는 역할을 한다. 효과적인 자원봉사자 운영을 위해서는 체계적인 프로세스가 필요하다.

〈표 5-8〉 자원봉사자 운영 프로세스

단계	내용
1단계 목적 및 운영설계	• 필요 영역 및 인원 결정 • 온라인 오프라인 모임 • 역량 및 경험의 평가 • 배경 조사 및 신원 확인
2단계 교육 및 훈련	• 기관 소개 및 가치 공유 • 기본교육 실시 • 업무별 전문 교육 • 정기 보수 교육
3단계 활동 지원	• 활동비 및 교통비 지원 • 보험 가입 및 안전 보장 • 활동 도구 및 자료 제공 • 정기 모니터링 및 피드백
4단계 인정 및 보상	• 활동 인증서 발급 • 우수 봉사자 포상 • 감사 행사 개최 • 사회공헌 활동 인증
5단계 관계 유지	• 정기적 소통 및 친목 • 역량 개발 기회 제공 • 네트워킹 기회 제공 • 지속적 파트너십 구축

(3) 학습동아리: 자기주도·사회공헌형 동아리의 전략적 가치

학습동아리는 평생교육기관의 핵심 자원 중 하나로, 정규 교육과정을 넘어서는 지속적인 학습생태계를 형성하는 중요한 역할을 한다. 현대적 의미의 학습동아리는 공통의 학습 목표와 관심사를 가진 성인들이 자발적으로 결성하여 협력적 학습을 통해 개인의 성장과 사회적 기여를 동시에 추구하는 학습공동체이다.

〈표 5-9〉 학습동아리의 전략적 가치 분석

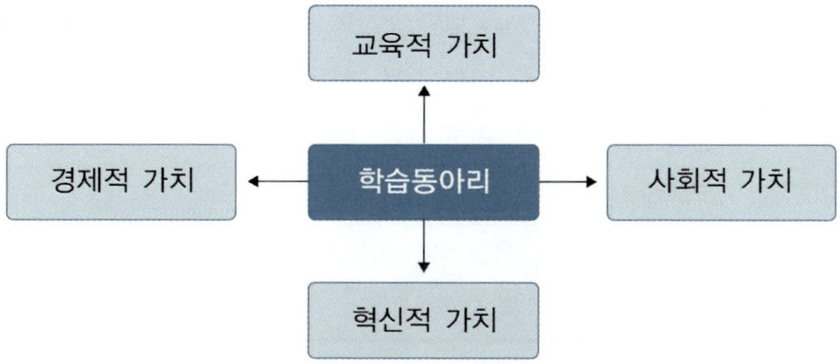

〈3차원 가치 창출 모델〉

가치 차원	구체적 효과	측정 지표	기관에 미치는 영향
교육적 가치	학습 지속성 제고, 동료 학습 활성화, 자기주도학습 역량 강화, 학습 전이 효과	재수강률 증가, 학습 만족도, 중도 탈락률 감소, 성과 향상률	교육 품질 개선, 학습자 충성도 향상, 구전 마케팅 효과
사회적 가치	사회 통합 기능, 지역사회 발전 기여, 시민 참여 확대, 사회적 자본 형성	지역사회 프로젝트 수, 자원봉사 참여율, 사회문제 해결 사례, 네트워크 확장 정도	사회적 평판 향상, 지역사회 파트너십, 공공지원 확대
경제적 가치	비용 효율성 향상, 자원 활용 극대화, 수익 창출 기여, 인적 자원 개발	운영비 절감률, 시설 활용률, 신규 수강생 유입, 후원 및 협력 증가	운영 효율성 제고, 지속가능한 수익 모델, 브랜드 가치 상승

최근의 학습동아리는 디지털 기술을 적극 활용하여 새로운 형태로 진화하고 있다. 온라인 플랫폼을 통한 가상 학습동아리, 소셜미디어를 활용한 학습 네트워킹, 클라우드 기반 협업 도구를 이용한 공동 프로젝트 수행 등이 일반화되고 있다. 또한 현대의 학습동아리는 사회적 미션을 가진 목적 지향적 활동으로 발전하고 있다. 환경보호, 사회적 약자 지원, 지역사회문제 해결, 문화 보존과 창조 등 구체적인 사회적 목표를 설정하고 이를 달성하기 위한 학습과 실천을 병행한다.

〈표 5-10〉 학습동아리 성공 요인 및 지원 방안

성공 요인	기관의 지원 방안	기대 효과
명확한 목적 의식	목표 설정 워크숍, 비전 수립 지원	지속적 참여 동기, 성과 창출
체계적 운영	운영 매뉴얼 제공, 리더 교육 실시	효율적 활동, 갈등 해소
전문가 지원	전문가 특강 연결, 멘토링 프로그램	전문성 향상, 네트워킹 확대
활동 공간	전용 공간 제공, 시설 우선 이용권	소속감 강화, 활동 편의성
성과 발표 기회	발표회 개최, 성과 전시 지원	성취감 증대, 대외 인지도 향상

(4) 인력 개발 및 동기부여: 채용, 교육, 성과, 동기부여 혁신

평생교육기관의 인적 자원 개발은 단순히 개별 직원의 역량 향상을 넘어서 기관 전체의 혁신과 발전을 이끄는 핵심 동력이다.

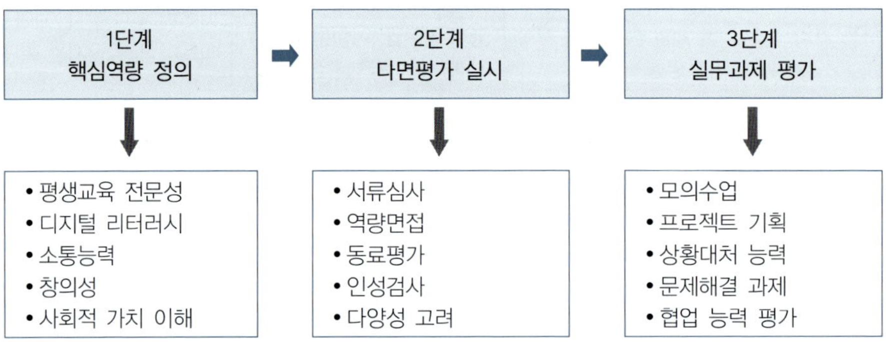

[그림 5-2] 역량 기반 채용 프로세스

평생교육기관 직원의 역량 개발은 경력 단계별 맞춤형 접근을 통해 이루어진다. 이는 직원 개개인의 경력 발전 단계에 따라 필요한 핵심 역량이 다르다는 인식에 기반한다.

〈표 5-11〉 역량 개발 로드맵

경력 단계	교육목표	핵심 교육 내용	교육 방법	평가 기준
신입 직원 (0~2년)	기관 적응, 기초 역량 습득	기관 문화 이해, 평생교육 이론, 실무 프로세스, 멘토링	집합 교육, 1:1 멘토링, OJT, 온라인 학습	업무 적응도, 기초 지식 습득, 동료 관계 형성
중급 직원 (3~7년)	전문성 강화, 리더십 개발	전문 역량 심화, 프로젝트 관리, 팀 리더십, 변화 관리	전문가 과정, 액션 러닝, 외부 세미나, 사내 프로젝트	전문성 인정, 프로젝트 성과, 팀 성과 기여
고급 직원 (8년 이상)	전략적 사고, 경영 역량	기관 경영, 정책 네트워크, 혁신 전략, 미래준비	경영자 과정, 해외 연수, 정책 포럼, 연구 활동	전략 수립 능력, 혁신 성과, 대외 활동

신입 직원에게는 기본적인 업무 수행 능력과 조직 적응 능력이 중요하며, 경력이 쌓일수록 전문성과 리더십 역량이 더욱 중요해진다. 또한 평생교육 분야의 특성상 성인학습자를 대상으로 하는 서비스업의 성격이 강하므로, 모든 단계에서 학습자 중심적 사고와 서비스 마인드가 강조되어야 한다.

이러한 체계적인 역량 개발을 통해 직원들은 단순한 업무 수행자가 아닌 평생교육 전문가로 성장할 수 있으며, 이는 곧 기관의 경쟁력 향상으로 이어진다. 그러나 역량 개발 프로그램의 효과성을 극대화하기 위해서는 직원들의 내재적 동기와 학습 의지를 촉진하는 것이 무엇보다 중요하다. 이를 위해서는 개인의 욕구와 조직의 목표를 조화롭게 연결하는 체계적인 동기부여 접근이 필요하다.

〈표 5-12〉 통합적 동기부여 모델

동기부여 유형	구체적 방안	기대 효과	측정 지표
내재적 동기	업무 자율성 보장, 창의적 프로젝트 기회, 전문성 개발 지원, 사회적 가치 공유	업무 몰입도 향상, 창의적 아이디어 증가, 자발적 학습 증가	업무 만족도, 혁신 제안 수, 자기계발 참여율
외재적 보상	성과 연동 보상, 공정한 승진 체계, 복리 후생 확대, 즉시 인정 시스템	성과 향상, 우수 인재 유지, 조직 충성도 증가	성과 달성률, 이직률 감소, 추천 의향도
조직문화적 동기	심리적 안정감 조성, 수평적 소통 문화, 다양성 존중, 워라밸 지원	협업 문화 확산, 갈등 감소, 조직 몰입도 향상	협업 지수, 갈등 발생률, 조직 몰입도

2) 물적 자원관리

(1) 물적 자원관리의 개념과 중요성

평생교육기관의 물적 자원관리는 학습자에게 최적의 교육환경을 제공하기 위한 핵심 관리 영역이다. 물적 자원은 시설, 설비, 교육기자재, 도서 및 교재 등 교육 활동에 필요한 모든 유형 자산을 포괄한다. 효과적인 물적 자원관리는 교육의 질을 좌우하는 중요한 요소로, 학습자 만족도와 교육성과에 직접적 영향을 미치는 핵심 요소이다.

(2) 기본 시설관리

① 교육공간의 구성

평생교육기관의 기본 시설은 강의실, 실습실, 도서관, 휴게공간으로 구분된다. 강의실은 소규모(10~15명), 중규모(20~30명), 대규모(50명 이상)로 구성하며, 적절한 조명과 환기시설을 갖추어야 한다. 실습실은 프로그램 특성에 따라 전용 설비와 안전시설을 갖춘다.

② 안전 및 보안 관리

소방시설은 정기 점검을 통해 정상 작동을 확인하고, CCTV 시스템은 개인정보보호법을 준수하여 운영한다. 출입통제 시스템으로 외부인 무단 출입을 방지하고, 응급상황 대응 매뉴얼을 구비하여 정기 훈련을 실시하는 것이 필수 요소이다.

(3) 교육기자재 관리

① 기본 교육기자재

영상음향 장비는 프로젝터, 스크린, 마이크, 스피커로 구성한다. 기본 교구는 화이트보드, 플립차트, 교탁, 책상과 의자를 포함하며, 인체공학적 설계를 고려하여 선택한다. 실습 도구는 프로그램별 전용 기자재로 구비하는 것이 기본 요소이다.

② 디지털 교육환경

컴퓨터 및 태블릿은 학습자 1~2명당 1대 수준으로 확보하고, 무선 인터넷 환경을 전 구역에 구축한다. 스마트보드는 터치 기능과 필기 인식 기능을 갖춘 제품을 선택하며, LMS 기반 온라인 교육 플랫폼을 구축하여 출석, 과제, 평가를 통합 관리하는 것이 현대적 교육환경의 핵심 요소이다.

〈표 5-13〉 교육기자재 분류 및 관리

분류	주요 품목	교체주기	관리 요점
영상음향	프로젝터, 마이크	5~7년	정기청소, 램프교체
기본교구	화이트보드, 의자	10년	일상점검, 수리
컴퓨터	PC, 태블릿	4~5년	소프트웨어 업데이트
실습도구	프로그램별 전용도구	2~3년	위생관리, 안전점검

(4) 시설변화 4단계 진화

평생교육기관의 시설은 시대적 요구에 따라 4단계로 진화하고 있다. 1단계는 전통적 강의실 시대(1990년대 이전)로 일방향 강의 중심의 고정된 교실 구조가 특징이다. 2단계는 다목적 학습공간 시대(2000년대)로 프로그램별 전용 공간 확보와 프로젝터 등 기본 영상장비가 도입되었다.

3단계는 디지털 융합공간 시대(2010년대)로 컴퓨터실과 무선 인터넷 환경이 구축되어 블렌디드 러닝이 가능해졌다. 4단계는 스마트 학습생태계 시대(2020년대 이후)로 IoT 기반 스마트 교실, AI 학습 분석, VR/AR 체험 공간, 가변형 교실이 도입되는 것이 현재 진화의 핵심 방향이다.

〈표 5-14〉 시설 진화 단계별 특징

단계	시기	주요 특징	핵심 기술	교육 방식
1단계	~1990년대	전통적 강의실	칠판, 분필	강사 중심 강의
2단계	2000년대	다목적 학습공간	프로젝터, OHP	체험 중심 교육
3단계	2010년대	디지털 융합공간	컴퓨터, 인터넷	블렌디드 러닝
4단계	2020년대	스마트 학습생태계	AI, IoT, VR	개인 맞춤형 교육

(5) 스마트공간 도입 전략

스마트 교실은 스마트보드, IoT 센서, 스마트 조명, 무선 디스플레이로 구성된다. 기존 시설 기반 위에 점진적으로 도입하되, 1단계는 디지털 인프라 구축, 2단계는 상호작용 도구 도입, 3단계는 지능형 환경 제어, 4단계는 AI 맞춤형 서비스 순으로 추진한다. ROI 분석을 통한 투자 우선순위 결정이 성공적 도입의 핵심 요소이다.

3) 재정관리

(1) 기본 재정관리 체계

① 예산 편성 및 관리

재정관리는 수입 예산과 지출 예산으로 구분하여 관리한다. 수입 예산은 수강료, 정부지원금, 후원금, 기타 수입으로 구성되며, 지출 예산은 인건비(50~60%), 운영비, 시설비, 프로그램 운영비로 구성된다. 월별 및 분기별 예산 대비 실적 분석을 통해 재정 상황을 모니터링하고, 잉여금은 연간 운영비의 10~20% 수준으로 관리하는 것이 안정적 운영의 핵심 요소이다.

② 회계 관리

복식부기 원칙에 따라 모든 거래를 정확히 기록하고 증빙서류를 체계적으로 보관한다. 세무 관리는 법인 형태에 따라 법인세와 부가가치세를 적정하게 처리하며, 내부 감사와 외부 회계감사를 통해 재정 투명성을 확보한다. 월별 수지 계산서와 분기별 재무제표를 정기적으로 작성하여 재정 상태를 점검하는 것이 건전한 재정 관리의 필수 요소이다.

(2) 수입원 다각화

전통적 수입원인 수강료, 정부지원금, 기업후원, 시설대여와 함께 현대적 수입원인 온라인 교육, 자격증 과정, 컨설팅 서비스, 교육 콘텐츠 개발을 균형 있게 추진한다. 온라인 교육은 지역적 제약 없이 전국 단위 모집이 가능하고, 자격증 과정은 일반 프로그램보다 높은 수강료 책정이 가능한 장점이 있다. 수입원 다각화를 통한 재정 안정성 확보가 지속가능한 운영의 핵심 요소이다.

〈표 5-15〉 수입원별 특성 비교

수입원	안정성	성장성	수익성	개발 난이도
수강료	높음	중간	중간	낮음
정부지원금	중간	낮음	높음	중간
온라인교육	중간	높음	높음	중간
자격증과정	높음	중간	높음	중간

(3) 비용 관리

고정비는 인건비 최적화, 에너지 절약, 임대료 협상을 통해 관리한다. LED 조명 교체와 고효율 기기 도입으로 전기료를 20~30% 절감할 수 있으며, 장기 임대 계약으로 임대료 인상률을 제한할 수 있다. 변동비는 교육 재료 대량구매, 온라인 마케팅 중심 홍보, 강사풀 구축을 통해 절감한다. 체계적인 비용 관리를 통한 운영 효율성 제고가 재정 건전성 확보의 핵심 요소이다.

(4) 재정 건전성 관리

현금 흐름 관리는 월 운영비의 2~3개월분 현금 보유, 계절적 변동 대응, 비상 자금 확보(연간 운영비의 5~10%)로 구성된다. 투자 관리는 시설 투자의 ROI 분석, 장비 교체의 생애주기 관리, 적립금의 안전한 금융상품 운용을 포함한다. 부채비율은 총자산의 30% 이하로 유지하여 재정 안정성을 확보하는 것이 건전한 재정 운영의 핵심 지표이다.

(5) 정부 지원사업 활용

평생학습도시 지원사업, 성인문해교육 지원사업, 직업능력개발 지원사업, 취약계층 교육 지원사업을 적극 활용한다. 사업 공고를 정기적으로 모니터링하고, 평가 기준에 부합하는 신청서를 작성하며, 성과 관리와 정산 관리를 체계적으로 실시한다. 정부 지원사업을 통한 안정적 재원 확보가 기관 운영 안정성 제고의 핵심 전략이다.

(6) 재정 투명성 및 책임성

예산과 결산을 홈페이지에 공개하고, 사업 성과와 감사 결과를 투명하게 공시한다. 예산 승인은 이사회나 운영위원회를 거치고, 지출 승인 체계를 단계별로 구축하며, 정기 점검과 리스크 관리를 실시한다. 재정 투명성과 책임성 확보를 통한 신뢰성 제고가 지속가능한 기관 운영의 필수 요소이다.

4) 통합 관리 방안

(1) 물적 자원과 재정의 연계 관리

투자 우선순위는 학습자 안전 관련 시설, 교육 효과성 증대 기자재, 운영비 절감 시설 순으로 설정한다. 시설 이용률과 교육기자재 활용도를 정기적으로 분석하여 투자 효과를 측정하고, ROI 분석을 통해 투자 우선순위를 결정한다. 물적 자원과 재정의 통합적 관리를 통한 자원 활용 극대화가 효율적 기관 운영의 핵심 방안이다.

(2) 지속가능한 운영 모델

환경친화적 시설 운영과 에너지 절약을 통해 운영비를 절감하고, 지역사회 협력을 통한 자원 공유로 투자비용을 절약한다. 사회적 가치 창출과 경제적 지속가능성의 균형을 통해 공익성과 수익성을 동시에 추구한다. 단계적 디지털화 추진과 학습자 수준에 맞는 기술 적용이 미래 지향적 발전의 핵심 전략이다.

(3) 위험 관리 및 지속적 개선

수입 감소, 비용 증가, 시설 고장 등의 위험에 대비한 대응 방안을 수립하고, 정기적인 평가와 피드백을 통해 지속적으로 개선한다. 월별, 분기별, 연간 평가 체계를 구축하여 성과를 점검하고, 혁신 문화 조성을 통해 모든 구성원이 개선에 참여하도록 한다. 체계적인 위험 관리와 지속적 개선이 안정적이고 발전적인 기관 운영의 핵심 요소이다.

〈표 5-16〉 종합 성과 평가 체계

영역	주요 지표	측정 주기	목표 수준
재정 성과	수익률, 비용효율성	월/분기	전년 대비 5%↑
교육 성과	만족도, 수료율	프로그램별	만족도 4.5점
운영 성과	시설이용률, 직원만족도	분기/연간	이용률 80%

평생교육기관의 물적 자원관리와 재정관리는 교육 목표 달성을 위한 핵심 관리 영역이다. 기본적인 시설과 기자재 관리에서 시작하여 점진적으로 스마트 기술을 도입하고, 안정적인 재정 기반 위에 수입원을 다각화하며, 투명하고 책임감 있는 운영을 통해 지속가능한 발전을 추구하는 것이 성공적인 평생교육기관 운영의 핵심 원칙이다.

4. 평생교육기관의 행정과 운영실무

1) 프로그램 운영·평가 및 학습자 관리 실무

(1) 프로그램 운영 시스템 구축

평생교육기관의 효율적 운영을 위해서는 기관의 규모와 특성에 맞는 체계적인 조직구성이 필수적이다. 조직구성은 학습자 중심성, 전문성 확보, 효율성과 경제성을 기본 원칙으로 하여 설계되어야 한다.

■ 평생교육기관 규모별 조직구성 모델

- 소규모 기관(20명 이하)

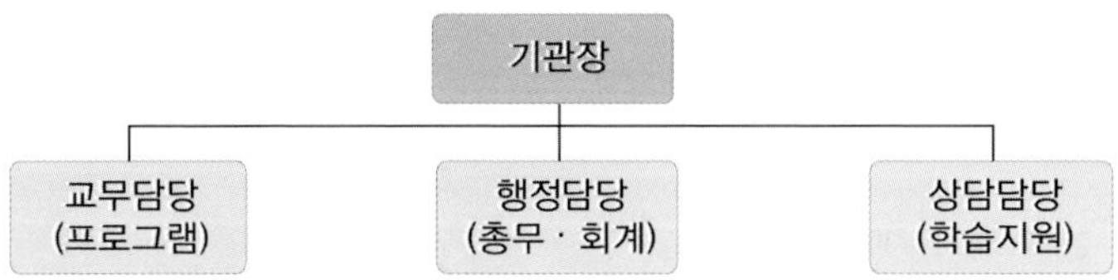

- 중규모 기관(21~50명)

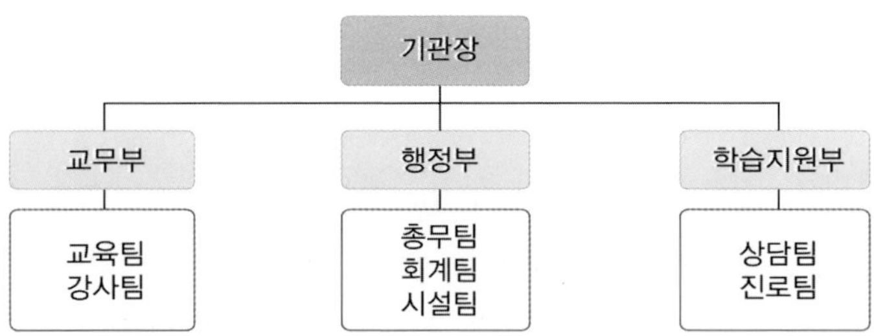

• 대규모 기관(51명 이상)

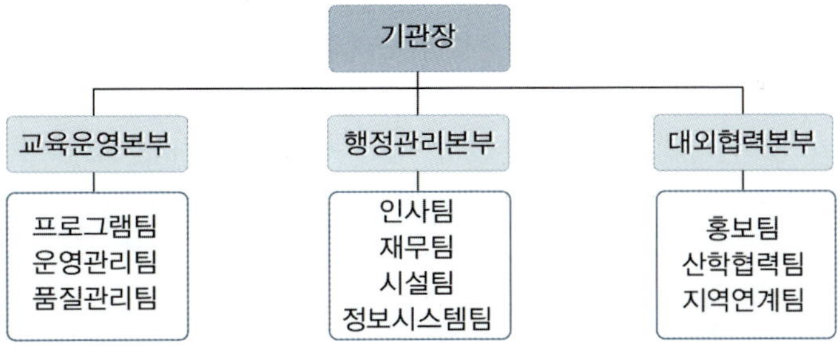

업무분장의 명확화와 부서 간 협력체계 구축이 조직 효율성의 핵심이다. 효율적인 의사결정 체계를 통해 빠르게 변화하는 사회적 요구에 신속하게 대응할 수 있도록 한다.

■ 학습자 관리 체계의 구축

현대적 평생교육기관에서는 디지털 기반의 통합관리시스템을 활용하여 학습자의 전체 학습 여정을 체계적으로 지원한다. 등록 및 수강신청 관리, 출석 및 학습진도 관리, 상담 및 지원서비스가 통합적으로 운영되어야 한다.

〈표 5-17〉 학습자 관리 통합시스템 구조

학습자 관리 통합시스템		
등록·신청 관리	학습과정 관리	상담·지원 관리
• 회원가입 • 프로그램검색 • 수강신청 • 온라인결제 • 서류발급	• 전자출석부 • 진도체크 • 과제관리 • 성적관리 • 수료관리	• 학습상담 • 진로상담 • 취업지원 • 생활상담 • 사후관리

QR코드, RFID, 모바일 앱 등을 활용한 전자출석 시스템이나 수기로 기록할 수 있는 출석부 등을 통해 실시간 출석현황 파악과 결석자 사후관리를 실시한다. 개

별 학습자의 학습 속도와 이해도를 파악하여 맞춤형 학습지원을 제공한다.

■ 강사진 운영 관리

우수한 강사진의 확보와 체계적인 관리는 평생교육기관 운영의 핵심 과제이다. 체계적이고 공정한 선발 절차와 지속적인 역량 개발을 통해 교육품질을 보장한다.

[강사 선발 프로세스]

- 1단계: 서류심사(평가항목: 학력, 경력, 자격증, 교육실적)
- 2단계: 면접심사(평가항목: 전문지식, 교수능력, 의사소통능력)
- 3단계: 시연수업(평가항목: 실제 교수능력, 학습자 상호작용)
- 4단계: 최종선발(종합평가 및 최종 결정)

강사 지원 시스템에는 신규강사 오리엔테이션, 성인교육 방법론 워크숍, 디지털 교육도구 활용 연수, 정기적인 강사 평가 및 피드백 제공 등이 있다.

(2) 학습자 지원 서비스 체계

■ 개별 상담 및 학습지원

성인학습자의 다양한 배경과 요구에 맞는 맞춤형 상담과 지원이 필요하다. 학습상담, 진로상담, 생활상담을 통해 학습자의 전인적 성장을 지원한다.

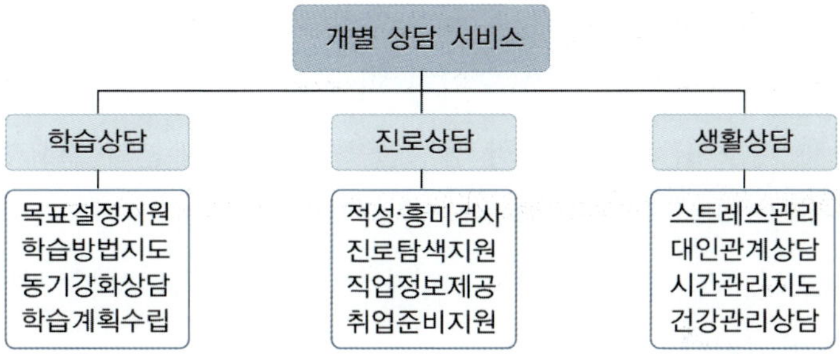

[그림 5-3] 상담 서비스 체계도

■ 학습공동체 운영

학습공동체는 비슷한 관심사나 목표를 가진 학습자들이 협력하여 학습하는 집단으로, 학습효과 극대화와 소속감 증진에 효과적이다. 스터디그룹, 멘토링 시스템, 프로젝트팀, 동아리 등 다양한 형태로 운영된다.

■ 취업 및 진로지원

취업준비 지원 프로그램으로는 이력서·자기소개서 작성 지도, 면접 기술 교육, 직장예절 교육, 자격증 취득 과정 운영 등이 있다. 취업정보 서비스를 자체적으로 제공하거나, 일자리나 취업전문 기관과 연계하여 지역 일자리 정보 수집·제공, 채용박람회 개최, 기업체 연계 현장견학 등을 실시한다.

(3) 프로그램 평가 및 지원체계

평생교육 프로그램의 평가는 학습자의 성장과 변화를 중심으로 한 발전적 관점에서 접근한다. 기존의 정량적 지표만으로는 파악하기 어려운 학습자 개인의 의미 있는 변화와 성장을 포착하기 위해 성찰 일지, 학습 포트폴리오, 개별 학습 스토리 등 다양한 방법을 활용한다. 이러한 평가 방식은 학습자 스스로가 자신의 학습 과정을 돌아보고 성장을 인식할 수 있는 기회를 제공하며, 교육 운영진에게는 각 학습자에게 필요한 맞춤형 지원 방향을 제시해 준다.

프로그램 평가에는 학습자, 강사, 운영진이 함께 참여하는 협력적 접근을 취한다. 정기적으로 운영되는 성찰 모임과 피드백 세션에서는 각자의 경험과 관점을 자유롭게 나누며, 프로그램의 강점을 발견하고 개선이 필요한 부분을 공동으로 찾아낸다. 이 과정에서 나타나는 다양한 의견과 제안들은 단순히 수집되는 데 그치지 않고, 모든 참여자가 함께 해결방안을 모색하는 협력적 문제해결의 기회로 이어진다.

강사의 교육 역량에 대한 평가는 평가를 통한 처벌이나 배제가 아닌, 지속적인 성장을 위한 지원 체계로 운영된다. 동료 강사들 간의 상호 관찰과 건설적 피드백, 경험 많은 전문가와의 멘토링, 개별 강사의 필요에 맞춘 연수 기회 제공을 통해 모든 강사가 자신의 교육 철학을 발전시키고 교수 방법을 개선해 나갈 수 있도록 돕는다. 이러한 지원은 강사 개인의 성장뿐만 아니라 전체 교육 프로그램의 질적 향상으로도 이어진다.

학습환경에 대한 평가는 물리적 시설과 설비에 국한되지 않고, 학습자들이 느끼는 심리적 안전감과 사회적 유대감까지 포괄하는 총체적 관점에서 이루어진다. 학습자의 편의성과 접근성, 학습 공간의 안전성을 정기적으로 점검하는 동시에, 학습자들이 자유롭게 의견을 표현하고 서로 존중하며 협력할 수 있는 분위기가 조성되고 있는지도 세심하게 살펴본다. 이를 바탕으로 더 나은 학습 여건을 만들기 위한 개선 노력을 지속적으로 기울인다.

프로그램의 성과는 단순한 수료율이나 만족도를 넘어서 교육적 의미와 사회적 기여도를 종합적으로 평가한다. 학습자들의 실질적인 역량 향상, 삶의 변화, 지역사회 참여 확대 등을 통해 평생교육이 개인과 사회에 미치는 긍정적 영향을 확인한다. 이 과정에서 발굴된 우수 사례와 성공 경험들은 다른 프로그램과 기관에 공유되어, 평생교육 생태계 전체가 함께 발전할 수 있는 선순환 구조를 만들어 간다.

2) 행정·재정·시설 관리 실무

(1) 행정관리 체계

평생교육기관의 인적 자원관리는 전문성과 서비스 지향성을 겸비한 인재 확보와 지속적 역량개발에 중점을 둔다.

〈표 5-18〉 인사관리 매트릭스

구분	채용단계	평가단계	개발단계	보상단계
관리직	역량면접 → 전략기획	360도 평가 → 조직관리	리더십교육 → 변화관리	성과급제 → 승진기회
교육직	모의수업 → 전문성	학습자 평가 → 만족도	교수법 연수 → 최신동향	강의료 차등 → 우수강사
행정직	실무테스트 → 업무능력	업무성과 → 효율성	직무교육 → 전문지식	직급체계 → 복리후생

업무의 표준화는 조직 운영의 효율성과 일관성을 확보하기 위한 필수 요소이다. 주요 업무별로 상세한 매뉴얼을 작성하고 정기적으로 업데이트하여 누구나 일정한 수준의 업무를 수행할 수 있도록 한다. 업무 프로세스를 시각화한 플로우차트를 비치하여 업무의 흐름을 명확히 하고, 부서별 업무분장표를 최신 상태로 유지하여 책임과 권한을 명확히 한다. 인수인계 과정에서의 누락을 방지하기 위한 표준화된 양식과 비상상황 대응을 위한 매뉴얼을 구비하여 안정적인 조직 운영을 보장한다.

준법 경영 관리는 평생교육기관 운영의 기본 전제조건으로서, 관련 법규의 철저한 준수를 통해 운영 리스크를 최소화해야 한다. 평생교육법을 비롯한 관련 법령의 변경사항을 지속적으로 모니터링하고, 법적 요구사항을 충족하기 위한 내부 규정과 절차를 정비한다. 정기적인 법규 준수 점검을 통해 위반 요소를 사전에 발견하고 개선하며, 임직원 대상 법규 교육을 통해 전 조직원의 준법 경영 의식을 제고한다.

[업무표준화 체크리스트]

- □ 주요업무별 매뉴얼 작성 완료
- □ 업무프로세스 플로우차트 비치
- □ 부서별 업무분장표 최신화
- □ 업무인수인계서 양식 표준화
- □ 월간업무보고서 양식 통일
- □ 주요업무 체크리스트 작성
- □ 비상연락망 및 대응매뉴얼 구비

(2) 재정관리 체계

효율적인 예산관리는 제한된 자원의 최적 배분을 통해 교육 목표를 달성하고 재정 건전성을 확보하는 핵심 요소이다. 예산편성 과정에서는 교육 프로그램의 우선순위와 중요도를 종합적으로 고려하여 자원을 배분한다. 인건비는 안정적인 조직 운영을 위한 필수 요소로서 전체 예산의 상당 부분을 차지하되, 성과에 따른 인센티브 제도를 통해 동기부여를 높인다. 사업비는 핵심 프로그램에 우선 배정하고, 신규 프로그램과 실험적 프로그램에 대해서는 단계적으로 예산을 배정하여 위험을 관리한다.

〈표 5-19〉 예산편성 우선순위 매트릭스

구분	1순위(필수)	2순위(중요)	3순위(선택)
인건비	정규직 급여(60%)	성과급(5%)	복리후생비(5%)
사업비	핵심 프로그램(15%)	신규 프로그램(8%)	실험 프로그램(2%)
경상비	필수 운영비(3%)	개선 사업비(1%)	추가 편의시설(1%)

수입원의 다각화는 재정 안정성 확보를 위한 중요한 전략이다. 수강료 수입에 과도하게 의존하지 않도록 기업 위탁교육, 정부 지원금, 시설 임대, 수익사업, 후원 및 기부 등 다양한 수입원을 개발한다. 각 수입원의 안정성과 수익성

을 분석하여 포트폴리오를 구성하고, 외부 환경 변화에 따른 위험을 분산시킨다. 특히 정부 정책 변화나 경기 변동에 따른 영향을 최소화하기 위해 수입원별 의존도를 적정 수준으로 관리한다.

〈표 5-20〉 수입원 포트폴리오 분석

	안정성 높음	안정성 보통
수익성 높음	수강료 수입(45%) 정부 지원금(15%)	기업위탁교육(20%)
수익성 보통	시설임대(8%)	수익사업(7%) 후원 · 기부(5%)

재정건전성 지표의 체계적 관리를 통해 기관의 재정상태를 객관적으로 평가하고 선제적으로 개선방안을 마련한다. 수입 대비 지출비율, 인건비 비율, 사업비 비율 등 핵심 지표를 정기적으로 모니터링하고, 기준치를 벗어날 경우 즉시 원인을 분석하여 대응방안을 수립한다. 현금보유 개월수를 통해 단기 유동성을 관리하고, 특정 수입원에 대한 과도한 의존도를 점검하여 재정 위험을 사전에 예방한다. 이러한 지표들은 정기적인 재정 점검과 개선 계획 수립의 기초자료로 활용된다.

〈표 5-21〉 재정건전성 KPI 대시보드

지표명	양호	주의	위험
수입 대비 지출비율	85% 이하	85~95%	95% 초과
인건비 비율	60% 이하	60~70%	70% 초과
사업비 비율	25% 이상	20~25%	20% 미만
현금보유 개월수	3개월 이상	2~3개월	2개월 미만
수강료 의존도	50% 이하	50~70%	70% 초과

(3) 시설·안전관리 체계

〈표 5-22〉 시설관리 운영 매뉴얼

일일점검 체크리스트	주간점검 체크리스트	월간점검 체크리스트
□ 강의실 청소상태 및 온도 확인	□ 냉난방시설 필터 교체	□ 건물 외부 시설물 안전점검
□ 교육장비 정상작동 여부 점검	□ 소방설비 작동상태 점검	□ 엘리베이터 정기점검
□ 화장실 및 휴게공간 위생상태	□ 전기시설 누전차단기 테스트	□ 소방훈련 실시
□ 주출입구 및 비상구 개방상태	□ 급배수시설 누수 여부 확인	□ 시설이용 만족도 조사
□ 주차장 및 보안시설 점검	□ CCTV 및 방범시설 점검	□ 에너지 사용량 분석

통합시설관리 시스템은 교육시설의 효율적 운영과 안전한 교육환경 조성을 위한 체계적 접근이다. 일일점검을 통해서는 강의실의 기본적인 환경과 교육장비의 정상 작동을 확인하고, 학습자들이 이용하는 공용공간의 위생과 안전을 점검한다. 주간점검에서는 냉난방시설, 소방설비, 전기시설 등 기반시설의 안전성을 확인하고, 월간점검을 통해서는 건물 전체의 안전성과 시설 이용 만족도를 종합적으로 평가한다. 이러한 정기적인 점검 체계를 통해 시설 관련 문제를 사전에 발견하고 해결하여 쾌적하고 안전한 학습환경을 유지한다.

〈표 5-23〉 안전관리 비상대응 매뉴얼

구분	대응 절차
화재 발생 시	1단계 화재경보 작동 → 2단계 119신고 → 3단계 대피유도 → 4단계 초기진압
응급환자 발생 시	1단계 응급처치 → 2단계 119신고 → 3단계 보호자 연락 → 4단계 사후관리
정전 발생 시	1단계 비상전원 가동 → 2단계 한전 신고 → 3단계 수업중단 안내 → 4단계 복구조치
시설 고장 시	1단계 사용중단 조치 → 2단계 업체연락 → 3단계 대체시설 안내 → 4단계 수리완료 확인

안전관리와 비상대응 체계는 학습자와 교직원의 안전을 보장하기 위한 필수 시스템이다. 화재, 응급환자 발생, 정전, 시설고장 등 다양한 비상상황에 대한 단계별 대응 매뉴얼을 마련하고, 전 구성원이 숙지할 수 있도록 정기적인 교육

과 훈련을 실시한다. 각 상황별로 신속하고 체계적인 대응이 가능하도록 역할과 책임을 명확히 하고, 관련 기관과의 연락체계를 구축한다. 비상상황 발생 시에는 인명 안전을 최우선으로 하여 대피와 구조 활동을 진행하고, 상황 종료 후에는 원인 분석과 재발 방지 대책을 마련한다.

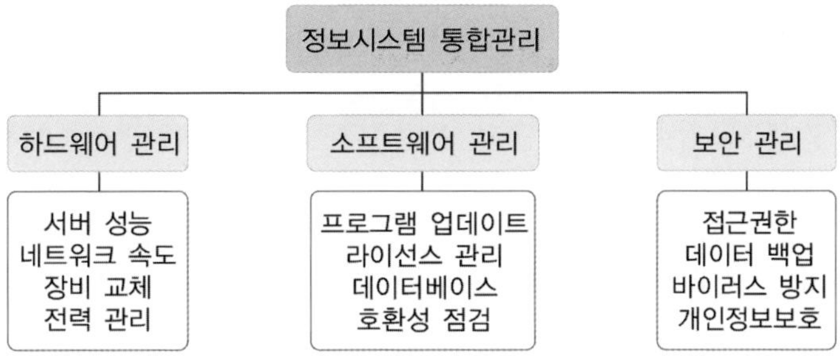

[그림 5-5] 정보시스템 관리 체계도

정보시스템의 안정적 운영은 현대적인 평생교육기관 운영에 필수적인 요소이다. 하드웨어 측면에서는 서버 성능과 네트워크 속도를 지속적으로 모니터링하고, 장비 교체 시기를 적절히 관리하여 시스템 중단을 방지한다. 소프트웨어 측면에서는 프로그램의 정기적인 업데이트와 라이선스 관리를 통해 최신 기능을 활용하고 법적 문제를 예방한다. 보안 관리에서는 접근권한을 체계적으로 관리하고 정기적인 데이터 백업을 통해 정보 손실을 방지하며, 개인정보보호 관련 법규를 철저히 준수하여 학습자들의 개인정보를 안전하게 보호한다.

용어정리

- **평생교육기관:** 개인의 전 생애에 걸친 학습 요구를 충족시키기 위해 평생교육을 주된 목적으로 설립·운영되는 시설·법인 또는 단체
- **평생교육법:** 평생교육의 진흥과 평생교육기관의 설립·운영에 관한 사항을 규정한 법률
- **기관 분류:** 평생교육기관을 법적 근거, 설립주체, 교육대상 등의 기준에 따라 체계적으로 구분하는 것
- **경영자원관리:** 평생교육기관이 교육목표를 달성하기 위해 보유한 인적·물적·재정 자원을 효과적으로 계획, 조직, 운영, 통제하는 관리 활동
- **인적 자원:** 평생교육기관에서 교육목표 달성을 위해 필요한 모든 인력과 그들의 지식, 기술, 능력
- **물적 자원:** 평생교육 활동에 필요한 시설, 설비, 교육기자재 등 모든 유형의 자산
- **재정자원:** 평생교육기관의 운영과 교육 활동에 필요한 모든 재정적 자원과 그 관리 체계
- **조직관리:** 평생교육기관의 목표 달성을 위해 인력과 업무를 체계적으로 구조화하고 조정하는 관리 활동
- **운영실무:** 평생교육기관이 교육목표를 달성하기 위해 수행하는 구체적이고 실질적인 운영 업무
- **학습자서비스:** 평생교육기관이 학습자의 학습 목표 달성과 만족도 향상을 위해 제공하는 모든 지원 서비스

단원학습문제

객관식 문제

1. 평생교육법에 의한 평생교육기관의 법적 정의로 옳은 것은?
   ① 평생교육을 보조적 목적으로 하는 시설 · 법인 또는 단체
   ② 평생교육을 주된 목적으로 하는 시설 · 법인 또는 단체
   ③ 평생교육을 전문적으로 연구하는 시설 · 법인 또는 단체
   ④ 평생교육을 통합 관리하는 시설 · 법인 또는 단체

2. 평생교육기관의 운영 원리상 특성으로 옳지 않은 것은?
   ① 학습자 중심성(Learner-Centeredness)
   ② 자발성과 자율성(Voluntariness & Autonomy)
   ③ 개방성과 접근성(Openness & Accessibility)
   ④ 강제성과 획일성(Compulsiveness & Uniformity)

3. 평생교육법에 의한 평생교육시설 중 시 · 도 교육감이 설치하는 것은?
   ① 평생교육관　　② 평생학습관
   ③ 사업장 부설 평생교육시설　　④ 원격평생교육시설

4. 평생교육기관의 시설 진화 4단계 중 2020년대 이후에 해당하는 것은?
   ① 전통적 강의실 시대　　② 다목적 학습공간 시대
   ③ 디지털 융합공간 시대　　④ 스마트 학습생태계 시대

5. 평생교육기관의 재정관리에서 지출 예산 중 인건비의 적정 비율은?
   ① 30~40%　　② 40~50%
   ③ 50~60%　　④ 60~70%

6. 평생교육기관의 시설 · 안전관리 체계에서 일일점검 항목으로 적절하지 않은 것은?

① 강의실 청소상태 및 온도 확인
② 교육장비 정상작동 여부 점검
③ 엘리베이터 정기점검 실시
④ 주출입구 및 비상구 개방상태 확인
⑤ 주차장 및 보안시설 점검

7. 평생교육기관의 학습자 관리 통합시스템의 구성 요소로 옳지 않은 것은?

① 등록 · 신청관리
② 출석 · 진도관리
③ 상담 · 지원관리
④ 재정 · 회계관리

8. 평생교육기관의 정보시스템 운영관리에서 보안 관리 영역에 해당하는 것은?

① 서버 성능 관리
② 네트워크 속도 관리
③ 프로그램 업데이트
④ 개인정보보호 관리
⑤ 장비 교체 관리

9. 평생교육기관의 강사 선발 프로세스 중 마지막 단계는?

① 서류심사
② 면접심사
③ 시연수업
④ 최종선발

10. 평생교육기관의 화재 발생 시 비상대응 순서로 올바른 것은?

① 초기진압 → 화재경보 → 119신고 → 대피유도
② 119신고 → 화재경보 → 대피유도 → 초기진압
③ 대피유도 → 초기진압 → 화재경보 → 119신고
④ 화재경보 → 119신고 → 대피유도 → 초기진압
⑤ 초기진압 → 대피유도 → 화재경보 → 119신고

주관식 문제

1. 평생교육기관의 핵심 개념 요소 4가지를 제시하고 각각을 간략히 설명하시오.

2. 평생교육기관의 학습자 중심 평가체계에서 활용할 수 있는 평가 방법을 제시하고, 각각의 특징을 간단히 설명하시오.

3. 평생교육기관이 지역사회와 협력체계를 구축할 때 거쳐야 하는 4단계를 순서대로 나열하시오.

4. 평생교육기관의 물적 자원관리에서 시설변화 진화 과정을 시대순으로 설명하시오.

5. 평생교육기관에서 화재가 발생했을 때의 비상대응 4단계를 순서대로 쓰고, 각 단계에서 주의해야 할 사항을 1가지씩 설명하시오.

정답 및 해설

1. 정답: ②

   평생교육법 제2조에 따르면 평생교육기관은 "평생교육을 주된 목적으로 하는 시설 · 법인 또는 단체"로 정의된다. '주된 목적'이라는 표현이 핵심이다.

2. 정답: ④

   평생교육기관은 학습자의 자발적 참여와 개별적 특성을 존중하는 것이 기본 원리이다. 강제성과 획일성은 평생교육의 철학과 정반대되는 특성이다.

3. 정답: ②

   평생학습관은 시 · 도 교육감이 설치 · 운영하는 평생교육시설이다. 평생교육관은 특별시 · 광역시 · 도 및 시 · 군 · 구에서 설치한다.

4. 정답: ④

   2020년대 이후는 AI, IoT, 빅데이터 등을 활용한 스마트 학습생태계 시대로, 개인 맞춤형 학습과 지능형 교육환경이 특징이다.

5. 정답: ③

   평생교육기관의 인건비 비율은 일반적으로 50~60%가 적정 수준으로 여겨진다. 이는 교육서비스의 인적 의존도가 높기 때문이다.

6. 정답: ③

   엘리베이터 정기점검은 월간점검 항목이다. 일일점검은 기본적인 시설 상태와 안전을 확인하는 수준이다.

7. 정답: ④

   재정 · 회계관리는 학습자 관리시스템이 아닌 별도의 행정관리시스템 영역이다. 학습자 관리는 학습자 중심의 서비스 관리에 초점을 둔다.

8. 정답: ④

   개인정보보호 관리는 보안 관리의 핵심 영역이다. ①, ②, ⑤는 하드웨어 관리, ③은 소프트웨어 관리에 해당한다.

9. 정답: ④

   강사 선발은 서류심사 → 면접심사 → 시연수업 → 최종선발 순서로 진행되며, 최종선발이 마지막 단계이다.

10. 정답: ④

화재 발생 시 비상대응은 화재경보 작동 → 119신고 → 대피유도 → 초기진압 순서이다. 인명 안전이 최우선이므로 경보와 신고, 대피가 진압보다 먼저 이루어져야 한다.

Chapter

06

평생교육 홍보 마케팅

1. 마케팅
2. 마케팅 환경 분석
3. 마케팅 전략
4. 마케팅 믹스(Marketing Mix)
5. 평생교육기관 마케팅 및 홍보

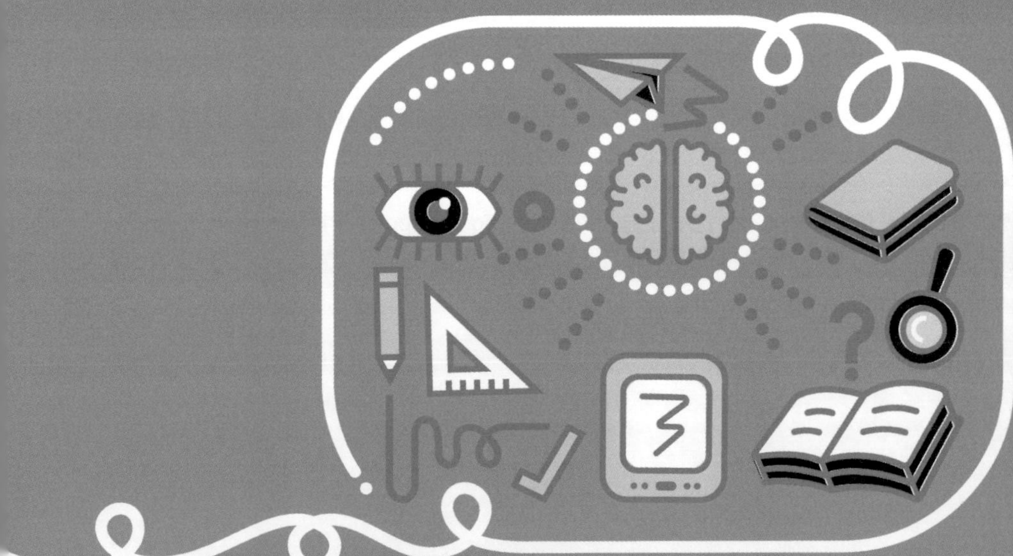

학습목표

1. 마케팅의 개념과 시대적 변화를 이해한다.
2. 마케팅 환경 분석의 주요 도구와 전략적 의미를 파악한다.
3. STP 전략 및 마케팅 믹스(4P)의 구성요소와 적용 방법을 이해한다.
4. 평생교육기관의 마케팅 및 홍보 방안을 이해한다.

단원 키워드

마케팅, 마케팅 환경 분석, PEST 분석, 3C 분석, 산업구조분석(5-Force Model), 가치사슬 분석, STP 전략, 시장세분화, 표적시장 선정, 포지셔닝, 마케팅 믹스(4P), 홍보(PR)

평생교육 홍보 마케팅

1. 마케팅

1) 마케팅의 이해

마케팅(Marketing)이라는 용어를 들여다보면 'Market + ing'의 형태를 지니고 있음을 알 수 있다. 우리말로 바꾸어 보면 '시장' 그리고 '진행 중'으로 풀이할 수 있기에, 시장에서 무언가가 이루어지고 있는 개념으로 바라볼 수 있다. 마케팅이라는 용어는 19세기 후반 산업혁명 이후 등장하여 20세기 초 미국에서 학문적 개념으로 자리 잡은 후 현재까지 사회에서 보편적으로 사용되고 있다. 우리나라에서도 다른 말로 대신하지 아니한 채 사회 전반 및 일상생활에서 마케팅이라는 영어로 표현된 용어를 그대로 사용하고 있다. 흔히 마케팅에 대해 광고에 한정하여 생각하는 경우가 많으나 광고는 마케팅 영역의 일부분에 속한다. 마케팅의 범위는 단순한 판매 활동을 넘어 시장조사, 상품화 계획, 유통, 판촉, 광고 등 고객 중심의 통합적 경영 활동으로 바라볼 수 있다.

학문적 관점에서 마케팅이란 소비자의 필요와 욕구를 충족시키기 위해 시장에서 교환이 일어나도록 하는 일련의 활동을 의미한다. 필요는 소비자가 만족에 대한 결핍을 느끼고 있는 상태라 할 수 있고, 이러한 필요를 만족시킬 수 있는 구체적인 상품 또는 서비스에 대한 바람을 욕구라 한다. 잠재적 구매자인 소비자는 시장에서 만족을 느낄 수 있는 가치 있는 제품이나 서비스를 찾고 이에 대해 기꺼이 대가를 제공하며 원하는 것을 획득하는 교환 활동을 한다.

시간의 흐름에 따라 마케팅에 대한 정의는 연구자 및 기관에 따라 다양한 관점에서 소개되고 있다. 미국마케팅학회(American Marketing Association)에서는 고객들(Clients), 협력자들(Partners), 그리고 더 나아가 사회 전반에서 가치 있는 것을 만들고, 알리며, 전달하고, 교환하기 위한 활동과 일련의 제도 및 과정들이라고 정의하고 있으며, 필립 코틀러(Philip Kotler)는 '수익성 있는 고객 관계를 관리하는 과정'이라고 언급하면서, 고객 가치(Value)를 창출하고, 전달하며, 전달된 가치를 고객에게 소통하며 고객 관계를 구축함으로써 고객과 조직이 서로 이익을 극대화하는 과정이라고 정의하였다(Kotler & Keller, 2022).

마케팅은 상품이나 서비스의 공급자와 소비자를 연결시키는 역할을 하고 있어 주로 영리 추구를 목적으로 하는 기업 관점에서 다루어지고 있지만, 경영 활동의 주체는 비단 기업뿐만이 아닌 목표를 지닌 모든 조직이기에 학교, 기관, 협회 등 비영리기관 역시 마케팅이 적용되는 영역으로 바라본다. 특히 평생교육기관에서도 마케팅의 필요성이 언급되고 있는데, 평생교육기관 역시 특정한 목적을 달성하기 위해 노력을 기울여야 하기 때문이다. 즉 평생교육을 실천하는 조직으로써 교육 프로그램의 수요를 창출하고 학습자에게 가치를 전달하기 위해서는 평생교육기관 역시 마케팅적 접근이 절대적으로 필요하다. 나아가 마케팅 전략을 활용하여 평생교육 기관의 운영 효율성을 높일 수 있다.

2) 마케팅 개념의 변화

마케팅의 개념은 현대 산업사회의 발전과 함께 변화해 오고 있다. 시간의 흐름에 따라 사회, 경제, 기술은 지속적으로 발달하며 각 시대의 특징을 규정지었으며 이에 따라 마케팅의 핵심 개념 역시 변화해 왔다(안광호 외, 2024).

(1) 생산 개념(Production Concept)

생산 개념의 마케팅은 산업혁명 초기, 수요가 공급을 초과하던 시기에 기업들이 갖고 있던 인식에서 비롯되었다. 즉 수요가 넘치는 시장 환경에서 소비자들은 가격이 저렴한 상품을 선호하고, 기업들은 대량생산을 통해 값싼 제품을 만들면 이익을 만들어 낼 수 있다. 따라서 생산 개념의 마케팅이란 생산의 효율성과 더불어 광범위한 유통채널을 확보하는 것에 초점을 둔 경영 활동을 말한다.

(2) 제품 개념(Product Concept)

생산 개념의 시대를 지나면서 기업들은 경쟁을 통해 더 좋은 제품을 만들기 위한 노력을 기울였다. 즉 생산 역량이 확충되고 경쟁이 본격화되면 기업들은 경쟁사보다 좋은 제품을 만들어야만 소비자로부터 선택을 받을 수 있다고 생각하였다. 따라서 제품 개념의 마케팅이란 기업이 품질이나 성능 등의 측면에서 상대적으로 더욱 우수한 제품을 만드는 것에 초점을 둔 마케팅 활동을 말한다.

(3) 판매 개념(Selling Concept)

시장에서의 경쟁은 더욱 심해지고 경기 침체와 포화된 시장 상황에서 기업은 성능 좋은 제품도 팔리지 못하는 상황을 마주하게 된다. 더욱이 공급이 수요를 초과하는 상황에서 단순히 좋은 제품을 만드는 것만으로는 기업이 이익을 만들어 내기 힘들다. 따라서 기업들은 적극적인 판매활동과 매체를 이용한 광고활동을 통해 매출을 극대화해야 한다고 생각하였고, 생산한 제품을 판매하는 것에 초점을 둔 마케팅 활동을 판매 개념의 마케팅이라 말한다.

(4) 마케팅 개념(Marketing Concept)

생산 기술의 발달과 광고 등의 판촉활동이 활발하게 이루어짐과 동시에 치열한 경쟁 역시 지속되는 시장에서 기업은 소비자의 다양한 욕구 변화에 관심을 가지게 되었다. 그동안의 기업 중심적 마케팅 관점에서 벗어나 고객 중심적인 관점에서 마케팅 활동을 수행하게 된다. 소비자가 지닌 욕구를 파악하기 위해 시장조사를 실시하고 경쟁사보다 효율적, 효과적으로 욕구를 충족시킬 수 있는 상품을 제공하기 위한 활동을 마케팅 개념으로 설명한다.

(5) 사회적 마케팅 개념(Societal Marketing Concept)

조직의 지속 가능성을 고려하였을 때 조직의 이윤 추구 활동이 사회 전체의 이익까지도 고려하는 방식으로 마케팅 활동이 이루어질 필요가 있음을 사회적 마케팅 개념으로 바라볼 수 있다. 친환경 소재의 사용, 사회적 공헌 활동 등 사회적 가치를 고려한 조직의 경영활동에 대해 소비자들이 긍정적으로 인식하고 있음에 따라 소비자의 욕구와 더불어 사회를 고려한 마케팅 활동이 조직에게 요구되고 있다.

2. 마케팅 환경 분석

마케팅 환경 분석은 조직이 시장에서 지속적으로 성장하기 위해 조직 내부와 외부에서 영향을 주는 요인들을 체계적으로 분석하는 과정이다. 조직에서 마케팅과 관련된 의사결정을 진행함에 있어 환경을 분석하는 과정은 매우 중요하다. 이는 환경 변화에 대한 예측을 가능하게 하여 마케팅 전략 수립의 기반이 되며, 조직의 리스크를 관리할 수 있다. 평생교육기관 역시 학습자의 성장과 사회적 기여를 목적에 두고 이해관계자들에게 가치를 전달함에 있어 효과적으로 접근할 수 있는 환경을 분석해야 한다.

마케팅 환경 분석은 조직에 의해 통제될 수 있는 내부 환경요인을 분석하는 과정과 조직이 통제할 수 없는 외부 환경요인을 분석하는 과정으로 나누어 살펴볼 수 있다(안광호 외, 2024).

1) 외부 환경 분석

외부환경 분석은 조직에게 영향을 줄 수 있는 조직 외부의 환경적 요소를 발견하는 것에서부터 시작한다. 조직을 둘러싼 거시환경 및 미시환경을 분석하여 조직이 마주하고 있는 상황을 파악하고 이를 통해 마케팅 계획을 수립할 수 있다.

(1) PEST 분석

PEST분석(Political, Economic, Social and Technological Analysis)은 거시적인 환경 분석을 위한 도구이다. 이는 정치, 경제, 사회, 기술적 측면에서 산업 환경을 체계적으로 이해하고 환경적 변화가 조직에 미칠 영향을 예측하고자 시도한다.

우선 정치적 관점에서는 정부 정책, 규제, 법률, 세금, 무역 장벽, 정치적 안정성 등 조직에 영향을 미치는 정치적 요인을 분석한다. 정책이나 규제의 변화, 외교적 관계의 변화 등이 조직에게 영향을 미칠 수 있는가를 면밀히 살펴볼 수 있다. 경제적 관점에서는 경제 성장률, 환율, 인플레이션, 고용률, 소비자 지출 등 거시 경제 지표를 평가한다. 이러한 경제 동향이 조직의 투자, 생산, 매출 등에 어떠한 영향을 미칠 수 있는가를 파악할 수 있다. 사회적 관점에서는 문화, 인구 구조, 라이프스타일, 소비자 행동, 인구 이동 등 사회적 트렌드를 분석한다. 사회적 변화를 통해 시장과 고객에게 미치는 영향을 예측할 수 있다. 마지막으로 기술적 관점에서는 현 시점에서의 기술 및 혁신, 디지털화, 자동화, R&D 투자 등의 기술 환경 변화를 분석한다. 이를 통해 신기술 도입이나 기술 트렌드 변화가 조직의 경쟁력에 미치는 영향을 예측해 볼 수 있다.

(2) 3C 분석

3C 분석은 조직의 관점에서 자사(Company), 경쟁사(Competitor), 고객(Customer)의 세 가지 요소를 중심으로 미시적 관점에서 시장 환경을 체계적으로 분석하는 방법이다. 3C 분석을 통해 조직이 시장 내에서 자신의 위치를 명확히 파악하고, 특히 시장 내에서의 기회와 위협을 파악하여 자사의 강점을 극

대화해 경쟁 우위를 확보하는 것을 목적으로 한다. 이를 통해 조직은 신규 비즈니스에 진입하거나 또는 기존 비즈니스를 확장하는 등의 마케팅 전략을 계획할 수 있다(서상혁, 2016).

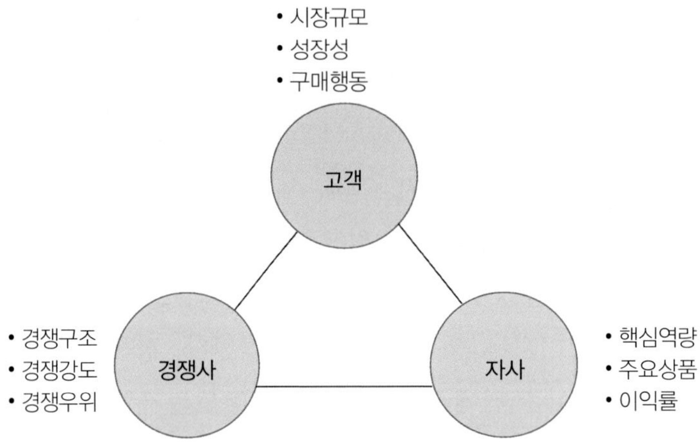

[그림 6-1] 3C 분석

우선 자사 분석은 조직이 지닌 강점과 약점을 점검하는 분석이다. 자사의 인적, 물적, 기술적 자원들을 종합적으로 파악하고 매출, 이익률 등의 성과를 파악한다. 자사 분석을 통해 자사가 보유한 핵심 역량과 경쟁 우위를 명확히 파악할 수 있다.

다음으로 경쟁사 분석을 통해 시장 내 경쟁 구도를 파악해 볼 수 있다. 주요 경쟁사는 누구인지, 그들의 강점과 약점은 무엇인지, 어떤 경영 전략을 가지고 있는지 분석한다. 특히 경쟁사가 지닌 자원 및 성과를 토대로 시장 점유율, 브랜드 이미지, 기술력, 가격 정책, 유통 채널 등 다양한 요소를 비교 분석한다. 경쟁사 분석을 통해 자사는 차별화할 수 있는 요인을 발견할 수 있다. 예를 들어 경쟁사가 제공하지 않는 서비스나 제품이 있다면 이를 개발하는 것도 좋은 전략이 될 수 있다.

마지막으로 고객 분석은 3C 분석에서 가장 중요한 영역이다. 조직 성과의 중심에는 언제나 고객이 존재하기 때문이다. 고객이 지닌 욕구와 행동 패턴 등을 분석함으로써 어떤 제품이나 서비스가 필요한지, 어떤 방식으로 고객에게 다가가야 하는지를 파악할 뿐만 아니라 고객의 규모를 통해 시장 성장성을 가늠해 볼 수 있다. 신규 시장 진입 시 고객 분석이 부족하면 시장의 니즈를 정확히 파악하지 못하여 실패 가능성이 커진다. 반대로 철저한 고객 분석을 수행한다면 맞춤형 제품과 서비스 등을 통해 시장에서 성공 가능성을 높일 수 있다. 평생교육기관의 경우 학습자와 더불어 공공기관 및 민간기관도 고객으로 바라볼 수 있다(이희수, 2019).

〈표 6-1〉 3C 분석 체크리스트

3C	체크리스트
고객 분석	목표 고객은 누구인가?
	고객의 주요 니즈는 무엇인가?
	고객 데이터는 어떻게 수집할 것인가?
경쟁사 분석	주요 경쟁사는 누구인가?
	경쟁사의 강점과 약점은 무엇인가?
	경쟁사와 차별화할 수 있는 영역은 무엇인가?
자사 분석	자사의 강점과 약점은 무엇인가?
	자사의 핵심 역량은 무엇인가?
	자사의 마케팅 믹스(4P)는 어떻게 구성되어 있는가?

(3) 산업구조분석(5-Force Model)

산업구조분석은 마이클 포터(Michael E. Porter)가 제안한 프레임워크로 기업이 속한 산업의 경쟁 구조와 수익성(산업 매력도)에 영향을 미치는 다섯 가지 핵심 요인을 바탕으로 체계적인 분석을 시도한다. 각 요인을 토대로 아래와 같이 외부환경을 면밀히 분석할 수 있다(김주헌 외, 2025).

〈표 6-2〉 산업구조분석(5-Force Model)

요인	내용
기존 기업 간의 경쟁	산업 내에 이미 존재하는 기업들 간의 경쟁 강도를 분석한다. 경쟁이 치열할수록 가격 경쟁, 마케팅 경쟁 등이 심화되어 산업의 매력도가 낮아진다.
신규 진입자의 위협	해당 산업에 새로운 사업자가 진입할 가능성과 그로 인해 발생할 수 있는 경쟁 강도를 분석한다. 진입장벽이 낮을수록 신규 진입이 쉽고 산업의 매력도가 낮아진다. 따라서 기업은 기술, 특허 등을 통해 진입장벽을 높일 수 있다.
공급자의 교섭력	원자재나 부품 등을 공급하는 업체가 가진 협상력을 분석한다. 공급자가 소수이거나 대체재가 적을수록 공급자의 교섭력이 강하여 산업 내 기업의 수익성이 약화될 수 있다.
구매자의 교섭력	제품이나 서비스를 구매하는 고객(구매자)이 가진 협상력을 분석한다. 구매자가 소수이거나 대량 구매를 할 경우, 구매자의 교섭력이 강하여 가격 인하 등의 압력으로 수익성이 약화될 수 있다.
대체재의 위협	해당 상품이나 서비스를 대체할 수 있는 다른 상품이나 서비스가 존재하는지 확인한다. 대체가능한 상품이나 서비스가 있다면 산업의 매력도는 하락할 수 있다.

2) 내부 환경 분석

내부 환경 분석은 조직 내 통제 가능한 요인 및 자원들을 바탕으로 조직의 강점과 약점을 파악하는 과정이다. 조직이 지닌 자원 및 핵심역량 등의 내부 요인들을 토대로 마케팅 환경을 분석한다.

(1) 가치사슬 분석

가치사슬 분석(Value Chain Analysis)은 기업 내부의 핵심 활동에 대해 체계적으로 분류하고, 각 활동마다 가치가 창출되는 과정을 분석하는 전략적 프레임워크이다. 기업이 상품을 고객에게 제공하기까지의 전체 활동에 대해 분류하고, 각 단계에서 발생하는 가치와 비용을 통해 자사의 강점 및 약점, 나아가 경쟁우위 요소를 발견할 수 있다.

〈표 6-3〉 가치사슬 분석

기본적 활동	물류 투입	원자재 및 자재의 입고, 보관, 재고 관리 등
	운영 활동	제조, 조립, 포장 등 제품 생산 과정
	물류 산출	완제품의 창고 관리, 배송, 유통 등
	마케팅 및 판매	광고, 판촉, 가격 정책, 판매 활동 등
	서비스	설치, 수리, A/S 등 고객 지원 활동
지원 활동	기업 인프라	기획, 회계, 재무, 법률 등 전반적 관리
	인적 자원관리	채용, 교육, 평가, 보상 등
	기술개발	제품 및 공정 혁신, R&D 등
	조달 및 구매	원자재, 자재, 서비스 구매 등

(2) 7S 모델

7S 모델은 조직의 내부 역량과 변화 관리에 필수적인 7가지 핵심 요소를 분석하는 경영 프레임워크이다. 조직의 역량을 높이기 위해서는 7가지 요소의 조화가 필요함을 언급하고 있으며, 특히 조직이 변화를 시도할 때 각 요소 간의 균형과 조정이 중요하다. 각 요소에 대한 설명은 다음과 같다(서상혁, 2016).

〈표 6-4〉 7S 모델 요소

요소	내용
전략(Strategy)	조직의 경쟁우위와 목표 달성을 위한 방향성 및 계획
구조(Structure)	조직의 체계, 역할, 보고 라인 등 조직 구조
시스템(Systems)	업무 수행을 위한 프로세스, 절차, 정보시스템 등
공유가치(Shared Values)	조직의 핵심 신념, 문화, 이념(모든 요소의 중심)
스타일(Style)	리더십 스타일, 조직의 행동 방식과 분위기
스태프(Staff)	인적 자원, 구성원의 역량과 동기, 인사관리
스킬(Skills)	조직 및 구성원의 핵심 역량, 기술, 숙련도

3. 마케팅 전략

현대사회에서는 소비자 지향적 마케팅 개념을 바탕으로 다변화하는 소비자의 필요와 욕구를 충족시킬 수 있는 전략이 필요하다. 마케팅의 기본적인 전략은 시장의 세분화(Segmentation), 표적시장의 선정(Targeting), 포지셔닝(Positioning)으로부터 출발하며, 세 가지 단어를 취합하여 보통 STP 전략이라고 일컬어진다. 마케팅의 기본 전략을 이해하기 위해 각각의 의미를 자세히 살펴본다.

1) 시장세분화(Market Segmentation)

시장세분화(Market Segmentation)란 광범위한 전체 시장(고객)에 대해 일정한 기준을 가지고 동질적인 욕구를 지닌 시장으로 구분하는 과정을 말한다. 소비자가 지닌 욕구는 매우 다양하며, 구매나 소비 형태 역시 선호하는 양식이 소비자마다 서로 다르기 때문에 한 조직이 모든 소비자들의 욕구를 충족시키는 것에는 한계가 있다. 따라서 조직이 한정된 자원을 가지고 효과적인 마케팅을 수행하기 위해서는 다양한 특성과 욕구를 가진 소비자 집단을 보다 동질적인 욕구를 지닌 집단으로 나누고, 각 집단에 알맞은 마케팅을 수행하는 것이 훨씬 효율적인 방안이 될 수 있다.

시장을 세분화하기 위해서는 기준 변수가 있어야만 한다. 일반적으로 인구통계적 변수, 지리적 변수, 구매행동 변수, 라이프스타일 변수 등 다양한 변수들을 복합적으로 이용하여 시장을 구분 짓는다. 예를 들면 '나이'라는 변수를 통해 평생교육에 대한 수요를 청소년 시장, 중장년 시장, 노년 시장 등으로 시장을 구분할 수 있다.

〈표 6-5〉 시장세분화를 위한 기준 변수

기준 변수	세부 변수
인구통계학적	성별, 나이, 소득, 직업, 교육 수준, 생애 주기 등
지리적	국가, 지역, 인구밀도, 기후, 도시 크기 등
심리적	성격, 가치관, 태도, 라이프스타일 등
행동적	구매행동, 사용빈도, 충성도, 사용률, 추구하는 편익 등

2) 표적시장 선정(Targeting)

시장세분화를 통해 나누어진 세분시장 가운데 조직은 가용할 수 있는 자원을 고려하여 가장 효과적이고 효율적으로 마케팅을 수행할 수 있는 시장을 선정한다. 즉 표적시장 선정(Targeting)이란 세분화된 시장 중에서 조직의 목표를 달성하기 위해 마케팅 역량을 집중할 하나 또는 복수의 세분시장을 결정하는 것을 말한다.

표적시장의 선정은 성공적으로 시장에 진입하기 위한 중요한 의사결정 과정이기에 각각의 세분시장에 대한 구체적 평가가 필요하다. 특히 조직이 지닌 자원의 한계를 고려하여 가장 큰 성과를 낼 수 있는 세분시장을 선정하는 것이 중요하다. 효과적인 표적시장 선정을 위해서는 세분화된 시장의 매력도(규모, 성장률, 수익성 등), 시장 구조(경쟁자, 대체재, 진입장벽 등) 및 조직의 현황(자원, 기술, 목표 등)등을 고려할 수 있다.

평가를 통해 조직은 가장 적합한 세분시장을 선정하며 조직이 지닌 목표와 자원에 따라 전략적인 접근을 시도해 볼 수 있다. 표적시장 선정을 위한 전략은 아래와 같이 세 가지로 구분할 수 있다.

〈표 6-6〉 표적시장 선정 전략

전략	내용
무차별화 전략	• 시장을 구분하지 않고 전체 시장을 단일 상품(프로그램)으로 접근하는 전략 • 대량생산을 통한 규모의 경제 실현 등 비용 절감 효과
차별화 전략	• 여러 개의 표적시장을 선정하고, 각 시장별로 차별화된 상품(프로그램)으로 접근하는 전략 • 소비자의 니즈에 적절히 대응하여 매출 증대 가능성을 높임
집중화 전략	• 하나 또는 소수의 특정 세분시장에 집중하여 접근하는 전략 • 한정된 자원으로 효율을 높이기 위한 방법

3) 포지셔닝(Positioning)

포지셔닝(Positioning)이란 표적시장 내 소비자의 인식 속에 자사 상품에 대한 특정한 이미지를 만들어 경쟁 상품과 대비되는 상대적 위치를 갖게 하는 과정을 말한다. 자사 상품이 표적고객에게 어떻게 인식되는가에 따라 경쟁 우위를 누릴 수 있기 때문에 경쟁사 대비 차별적 우위를 얻을 수 있는 포지션의 개발이 필요하다. 특히 소비자들은 상품을 구매할 때 가능한 복잡한 구매의사결정 과정을 회피하고 인식 속에 각인된 소수의 정보를 통한 단순한 의사결정을 선호하기 때문에 포지셔닝이 중요한 역할을 한다.

포지셔닝의 효과적 수행을 위해서는 우선적으로 경쟁사 대비 강점의 파악이 필요하다. 수많은 경쟁 상품이 존재하는 시장 상황에서 소비자들은 가장 가치 있는 상품을 선택할 것이기에 경쟁 상품 대비 우수한 강점을 통해 소구해야만 한다. 파악한 강점을 바탕으로 다양한 포지셔닝 전략을 계획할 수 있으며 일반적으로 다음과 같은 차별화를 통해 포지셔닝을 시도할 수 있다.

〈표 6-7〉 포지셔닝 유형

포지셔닝 유형	내용
가격 속성	상품이 지닌 가격(고가격 또는 저가격)을 통한 포지셔닝
상품 속성	상품이 지닌 물리적 속성(예: 기능, 성분, 디자인 등)을 통한 포지셔닝
서비스 속성	상품이 지닌 물리적 속성 외 서비스(예: 배달, A/S, 친절함 등)을 통한 포지셔닝
이미지 속성	조직이나 상품이 지닌 이미지(예: 브랜드 로고, 심볼 등)을 통한 포지셔닝
사용상황 속성	특정 상황에서의 사용을 강조하여 포지셔닝
사용자 속성	특정 사용자 집단을 강조하여 포지셔닝

4. 마케팅 믹스(Marketing Mix)

마케팅 믹스(Marketing Mix)란 표적시장 내 고객들에게 적용될 마케팅 수단들을 바탕으로 조직의 목표를 달성하기 위해 이들을 적절히 통합시켜 적용하는 과정을 뜻한다. 주로 목표 시장에서 상품을 판매하기 위해 마케팅 믹스 요소들을 사용하고 있으며 이는 마케팅의 전략적 도구로서의 의미가 있다. 일반적인 마케팅 믹스는 제품(Product), 가격(Price), 유통(Place), 촉진(Promotion)으로 구성되며, 4P로 표현되기도 한다(김주헌 외, 2025).

조직의 목표를 달성하기 위해 앞서 살펴본 STP 전략에 이어 마케팅 믹스 전략을 통해 전반적인 마케팅 전략을 통합적으로 추진할 수 있다. 마케팅 믹스에 대한 내용을 자세히 살펴보면 다음과 같다.

〈표 6-8〉 마케팅 믹스(4P)

마케팅 믹스(4P)	내용
상품(Product)	고객의 니즈를 충족시키는 상품/서비스의 특성, 디자인, 품질, 브랜드 등
가격(Price)	상품의 가치에 대한 금전적 대가, 가격정책, 할인, 결제조건 등
유통(Place)	상품이 고객에게 전달되는 경로, 오프라인 매장, 온라인 플랫폼, 물류 등
촉진(Promotion)	광고, 판촉, PR, 인적판매 등 제품을 알리고 구매를 유도하는 커뮤니케이션 활동

1) 상품(Product)

상품(Product)은 소비자의 필요와 욕구를 충족시킬 수 있는 유·무형의 모든 수단을 말하며 시장에서 교환되는 대상이다. 조직은 상품 또는 서비스가 지닌 특성을 정의하고 차별화하여 마케팅을 수행할 수 있다. 소비자는 상품이 지닌 물리적 특성뿐만 아니라 무형적이고 추상적인 속성까지 고려하여 상품을 구매하기 때문에 우선 제품이 지닌 다차원적 속성을 이해할 필요가 있다.

상품은 세 가지 차원에서 접근할 수 있다. 가장 먼저 핵심 상품(Core Product)의 측면에서, 소비자는 제품 그 자체를 소비한다기보다 제품을 통해 얻을 수 있는 효익을 소비함에 따라 해당 제품이 제공할 수 있는 핵심 효익이 무엇인지 파악할 수 있어야 한다. 다음으로 유형 상품(Tangible Product)의 측면에서, 소비자가 얻고자 하는 효익을 실현시키기 위한 눈에 보이는 유형적인 요소들을 유형 상품이라 할 수 있다. 즉 상품이 지닌 디자인, 포장, 브랜드, 품질, 스타일 등을 차별화하여 제시해야 한다. 마지막으로 확장 상품(Augmented Product)의 측면에서, 상품의 구매는 유형적 속성만을 가지고 이루어지지 않고 그 외에 제품에 부가되는 다양한 서비스적 효익도 고려하여 이루어진다. 예를 들어 보증, 보상, 배달, 설치, 결제 방식 등은 소비자의 구매에 영향을 주며, 조직은 이를 통해 차별화를 시도할 수 있다.

2) 가격(Price)

가격(Price)은 조직과 소비자가 제품을 교환함에 있어 기준이 되는 가치이다. 소비자에게 상품의 가격은 구매를 결정짓는 가장 중요한 정보가 되며, 조직에게는 매출 및 이익과 직결되는 마케팅 요소가 된다. 따라서 기업이 존속하기 위한 관점에서 상품에 대한 가격의 책정은 매우 중요하게 다루어질 수밖에 없다. 특히 가격은 마케팅 믹스 가운데 유일하게 조직의 가치(이윤)를 만들어 낸다는 점에서 더욱 중요하게 다룬다. 가격이 잘못 책정되었을 경우 판매 및 수익에 대한 예측을 불가능하게 만들며, 경쟁 상황에서 열위에 놓이게 된다. 따라서 가격 전략은 보다 신중하게 접근할 필요가 있으며 주로 비용, 경쟁, 고객 인식의 관점에서의 균형이 필요하다.

가격을 설정하는 방법은 우선 기본적으로 원가를 기반으로 하는 방법이 있다. 원가 가산 방식은 제품의 원가에 일정 비율의 이익을 더해 가격을 산정하는 방법이다. 다음으로 경쟁사 가격을 기반으로 하는 방법은 경쟁 상품의 가격을 참고하여 시장 내 위치에 따라 가격을 조정하는 방식을 말한다. 마지막으로 가치 기반 가격 설정은 제품에 대해 고객이 인식하는 가치에 기반하여 가격을 설정하는 방식을 말한다.

나아가 시장의 상황과 포지셔닝에 따라 전략적으로 가격 정책을 수립하는 것이 조직의 경쟁력 확보의 핵심이 된다. 가격 전략은 크게 초기고가전략(Skimming Pricing)과 침투가격전략(Penetration Pricing)으로 구분할 수 있다. 초기고가전략은 상품 출시 초기에 높은 가격을 책정하여 투자 비용에 대한 초기 회수 및 많은 이윤의 확보를 가능하게 하며 주로 가격에 덜 민감한 혁신 수요층을 대상으로 한다. 침투가격전략은 시장 진입 초기에 낮은 가격을 설정하여 시장에서 빠르게 점유율을 확대할 때 사용된다.

3) 유통(Place)

유통(Place)은 생산자로부터 만들어진 가치가 소비자에게 전달되는 과정을 말한다. 대부분의 생산자는 소비자에게 직접적으로 가치를 전달하기 보다는 효율성을 고려하여 다양한 파트너(중간상)와의 관계를 구성하고 유통경로를 설계하여 가치를 전달한다. 즉 일반 기업 관점에서 유통경로란 가치가 전달되는 과정에 참여하는 상호의존적 조직으로 생산자, 도매상, 소매상을 포함한다. 조직에게 유통이 중요한 이유는 소비자가 원하는 시간과 장소에서 제품을 편리하게 구매할 수 있도록 하는 유통경로를 설계해야만 판매를 증대시킬 수 있으며, 어떤 경로로 전달할 것인가를 통해 물류, 재고, 배송 등의 운영 효율을 높여 비용을 절감할 수 있기 때문이다.

유통 경로는 상품의 특성, 시장 환경, 소비자들의 욕구에 따라 다양하게 설계될 수 있다. 유통경로상 다양한 중간상들을 참여시키거나 배제시킬 수 있으며, 복수의 유통경로를 동시에 활용할 수도 있다.

〈표 6-9〉 일반적 유통경로

소비재 경로유형	경로 단계
직접 유통경로	생산자 → 소비자
간접 유통경로(1)	생산자 → 소매상 → 소비자
간접 유통경로(2)	생산자 → 도매상 → 소매상 → 소비자
간접 유통경로(3)	생산자 → 도매상 → 중간도매상 → 소매상 → 소비자

나아가 마케터는 상품의 가치를 극대화하고 시장에서의 경쟁력을 확보할 수 있는 유통 전략(온라인 유통 등)을 지속적으로 혁신해야 한다.

4) 촉진(Promotion)

촉진(Promotion)이란 소비자 또는 대중과의 커뮤니케이션을 통해 상품의 인지도를 높이고, 구매를 유도하는 마케팅 믹스의 핵심 요소이다. 소비자의 구매 행동을 자극하거나 상품의 차별화, 소비자 설득, 판매 증진 등 다양한 목적을 가지고 수행될 수 있으며 조직의 광고 활동을 넘어 다양한 커뮤니케이션 수단을 종합적으로 조합해 목표 시장에 효과적으로 메시지를 전달하는 과정을 포함한다. 촉진의 대표적인 유형에는 광고, 홍보, 판매촉진, 인적판매 등이 있다.

광고(Advertising)는 조직의 대표적인 비인적 커뮤니케이션 활동으로 TV, 신문, 온라인 등의 매체를 통해 메시지를 전달하여 설득을 시도한다. 매체를 통한 광고는 짧은 시간에 보다 많은 소비자에게 접근할 수 있는 장점을 지니며, 매체에 따라 다양한 방식으로 표현이 가능한 촉진 수단이다. 그러나 매체에 따라 많은 비용이 소요될 수 있으며, 일방향 커뮤니케이션의 경우가 많아 다른 촉진 수단에 비해 설득력이 낮을 수 있다.

판매촉진(Sales Promotion)은 상품의 구매를 촉진시키기 위한 조직의 구매유도 활동이다. 판매를 촉진시키기 위한 방법에는 쿠폰, 가격할인, 샘플, 추가 증정품, 이벤트 등이 있다. 판매촉진의 목적은 단기간에 수요를 자극하여 매출이나 이익을 높이는 것에 있기에 소비자들에게 제품을 구매할 충분한 동기를 부여하는 것이 중요하다. 다만 장기적 관점에서 브랜드 가치를 형성하는 경우에는 적절하지 않을 수 있다.

PR(Public Relations)은 조직의 이미지 및 평판을 호의적으로 만들고 또는 비호의적인 이미지를 희석시키려는 마케팅 커뮤니케이션 활동으로 조직과 직간접적으로 관련 있는 이해관계자들과의 긍정적인 관계를 유지해 나가는 것을 목표로 한다. 일반적으로 홍보는 뉴스 기사나 인터뷰 등을 통해 커뮤니케이션을 시도함에 따라 광고보다 신뢰성이 높은 촉진 수단으로 알려져 있다. 대중이 접하는 PR의 메시지를 일종의 정보라고 인식하기 때문이다. 이외에도 조직과 관련한 행사, 봉사활동 등을 통해 PR을 체계적으로 수행하기도 한다.

인적판매(Personal Selling)란 잠재 구매자를 대상으로 조직이 판매를 목적으로 수행하는 개인적 커뮤니케이션을 의미한다. 대면 상황에서의 커뮤니케이션을 통해 다른 촉진 수단보다 설득력을 높일 수 있지만 상대적으로 비용에 대한 부담이 커질 수 있다. 특히 상품에 대한 충분한 정보가 필요하거나 상품의 복잡성으로 인해 추가적인 설명이 뒷받침되어야 하는 경우 효과적인 방법이 될 수 있다.

5. 평생교육기관 마케팅 및 홍보

평생교육기관은 지역 및 사회적 요구에 따라 학습자에게 지속적인 학습의 기회를 제공하며, 한 개인이 자기계발 및 역량을 개발할 수 있도록 촉진하는 공익적 역할을 담당한다. 평생교육기관의 마케팅은 일반 기업의 마케팅과 달리 이윤 창출을 일차적 목적으로 하지 않는다. 다만 기관의 운영 및 목적 달성을 위해서 마케팅 관점에서의 의사결정은 분명 필요하다. 즉 평생교육기관은 학습자의 욕구를 파악하고 이를 기반으로 평생교육 프로그램을 개발하여 참여자를 지속적으로 참여시키는 것을 마케팅 목표로 설정할 수 있다.

1) 평생교육기관 마케팅을 위한 환경 분석

앞서 설명한 PEST 분석을 통해 평생교육기관은 마케팅을 위한 외부 시장 환경을 분석할 수 있다. 네 가지 환경요인을 구체적으로 분석하여 평생교육기관이 외부 환경 변화에 따라 마케팅 전략을 설계할 수 있도록 한다. 환경분석은 평생교육기관이 다양한 의사결정을 내리는 데 기초적인 정보를 제공하며, 시장에서의 기회와 위협 요인을 명확하게 파악하는데 도움을 준다.

가장 먼저 정치적 요인과 관련하여 평생교육 또는 평생교육기관에 영향을 미칠 수 있는 요인을 살펴본다. 평생교육 관련 정부 정책 및 지원 사업 방향, 법률 및 규제, 평생교육 예산, 노동법 및 관련 정책 등의 변화를 살펴본다. 예를 들어, 국가 평생교육 정책이나 발전 계획, 지역 내 평생교육 활성화 정책, 교육비 지원 제도의 변화 등은 평생교육기관의 운영과 마케팅 전략에 직접적인 영향을 미친다. 따라서 정치적 환경의 안정성과 정책 변화의 방향성 파악은 마케팅 전략 수립의 출발점이라고 볼 수 있다.

다음으로 경제적 요인은 경제 상황, 고용률 및 실업률, 가처분소득 변화 등 교육 수요에 영향을 미치는 경제적 변수들을 살펴본다. 이와 함께 교육비 지불

능력에 대한 변수도 검토하여 평생교육기관의 가격 정책과 할인 전략 등에 반영한다. 예를 들어, 경기 침체기에는 교육비 부담 완화를 위해 분납 제도 도입이나 장학 제도 등 도입할 수 있다.

사회적 요인에서는 인구 구조의 변화, 학습자 특성, 문화적 현상, 교육에 대한 사회적 인식 등을 분석한다. 예를 들어 고령화 사회로 진입하며 시니어 학습자층이 증가하는 모습, 평생학습 문화가 확산되는 경향 등을 분석할 수 있다. 또한, 학습자의 라이프스타일, 디지털 리터러시 등을 파악하여 온라인 콘텐츠 교육 또는 홍보 매체 선정에 활용할 수 있다.

마지막으로 기술적 요인에서는 교육 영역에서의 기술 현황, 온라인 및 모바일 기반 학습 인프라, AI 및 빅데이터 적용 가능성 등을 중심으로 살핀다. 예를 들어, 메타버스나 인공지능 기반 맞춤형 학습 시스템 등의 도입은 평생교육기관의 교육 프로그램 및 차별화된 마케팅을 가능하게 한다. 기술 변화에 우선 대응하는 자세는 시장 경쟁력을 확보하는 중요 요소이다.

PEST 분석은 평생교육기관의 외부 환경을 종합적으로 고려하여 마케팅 기회를 찾을 수 있도록 한다. 분석 결과를 바탕으로 평생교육기관은 강점과 약점을 파악하고, 발견된 기회와 위협요인을 종합적으로 고려한 마케팅 전략 수립이 가능해진다. 이처럼 PEST 분석은 급변하는 환경 속에서 평생교육기관이 체계적인 마케팅 전략을 마련하는 데 핵심적인 역할을 한다.

다음으로 평생교육기관은 자사의 내부 역량을 파악하여 마케팅 기회를 찾아볼 수 있다. 기관의 운영과 관련하여 다양한 활동들을 기본적 활동과 지원활동으로 나누어 분석해 볼 수 있다. 즉 어떤 활동에서 어느 정도의 가치를 창출하는가, 어느 정도의 비용이 소요되는가를 확인하고 경쟁 조직과의 비교를 통해 조직의 강점·약점 및 경쟁우위 요소를 파악해 본다. 예를 들어 평생교육기관에서의 교육 활동은 조직의 기본적 활동이 될 것이며, 기관 운영을 위한 회계 업무, 교육 활동을 위한 강사의 채용이나 평가 등은 조직의 지원활동으로 바라볼 수 있다. 각각의 활동에 대해 비용 및 가치 창출 정도를 고려하여 현재 기관의 환경을 분석해 볼 수 있다. 동일한 활동에 대해 경쟁기관보다 더 많은 가치를 창출하고 있다면 상대적인 강점이자 경쟁우위의 요소임을 확인할 수 있다.

2) 평생교육기관의 마케팅 전략

평생교육기관은 평생교육 시장의 공략과 차별화된 교육 서비스를 제공하기 위해 STP 전략과 마케팅 믹스를 통해 마케팅 전략을 계획할 수 있다.

가장 먼저 시장세분화를 통해 평생교육 수요자를 여러 기준에 따라 유사한 욕구를 지닌 집단으로 나누어 볼 수 있다. 평생교육은 다양한 연령, 직업, 학습 목적을 가진 학습자가 참여하고 있으므로 여러 세분화 기준을 바탕으로 시장세분화를 진행한다. 즉 인구통계학적 특성(연령, 성별 등), 심리적 특성(학습 동기, 라이프스타일 등), 행동적 특성(교육 참여 빈도 등), 지리적 위치 등이 활용된다. 예를 들어 재직자 직무역량 학습이 필요한 집단, 은퇴자 자기계발 집단 등으로 시장을 구분할 수 있다.

다음으로 평생교육기관은 시장세분화를 통해 나누어진 세분시장에 대해 보유한 자원과 역량에 맞추어 목표로 삼을 특정 세분시장을 선택하는 표적시장선정 단계를 거친다. 또한 세분시장 대해 무차별화 전략(모든 수요자 대상 마케팅), 차별화 전략(여러 세분시장 대상 마케팅), 집중화 전략(하나 또는 소수 세분시장 대상 마케팅)을 선택할 수 있다. 대부분의 평생교육기관은 보통 차별화 전략을 통해 각 수요층의 구체적 요구에 맞춘 마케팅을 시도한다.

마지막으로 선정된 표적시장에 속한 학습자들의 마음(머리)속에 해당 평생교육기관이 차별화되도록 인식시키는 과정, 즉 포지셔닝 단계를 거친다. 예를 들어 '재직자 맞춤형 직무교육 기관', '지역사회 평생학습 종합기관' 등의 이미지를 타깃 수요자들에게 인식시킬 수 있다. 특히 경쟁 기관을 고려하여 교육 프로그램, 서비스 품질, 가격, 접근성 등의 측면에서 상대적인 차별점을 명확히 전달하여 학습자의 선택을 유도하는 것이 중요하다.

다음으로 마케팅 믹스는 앞서 제시한 STP 전략을 실행 가능하게 하는 구체적인 도구로 적용된다.

첫째, 상품(Product) 전략은 평생교육기관이 제공하는 교육 프로그램 및 서비스를 말한다. 학습자가 요구하는 맞춤형 교육 커리큘럼, 자격증 과정, 직무능력 향상 과정, 문화 예술 프로그램 등으로 타깃 수요자를 위한 상품을 구성할 수 있다. 또한 학습 수요자의 만족을 위해 지속적으로 프로그램을 개발하고 관리하는 노력이 필요하다.

둘째, 가격(Price) 전략은 평생교육 프로그램의 수강료를 결정하는 사항으로, 학습 수요자가 기관을 선택함에 있어 중요한 요소로 작용한다. 따라서 합리적인 가격 설정과 경쟁 기관을 고려한 의사결정이 필요하다. 나아가 다양한 가격할인 정책이나 정부 지원 장학 프로그램과 연계하여 가격을 제시할 수 있다.

셋째, 장소(Place) 전략은 교육 프로그램의 전달 장소 또는 채널(매체)을 어떻게 설정할 것인가를 말한다. 전통적인 교육은 학습자들을 물리적인 공간에 모이도록 하여 진행해 왔으나 최근에는 온라인과 모바일을 통해 공간의 제약없이 학습할 수 있는 환경이 조성되었다. 따라서 다양한 교육 매체를 통해 학습자의 접근성을 높일 수 있는 장소 전략이 필요하다.

넷째, 촉진(Promotion) 전략은 평생교육기관과 더불어 교육 프로그램을 학습자에게 효율적·효과적으로 알리는 활동이다. 광고, 홍보(PR), 인적판매, 판매촉진, 직접 마케팅(디지털 마케팅) 등 다양한 커뮤니케이션 수단을 통해 타깃 수요자를 설득할 수 있다. 최근에는 온라인 매체가 보편화 되어 다양한 SNS 플랫폼을 통해 맞춤형 홍보와 학습 상담 서비스를 실행할 수 있다.

이와 같이 평생교육기관은 STP 전략을 통해 학습자 대상 시장을 체계적으로 분류하고 목표를 명확히 설정하며, 마케팅 믹스를 통해 학습자의 욕구를 만족시키는 통합적인 마케팅 전략을 구축한다. 이로써 평생교육기관은 지속 가능한 경쟁력을 확보할 수 있다.

3) 평생교육기관의 홍보

평생교육기관의 홍보는 기관과 해당 교육 프로그램을 널리 알리고, 잠재적 학습자들의 참여를 유도하며, 기관에 대한 긍정적 이미지를 구축하는 데 핵심적인 역할을 한다. 단순한 정보 전달의 개념을 넘어 평생교육기관이 지닌 사회적 가치와 교육 효과를 대중에게 전달함으로써 평생학습에 대한 동기를 고취시키고 참여를 촉진하는 커뮤니케이션 활동을 의미한다.

홍보 수단은 전통적인 매체(신문, 라디오, TV)와 더불어 최근의 디지털 매체(홈페이지, 온라인 동영상, SNS 등)를 적절히 활용함으로써 다양한 학습자층에게 접근할 수 있다. 다만 평생교육기관이 설정한 표적시장과 예산을 고려하여 적절한 매체를 선정해야 한다.

평생교육기관의 홍보 내용은 기관에 대한 소식, 평생교육 프로그램(과정) 안내, 평생교육 관련 정책 등 다양한 정보를 포함시킬 수 있다. 무엇보다 교육과정의 내용과 일정, 교육비, 장소 등은 학습자가 쉽게 파악할 수 있도록 구체적으로 전달되어야 한다. 나아가 학습자의 주의를 사로잡을 수 있는 친숙하고 이해하기 쉬운 표현을 사용하는 것이 효과적이다.

평생교육기관은 특히 인적판매의 개념으로써 상담원이나 강사가 직접 학습자와 대면 또는 전화, 온라인 상담을 통해 정보 제공과 참여 설득을 할 수 있다. 이는 학습자와의 관계 형성에도 용이하며, 학습자의 구체적 필요와 질문에 빠르게 대응할 수 있어 설득력이 크다.

다음으로 판매 촉진 활동으로써 이벤트, 체험 프로그램 운영, 평생교육 박람회 등 체험적 홍보 활동도 학습자의 참여를 유발하는 데 효과적이다. 홍보용 영상 제작, 카드뉴스 등 시각적 콘텐츠의 활용도 기억에 오래 남고 메시지 전달력을 높이는 수단이 될 수 있다.

평생교육기관의 홍보는 무엇보다도 학습자의 특성에 맞춘 맞춤형 메시지 전달과 다양한 채널의 효과적 활용, 그리고 신뢰 기반의 관계 구축이 중요하다.

온·오프라인을 유기적으로 연계하고, 교육의 실질적 효과와 사례를 스토리텔링으로 알리는 전략도 효과적이다. 나아가 지역사회와의 협력, 학습자 네트워크 구축, 지속적인 피드백 반영 등으로 평생학습자의 참여와 만족도를 극대화하는 홍보 시스템이 필요하다.

용어정리

- **마케팅(Marketing):** 소비자의 필요와 욕구를 충족시키기 위해 시장에서 교환이 일어나도록 하는 일련의 활동. 광고, 판매, 시장조사, 상품화 계획, 유통, 판촉 등 고객 중심의 통합적 경영 활동을 포함
- **마케팅 환경 분석:** 조직이 시장에서 지속적으로 성장하기 위해 내부와 외부에서 영향을 주는 요인들을 체계적으로 분석하는 과정. 내부 환경(조직이 통제 가능한 요인)과 외부 환경(조직이 통제할 수 없는 요인)으로 구분
- **PEST 분석:** 정치(Political), 경제(Economic), 사회(Social), 기술(Technological) 요인을 분석하여 거시적 환경 변화가 조직에 미칠 영향을 예측하는 도구
- **3C 분석:** 자사(Company), 경쟁사(Competitor), 고객(Customer) 세 가지 요소를 중심으로 미시적 시장 환경을 체계적으로 분석하는 방법. 자사의 강점과 약점, 경쟁사의 전략, 고객의 욕구와 행동 패턴 등을 파악
- **산업구조분석(5-Force Model):** 산업 내 경쟁 구조와 수익성에 영향을 미치는 다섯 가지 요인(기존 기업 간 경쟁, 신규 진입자의 위협, 공급자의 교섭력, 구매자의 교섭력, 대체재의 위협)을 바탕으로 산업의 매력도를 분석하는 도구
- **가치사슬 분석:** 기업 내부의 핵심 활동을 체계적으로 분류하고, 각 단계에서 가치가 어떻게 창출되는지 분석하여 내부 강점과 약점, 경쟁우위의 원천을 도출하는 전략적 프레임워크
- **STP 전략:** 시장세분화(Segmentation), 표적시장 선정(Targeting), 포지셔닝(Positioning)의 약자. 시장을 동질적인 욕구를 가진 집단으로 나누고(세분화), 효과적·효율적으로 마케팅할 집단을 선정(표적시장 선정), 경쟁사와 차별화된 위치를 확보(포지셔닝)
- **시장세분화(Market Segmentation):** 전체 시장을 인구통계적(나이, 성별, 소득 등), 지리적(지역, 국가 등), 심리적(라이프스타일, 가치관 등), 행동적(구매행동, 사용빈도 등) 기준으로 동질적인 집단으로 나누는 과정

- **표적시장 선정(Targeting):** 세분화된 시장 중 조직의 목표와 자원에 가장 적합한 시장을 선택하는 과정. 무차별화, 차별화, 집중화 전략 등
- **포지셔닝(Positioning):** 표적시장 내에서 자사 상품에 대한 특정 이미지를 만들어 경쟁 상품과 차별화된 위치를 확보하는 과정. 가격, 상품, 서비스, 이미지, 사용상황, 사용자 속성 등 다양한 요소로 포지셔닝
- **마케팅 믹스(4P):** 상품(Product), 가격(Price), 유통(Place), 촉진(Promotion) 네 가지 요소를 조합하여 마케팅 전략을 수립하는 기법
  - **상품:** 고객의 니즈를 충족시키는 상품/서비스의 특성, 품질, 브랜드 등
  - **가격:** 상품/서비스의 가치에 대한 금전적 대가, 가격정책 등
  - **유통:** 상품/서비스를 고객에게 전달되는 경로(오프라인, 온라인, 물류 등)
  - **촉진:** 광고, 판촉, PR, 인적판매 등 상품/서비스를 알리고 구매를 유도하는 커뮤니케이션 활동
- **홍보(Public Relations, PR):** 조직의 이미지 및 평판을 호의적으로 만들거나 유지하기 위한 커뮤니케이션 활동. 뉴스, 행사, 기부 등 다양한 방식으로 수행

단원학습문제

객관식 문제

1. 표적 시장의 선택에 있어 여러 개의 표적시장을 선정하고 각각의 표적시장에 적합한 마케팅 믹스를 통해 시장을 공략하는 전략은 무엇인가?

① 무차별화 마케팅 전략　② 집중화 마케팅 전략
③ 차별화 마케팅 전략　④ 역차별화 마케팅 전략

2. STP 전략에서 'S'는 무엇을 의미하는가?

① Segmentation(세분화)　② Sale(판매)
③ Supply(공급)　④ Strategy(전략)

3. 다음 중 마케팅 환경 분석에서 외부 환경 분석 도구가 아닌 것은?

① PEST 분석　② 3C 분석
③ 5-Force Model　④ 가치사슬 분석

4. 다음 중 마이클 포터의 산업구조분석(5-Force Model)에 포함되지 않는 요인은?

① 기존 기업 간의 경쟁　② 신규 진입자의 위협
③ 공급자의 교섭력　④ 제품 가격

5. 다음 중 촉진(Promotion)에 해당하지 않는 활동은?

① 광고　② 제품 생산
③ 판매촉진　④ PR(홍보)

6. 다음 중 마케팅 개념의 변화 과정에서 가장 최근에 강조되는 개념은?

① 생산 개념　② 제품 개념
③ 판매 개념　④ 사회적 마케팅 개념

7. 다음 중 마케팅 믹스(4P)에 포함되지 않는 요소는?

① 프리미엄(Premium) ② 제품(Product)
③ 가격(Price) ④ 촉진(Promotion)

8. 다음 중 '가치사슬 분석'의 목적이 아닌 것은 무엇인가?

① 기업 내부의 핵심 활동을 체계적으로 분류
② 각 활동에서 창출되는 가치와 비용을 파악
③ 경쟁사의 시장 점유율 파악
④ 경쟁우위의 원천 도출

9. 조직의 이미지 및 평판을 호의적으로 만들고 또는 비호의적인 이미지를 희석시키려는 마케팅 커뮤니케이션 활동을 무엇이라 하는가?

① PR(Public Relations) ② 판매촉진(Sales Promotion)
③ 인적판매(Personal Selling) ④ 광고(Advertising)

10. 단위당 이익이 낮을지라도 대량판매를 통하여 시장 점유율과 총이익을 높일 목적으로 사용되는 가격정책은 무엇인가?

① 초기고가전략 ② 침투가격전략
③ 심리적 가격전략 ④ 단수가격전략

주관식 문제

1. 마케팅의 정의와 주요 활동에 대해 서술하시오.

2. PEST 분석이란 무엇이며, 각 요소(정치, 경제, 사회, 기술)별로 조직에 미치는 영향을 예시와 함께 설명하시오.

3. 3C 분석의 세 가지 구성요소(자사, 경쟁사, 고객) 각각에 대해 설명하고, 실제 조직의 사례를 들어 각 요소가 어떻게 활용될 수 있는지 서술하시오.

4. STP 전략에서 시장세분화(Segmentation), 표적시장 선정(Targeting), 포지셔닝(Positioning)의 의미와 각 단계의 중요성을 설명하시오.

5. 마케팅 믹스(4P)의 네 가지 요소(제품, 가격, 유통, 촉진)를 각각 정의하고, 한 가지 상품을 예로 들어 각 요소가 실제로 어떻게 적용될 수 있는지 설명하시오.

정답 및 해설

1. 정답: ③

표적시장 선정을 위한 전략에는 무차별화, 집중화, 차별화 전략이 있으며, 각각의 표적시장에 적합한 마케팅 믹스를 통해 시장을 공략하는 전략은 차별화 전략이다.

2. 정답: ①

STP는 시장세분화(Segmentation), 표적시장 선정(Targeting), 포지셔닝(Positioning)의 약자로, 'S'는 시장을 세분화하는 것을 의미한다.

3. 정답: ④

가치사슬 분석은 내부 환경 분석 도구이며, 외부 환경 분석 도구는 PEST 분석, 3C 분석, 5-Force Model 등이 있다.

4. 정답: ④

5-Force Model에는 기존 기업 간의 경쟁, 신규 진입자의 위협, 공급자/구매자 교섭력, 대체재 위협이 포함되며, 제품 가격은 직접적인 요인이 아니다.

5. 정답: ②

촉진은 광고, 판매촉진, PR, 인적판매 등으로 이루어지며, 제품 생산은 해당되지 않는다.

6. 정답: ④

마케팅 개념은 생산→제품→판매→마케팅→사회적 마케팅 순으로 변화하며, 최근에는 사회적 가치와 지속가능성을 고려한 사회적 마케팅 개념이 강조된다.

7. 정답: ①

마케팅 믹스(4P)는 제품(Product), 가격(Price), 유통(Place), 촉진(Promotion)으로 구성된다.

8. 정답: ③

가치사슬 분석은 기업 내부의 핵심 활동을 분류하고, 각 단계에서 창출되는 가치와 비용을 파악하여 경쟁우위의 원천을 도출하는 것이 목적이다. 경쟁사의 시장 점유율 파악은 가치사슬 분석이 아니라 경쟁사 분석의 영역이다.

9. 정답: ①

PR(Public Relations)은 조직의 이미지 및 평판을 호의적으로 만들고 또는 비호의적인 이미지를 희석시키려는 마케팅 커뮤니케이션 활동으로 조직과 직간접적으로 관련 있는 이해관계자들과의 긍정적인 관계를 유지해 나가는 것을 목표로 한다.

10. 정답: ②

침투가격전략은 시장 진입 초기에 낮은 가격을 설정하여 시장에서 빠르게 점유율을 확대할 때 사용된다.

Chapter

07

지역공동체와 평생학습도시 네트워크

1. 지역공동체와 평생학습
2. 평생학습도시 네트워크

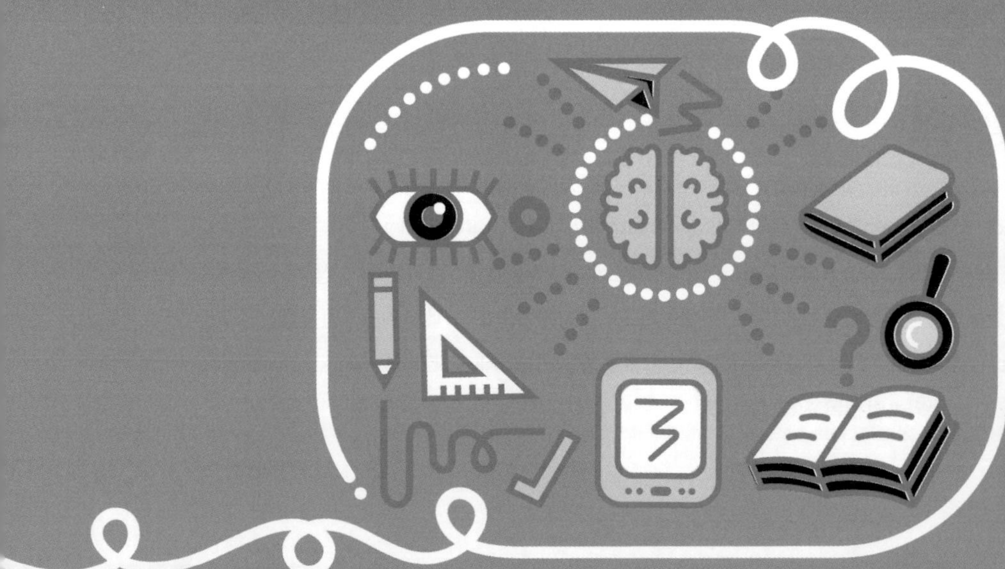

학습목표

1. 지역공동체와 학습공동체의 개념을 이해하고, 지역소멸 해결의 대안으로서 평생학습의 필요성을 설명할 수 있다.
2. 평생학습도시의 태동과 전개 과정을 이해하고, 국내·외 평생학습도시 네트워크 사례를 분석할 수 있다.
3. 지속가능발전목표(SDGs)와 연계한 글로벌 학습도시 네트워크의 의의를 파악하고 설명할 수 있다.

단원 키워드

지역공동체(Local Community), 공동사회(Gemeinschaft), 이익사회(Gesellschaft), 좋은 공동체(The Good Community), 학습공동체(Learning Community), 지방소멸, 평생교육, 평생학습, 평생학습사회, 평생교육법, 평생학습도시, 장애인평생학습도시, 평생학습도시 네트워크, 평생학습연구소(UNESCO Institute for Lifelong Learning, UIL), 글로벌평생학습도시(Global Network of Learning Cities, GNLC), 지속가능발전목표(SDGs) 등

CHAPTER 07

Lifelong Education Theory

지역공동체와 평생학습도시 네트워크

1. 지역공동체와 평생학습

1) 지역공동체의 성격과 의의

'지역공동체(Local Community)'는 사전적 의미로 '지역사회와 같은 의미로 한 지역의 일정한 범위 안에서 지연(地緣)에 따라 자연스럽게 이루어진 생활 공동체'를 말한다(국립국어원 표준국어대사전). 공동체에 대한 연구에서 페르디난트 퇴니에스(Ferdinand Tönnies)는 공동체의 성격을 '공동사회(Gemeinschaft)'와 '이익사회(Gesellschaft)'로 구분하여 설명하였다.

오혁진(2014)은 퇴니스가 제시한 공동사회와 이익사회의 특성을 비교하여 정리하면 〈표 7-1〉과 같이 정리하였다. 퇴니스는 공동사회를 종족, 장소, 정신의 세 가지 유형으로 나누어 설명한다. 종족은 가족을 의미하고, 장소는 삶의 터전, 지역 공유, 협력의 활동공동체를 의미하며, 정신은 공동의 목표, 가치, 존재의 개념에 대한 상호 결속으로 보았다(Sergiovaanni, 2004: 32).

〈표 7-1〉 공동사회와 이익사회 비교

공동사회(Gemeinschaft, 게마인샤프)	이익사회(Gesellschaft, 게젤샤프트)
• 공동체의 정신을 바탕으로 상호 유기적으로 결합된 부락공동체 • 유기적 결합은 출생 • 무계획, 무의식적으로 조직 • 통일의 단계에서 분리의 단계로 진행 • 강한 연대성 • 가장 순수한 형태의 가족 구성	• 자본주의 경제 체계를 바탕으로 생성된 도시의 출현 • 인위적 또는 합의에 의한 조직 체계 • 개인의 목적 달성을 위한 수단으로 구축 • 일시적인 통일성을 유지하지만 언제나 분리가 우선시됨 • 고립과 적대관계 • 지역성은 있지만 공동성은 없음

출처: 오혁진(2014).

전통적 Community는 일정한 어느 지역의 장소를 기반으로 지역공동체를 의미하였으나 점차 복잡하고 개념의 범위가 확장되었다. Community는 '지리적 영역', '사회적 상호작용', '공동유대감'을 공통적 요소로 인식된다(김남선, 2003: 28-30; 강대기, 2001: 24; 이순형 편저, 1989: 284). 우리나라에서는 Community 개념을 정의하기가 매우 어렵다. 이는 두 가지 복합적 의미로 해석되기 때문이다. 첫 번째, 공공의 목적의식을 기반으로 하는 공동체. 두 번째, 일정한 공간적 생활권을 기본 요소로 하는 공동체로 구분한다. 이 두 가지 의미의 핵심 요소는 공동체 구성원들이 갖고 있는 사회적 결속과 집단 전체의 공동체 의식으로 인식되고 있다. 이러한 맥락에서의 지역공동체란 지역을 기반으로 둔 공동체라 볼 수 있다. 이러한 의미에서 일반적으로 보다 분명한 영어식 표현은 'Local Community'라고 할 수 있다(오혁진, 2014). 이처럼 지역공동체는 지역성과 공동성을 모두 겸비한 공동체라 할 수 있다. Cook은 지역공동체가 형성되기 위해서 일곱 가지의 조건을 제시하고 있다(정지웅 외, 2000: 13-14에서 재인용).

① 어느 정도의 인구가 있어야 하며 인구의 동질성이 있어야 한다.
② 인접하는 제한된 지역 내에서 거주하는 주민으로 성립한다.
③ 역사적 유산을 공유하며, 역사의 공유는 공동성 강화에 중요한 역할을 한다.
④ 기본적 학교 · 은행 · 교회 · 시장 등의 봉사기관을 소유한다.

⑤ 공동생활 양식에 참여한다.
⑥ 하나의 집단으로 통일된 정신을 가지고 행동할 수 있다.
⑦ 협동 생활을 할 수 있는 상호협동사회이다.

이러한 측면에서 모든 지역공동체는 기본적으로 그 안에 정치·경제·사회·문화·교육 기능 등을 수행한다. 그 자체로 하나의 생활 단위로서 지역 주민들의 삶과 밀접하게 관련된 복합적 기능을 수행하는 생활공동체라 할 수 있다(오혁진, 2014).

Olsen은 '지역'의 범위를 지리적 한계에서 벗어나고자 했다. 그는 'Local Community', 'Regional Community', 'National Community', 'International Community'의 위계로 나누었다. 이러한 용어는 향토공동체, 광역공동체, 국가공동체, 국제공동체로 번역되기도 한다(정지웅 외, 2000: 37-38). 한편 일본의 평생교육 실행 범위는 지역사회의 수준의 크기에 따라 4단계로 나뉘는데 1단계, 근린거주구로 초등학교구와 일치하며, 정내회관(町內會館)과 자치회관이 설치되어 있다. 2단계, 일상생활권으로 중학교구와 일치하며, 공민관이 하나씩 설치되어 있다. 3단계, 제2차 생활권으로 일반 행정구역과 일치한다. 4단계, 광역권은 시 전체와 일치하며 사회교육센터가 설치되어 있다(한영혜, 2004: 127).

현대사회의 가장 심각한 문제 중 하나로 지역소멸을 꼽고 있다. 이러한 문제를 해결하기 위한 대안으로 지역공동체에 대한 본질적 가치를 회복하는 것이 지역소멸의 문제를 해결할 수 있는 대안이 될 수 있다. 이러한 이유로 지역공동체의 중요성이 다시금 강조되고 있다는 것은 매우 긍정적인 의미가 있다. 오혁진(2014)은 현대사회에서 지역공동체가 가지고 있는 본질적 가치를 첫째, 면 대면의 인간적인 만남이 이루어지는 물리적 공간으로서의 지역의 중요성. 둘째, 보다 밀도 높은 공동체를 만들 수 있는 장으로의 지역의 중요성. 셋째, 같은 문제를 해결하기 위한 사회 단위로서의 지역 중요성을 제시하였다. 이러한 본질적 가치가 바로 세워진 공동체가 좋은 지역공동체라 할 수 있다.

Warren은 '좋은 공동체(The Good Community)'의 개념을 일차집단 관계(공동체 구성원 간의 개인적 친밀도), 공동체의 자율성(공동체 내의 의사결정은 구성원에 의해 이루어져야 함), 생존력(직면하는 문제에 대한 공동체의 해결 능력 강조, 민주주의의 가치를 존중한 권력의 분배, 공동체의 지속적 발전을 위한 절대적 조건으로서의 참여), 헌신적 활동(공동체가 각 개인에게 중요하게 받아들여지는 정도, 적정한 수준의 이질적 인구구성), 이웃 통제의 정도(타 공동체와의 관계에서 나타나는 분권화와 이에 대한 통제의 정도, 적절한 수준의 갈등 유지)를 제시하였다(고순철, 1994: 6; 강대기, 2001: 76에서 재인용).

머리 글자	요건	핵심 내용
C	활발한 의사소통(Communication)	양방향적, 순환적 의사소통 체제 구축
O	참여기회(Opportunity) 확대	지역공동체 모든 구성원 의사결정 과정 참여기회 증대
M	자원동원(Marshaling)	지역의 모든 자원을 지역공동체 발전을 위해 포괄적 동원
M	재정(Money)의 효율성	중복 예산 없이 지역공동체 내에서 효율적 활용
U	일체감(Unity)	지역공동체간의 일체감, 유대감 향상
N	참신성(New)	새롭고 흥미롭고 풍부한 프로그램 개발
I	개인(Individual)의 성장과 자신감	지역공동체 구성원 개인의 성장과 자신감 향상
T	신뢰성(Trust)	구성원간의 신뢰 관계 구축. 협동조합, 신용거래 등 증가
Y	구성원의 참여 확대	어린이, 젊은이를 비롯한 모든 구성원의 지역공동체 참여

지역공동체의 의의를 두 사람의 이론에서 찾는다면, 현대사회에서 요구되는 좋은 지역공동체는 모든 구성원의 참여와 신뢰 구축을 바탕으로 직접 참여 하여 활발한 의사소통으로 지역의 자원과 재정을 효율적으로 활용하여, 개인의 성장과 지역의 성장이 동시에 추구되는 지역공동체라 할 수 있다.

2) 지역평생학습공동체

지역공동체는 개인이 요람에서 무덤까지 삶을 영위하는 공간으로 같은 지리적 영역 안에서 의사소통을 통한 사회적 상호작용을 한다. 개인은 지역공동체 안에서 생애 전반에 걸쳐 동일한 시대, 동일한 공간에서 학습을 통하여 얻은 모든 것을 나눈다. 그리하여 개인의 성장과 구성원의 성장 그리고 공동체의 성장을 위하여 함께 긴밀하게 수행하는 조직 체계라 할 수 있다. 인간은 혼자 살아갈 수 없다. 더불어 함께 살아가는 존재로서 인간을 아리스토텔레스(Aristotle)는 '인간은 사회적 동물이다'라고 정의하였다. 이희수(2013)는 지역에 대하여 여럿이 더불어 함께 살아가는 공동체(Community)로 현대사회의 급변하는 속에서 적응하고 새로운 변화를 이끌어 가는 평생학습이 중요한 정책으로 강조되고 있으며, 지역을 인간의 삶·학습·공감·소통의 장으로 정의 하였다.

학습은 인간이 일상에서 공동체 참여로부터 발생한다(Jarvis, 1987; Wenget, 1998). 학습은 경험의 전환을 통하여 지식이 창출되는 과정이며 지식은 경험을 이해하고 전환하는 것의 성과물이다(Kolb, 1984). 학습의 발생은 개인이 속해 있는 사회의 문화, 환경, 역사 속에서 이루어진다. 학습은 인간의 삶에 있어 본질이며, 존재의 의미라 할 수 있다. 학습은 기존의 지식을 습득하여 활용하는 것이 아니라, 사회적 관계망 속에서의 대인관계에서 다양한 갈등에 대한 문제를 해결하고, 기존의 가정에 대하여 새로운 학습을 통한 새로운 접근방법을 찾는 것에 있다(Jarvis, 1987; Wenget, 1998).

현대사회는 앞에서 살펴보았듯이 급변하는 사회구조의 변화와 기술문명의 발전으로 제기된 지역공동체의 다양한 문제들을 평생학습으로 극복하고자 노력하고 있다. 이러한 관점에서의 지역을 기반으로 실시되는 평생학습의 중요성을 알 수 있다. 지역공동체 평생학습은 현대사회에서 요구하고 있는 지속 가능한 지역공동체를 유지하는 중요한 핵심으로 평생교육을 지향한다. 지역공동체 평생학습은 곧 지역 차원의 학습공동체라 할 수 있다. 학습공동체의 기준을 두 가지로 구분한다. 즉 지역공동체가 '학습의 비중'과 '공동체적 비중'이라는 두 가지 기준에서 어디에 더 중점을 두는가에 있다.

평생교육은 지역공동체 운동과 매우 밀접한 관계를 유지하고 있다. 이렇게 주장하는 이유는 앞에서 제시한 것처럼, 대부분 평생학습은 지역 주민을 대상으로 이루어지고 있기 때문이다. 전통적 평생교육은 지역공동체에서 학습의 기회로부터 소외된 이들을 위하여 이루어졌다. 이는 앞에서 언급한 '좋은 공동체(The Good Community)'를 완성하기 위한 수단으로 사용되었다. 전통적 평생교육은 교육 평등의 가치를 추구하고 있다. 누구나, 언제나, 어디서나 평생학습에 참여할 수 있는 교육 평등의 가치를 실현하고자 하였다.

학습공동체는 단순히 학습이 이루어지는 것이 아니라, 학습을 목적으로 이루어진 공동체를 의미한다. 지역공동체 평생교육의 개념적 요소를 세분화하여 다섯 가지로 제시한다. 첫째, 모든 지역공동체 구성원의 성숙을 위한 평생교육이다. 둘째, 지역공동체의 지속적인 성장을 위한 평생교육이다. 셋째, 지역공동체에 의한 평생교육이다. 넷째, 지역을 내용으로 하는 평생교육이다. 다섯째, 지역의 자원을 활용하는 평생교육이다. 이처럼 학습공동체의 범위가 점차 다원적으로 확장되고 있다(오혁진, 2014). 김민호(2004)는 학습공동체를 넓은 의미로 '지역사회의 무형식 학습'을 제시하였고, 좁은 의미의 학습공동체는 '연속적인 학습의 길에 놓인 학습동아리'를 제시하였다. 학습공동체는 그 규모나 범위에 따라 소집단 차원으로 학습동아리(Learning circle), 조직 차원으로 학습조직(Learning Organization), 지역사회 차원으로 지역학습공동체(Local Learning Community)로 3차원의 학습공동체가 동시에 나타나고 있다. 영국의 지역학습공동체 개념은 지속 가능한 경제적 개발과 사회적 포용 두 가지 목표를 제시하고, 이를 달성해가는 과정에서 시민, 공공, 경제, 교육 및 지역사회영역들의 협력을 증진시키는 도시, 마을, 그리고 주변 지역을 의미한다고 하였다. 지역의 사회적·경제적 목표를 성취하기 위한 수단으로 학습을 강조하고 있다(DEMOS and Learning and Skills Development Agency, 2001). 일본에서도 지역학습공도체 차원에서 평생학습 마을 만들기 사업을 추진하였고, 가케가와시(掛川市) 신무라 준이치(榛村純一) 시장은 최초의 평생학습도시를 선언하였다. 福留强(2003)은 바람직한 평생학습도시의 모습을 여섯 가지를 제시하였다. 첫째, 평생학습사회의 실현을 목표로 하는 마을. 둘째, 학교 교육·사회교육이 충실한 마을. 셋째, 생활이 풍요롭고 시민에게 여유가 있는 마을. 넷째, 문화적인 마을. 다섯째, 시민의 연대감이 높은 마을. 여섯째, 자치능력이 높은 시민 마을. 일본은 이를 통해 지역학습공동체의 모습을 추구하고 있음을 알 수 있다. 우리나라도 국가 지역혁신 차원의 학습공동체를 추진하고 있다. 지역을 중심으로 한 평생학습공동체에 관한 연구로는 학습동아리, 학습조직, 지역 학습공동체, 평생학습마을 만들기 등이 있다. 학습공동체는 지역혁신을 이룰 수 있는 매우 효과적인 수단이라 할 수 있다.

3) 지역소멸과 평생학습

우리나라는 1970년대 도·농 간 인구 격차가 발생하기 시작하였다. 수도권 인구의 급격한 증가와 지방 인구의 급격한 감소가 발생하기 시작하였다. 55년이 지난 지금, 지방소멸이 일상적인 말이 되었다. '지방소멸'은 일본의 마스다 히로야가 발표한 보고서에서 처음으로 등장한 개념이다. 그는 일본의 인구변화 추계를 바탕으로 약 30년 후 인구가 절반 이상 감소하는 시·정·촌이 50%에 이를 것이라는 전망을 내놓았다(마스다 히로야, 2014). 지역소멸위험지역은 2016년 처음으로 측정하기 시작하였다. 지역소멸위험지수는 20~39세 여성 인구수를 65세 이상 인구수로 나눈 값으로 0.5미만이면 소멸위험단계이며, 0.2 미만이면 소멸고위험단계로 구분한다. 대한민국 인구소멸의 심각성은 [그림 7-1]에서 잘 나타나고 있다. 통계청의 '주민등록인구통계'에 따르면 전체 228개 시군구 중 소멸위험지역이 130곳으로 57%로 나타났다. 소멸고위험지역은 57곳으로 전체 시군구에 25%를 차지했다. 특히 2024년 신규로 소멸위험지역은 11곳으로 이 중 8곳이 광역시 '구군'이었다. 이제 광역 대도시도 안심할 수 없는 상황에 이르렀다.

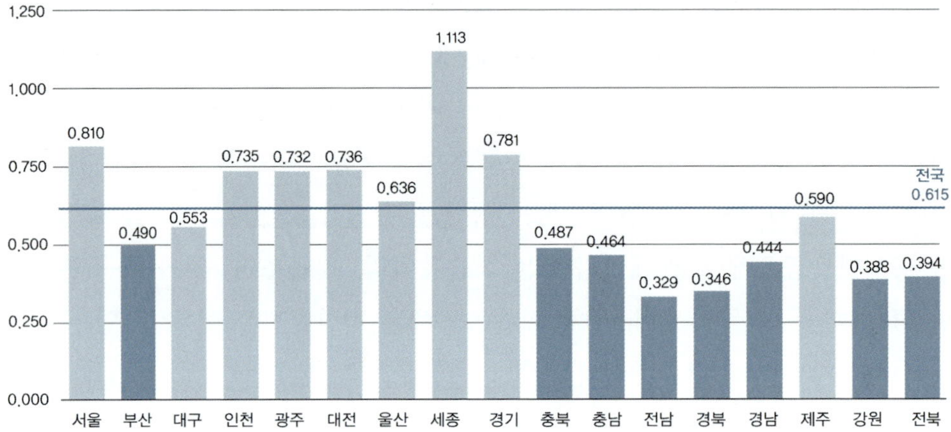

[그림 7-1] 시도별 소멸위험지수 값(2024년 3월 기준)

출처: 국가통계포털(2024.03.). 주민등록인구통계를 이용하여 산출함.

통계청은 2019년 장래인구특별추계(2017~2067)에 대하여 보도자료를 발표했다. 자료에 의하면 [그림 7-2]에서 보듯이 출생아는 2017년 35만 명에서 2067년 21만 명으로 2/3 미만 수준으로 감소하는 것으로 추정하였다. 사망자는 2017년 29만 명에서 2067년 74만 명으로 2.5배 수준으로 증가하는 것으로 추정하였다. 즉 2019년부터 사망자가 출생아보다 많아지는 자연 감소가 시작되고 있다는 것을 알 수 있다. 이러한 추세는 저출생·고령화로 인한 심각한 사회적 문제로 대두되고 있다. 지역공동체 인구가 수도권으로의 급격한 유출, 그리고 저출산 고령화는 교육·의료·보육·생활 인프라·산업 인프라·행정 사각지대·관리 비용의 증가·지역공동체의 붕괴·지역경제의 쇠퇴로 이어지고 있다. 특히 지역 간의 불균형을 초래할 뿐만 아니라, 사회적 갈등까지도 심화시키고 있다.

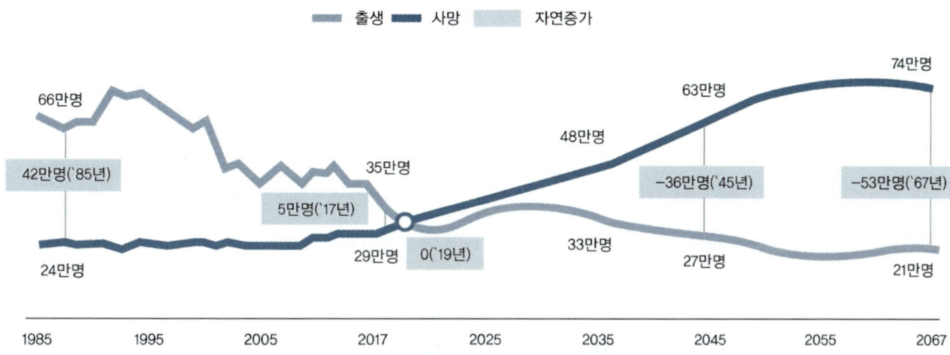

[그림 7-2] 출생아수 및 사망자수(1985~2067년)

출처: 통계청 보도자료(2019.03.28.). 장래인구특별추계: 2017~2067년.

이처럼 지역소멸은 단순히 지역의 위기를 넘어 국가적 위기라고 할 수 있다. 이러한 악순환을 끊기 위해서는 실질적인 대책 마련이 절실하다 할 수 있다. 역대 정부는 인구 감소로 인한 지역소멸 문제를 해결하고자 다양한 정책을 시행해 왔지만, 아직 획기적인 대안을 제시하지는 못하고 있다.

평생학습은 지역 주민을 대상으로 이루어지고 있다. 정주하고 있는 지역 주민 누구나, 언제나, 어디서나 학습 기회를 개개인의 여건에 적합하도록 제공함으로써 지역의 정주 여건 개선이 지역소멸의 매우 중요한 정책 중 하나로 추진되고 있는 이유다. 교육부와 국가평생교육진흥원이 공들이는 평생학습도시 정책 또한 그 일환이라 할 수 있다. 자연적 인구 감소, 그리고 인구 유출을 막으려면 지역의 매력을 높여야 한다. 지방소멸 해결의 대안인 평생학습도시정책이 추구하는 지향점도 다르지 않기 때문이다.

2. 평생학습도시 네트워크

1) 평생학습도시의 태동과 전개 과정

폴 랭그랜(Paul Lengrand)은 유네스코에서 활동한 프랑스 출신의 교육학자로, 1970년 『Lifelong Education: A Vision of the Future』라는 저서를 통해 "평생학습(Lifelong Education)" 개념을 정립하고 이를 도시 수준까지 확대할 필요성을 역설했다. 그는 교육이 특정 시기(어릴 때)만이 아니라, 전 생애에 걸쳐 이루어져야 하며, 사회 전체가 학습을 지원하는 환경이 되어야 한다고 강조하였다. 이 개념은 이후 유네스코, OECD, 유럽연합(EU) 등 국제기구에서 '학습사회를 위한 정책'으로 발전되었고, 도시 단위의 실천 모델인 "학습도시(Learning City)" 개념으로 구체화되었다.

평생학습도시에 대한 개념을 Longworth(2000)는 기본적인 번영, 사회 안정, 개인의 행복에 있어서 학습이 열쇠의 역할을 한다는 것을 인정하고 이해하는 도시로서 모든 시민의 완전한 인간적 잠재력을 계발하는 데 인적 자원, 물적 자원, 금융자원을 동원하는 도시로서 정의한다. 유럽평생학습추진위원회(ELLI)에서는 "평생학습도시란 개인의 성장을 촉진하고, 사회통합을 유지하며, 번영하기 위해 시민 모두의 잠재력을 풍부히 개발하기 위하여 자체의 모든 자원들을 동원하는 도시, 마을, 지역이다"라고 정의를 내리고 있다(Longworth, 2000: 109). 평생학습도시는 학습을 통하여 도시의 번영과 사회적 통합, 지속 가능한 발전을 목적으로 하는 네트워킹 학습사회를 의미하는 것으로, 1979년 일본 가케가와시(掛川市)가 처음 평생학습도시를 선언한 이후 학습도시의 본격적인 등장은 1992년 스웨덴 예테보리시(Gothenburg)에서 개최된 OECD 회의가 도화선이 되었다. 이후 지식기반경제시대에 발맞추어 범세계적인 학습운동으로 확산되었다(이희수 외, 2002). 이때 평생학습도시는 경제적 발전을 통해 지식기반경제를 선도하고 개인의 평생 고용 가능성을 제고하며 사회적 통합을 통해 더불어 잘 살 수 있는 민주적인 사회 건설에 기여할 뿐만 아니라 한 도시의 학습자원을 연계하고 활용하여 주민들이 학습을 통해 자아실현을 할 수 있도록 기여할 것으로 기대되고 있다.

지방정부, 기업, 민간 부문, 지역사회가 손잡고 지역 살리기 차원에서 학습과 혁신에 집중하면서 학습은 한 개인의 성공뿐만 아니라 지역과 도시경제의 비교 우위를 결정하는 중요 요소로 작용하였다. 2000년 이후 유네스코에서도 학습도시에 관심을 가지면서 2015년에 평생학습도시모델을 제시하였고, 유네스코 UIL(Institute for Lifelong Learning)은 평생학습도시의 국제 네트워크인 GNLC(Global Network of Learning Cities)를 운영하며 이 개념을 널리 확산시키고 있다. 평생학습도시의 최종 지향 목표 중 하나로 지속가능발전을 추가하였다. 유네스코 GNLC(Global Network of Learning Cities)에 참여하고 있는 주요 도시들 목록과 그 특징은 다음과 같다. 2024년 기준 회원 도시는 전 세계적으로 350여 개, 한국에서는 30여 개 도시가 회원 도시로 활동하고 있다. 회원국들은 지역의 평생학습생태계 구축 노력, 주민 학습 활성화 정책, 민관 협력 시스템을 통해 네트워크에 가입된다(unesco.or.kr). 회원국들은 네트워크 참여를 통해 국제간 우수사례 및 정책 공유가 이루어지며, GNLC 핸즈온 교류와 유네스코 'Learning City Award' 수상 기회도 제공된다. 한국에서는 서울 주요 자치구 부산·대구·인천 등 대도시 일부 구, 세종·경기도 시·군, 지방 중소도시까지 포함 각 도시는 다양한 학습 프로그램과 협력 체계 구축으로 평생학습도시 모델을 실천하고 있다.

우리나라가 정부 차원에서 평생학습도시 조성 사업을 2001년부터 시작하였다. 당시 교육과학기술부는 광명시, 전북 진안군, 대전 유성구를 평생학습도시로 지정하여 각 도시 마다 특별교부금 약 2억 원을 집행하고 있다. 이후 매년 평생학습도시 수를 늘려가고 있다. 지난 2011년부터 2016년까지 17개 시·도 평생육진흥원을 설립하고 다모아 평생교육정보망을 구축한 바 있다. 또한 2001년부터 2024년까지 199개의 평생학습도시를 조성했으며, 2025년 4월 3곳[1)]이 추가되어 202개가 지정되었다.

2) 평생학습도시 국내·외 사례

(1) 일본 가케가와시의 평생학습도시 사례

伊村義孝(2017)[2]은 가케가와시의 평생학습 태동기 사회적 특성에 대하여 다음과 같이 제시하였다. 1975년 경 일본의 지방도시의 소멸과 도시의 다양한 문제와 사회적 문제가 발생하였다(伊村義孝, 2017). 일본은 지금의 대한민국 지방도시가 고민하고 있는 사회적 문제를 먼저 경험하였다. 이러한 문제를 해결하기 위하여 지향해야 할 사회의 방향성을 어느 지역에 살더라도 어떤 직종에 종사하더라도 동등하게 사회적 혜택을 받을 수 있도록, 지역격차, 관민격차, 산업격차 등을 없앨 수 있는 구조를 만드는 것에 중점을 두었다고 한다. 이러한 문제를 해결하기 위하여 가케가와시 신무라 준이치(榛村純一)는 1977년 가케가와시 시장으로 당선이 되어 2005년까지 28년간 장기 집권을 하였다. 1979년 세계 최초 평생학습도시 선언을 하고, 인재양성과 마을 만들기를 통하여 평생을 통한 학습 기회를 제공하고, 시민의 삶을 풍요롭게, 학습을 통하여 배운 것을 마을 만들기에 활용하는 것이었다. 평생학습과 마을 만들기가 서로 상호 보완적이라는 점에서 평생학습 마을 만들기가 전개되었다. 시정의 모든 면에서 평생학습을 강조하였고, 평생학습 마을 만들기를 실현하기 위하여 시민총대회의 시스템과 평생학습 시설 네트워크를 구축 활용하였다. 시민 한 사람 한 사람이 삶의 보람과 정신적인 면에서 삶의 질 향상을 목표로 하는 풍요로운 삶을 위한 평생학습을 진행하였다. 이러한 원동력은 자발적인 학습을 지속하려는 의지와 향토애를 기반으로 하였다. 니노미야 손토쿠(二宮尊德)의 보덕(報德)[3]의

---

1) 2025년 신규 지정 기초지자체 3곳: 경남 사천시 · 경북 고령군 · 대전 중구

2) 伊村義孝(이무라 요시타카): 가케가와시 전 부시장. 신무라 준이치 시장과 28년간 평생학습 도시 추진

3) 니노미야 손토쿠(二宮尊德)의 보덕(報德, 후토쿠): 1787년~1856년, 에도후기 사상가이며 농정가, 지역 재건 사업으로 발전시킨 것이 보덕사법(報德仕法). 보덕의 핵심 요소는 은혜 자각, 근검절약, 노력과 실천, 공익 중심이다. 현재 報德活動은 근대의 至誠, 勤勞 分度, 推讓, 積小爲大, 一圓融合 등과 같은 니노미야 사상을 이어오고 있다. "보덕"은 한자로 '은혜(德)에 보답한다(報)'는 뜻으로, 니노미야 손토쿠는 천지 자연, 조상, 부모, 사회로부터 받은 은혜를 자각하고, 그것에 행동으로 보답해야 한다는 도덕적 삶의 원리로 보았다.

가르침을 평생학습 마을 만들기에 도입하여 시민에게 가르쳤고, 평생학습의 핵심 가치가 되었다. 2013년 가케가와시의 최고 규범인 가케가와시 자치 기본 조례에 보덕의 정신과 평생학습 이념으로 명문화되었다(伊村義孝, 2017).

신무라 준이치(榛村純一)는 가케가와시의 평생학습도시 시책으로 첫 번째, 지역학사(學舍) 시작, 학습 기회 제공. 이를 위하여 지역학 · 전국 규모의 심포지엄 개최 · 여성회의(1980~현재) 운영 · 사회인을 위한 평생학습 강좌 개설 · 평생학습 고문회 설치 운영하였다. 두 번째, 주민 주체의 마을 만들기를 추진. 시민 총대회의 시스템 · 지역 모임 · 협의록 작성 모든 질문에 몇 년이 걸리더라도 답변하고 문제를 해결하였다. 그리고 평생학습 시설 네트워크 구축, 카케가와시 평생학습 만들기 토지 조례의 재정, 평생 투표율 향상 운동, 모든 시 평생학습 공원화 추진하였다. 세 번째, 가케가와시가 살만한 가치 있는 마을로 선정되기 위한 노력하였다. 신간선(新幹線) 가케가와역의 실현, 토우메이(第一東海自動車道)고속도로 인터체인지 개통, 에코 플러스 공업 단지의 건설 및 우량기업 유치 성공, 가케가와성 천수가 복원, 평생학습 총본산 파크 조성, 3개밖에 없는 문화(지금 밖에 없는, 여기 밖에 없는, 이거 밖에 없는) 운동, 전시 36경 독립 채산형 테마파크 조성, 윤택한 마을 만들기, 차 문화의 권유, 숲의 도시 '~이라면 이 마을' 사업을 추진하였다.

伊村義孝(2017)은 이러한 성과는 핵심사업인 2013년 자치 기본 조례에 협동의 이념을 규정하고 2015년도에 13개 초등학교 단위로 구분하여 각 마을 만들기 협의회를 조직하여 활동이 시작되었으며, 시민 주체의 마을 만들기를 실현하는 원동력이 되었다. NPO법인 등의 시민 활동 단체, 공익 재단법인 등 기업 등도 사회적 이익을 추구하는 활동 참여 증가와 저출산 고령화와 인구 감소 사회의 도래와 거대한 지진 등에 대응하기 위해, 자발적으로 행동하기와 서로 신뢰하고, 조력하면서 공공 서비스를 지원하는 평생학습 사회 실현을 향해 전진하고 있다(伊村義孝, 2017).

(2) 노르웨이 Alesund(올레순) 평생학습 네트워크 사례

노르웨이 Alesund 평생학습네트워크는 지역 단위 중소기업 직업훈련 평생학습네트워크의 대표적인 사례라 할 수 있다. 노르웨이 Alesund 지역에 위치한 46개의 중소기업은 Nordvest[4] Forum을 구성하여 기업 간 학습 및 혁신 사례의 공유 등을 통해 개별 기업의 학습조직화를 촉진하는 사례로 널리 알려져 왔다(조세형, 2009). 네트워크 활동을 관리하고 지원하기 위하여 46개 기업이 출자한 NVF[5]사가 설립되었다. NVF사는 2025년 현재 53개 기업이 출자 활동하고 있으며, 지역기업의 경영 능력 향상을 통하여 지역의 경쟁의 강화에 목적을 두고 있다.

NFV는 3단계로 평생학습 네트워크로 설계하였다. 발전단계에 따른 특성을 살펴보면, 초기단계는 기업의 리더십 구축, 네트워크 오너십 및 구조, 공유된 비전설정의 특성을 가진다. 발전단계는 구조적 안정성 추구, 현대 경영 패러다임 반영, 전문가 네트워크 개발, R&D 연구소 연계, 네트워크 발전을 위한 외부 재정 확보의 특성을 가진다. 마지막 완숙 단계는 프로그램 주제 갱신, 참여 전문가 강화, 유연한 하위 네트워크 구축, 멤버십을 핵심과 비핵심으로 구분하여 운영하고 있다. 이러한 특성을 기반으로 평생학습 네트워크 목적을 개인수준의 학습과 기업수준, 지역 및 국가수준으로 구분하여 학습 모델을 구축하였다. 이는 다양한 커뮤니케이션 미디어를 활용하여 네트워크의 활동을 전파하고, 국제경제에 대한 정보를 제공하여, 지역기업의 인식을 높이는 데 기여하였다(조세형, 2009). 개인수준의 특성은 이론과 실무의 결합, 경험을 통한 학습, 효과적인 학습환경, 최고 경영층 지원, 탁월한 가르치기와 멘토링의 특성을 제시하였다. 기업수준의 특성은 다양한 기업의 네트워크 참여, 최고 경영층의 네트워크 형

---

4) nordvest['nu:ɾʋest]: (부사) 북서쪽으로. (명사) 북서풍(출처: K DICTIONARIES 노르웨이어-한국어사전)

5) Nordvest Forum AS(약칭 NVF): 주소-Notenesgata 1, 6001 lesund이며, 웹사이트는 nordvestforum.no 53개 지역 기업이 주주로 참여하고 있으며, 직원은 약 3명으로 구성. 교육 수요가 있는 지역 기업들을 대상으로 리더십 및 조직 개발 서비스를 제공한다.. 리더십 프로그램. 정기적 Møteplasser(만남의 장소) 및 Faglige fora(전문 포럼) 운영. 기업별 맞춤 워크숍, 프로젝트 수행 등의 프로그램 수행한다.

성, 기업 간 파트너의 잠재성 인식, 변화프로젝트에 대한 조언 및 비판, 기업 변화 프로젝트의 외부 재정 지원의 특성을 제시하였다. 그리고 지역 및 국가수준의 특성으로 커뮤니케이션 미디어 활용, 토론 및 논의의 장, 지역 및 국가연구소 영향의 특성을 제시하였다.

Alesund의 평생학습네트워크는 평생직업교육 측면에서 참여기업에게 단순한 훈련프로그램을 제공하는 것에서 벗어나 기업이 직면한 경영 문제를 해결하고 새로운 지식과 노하우를 보다 쉽게 활용할 수 있도록 관련 프로그램을 구성하여 운영하고 있음을 알 수 있다. 이를 통하여 궁극적으로 Alesund 지역의 경쟁력을 강화하는 것이 Alesund의 평생학습네트워크의 특징이라 할 수 있다(조세형, 2009).

현대사회는 평생직장에서 평생직업의 시대로 개인과 기업과 지역 및 국가수준의 평생직업교육 네트워크 구축의 좋은 사례라 할 수 있다. 지역소멸의 가장 큰 원인으로 꼽고 있는 것이 좋은 일자리가 없다는 것이다. 일본의 가케가와시도 평생학습도시 선언을 통하여 학습 친환경 도시를 구축하고, 개인 및 기업의 정주 여건을 개선하여 야마하, 시세이도, NEC, 세 키스이 하우스, 캬탈 코닝, 유니차무, 미쓰비시 조명, 리나이 등 우수한 기업들을 유치하여 청년들이 떠나지 않고 태어나서 자란 가케가와시에 머무르게 하는 원동력이었다. 노르웨이 Alesund와 가케가와시 모두 기업 유치에만 그치지 않고, 개인과 기업을 평생학습네트워크로 연결함으로써 더불어 함께 성장하는 지역공동체의 일원으로 도시의 경쟁력을 강화에 노력하고 있는 것을 볼 수 있다.

(3) 대한민국 평생학습도시 네트워크 사례

「대한민국헌법」 제31조제5항은 "국가는 평생교육을 진흥하여야 한다."라고 명명하고 있다. 국가는 평생교육법을 제정하여 평생교육 진흥에 힘쓰고 있다. 평생교육법 제11조(연도별 평생교육진흥시행계획의 수립·시행) ① 관계 중앙행정기관의 장 및 시·도지사는 기본계획에 따라 연도별 평생교육진흥시행계획(이하 "시행계획"이라 한다)을 수립·시행하여야 한다고 규정하고 있다. 정부는

2002년부터 5년 단위로 〈표 7-2〉에서 보는 것처럼 평생교육진흥 기본계획을 세워 대한민국 평생교육 진흥에 노력하고 있다.

〈표 7-2〉 평생교육진흥 기본계획 경과

구분	1차('02~'06)	2차('08~'12)	3차('13~'17)	4차('18~'22)
비전	배우는 즐거움, 나누는 기쁨, 인정받는 학습사회 실현	배우는 즐거움, 일구어 가는 내일, 함께 살아가는 평생학습사회 구현	100세 시대 창조적 평생학습을 통한 국민행복 실현	개인과 사회가 함께 성장하는 지속가능한 평생학습사회 실현
핵심	지역, 사회통합, 성인교육, 기반	창조적 학습자, 사회통합	대학, 온라인, 사회통합, 지역	누구나, 일자리, 지역, 기반

국가는 평생교육활성화를 위하여 평생교육진흥 기본계획에 준하여 중앙정부 차원에서 교육부는 정책 총괄, 예산지원, 제도 설계 업무를 추진한다. 국가평생교육진흥원(NLE)을 설립하여 국가 평생교육 핵심 정책을 추진하도록 하였다. 국가평생교육진흥원(NLE)는 지역평생교육 활성화, 매치업(Match業)사업, 재직자 AI·디지털(ADI) 집중과정, 대학의 평생교육체제 지원, 평생교육사 자격제도 운영, 온국민평생배움터, 평생학습계좌제, 학점은행, 독학학위제, 한국형 온라인 공개강좌(K-MOOK), 성인문해교육 지원, 검정고시 프로그램운영지원, 학부모 자녀교육 역량강화, 다문화교육 활성화 지원, 평생교육이용권(평생학습바우처) 지원 등 다양한 정책 사업을 수행하고 있다(국가평생교육진흥원, https://www.nile.or.kr). 지역 차원에서 광역 시·도 지자체는 시·도평생교육진흥원을 설립하여 운영하고 있으며, 기초 지자체는 평생학습관, 주민자치센터, 도서관, 평생학습센터 등을 운영하고 있다. 이들 기관은 지역 단위 평생교육 진흥 계획을 수립하고, 평생학습도시를 지정하여 지원하고 있다. 그리고 평생학습 프로그램 제공 및 커뮤니티 공간을 제공하고 있다. 민간에서는 사설 평생교육기관, 시민단체, 기업 등에서 설립하여 운영되고 있다. 이들 기관은 특화된 평생학습 기회를 제공한다. 대학은 평생학습 중심 대학, 지역 연계 학위

· 비학위 프로그램을 운영하고 있다. 특히 정부에서 추진하고 있는 고등직업교육거점지구 사업(HiVE 사업), 지역혁신중심 대학지원체계(RISE), 글로컬대학 30 등을 광역지자체와 기초지자체와 협력하여 추진하고 있다.

평생학습도시 조성 사업은 전통적인 학교 중심의 교육체제에서 지역 중심의 평생교육 체제로 이행하는 과정에서 나온 과도기적 형태의 사업이라고 할 수 있다. 평생학습도시 조성 사업은 교육에 대한 지역사회의 참여와 책무성을 강화함으로써 지역사회를 기반으로 한 새로운 형태의 교육시스템을 형성하는 견인차 역할을 담당하고 있다. 특히 지역공동체의 개념에서 평생학습도시는 도시를 재구조화(Restructuring)하는 지역사회교육 운동이며, 이를 통해 지역사회의 발전을 제고하는 영역이라 볼 수 있다(한국교육개발원, 2005).

평생학습도시로 지정된 해당 자치단체장과 교육장들이 모여 지역 평생교육의 진흥을 위해 2004년 9월 21일 (사)전국평생학습도시협의회가 설립되었다. 또한, 2007년 평생교육법 개정을 통하여 평생교육법 제15조 '평생학습도시' 법조항을 삽입하면서 명실상부한 대한민국의 법정 협의회가 되었다. (사)전국평생학습도시협의회는 '대한민국 평생학습도시 허브'라는 비전으로 지역의 평생학습도시와 함께 평생학습의 지역화 및 진흥을 위하여 세 가지 목표를 제시하였다. 첫째, 평생학습도시 간 상호정보 교류 및 협력을 통해 평생학습도시 상생의 발전을 도모한다. 둘째, 성공적인 평생학습도시 사업 추진을 위하여 각 학습도시의 내부 역량 강화를 도모한다. 셋째, 지역 주민뿐만 아니라 전 국민에게 평생학습문화를 정착시키고 평생학습의 인식을 확산시켜 평생학습의 생활화를 도모한다. 평생학습도시협의회는 함께하는 협의회, 역량 있는 협의회, 소통하는 협의회, 지속가능한 협의회라는 전략을 세워 정책들을 추진하고 있다((사)전국평생학습도시협의회, http://www.kallc.or.kr).

평생학습도시로 지정된 각 도시는 독립적으로 평생학습 사업을 수행하고 있는데, 그 첫째는 지방자치단체 내의 전담 부서 마련, 시도교육청 등 유관 기관과의 네트워크 구축 등이 여기에 해당한다. 둘째는 평생학습 지원을 위한 인프라 구축 사업이다. 평생학습센터 설립 및 지정, 평생학습정보지원시스템 구축, 마을 단위 교육기관 정비 등이 여기에 해당 된다. 셋째, 지역 주민을 위한 평생학습 지원 사업이다. 우수프로그램지원 사업, 학습동아리 지원 사업, 교육통화 등이 여기에 해당한다.

2022년 12월 발표한 제5차 평생교육진흥 기본계획('23~'27년)에서 핵심 비전으로 "누구나 누리는 맞춤형 평생학습 진흥"으로 선정하였다. 평생학습도시 활성화 정책분야에서는 평생학습도시 중심의 지역 거버넌스 구축 및 각 지자체의 산업특성·인구지형·교육인프라 여건 등을 고려하여, 평생학습도시의 다채로운 특성화·고도화 등의 추진을 핵심사업으로 제시하였다. 특히 신규 사업으로 평생학습 집중진흥지구를 신설(범정부 협업)하여 우수 평생학습도시 또는 특별지원이 필요한[6] 평생학습도시를 선정하여, 해당 지역의 평생학습 진흥을 3년간 집중지원 하는 사업이다. 지역주민 취업률 증가, 삶의 질 개선 등 성과도출에 주력하여, 지역 정주여건 개선의 우수모델로 운영하는 것을 골자로 하고 있다(교육부, 2022).

〈표 7-3〉 평생교육진흥 기본계획 경과

'23년	'24~'25년	'26~'27년
평생학습도시 개편	집중진흥지구 선정·지원	우수 평생학습도시 확대

출처: 국가장애인평생교육진흥원(2025.06.16.). https://www.nise.go.kr

각 지자체의 산업특성·인구지형·교육인프라 여건 등을 고려하여, 평생학습도시의 다채로운 특성화·고도화 등 추진하고 있다(교육부, 2022).

대한민국 정부는 2020년 장애인평생학습도시 지정·운영 사업을 시범적으로 실시하였다. 이 사업은 장애인이 소외됨 없이 평생학습권을 보장받는 장애친화적 평생학습 체계 구축 및 장애인의 특성과 수요가 반영된 상향식 장애인 평생

6) 예: 인구감소지역, 지역산업 전환 대응 재교육 필요 지역, 고령층 다수 지역 등

교육을 강화하는 데 목적을 두었다. 법적 근거로 「평생교육법」 제5조(국가 및 지방자치단체의 임무) ① 국가 및 지방자치단체는 모든 국민에게 평생교육 기회가 부여될 수 있도록 평생교육진흥정책을 수립·추진하여야 한다. 제15조의2(장애인 평생학습도시) ① 국가는 장애인의 평생교육 활성화를 위하여 특별자치시, 시·군 및 자치구를 대상으로 장애인 평생학습도시를 지정 및 지원할 수 있다.

장애인 평생학습도시 지정·운영은 장애 유형 및 정도에 따른 다양한 평생교육 프로그램을 제공하고, 접근성 향상을 위해 이동 등 편의사항을 지원하는 것에 중점을 두었다. 기반구축 사업으로 장애인 평생교육지원 협의체 구성 및 운영, 장애인 평생교육 자료 개발, 관련 연수 운영, 장애인 평생교육 DB 및 정보망 구축, 프로그램 운영 사업으로 장애인 유형 및 정도에 따른 맞춤형 평생교육 프로그램 운영, 장애인과 비장애인 통합프로그램 운영, 중증 장애인을 위한 찾아가는 평생교육 프로그램 운영(국가장애인평생교육진흥원, https://www.nise.go.kr). 2020년 장애인 평생학습도시 지정·운영 추진을 시작하여 현재 전국 96개 지자체가 장애인을 위한 평생학습 도시로 관련 프로그램을 운영하고 있다(국가장애인평생교육진흥원, https://www.nise.go.kr).

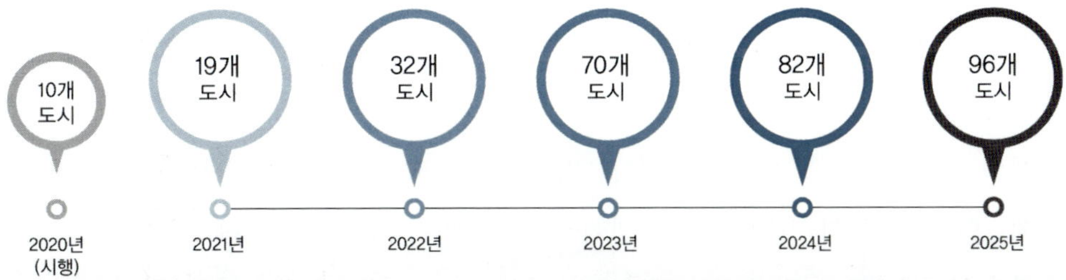

[그림 7-3] 장애인평생학습도시 지정 현황, 2020~2025년

출처: 국가장애인평생교육진흥원(2025.06.16.). https://www.nise.go.kr

3) 지속가능발전목표(SDGs) 실천으로의 글로벌학습도시 네트워크

현대사회는 정보통신 기술의 급속한 발전, 세계화, 고령화 등으로 급격한 사회구조 변화가 일어나고 있다. 지식의 수명이 짧아지고, 다양한 사회문제가 발생하고 있다. 이러한 변화에 능동적으로 대응하기 위해 국가와 지역 차원에서 평생학습 체계 구축이 요구되고 있다. 특히, 지식기반사회에서 지역의 경쟁력 확보와 지속 가능한 발전을 위해 지역 학습 네트워크의 구축이 시급하다.

유엔(United Nations General Assembly, 2015)은 전 인류가 도달해야 할 목표로 지속가능발전목표(Sustainable Development Goals, SDGs)를 제시하였다. 지속가능발전목표는 인간이 사는 지구에서 한정된 자원을 어떻게 생산, 배분, 활용할 것인가의 문제를 전 지구적 공동체가 함께 논의하고 풀어 가자는 규범이자 해법이다(Sachs, 2015). 유엔은 2000년부터 2015년까지 시행된 새천년개발목표(Millennium Development Goals, MDGs)를 종료하고, 2016년부터 2030년까지 시행되는 국제사회의 최대 공동목표를 지속가능발전목표로 확정하였으며, 이를 위해 전 세계의 중앙정부, 지방정부, 시민사회, 학계 등이 특별한 관심을 가지고 이해를 증진하는 한편 관련 논의를 이어 가고 있다(변종임 외, 2020: 1-30에서 재인용).

우리가 살아가고 있는 지역사회, 곧 도시는 국가의 문제와 국제적인 문제가 동시에 다루어지는 곳이기에 도시 단위에서의 실천이 강조된다. 도시가 변해야 세계의 변화도 기대할 수 있다(이유경·이승호·조영태, 2018). 지속가능한 사회, 경제, 환경 발전의 기반으로 평생학습의 실행을 지원하기 위하여 유네스코 평생학습연구소(UNESCO Institute for Lifelong Learning, UIL)를 설립하였다. 유네스코 평생학습연구소는 지속가능발전목표로 2015년 9월 유엔 총회에서 각국은 빈곤, 질병, 교육, 성평등, 난민, 분쟁 등 인류의 보편적 문제와 기후변화, 에너지, 환경오염, 물, 생물다양성 등 지구 환경문제, 기술, 주거, 노사, 고용, 생산과 소비, 사회구조, 법, 대내외 경제 등 경제 사회문제를 해결하고자 전 지구적 공동체가 추구해 나가기 위한 지속가능발전목표(SDGs)에 합의하였다.

지속가능발전목표(SDGs) 실천에 관한 고찰로 글로벌학습도시 네트워크 참여 평생학습도시를 중심으로 달성을 지원하는 학습도시 협력 플랫폼인 유네스코 글로벌학습도시 네트워크(Global Network of Learning Cities, GNLC)를 만들었다. 네트워크 활동은 평생학습이 도시 내에서 포용, 번영, 지속가능성 증진을 위하여 행하는 역할을 구체화하고 실천 방안을 제시함으로써 도시들이 평생학습을 통해 지속가능한 미래를 공고히 할 수 있도록 하는 데 목적을 두고 있다(유네스코한국위원회, 2018). 지방정부, 기업, 민간 부문, 지역사회가 손잡고 지역 살리기 차원에서 학습과 혁신에 집중하면서 학습은 한 개인의 성공뿐만 아니라 지역과 도시경제의 비교 우위를 결정하는 중요 요소로 작용하고 있다.

용어정리

- **지역공동체**(Local Community) : 특정 지리적 공간(마을·동네·도시 등)에 거주하는 사람들이 일상적 상호작용과 공동 관심사로 연결된 생활 공동체. 주민이 지역 자원과 문제를 함께 경험·해결하며 소속감과 정체성을 형성

- **공동사회**(Gemeinschaft) : 혈연·지연·우정 등 자연스럽고 친밀한 관계를 바탕으로 형성된 전통적 공동체.가족·마을과 같이 구성원 간 유대와 상호의존이 강한 사회 형태를 말함

- **이익사회**(Gesellschaft) : 개인의 목적·이익·계약을 중심으로 형성된 형식적·합리적 사회. 도시·회사와 같이 관계가 일시적이며, 개인주의와 익명성이 강하게 나타남

- **좋은 공동체**(The Good Community) : 구성원 간 신뢰와 참여를 바탕으로 삶의 질과 공동선을 함께 추구하는 이상적 공동체. 민주적 의사결정과 자율성, 문제해결 능력을 갖추고 개인과 공동체의 성장을 동시에 지향함

- **학습공동체**(Learning Community) : 공통의 학습 목표를 가진 사람들이 지식과 경험을 나누며 함께 성장하는 협력적 집단. 지속적인 상호작용과 성찰을 통해 구성원과 공동체의 역량을 함께 높임

- **지방소멸** : 지방의 인구 감소와 고령화, 청년층 유출로 지역의 지속 가능성이 위협받는 현상. 이로 인해 교육·의료·교통 등 기초 서비스 유지와 지역공동체·지역경제의 존속이 어려워짐

- **평생학습사회**(Lifelong Learning Society) : 모든 국민이 언제, 어디서나 학습할 수 있는 제도와 문화가 갖추어진 사회. 가정·직장·지역사회 등 일상 공간이 학습의 장이 되며, 학습이 개인과 사회발전의 핵심 동력이 됨

- **평생교육법** : 국민에게 평생교육 기회를 보장하기 위하여 제정된 대한민국의 기본 법률. 국가와 지방자치단체, 평생교육기관의 책무와 평생교육 진흥체계를 규정하여 평생학습사회 구현을 뒷받침함

- **장애인평생학습도시 :** 장애인의 특성과 수요를 반영한 평생학습 체계를 갖춘 도시. 물리적·정보적 접근성을 보장하고 맞춤형 프로그램과 지원을 통해 장애인의 학습권과 사회참여를 확대함

- **평생학습도시 네트워크 :** 평생학습을 추진하는 여러 도시가 정책과 경험을 공유하며 협력하는 연합체. 우수사례 교류와 공동사업을 통해 평생학습 활성화와 지역 간 상생발전을 추구

- **평생학습연구소(UNESCO Institute for Lifelong Learning, UIL) :** 유네스코 산하 평생학습 전문기관으로, 각국의 평생학습 및 성인교육 정책을 연구·지원. 정책 자문과 국제협력, 자료 제공을 통해 전 세계 평생학습사회 구축 기여

- **글로벌평생학습도시(Global Network of Learning Cities, GNLC) :** 유네스코가 운영하는 국제 학습도시 네트워크. 회원도시들이 평생학습을 통해 지속가능발전과 사회통합을 추진하도록 우수사례 공유와 상호 학습의 장을 제공

- **지속가능발전목표(Sustainable Development Goals, SDGs) :** 2015년 유엔이 채택한 2030년까지의 인류 공동 발전목표. 빈곤·불평등·교육·환경·기후변화 등 17개 목표를 통해 경제·사회·환경의 균형 있는 발전을 지향

단원학습문제

객관식 문제

1. 공동사회(Gemeinschaft)에 대한 설명으로 올바르지 않는 것은?

① 공동체의 정신을 바탕으로 성원 상호 결합 된 부락공동체
② 가장 순수한 형태의 가족 구성
③ 통일의 단계에서 분리의 단계로 진행
④ 일시적인 통일성을 유지하지만 언제나 분리가 우선시됨

2. Warren의 '좋은 공동체(The Good Community)' 개념에 대한 설명으로 틀린 것은?

① 일차집단 관계: 공동체 구성원 간의 공동체적 친밀도
② 헌신적 활동: 공동체가 각 개인에게 중요하게 받아들여지는 정도, 적정한 수준의 이질적 인구구성
③ 생존력: 직면하는 문제에 대한 공동체의 해결 능력 강조, 민주주의의 가치를 존중한 권력의 분배, 공동체의 지속적 발전을 위한 절대적 조건으로서의 참여
④ 공동체의 자율성: 공동체 내의 의사결정은 구성원에 의해 이루어져야 함

3. 지역공동체 인구수가 수도권으로의 급격한 유출과 저출산 고령화로 일어나는 문제가 아닌 것은?

① 교육 · 의료 · 보육 · 생활 인프라 · 산업 인프라 · 행정 사각지대 · 관리 비용의 증가
② 지역공동체의 붕괴 · 지역경제의 쇠퇴
③ 지역 간의 불균형을 초래로 사회적 갈등까지도 심화
④ 살기 좋은 공동체 활성화

4. 유네스코에서 활동한 프랑스 출신의 교육학자로, 1970년 『Lifelong Education: A Vision of the Future』라는 저서를 통해 "평생학습(Lifelong Education)" 개념을 정립한 학자는?

① Paul Lengrand(폴 랭그랜)
② Longworth(롱워스)
③ 棒村純一(신무라 준이치)
④ Aristotle(아리스토텔레스)

5. 다음은 지역공동체 평생교육의 개념적 요소를 세분화한 설명으로 옳지 않은 것은?

① 모든 지역공동체 구성원의 성숙을 위한 평생교육이다.
② 지역공동체의 지속적인 성장을 위한 평생교육이다.
③ 지역공동체에 의한 평생교육이다.
④ 학교 교육을 내용으로 하는 평생교육이다.

6. 신무라 준이치(棒村純一)가 1979년 세계 최초 평생학습도시 선언을 하고 추진한 사업이 아닌 것은?
   ① 인재양성과 마을 만들기를 통하여 평생을 통한 학습 기회를 제공
   ② 시민의 삶을 풍요롭게
   ③ 여성친화도시
   ④ 학습을 통하여 배운 것을 마을 만들기에 활용

7. 다음은 어느 나라의 직업훈련 평생학습네트워크의 사례인가?

지역 단위 중소기업 직업훈련 평생학습네트워크의 대표적인 사례라 할 수 있다. Alesund 지역에 위치한 46개의 중소기업은 Nordvest Form을 구성하여 기업 간 학습 및 혁신 사례의 공유 등을 통해 개별 기업의 학습조직화를 촉진하는 사례로 널리 알려져 왔다. 네트워크 활동을 관리하고 지원하기 위하여 46개 기업이 출자한 NVF사가 설립되었다. NVF사는 2025년 현재 53개 기업이 출자 활동하고 있으며, 지역기업의 경영 능력 향상을 통하여 지역의 경쟁의 강화에 목적을 두고 있다.

   ① 노르웨이　　② 미국
   ③ 일본　　④ 캐나다

8. 대한민국 평생교육진흥 기본계획은 몇 년 단위로 수립되는가?
   ① 3년　　② 5년
   ③ 6년　　④ 10년

9. 장애인이 소외됨 없이 평생학습권을 보장받는 장애친화적 평생학습 체계 구축 장애인의 특성과 수요가 반영된 상향식 장애인 평생교육 풀뿌리 강화를 위하여 지정 · 운영되는 사업은?
   ① 여성친화평생학습도시　　② 평생학습도시
   ③ 노인친화평생학습도시　　④ 장애인평생학습도시

10. 평생학습연구소(UNESCO Institute for Lifelong Learning, UIL)가 2015년 각국이 빈곤, 교육, 성평등, 난민, 분쟁, 기후변화, 에너지, 환경오염 등 인류와 지구 공동체의 문제를 해결하기 위해 함께 추진해야 할 과제로 제시한 것은 무엇인가?
   ① 지속가능발전목표(SDGs)　　② 새천년개발목표(MDGs)
   ③ 국제평생학습진흥계획　　④ 미래교육 2030

주관식 문제

1. 지역공동체(Local Community) 개념에 대해서 설명하시오.

2. 지역공동체 평생교육의 개념적 요소 다섯 가지를 설명하시오.

3. Longworth(2000)가 주장한 평생학습도시에 대한 개념에 대해서 설명하시오.

4. 장애인 평생학습도시 정책의 법적 근거에 대해서 설명하시오.

5. 2015년 9월 유엔 총회에서 유네스코 평생학습연구소(UIL)가 제시한 지속가능발전목표(SDGs)에 대해서 설명하시오.

정답 및 해설

1. 정답 ④

'공동사회'(Gemeinschaft) 공동체의 정신을 바탕으로 성원 상호 결합 된 부락공동체, 유기적 결합은 출생, 무계획, 무의식적으로 조직, 통일의 단계에서 분리의 단계로 진행, 강한 연대성, 가장 순수한 형태의 가족 구성의 특성을 가진다.

2. 정답 ①

Warren은 '좋은 공동체(The Good Community)'의 개념을 일차집단 관계: 공동체 구성원 간의 개인적 친밀도, 공동체의 자율성: 공동체 내의 의사결정은 구성원에 의해 이루어져야 함, 생존력: 직면하는 문제에 대한 공동체의 해결 능력 강조, 민주주의의 가치를 존중한 권력의 분배, 공동체의 지속적 발전을 위한 절대적 조건으로서의 참여, 헌신적 활동: 공동체가 각 개인에게 중요하게 받아들여지는 정도, 적정한 수준의 이질적 인구구성, 이웃 통제의 정도: 타 공동체와의 관계에서 나타나는 분권화와 이에 대한 통제의 정도, 적절한 수준의 갈등 유지를 제시하였다

3. 정답 ④

교육 · 의료 · 보육 · 생활 인프라 · 산업 인프라 · 행정 사각지대 · 관리 비용의 증가 · 지역공동체의 붕괴 · 지역경제의 쇠퇴로 이어지고 있다. 특히 지역 간의 불균형을 초래할 뿐만 아니라, 사회적 갈등까지도 심화시키고 있다.

4. 정답 ①

폴 랭그랜(Paul Lengrand)은 유네스코에서 활동한 프랑스 출신의 교육학자로, 1970년 『Lifelong Education: A Vision of the Future』라는 저서를 통해 "평생학습(Lifelong Education)" 개념을 정립하고 이를 도시 수준까지 확대할 필요성을 역설했다. 그는 교육이 특정 시기(어릴 때)만이 아니라, 전 생애에 걸쳐 이루어져야 하며, 사회 전체가 학습을 지원하는 환경이 되어야 한다고 강조하였다.

5. 정답 ④

지역공동체 평생교육의 개념적 요소를 세분화하여 다섯 가지로 제시한다. 첫째, 모든 지역공동체 구성원의 성숙을 위한 평생교육이다. 둘째, 지역공동체의 지속적인 성장을 위한 평생교육이다. 셋째, 지역공동체에 의한 평생교육이다. 넷째, 지역을 내용으로 하는 평생교육이다. 다섯째, 지역의 자원을 활용하는 평생교육이다. 이처럼 학습공동체의 범위가 점차 다원적으로 확장되고 있다.

6. 정답 ③

1979년 세계 최초 평생학습도시 선언을 하고, 인재양성과 마을 만들기를 통하여 평생을 통한 학습기회를 제공하고, 시민의 삶을 풍요롭게, 학습을 통하여 배운 것을 마을 만들기에 활용하는 것이었다.

평생학습과 마을 만들기가 서로 상호 보완적이라는 점에서 평생학습 마을 만들기가 전개되었다.

7. 정답 ①

노르웨이 Alesund(올레순) 평생학습네트워크는 지역 단위 중소기업 직업훈련 평생학습네트워크의 대표적인 사례

8. 정답 ②

정부는 2002년부터 5년 단위로 평생교육진흥 기본계획을 세워 대한민국 평생교육 진흥에 노력하고 있다.

9. 정답 ④

평생교육법 제15조의2(장애인 평생학습도시) ① 국가는 장애인의 평생교육 활성화를 위하여 특별자치시, 시 · 군 및 자치구를 대상으로 장애인 평생학습도시를 지정 및 지원할 수 있다. 장애인 평생학습도시 지정 · 운영은 장애 유형 및 정도에 따른 다양한 평생교육 프로그램을 제공하고, 접근성 향상을 위해 이동 등 편의 사항을 지원하는 것에 중점을 두었다.

10. 정답 ①

지속가능발전목표(SDGs) 실천에 관한 고찰로 글로벌학습도시 네트워크 참여 평생학습도시를 중심으로 달성을 지원하는 학습도시 협력 플랫폼인 유네스코 글로벌학습도시 네트워크(Global Network of Learning Cities, GNLC)를 만들었다. 네트워크 활동은 평생학습이 도시 내에서 포용, 번영, 지속가능성 증진을 위하여 행하는 역할을 구체화하고 실천 방안을 제시함으로써 도시들이 평생학습을 통해 지속가능한 미래를 공고히 할 수 있도록 하는 데 목적을 두고 있다.

Chapter

08

지역사회 학습자원의 연계

1. 지역사회 학습자원의 이해
2. 학습자원 조사 및 분석
3. 학습자원 연계 전략 및 실제
4. 실무 적용 방안과 과제

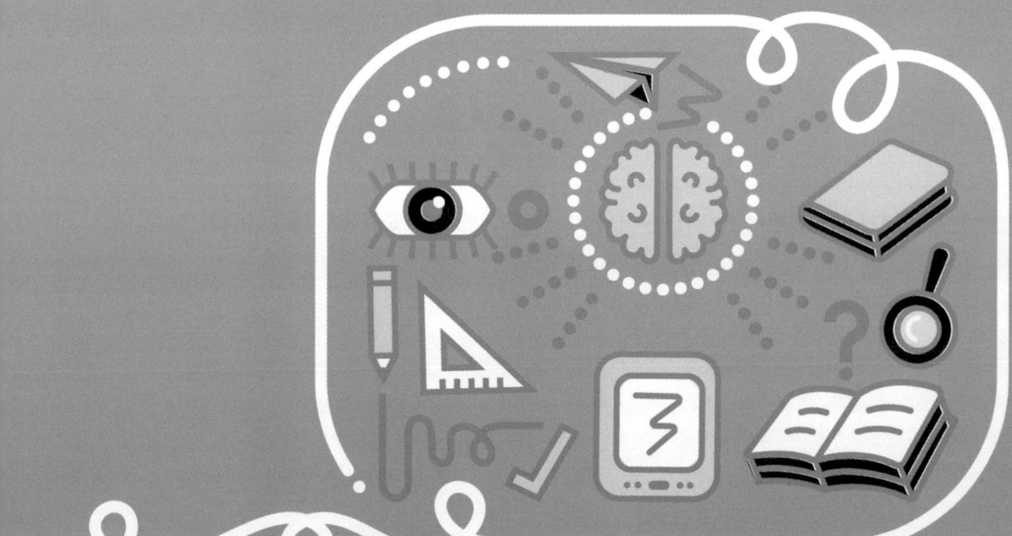

학습목표

1. 지역사회 학습자원의 개념과 특성을 이해하고, 유형별 특성에 따른 실제 활용방안을 제시할 수 있다.
2. 학습자원 조사 및 분석 방법을 습득하여 효과적인 연계 전략과 모형을 설계할 수 있다.
3. 현장 맞춤형 연계 전략을 개발하고, 실무적 과제에 대한 해결방안을 도출할 수 있다.

단원 키워드

지역사회 학습자원, 자원 연계, 학습자원 조사, 자원 분석, 연계 전략, 연계 모형, 교육적 잠재력, 지역성, 맥락성, 체험학습, 파트너십, 네트워크, 지속가능성, 실무적 과제

지역사회 학습자원의 연계

1. 지역사회 학습자원의 이해

1) 지역사회 학습자원의 개념

지역사회 학습자원은 특정 지역 내에서 교육 및 학습 활동을 지원하고 촉진할 수 있는 모든 형태의 자원을 의미한다. 이는 단순히 물리적 시설이나 기관에 국한되지 않고, 인적 자원, 문화적 자산, 자연환경, 역사적 유산, 산업체, 공공기관 등 지역사회가 보유한 다양한 형태의 교육적 잠재력을 포괄하는 개념이다.

지역사회 학습자원의 핵심은 지역의 고유한 특성과 맥락을 반영한 교육적 가치를 제공한다는 점이다. 이러한 자원들은 학습자에게 실제적이고 구체적인 학습 경험을 제공하며, 이론과 실제를 연결하는 중요한 역할을 수행한다. 또한 지역사회 구성원들의 참여와 협력을 통해 지속적으로 발전하고 변화하는 동적인 특성을 가지고 있다.

전통적인 교육자원이 표준화되고 획일적인 특성을 가진다면, 지역사회 학습자원은 각 지역의 독특한 색깔과 개성을 반영한다. 이는 학습자들에게 다양성을 경험할 수 있는 기회를 제공하고, 지역에 대한 이해와 애착을 형성하는 데 기여한다.

2) 지역사회 학습자원의 고유한 특성

지역사회 학습자원은 일반적인 교육자원과 구별되는 몇 가지 고유한 특성을 가지고 있다.

(1) 지역성과 맥락성

지역사회 학습자원의 가장 중요한 특성은 지역성이다. 이는 특정 지역의 역사, 문화, 사회적 맥락 속에서 형성되고 발전해온 자원으로서, 해당 지역의 고유한 정체성과 특색을 반영한다. 예를 들어, 전통 공예 기술을 보유한 장인, 지역 특산물 생산 과정, 역사적 유적지 등은 모두 그 지역만의 독특한 교육적 가치를 제공한다.

맥락성은 학습자원이 단순히 정보나 지식을 전달하는 것이 아니라, 실제 생활과 밀접하게 연결된 의미 있는 학습 경험을 제공한다는 의미이다. 이러한 맥락적 학습은 학습자의 이해도를 높이고 학습 동기를 증진시키는 효과가 있다.

지역성과 맥락성은 학습자들로 하여금 자신이 살고 있는 지역에 대한 새로운 시각을 갖게 하고, 지역사회의 일원으로서의 정체성과 소속감을 강화시킨다. 이는 궁극적으로 지역사회 발전에 대한 관심과 참여 의식을 높이는 결과로 이어진다.

(2) 실제성과 체험성

지역사회 학습자원은 실제 삶의 현장에서 이루어지는 살아있는 교육 기회를 제공한다. 교실에서의 이론적 학습과 달리, 지역사회 자원을 활용한 학습은 직접적인 관찰, 참여, 체험을 통해 이루어진다. 이러한 실제성은 학습자에게 보다 생생하고 기억에 남는 학습 경험을 제공하며, 추상적인 개념을 구체적으로 이해할 수 있는 기회를 만들어준다. 예를 들어, 환경 보호에 대해 배울 때 실제 환경 정화 활동에 참여하거나, 지역의 환경 문제를 직접 조사하고 해결방안을 모색하는 활동은 이론적 학습만으로는 얻을 수 없는 깊이 있는 이해를 가능하게 한다.

체험성은 학습자의 감각과 감정을 동시에 자극하여 전인적 학습을 가능하게 한다. 단순히 지식을 습득하는 것을 넘어서, 태도와 행동의 변화까지 이끌어낼 수 있는 강력한 교육적 효과를 가지고 있다.

(3) 관계성과 네트워크성

지역사회 학습자원은 다양한 주체들 간의 관계와 네트워크를 기반으로 한다. 학교와 지역사회 기관, 전문가와 학습자, 지역 주민과 교육자 등 다양한 이해관계자들이 서로 연결되고 협력하는 과정에서 교육적 효과가 창출된다. 이러한 네트워크는 단순히 자원을 공유하는 것을 넘어서, 상호 학습과 성장의 기회를 제공한다. 학습자는 다양한 사람들과의 만남을 통해 사회적 기술을 기르고, 지역사회에 대한 소속감을 높일 수 있다.

관계성은 또한 학습의 지속성을 보장하는 중요한 요소이다. 한 번의 만남이나 체험으로 끝나는 것이 아니라, 지속적인 관계 맺기를 통해 장기적인 학습과 성장이 이루어질 수 있다.

(4) 지속가능성과 발전성

지역사회 학습자원은 일회성 프로그램이 아닌 지속가능한 교육 생태계를 구축하는 것을 목표로 한다. 이는 지역사회의 역량을 지속적으로 개발하고, 새로운 자원을 발굴하며, 기존 자원의 활용도를 높이는 선순환 구조를 만들어 간다.

또한 지역사회의 변화와 발전에 따라 학습자원도 함께 진화하고 발전한다. 새로운 기술의 도입, 산업 구조의 변화, 인구 구성의 변화 등에 적응하면서 지역사회 학습자원도 지속적으로 새로워진다.

지속가능성은 환경적, 사회적, 경제적 측면에서 균형 잡힌 발전을 추구한다. 단기적인 효과보다는 장기적인 관점에서 지역사회 전체의 학습 역량을 키우는 것을 중시한다.

3) 지역사회 학습자원의 교육적 의의

지역사회 학습자원의 활용은 여러 측면에서 중요한 교육적 의의를 가진다.

(1) 학습의 확장과 심화

지역사회 학습자원은 학교 교육의 한계를 보완하고 학습의 범위를 확장시킨다. 교실에서 다룰 수 없는 다양한 주제와 내용을 실제 현장에서 학습할 수 있게 하며, 이론적 지식을 실제 상황에 적용해볼 수 있는 기회를 제공한다.

또한 학습자의 다양한 학습 스타일과 관심사에 맞는 개별화된 학습 기회를 제공한다. 시각적, 청각적, 운동감각적 학습자 모두에게 적합한 다양한 형태의 학습 경험을 제공할 수 있다.

학습의 심화 측면에서는 단편적인 지식 습득을 넘어서 통합적이고 종합적인 사고력을 기를 수 있다. 실제 문제 상황에서 다양한 지식과 기술을 종합적으로 활용하는 능력을 기를 수 있다.

(2) 사회적 역량 개발

지역사회 학습자원을 활용한 교육은 학습자의 사회적 역량 개발에 큰 도움이 된다. 다양한 연령대와 배경을 가진 사람들과의 교류를 통해 의사소통 능력, 협력 능력, 문제해결 능력 등을 기를 수 있다. 특히 지역사회문제를 함께 고민하고 해결방안을 모색하는 과정에서 시민 의식과 공동체 의식을 함양할 수 있다. 이는 미래 사회의 민주시민으로 성장하는 데 필수적인 역량이다.

사회적 역량은 또한 다문화 이해와 포용성을 기르는 데도 기여한다. 지역사회의 다양한 구성원들과의 만남을 통해 차이를 인정하고 존중하는 태도를 기를 수 있다.

(3) 진로 탐색과 직업 체험

지역사회의 다양한 직업군과 산업 분야를 직접 경험할 수 있는 기회를 제공한다. 이는 학습자가 자신의 적성과 흥미를 발견하고, 미래 진로를 구체적으로 계획하는 데 도움이 된다. 특히 지역의 특화 산업이나 전통 기술을 체험하는 과정에서 지역에 대한 자긍심을 기르고, 지역 발전에 기여하고자 하는 의지를 키울 수 있다.

진로 탐색은 단순히 직업 정보를 얻는 것을 넘어서, 일의 의미와 가치에 대해 깊이 생각해볼 수 있는 기회를 제공한다. 이는 미래의 직업 선택에 중요한 기준이 된다.

2. 학습자원 조사 및 분석

1) 학습자원 조사의 필요성과 목적

지역사회 학습자원의 효과적 활용을 위해서는 체계적이고 종합적인 조사가 선행되어야 한다. 이는 단순히 자원의 존재를 파악하는 것을 넘어서, 각 자원의 교육적 잠재력과 활용 가능성을 면밀히 분석하는 과정이다.

(1) 잠재 자원의 발굴

많은 지역사회 자원들이 그 교육적 가치를 제대로 인식받지 못한 채 활용되지 않고 있다. 체계적인 조사를 통해 이러한 잠재 자원들을 발굴하고, 교육적 관점에서 그 가치를 재평가할 수 있다. 예를 들어, 지역의 오래된 건물이나 시설물, 전통적인 생활 방식, 지역 주민들의 특별한 경험이나 기술 등이 모두 소중한 학습 자원이 될 수 있다. 이러한 자원들은 외부에서는 쉽게 찾을 수 없는 고유한 가치를 가지고 있으며, 적절히 활용되면 매우 효과적인 교육 프로그램으로 발전할 수 있다.

잠재 자원의 발굴은 지역사회 구성원들의 적극적인 참여와 협력이 필요하다. 지역 주민들이 가진 다양한 경험과 지식, 기술들을 교육적 관점에서 재조명하고 활용할 수 있는 방안을 모색해야 한다.

(2) 자원 간 연계성 파악

개별 자원들이 어떻게 서로 연결되고 상호작용하는지 파악하는 것도 중요하다. 이를 통해 단일 자원의 활용을 넘어서 여러 자원을 유기적으로 연결한 통합적 교육 프로그램을 개발할 수 있다. 예를 들어, 지역의 역사 유적지와 전통 공예 기술, 지역 축제가 서로 어떤 관련성을 가지고 있는지 파악하면, 이들을 연결한 종합적인 문화 교육 프로그램을 만들 수 있다. 이러한 연계성 파악은 교육의 효과를 높이고, 자원 활용의 효율성을 증진시킨다.

자원 간 연계성은 또한 지역사회의 통합성과 일체감을 높이는 데도 기여한다. 서로 분리되어 있던 자원들이 교육이라는 공통 목표 하에 연결되면서 지역사회 전체의 결속력을 강화할 수 있다.

(3) 활용 조건과 제약 요인 분석

각 자원의 활용 가능한 조건과 제약 요인을 명확히 파악해야 효과적인 활용 계획을 수립할 수 있다. 시간적, 공간적, 인적, 물적 조건들을 종합적으로 고려하여 현실적인 활용 방안을 모색해야 한다.

시간적 조건은 자원이 언제 활용 가능한지, 얼마나 오랫동안 이용할 수 있는지 등을 의미한다. 공간적 조건은 자원의 위치, 접근성, 수용 인원 등을 포함한다. 인적 조건은 자원 운영에 필요한 인력의 확보 가능성을, 물적 조건은 필요한 장비나 시설의 준비 상황을 의미한다.

제약 요인으로는 안전 문제, 법적 규제, 비용 문제, 운영 주체의 의지 등이 있을 수 있다. 이러한 제약 요인들을 사전에 파악하고 해결 방안을 마련해야 원활한 자원 활용이 가능하다.

2) 학습자원의 유형별 분류

지역사회 학습자원은 다양한 기준으로 분류할 수 있으며, 이러한 분류는 체계적인 조사와 효과적인 활용을 위해 필요하다.

(1) 성격에 따른 분류

① 인적 자원

지역사회의 다양한 사람들이 가진 지식, 기술, 경험을 활용하는 자원이다. 전문가, 장인, 예술가, 자원봉사자, 지역 어르신, 동문 등이 포함된다. 인적 자원의 특징은 살아있는 지식과 경험을 전달할 수 있다는 점이다. 책이나 인터넷에서는 얻을 수 없는 생생한 체험담과 실무 노하우를 직접 전수받을 수 있다. 또한 인간적인 교감을 통해 학습 동기를 높이고, 멘토 역할을 수행할 수 있다.

인적 자원의 활용에서 중요한 것은 상호 존중과 배려이다. 일방적인 지식 전달이 아니라 서로 배우고 성장하는 관계를 형성해야 한다. 또한 지속적인 관계 유지를 통해 장기적인 교육 효과를 기대할 수 있다.

② 물적 자원

건물, 시설, 장비, 도구, 자료 등 물리적 형태를 가진 자원이다. 박물관, 도서관, 문화센터, 산업시설, 자연환경 등이 여기에 해당한다.

물적 자원의 장점은 안정적이고 지속적인 활용이 가능하다는 점이다. 또한 많은 수의 학습자가 동시에 이용할 수 있어 효율성이 높다. 특히 체험 학습에 필수적인 실물 자료와 도구들을 제공할 수 있다.

물적 자원의 효과적 활용을 위해서는 시설의 안전성과 접근성을 확보해야 한다. 또한 학습자의 연령과 특성에 맞는 적절한 활용 방법을 개발해야 한다.

③ 제도적 자원

지역사회의 조직, 기관, 단체 등이 제공하는 시스템과 프로그램을 의미한다.

지방자치단체, 시민단체, 종교단체, 기업 등의 교육 지원 제도가 포함된다.

제도적 자원의 특징은 체계적이고 지속적인 지원이 가능하다는 점이다. 개인의 역량이나 의지에 의존하지 않고 조직적인 차원에서 안정적인 교육 기회를 제공할 수 있다.

제도적 자원의 활용에서는 각 기관의 목적과 특성을 이해하고, 상호 이익이 되는 협력 방안을 모색해야 한다. 일방적인 요청보다는 파트너십 관계를 구축하는 것이 중요하다.

〈표 8-1〉 지역사회 학습자원의 성격에 따른 분류

자원 유형	정의 및 예시	주요 특징	활용 시 고려사항
인적 자원	• 지역사회 사람들이 가진 지식, 기술, 경험을 활용하는 자원 • 예시: 전문가, 장인, 예술가, 자원봉사자, 지역 어르신, 동문 등	• 살아있는 지식과 경험 전달 가능 • 생생한 체험담과 실무 노하우 제공 • 인간적 교감을 통한 학습 동기 증진 • 멘토 역할 수행 가능	• 상호 존중과 배려 필요 • 일방적 지식 전달 지양 • 서로 배우고 성장하는 관계 형성 • 지속적 관계 유지 중요
물적 자원	• 건물, 시설, 장비, 도구, 자료 등 물리적 형태를 가진 자원 • 예시: 박물관, 도서관, 문화센터, 산업시설, 자연환경 등	• 안정적이고 지속적인 활용 가능 • 많은 수의 학습자 동시 이용가능 • 높은 효율성 보장 • 체험학습 필수 실물 자료 제공	• 시설의 안정성과 접근성 확보 • 학습자 연령과 특성에 맞는 활용법 개발 • 정기적인 시설 점검과 관리 필요
제도적 자원	• 지역사회 조직, 기관, 단체가 제공하는 시스템과 프로그램 • 예시: 지방자치단체, 시민단체, 종교단체, 기업의 교육 지원 제도	• 체계적이고 지속적인 지원 가능 • 개인 역량에 의존하지 않는 안정성 • 조직적 차원의 교육 기회 제공 • 시스템화된 운영 가능	• 각 기관의 목적과 특성 이해 필요 • 상호 이익되는 협력 방안 모색 • 파드너십 관계 구축 중요 • 일방적 요청 지양
문화적 자원	• 지역의 역사, 전통, 문화, 예술 등 무형의 문화적 자산 • 예시: 축제, 의례, 전설, 민요, 전통놀이 등	• 지역 정체성과 특색 반영 • 문화적 뿌리와 배경 이해 도움 • 문화적 자긍심 함양 • 지역만의 독특한 교육적 가치 제공	• 전통 보존과 현대적 활용의 균형 • 문화 원형 훼손방지 • 현대 학습자의 이해도 고려 • 문화적 맥락 존중 필요

④ 문화적 자원

지역의 역사, 전통, 문화, 예술 등 무형의 문화적 자산을 교육에 활용하는 자원이다. 축제, 의례, 전설, 민요, 전통 놀이 등이 이에 해당한다.

문화적 자원은 지역의 정체성과 특색을 가장 잘 보여주는 자원이다. 학습자로 하여금 자신의 뿌리와 문화적 배경을 이해하게 하고, 문화적 자긍심을 기르는 데 중요한 역할을 한다.

문화적 자원의 활용에서는 전통의 보존과 현대적 활용 사이의 균형을 맞추는 것이 중요하다. 문화의 원형을 해치지 않으면서도 현대 학습자들이 쉽게 이해하고 받아들일 수 있는 방법을 찾아야 한다.

(2) 분야에 따른 분류

① 교육·문화 분야

학교, 도서관, 박물관, 미술관, 문화센터, 평생학습관 등 직접적으로 교육과 문화 활동을 담당하는 기관들이다. 이들 기관은 이미 교육을 주요 목적으로 하고 있어 학습자원으로 활용하기에 가장 적합하다. 전문적인 교육 프로그램과 시설을 보유하고 있으며, 교육 경험이 풍부한 인력을 갖추고 있다.

교육·문화 분야 자원의 활용에서는 기존 프로그램과의 연계성을 고려해야 한다. 중복을 피하고 상호 보완적인 역할을 할 수 있도록 조정하는 것이 필요하다.

② 경제·산업 분야

농장, 공장, 상점, 은행, 시장 등 경제 활동과 관련된 현장들로, 경제 교육과 진로 체험의 장으로 활용될 수 있다. 이들 자원의 가치는 실제 경제 활동을 직접 관찰하고 체험할 수 있다는 점이다. 이론으로만 배우던 경제 원리를 실제 현장에서 확인할 수 있으며, 다양한 직업 세계를 탐색할 수 있다.

경제·산업 분야 자원의 활용에서는 안전 문제와 업무 방해 문제를 고려해야 한다. 사전 협의를 통해 적절한 시간과 방법을 정하고, 안전 교육을 철저히 실시해야 한다.

③ 행정·사회 분야

시청, 구청, 경찰서, 소방서, 법원, 복지시설 등 사회 제도와 시민 생활과 직접 관련된 기관들이다. 이들 기관은 민주시민 교육의 중요한 자원이다. 사회 제도의 운영 원리를 이해하고, 시민으로서의 권리와 의무를 배울 수 있다. 또한 공공서비스의 중요성과 가치를 인식할 수 있다.

행정 · 사회 분야 자원의 활용에서는 기관의 공공성과 중립성을 존중해야 한다. 특정한 정치적 성향이나 이념을 강요하지 않고, 객관적이고 균형잡힌 시각을 유지해야 한다.

④ 환경·자연 분야

공원, 강, 산, 습지, 농장 등 자연환경과 생태계를 활용한 환경 교육의 장소들이다. 자연환경은 환경 교육뿐만 아니라 과학 교육, 생태 교육, 정서 교육 등 다양한 교육 목적으로 활용할 수 있다. 자연과의 직접적인 접촉을 통해 생명의 소중함과 환경 보호의 필요성을 체감할 수 있다.

환경 · 자연 분야 자원의 활용에서는 환경 보호와 지속가능성을 항상 고려해야 한다. 교육 활동이 자연환경에 해를 끼치지 않도록 주의하고, 환경 보호 의식을 기르는 방향으로 프로그램을 구성해야 한다.

⑤ 보건·의료 분야

병원, 보건소, 약국 등 건강과 의료 서비스와 관련된 시설들로, 보건 교육과 생명 존중 교육의 자원이 된다. 보건 · 의료 분야 자원은 건강의 중요성과 의료진의 역할을 이해하는 데 도움이 된다. 또한 질병 예방과 건강 관리에 대한 실용적인 지식을 얻을 수 있다. 이 분야 자원의 활용에서는 환자의 프라이버시와 의료 윤리를 철저히 지켜야 한다. 또한 감염 예방 등 안전 수칙을 엄격히 준수해야 한다.

〈표 8-2〉 지역사회 학습자원의 분야에 따른 분류

분야	정의 및 예시	주요 특징	활용 시 고려사항
교육 · 문화 분야	• 직접적으로 교육과 문화 활동을 담당하는 기관 • 예시: 학교, 도서관, 박물관, 미술관, 문화센터, 평생학습관 등	• 교육을 주요 목적으로 하는 기관 • 전문적인 교육 프로그램 보유 • 교육 경험이 풍부한 인력 보유 • 학습자원 활용에 가장 적합	• 기존 프로그램과의 연계성 고려 • 중복 방지 및 상호 보완적 역할 • 적절한 조정과 협력 필요
경제 · 산업 분야	• 경제활동과 관련된 현장으로 경제교육과 진로체험의 장 • 예시: 농장, 공장, 상점, 은행, 시장 등	실제 경제 활동 직접 관찰·체험 가능 • 이론과 실제 현장의 연결 • 다양한 직업 세계 탐색 기회 • 경제 원리의 현실적 이해 도움	• 안전 문제와 업무 방해 고려 • 사전 협의를 통한 적절한 시간 조정 • 철저한 안전 교육 실시 • 현장 예절과 규칙 준수
행정 · 사회 분야	• 사회 제도와 시민생활과 직접 관련된 기관 • 예시: 시청, 구청, 경찰서, 소방서, 법원, 복지시설 등	• 민주시민 교육의 중요한 자원 • 사회제도 운영 원리 이해 도움 • 시민 권리와 의무 학습 기회 • 공공서비스 가치 인식 가능	• 기관의 공공성과 중립성 존중 • 특정 정치적 성향 강요 금지 • 객관적이고 균형잡힌 시각 유지 • 행정 절차와 규정 준수
환경 · 자연 분야	• 자연 환경과 생태계를 활용한 환경교육의 장소 • 예시: 공원, 강, 산, 습지, 농장 등	• 다양한 교육 목적 활용 가능 • 자연과의 직접적 접촉 기회 • 생명의 소중함 체감 가능 • 환경보호 필요성 실감	• 환경보호와 지속가능성 고려 • 자연환경에 해를 끼치지 않도록 주의 • 환경보호 의식 함양 방향 구성 • 생태계 보전 원칙 준수
보건 · 의료 분야	• 건강과 의료 서비스 관련 시설로 보건교육과 생명존중교육 자원 • 예시: 병원, 보건소, 약국 등	• 건강의 중요성과 의료진 역할 이해 • 질병 예방과 건강 관리 지식 습득 • 생명 존중 의식 함양 • 실용적인 보건 정보 제공	• 환자 프라이버시와 의료 윤리 준수 • 감염 예방 등 안전 수칙 엄수 • 의료진의 업무 방해 최소화 • 의료 현장의 특수성 인식

(3) 접근성에 따른 분류

① 상시 개방형 자원

언제든지 접근 가능한 자원으로, 공원, 도서관, 상설 전시관 등이 있다. 상시 개방형 자원의 장점은 이용의 편리성과 융통성이다. 학습자의 일정에 맞춰 언제든지 방문할 수 있으며, 반복 학습이 용이하다. 또한 개별 학습이나 소그룹 학습에 적합하다. 이러한 자원의 효과적 활용을 위해서는 사전 정보 제공과 안내가 중요하다. 학습자가 목적에 맞게 자원을 활용할 수 있도록 충분한 정보와 가이드를 제공해야 한다.

② 예약 방문형 자원

사전 예약이나 협의를 통해 방문할 수 있는 자원으로, 기업체, 관공서, 연구소 등이 포함된다. 예약 방문형 자원은 전문적이고 깊이 있는 학습 기회를 제공한다. 일반적으로 접근하기 어려운 전문 분야의 지식과 기술을 체험할 수 있다. 또한 전문가와의 직접적인 만남을 통해 질 높은 교육을 받을 수 있다. 이러한 자원의 활용에서는 철저한 사전 준비가 필요하다. 방문 목적과 일정을 명확히 하고, 참가자의 준비 사항을 점검해야 한다. 또한 상대방의 일정과 상황을 충분히 고려해야 한다.

③ 행사 연계형 자원

특정 행사나 시기에만 활용 가능한 자원으로, 축제, 공연, 전시회 등이 해당한다. 행사 연계형 자원은 특별한 체험과 감동을 제공한다. 일상에서는 경험할 수 없는 독특하고 흥미로운 학습 기회를 제공하며, 학습 동기를 크게 높일 수 있다. 이러한 자원의 활용에서는 행사 일정에 맞춘 계획 수립이 중요하다. 연간 행사 일정을 미리 파악하고, 교육 일정과 연계하여 계획을 세워야 한다.

3) 학습자원 조사 방법론

(1) 문헌 조사

지역의 역사, 문화, 산업, 교육 현황 등에 관한 기존 자료를 수집하고 분석하는 방법이다.

① 공식 자료 수집

지방자치단체의 통계연보, 교육청의 교육 현황 자료, 문화관광 안내서, 산업

현황 보고서 등을 활용한다. 이러한 공식 자료는 객관적이고 신뢰할 수 있는 정보를 제공하며, 지역의 전반적인 현황을 파악하는 데 도움이 된다.

공식 자료 수집에서는 최신성과 정확성을 확인해야 한다. 오래된 자료는 현재 상황과 다를 수 있으므로, 가능한 한 최근 자료를 활용하고, 필요시 현재 상황을 별도로 확인해야 한다.

② 학술 자료 검토

지역 연구 논문, 향토사 자료, 문화재 조사 보고서 등 학술적 자료를 검토하여 깊이 있는 정보를 얻는다. 학술 자료는 지역의 특성과 가치를 체계적으로 분석한 내용을 담고 있어 교육적 활용 방안을 모색하는 데 유용하다.

학술 자료의 활용에서는 일반인들이 이해하기 쉽도록 내용을 재구성하는 작업이 필요하다. 전문적인 용어나 복잡한 이론을 쉽게 풀어서 설명하고, 교육적 의미를 강조해야 한다.

③ 언론 자료 분석

지역 신문, 방송, 인터넷 매체 등을 통해 최신 동향과 이슈를 파악한다. 언론 자료는 지역사회의 현재 관심사와 화제를 반영하고 있어 시의성 있는 교육 주제를 발굴하는 데 도움이 된다.

언론 자료의 분석에서는 객관성과 균형성을 유지해야 한다. 특정 매체의 시각에 치우치지 않도록 다양한 매체의 보도를 종합적으로 검토해야 한다.

(2) 현장 조사

직접 현장을 방문하여 자원의 실제 상황을 파악하는 방법이다.

① 관찰 조사

시설의 규모, 상태, 환경, 접근성 등을 직접 관찰하고 기록한다. 체크리스트를 활용하여 체계적으로 조사하고, 사진이나 동영상을 촬영하여 기록을 남긴다.

관찰 조사에서는 교육적 관점에서 자원의 가치를 평가해야 한다. 단순히 시설의 좋고 나쁨을 판단하는 것이 아니라, 교육 목적에 얼마나 적합한지를 중점적으로 살펴봐야 한다.

② 면담 조사

자원 관리자나 운영자와의 면담을 통해 상세한 정보를 수집한다. 시설 이용 조건, 제공 가능한 프로그램, 협력 의지 등을 파악한다.

면담 조사에서는 상호 이익이 되는 협력 방안을 모색하는 자세가 중요하다. 일방적인 요청보다는 서로에게 도움이 되는 파트너십을 제안하고, 장기적인 관계 구축을 목표로 해야 한다.

③ 체험 조사

가능한 경우 직접 프로그램에 참여하거나 시설을 이용해 본다. 이를 통해 학습자의 입장에서 자원의 가치와 한계를 체감할 수 있다.

체험 조사는 가장 생생하고 구체적인 정보를 제공한다. 이론적으로는 좋아 보이던 자원이 실제로는 여러 문제점을 가지고 있을 수도 있고, 반대로 예상보다 훨씬 유용한 자원일 수도 있다.

(3) 설문 및 인터뷰 조사

지역 주민, 교육자, 학습자 등을 대상으로 한 설문 및 인터뷰를 통해 다양한 의견과 요구를 수집한다.

① 지역 주민 조사

지역 주민들을 대상으로 지역의 교육 자원에 대한 인식과 활용 의지를 조사한다. 또한 주민들이 가진 특별한 기술이나 경험, 지식을 파악하여 인적 자원으로 활용할 가능성을 탐색한다.

지역 주민 조사에서는 다양한 계층의 의견을 골고루 수렴해야 한다. 연령, 성별, 직업, 거주 기간 등을 고려하여 균형 잡힌 표본을 구성하고, 소외되는 계층이 없도록 주의해야 한다.

② 교육 관계자 조사

교사, 교육 행정가, 평생교육 실무자 등 교육 관계자들을 대상으로 지역 자원 활용에 대한 의견과 요구사항을 조사한다. 교육 현장의 실제 필요와 현실적인 제약 조건을 파악할 수 있다.

교육 관계자 조사에서는 실무적이고 구체적인 정보를 얻는 데 중점을 둬야 한다. 이상적인 계획보다는 현실적으로 실행 가능한 방안을 모색하는 것이 중요하다.

③ 학습자 조사

실제 교육 프로그램에 참여할 학습자들을 대상으로 관심사와 선호도, 기대사항 등을 조사한다. 학습자 중심의 교육을 위해서는 학습자의 목소리를 직접 듣는 것이 필수적이다.

학습자 조사에서는 연령대별, 관심 분야별로 구분하여 실시하는 것이 효과적이다. 아동, 청소년, 성인, 노인 등 각 연령대의 특성과 요구가 다르기 때문에 맞춤형 조사가 필요하다.

(4) 전문가 자문

해당 분야의 전문가들로부터 자문을 받아 조사의 객관성과 전문성을 높인다.

① 교육 전문가 자문

교육학, 평생교육학, 지역교육 전문가들로부터 자문을 받아 교육적 관점에서의 자원 활용 방안을 모색한다. 전문가들은 풍부한 경험과 이론적 지식을 바탕으로 실용적인 조언을 제공할 수 있다.

② 지역 전문가 자문

지역사회학, 도시계획학, 지역경제학 등 지역 관련 전문가들로부터 지역의 특성과 발전 방향에 대한 자문을 받는다. 이를 통해 지역사회의 맥락에 맞는 교육 자원 활용 방안을 모색할 수 있다.

③ 분야별 전문가 자문

문화, 예술, 과학, 기술, 환경 등 각 분야의 전문가들로부터 해당 분야 자원의 교육적 활용 방안에 대한 자문을 받는다. 전문가의 시각에서 자원의 가치와 활용 가능성을 평가할 수 있다.

4) 조사 결과 분석 및 활용

(1) 자료 정리 및 분류

수집한 자료를 체계적으로 정리하고 분류하여 분석하기 쉬운 형태로 가공한다. 자원의 유형별, 분야별, 지역별로 분류하고, 각 자원의 특성과 활용 조건을 명확히 정리한다.

자료 정리과정에서는 표준화된 양식을 사용하여 일관성을 유지해야 한다. 또한 디지털 형태로 데이터베이스를 구축하여 검색과 활용이 용이하도록 해야 한다.

(2) 교육적 가치 평가

각 자원의 교육적 가치를 객관적으로 평가한다. 교육 목표 달성에 얼마나 기여할 수 있는지, 학습자의 관심과 요구에 얼마나 부합하는지, 다른 교육 방법과 비교했을 때의 장점과 한계는 무엇인지 등을 종합적으로 분석한다.

교육적 가치 평가에서는 정량적 평가와 정성적 평가를 병행해야 한다. 이용

가능 인원, 소요 비용, 접근성 등은 정량적으로 평가하고, 교육적 의미와 효과는 정성적으로 평가한다.

(3) 우선순위 설정

조사 결과를 바탕으로 자원 활용의 우선순위를 설정한다. 교육적 가치, 활용 용이성, 비용 효율성, 지역적 중요성 등을 종합 고려하여 우선적으로 개발해야 할 자원을 선정한다.

우선순위 설정에서는 단계적 접근을 고려해야 한다. 단기적으로 실현 가능한 것부터 시작하여 점진적으로 확대해 나가는 전략이 효과적이다.

(4) 활용 계획 수립

조사 결과를 바탕으로 구체적인 자원 활용 계획을 수립한다. 어떤 자원을 언제, 어떻게 활용할 것인지, 필요한 준비사항은 무엇인지, 예상되는 어려움과 해결방안은 무엇인지 등을 구체적으로 계획한다.

활용 계획 수립에서는 실현 가능성을 중시해야 한다. 이상적인 계획보다는 현실적인 조건을 고려한 실행 가능한 계획을 세우는 것이 중요하다.

3. 학습자원 연계 전략 및 실제

1) 학습자원 연계의 개념과 원리

(1) 연계의 개념

학습자원 연계는 지역사회의 다양한 교육 자원들을 체계적으로 연결하고 통합하여 교육의 효과를 극대화하는 과정이다. 이는 단순히 개별 자원을 활용하는 차원을 넘어서, 자원들 간의 상호작용과 시너지 효과를 통해 새로운 교육적 가치를 창출하는 것을 의미한다.

연계의 핵심은 협력과 파트너십이다. 서로 다른 배경과 목적을 가진 다양한 주체들이 공동의 교육 목표를 위해 협력하고, 각자의 강점을 살려 상호 보완적인 관계를 형성하는 것이다.

(2) 연계의 기본 원리

상호보완성의 원리는 각 자원이 가진 고유한 장점을 살리고 단점을 보완할 수 있도록 연계한다. 예를 들어, 이론적 지식을 제공하는 기관과 실습 기회를 제공하는 현장을 연결하여 이론과 실제가 균형 잡힌 교육을 실현할 수 있다.

시너지 효과의 원리는 개별 자원의 단순한 합을 넘어서 새로운 가치를 창출한다. 두 개 이상의 자원이 결합되었을 때 각각을 따로 활용했을 때보다 더 큰 교육적 효과를 얻을 수 있도록 연계한다.

지속가능성의 원리는 일회성 협력이 아닌 지속가능한 파트너십을 구축한다. 단기적인 이익보다는 장기적인 관점에서 서로에게 도움이 되는 관계를 만들어 간다.

학습자 중심의 원리는 학습자의 필요와 요구를 중심으로 자원을 연계한다. 자원 제공자의 편의나 기관의 이익보다는 학습자의 학습 효과를 최우선으로 고려한다.

2) 연계 전략 수립

(1) 연계 목표 설정

명확한 연계 목표 설정은 성공적인 학습자원 연계의 출발점이다. 목표는 구체적이고 측정 가능하며 달성 가능한 형태로 설정되어야 한다.

단기 목표로는 지역 내 주요 학습자원 간의 기초적인 연계 체계 구축, 시범 프로그램 운영, 참여 기관 간의 협력 관계 형성 등을 설정할 수 있다. 이러한 단기 목표들은 구체적인 수치와 기한을 포함하여 명확하게 설정해야 한다.

중기 목표로는 연계 프로그램의 다양화와 질적 향상, 참여 기관 확대, 주민 참여율 증가, 지역 특화 프로그램 개발 등을 설정할 수 있다. 중기 목표는 단기 목표의 성과를 바탕으로 한 단계 발전된 수준을 지향해야 한다.

장기 목표로는 지역사회 전체의 학습생태계 구축, 평생학습 문화 정착, 지역 발전에 기여하는 교육 시스템 완성 등을 설정할 수 있다. 장기 목표는 지역사회의 비전과 연결되어 지역 발전의 동력이 될 수 있어야 한다.

(2) 단계별 추진 전략

1단계에서는 기반 조성에 집중한다. 참여 기관 발굴과 협력 의지 확인, 기초적인 협약 체결, 추진 조직 구성, 기본 계획 수립 등을 추진한다. 이 단계에서는 무리한 확장보다는 견고한 기반 구축에 중점을 둔다.

2단계에서는 시범 사업 추진을 통해 연계 모델의 효과성을 검증한다. 소규모의 연계 프로그램을 운영하면서 문제점을 파악하고 개선 방안을 도출한다. 참여자들의 반응과 만족도를 조사하여 프로그램을 보완한다.

3단계에서는 본격적인 확산을 추진한다. 시범 사업의 성과를 바탕으로 참여 기관과 프로그램을 확대하고, 다양한 형태의 연계 모델을 적용한다. 이 단계에서는 양적 확대와 질적 향상을 동시에 추구한다.

4단계에서는 안정화와 고도화를 추진한다. 연계 시스템을 제도화하고, 지속가능한 운영 체계를 구축하며, 지속적인 발전을 위한 혁신을 추진한다.

〈표 8-3〉 학습자원 연계 단계별 추진 전략

1단계	→	2단계	→	3단계	→	4단계
기반조성		시범사업		본격확산		안정화
• 참여기관 발굴 • 협약체결 • 조직구성	→	• 모델검증 • 문제파악 • 개선방안 도출	→	• 규모확대 • 다양화 • 질적향상 • 성과확산	→	• 제도화 • 고도화 • 지속발전 • 혁신추진

(3) 이해관계자 참여 전략

지방자치단체는 정책적 지원과 예산 확보, 제도적 기반 마련의 역할을 담당한다. 단체장의 의지와 관련 부서의 적극적인 지원이 연계 사업의 성공에 결정적인 영향을 미친다.

교육기관들은 전문적인 교육과정과 인력, 시설을 제공하는 역할을 한다. 각급 학교와 평생교육기관, 사설 교육기관 등이 자신의 특성을 살려 연계 사업에 참여할 수 있도록 유도해야 한다.

시민사회 단체들은 주민 참여 확대와 자원봉사자 발굴, 프로그램 기획과 운영 지원의 역할을 담당한다. 이들의 자발적이고 적극적인 참여가 연계 사업의 지속가능성을 좌우한다.

기업체들은 시설과 장비 제공, 전문 인력 파견, 재정 지원, 직업 체험 기회 제공 등의 역할을 한다. 기업의 사회적 책임 차원에서 지역사회 교육에 기여할 수 있도록 다양한 인센티브를 제공해야 한다.

3) 연계 운영 모형

(1) 통합 운영 모형(중앙집권형 관리)

통합 운영 모형은 지역의 주요 학습자원들을 하나의 통합된 시스템으로 운영하는 방식이다. 중앙 조정 기구가 전체적인 기획과 조정을 담당하고, 각 자원들이 유기적으로 연결되어 종합적인 학습 서비스를 제공한다.

이 모형의 장점은 중복을 방지하고 효율성을 높일 수 있다는 점이다. 통합된 정보 시스템을 통해 학습자들이 다양한 자원에 대한 정보를 한곳에서 얻을 수 있고, 체계적인 학습 경로를 제공받을 수 있다. 그러나 각 자원의 독립성과 특성이 제약될 수 있고, 중앙 조정 기구의 역량에 따라 전체 시스템의 성패가 좌우될 수 있다는 단점도 있다. 따라서 조정 기구의 전문성과 공정성을 확보하는 것이 중요하다.

(2) 네트워크 운영 모형(분산 협력)

네트워크 운영 모형은 각 학습자원들이 독립성을 유지하면서 수평적인 협력 관계를 구축하는 방식이다. 특정한 중심 기관 없이 참여 기관들이 동등한 파트너십을 바탕으로 상호 협력하며 정보와 자원을 공유한다.

이 모형의 장점은 각 기관의 자율성과 창의성을 보장할 수 있고, 한 기관에 문제가 발생해도 전체 시스템에 미치는 영향을 최소화할 수 있다는 점이다. 또한 참여 기관들의 자발적이고 적극적인 참여를 유도할 수 있다. 그러나 조정과 통제가 어렵고 의사결정 과정이 복잡할 수 있으며, 참여 기관들 간의 이해관계 상충이 발생할 수 있다는 단점도 있다. 따라서 신뢰 관계 구축과 효과적인 소통 체계 마련이 중요하다.

(3) 클러스터 운영 모형(군집 특화)

클러스터 운영 모형은 유사한 성격이나 기능을 가진 자원들을 군집화하여 연계하는 방식이다. 교육 클러스터, 문화 클러스터, 산업 클러스터 등으로 구분하여 각 클러스터 내에서는 긴밀한 협력을, 클러스터 간에는 느슨한 연계를 유지한다.

이 모형의 장점은 전문성과 효율성을 동시에 확보할 수 있다는 점이다. 유사한 기능을 가진 기관들끼리 협력함으로써 전문성을 높이고, 자원의 중복을 피하며 특화된 서비스를 제공할 수 있다. 특히 대도시나 교육 자원이 풍부한 지역에서 효과적이며, 각 클러스터의 독립성을 보장하면서도 필요시 클러스터 간 협력을 통해 종합적인 서비스를 제공할 수 있다.

〈표 8-4〉 학습자원 연계 모형 비교

구분	통합 모형	네트워크 모형	클러스터 모형
구조	중앙집권형	분산협력형	군집분산형
특징	중앙조정 체계적 관리 효율성 중시	수평협력 자율성 보장 유연성 확보	분야별 특화 전문성 강화 다양성 추구
장점	통합서비스 중복방지	창의성 발휘 안정성 확보	전문화 실현 효율성 제고
단점	경직성 위험 독립성 제약	조정의 어려움 의사결정 지연	연계 복잡성 격차 발생

4) 연계 전략의 실제

(1) 파트너십 구축 전략

① 상대방 이해하기

성공적인 파트너십을 위해서는 먼저 상대방을 깊이 이해해야 한다. 상대방의 목적과 가치, 문화와 운영 방식, 강점과 약점, 관심사와 우려사항 등을 파악해야 한다. 상대방 이해는 일회성 조사로 끝나지 않고 지속적인 소통을 통해 이루어져야 한다. 관계가 발전해 나가면서 서로에 대한 이해도 깊어져야 한다.

② 상호 이익 모색

지속가능한 파트너십을 위해서는 일방적인 요구나 혜택이 아닌 상호 이익이 되는 협력 방안을 모색해야 한다. 서로에게 도움이 되는 윈-윈(Win-win) 관계를 만들어야 한다. 상호 이익은 반드시 동일한 형태일 필요는 없다. 한쪽은 교육 기회를, 다른 쪽은 홍보나 사회적 기여의 기회를 얻는 등 서로 다른 형태의 이익을 교환할 수 있다.

③ 신뢰 관계 형성

파트너십의 기초는 신뢰이다. 약속을 지키고, 투명하게 소통하며, 상대방의 입장을 존중하는 자세를 통해 신뢰 관계를 형성해야 한다. 신뢰 관계 형성은 시간이 걸리는 과정이다. 작은 약속부터 시작해서 점진적으로 신뢰를 쌓아나가야 하며, 한 번 깨진 신뢰를 회복하는 것은 매우 어렵다는 점을 인식해야 한다.

(2) 의사소통 전략

① 정기적 소통 체계 구축

파트너들 간의 정기적인 소통 체계를 구축해야 한다. 정기회의, 뉴스레터, 온라인 플랫폼 등을 활용하여 지속적인 정보 공유와 의견 교환이 이루어지도록 한다.

② 명확하고 구체적인 의사소통

애매모호한 표현보다는 명확하고 구체적인 의사소통을 해야 한다. 역할과 책임, 일정과 예산, 기대사항과 우려사항 등을 구체적으로 명시하여 오해를 방지해야 한다.

③ 다양한 소통 채널 활용

공식적인 회의뿐만 아니라 비공식적인 만남, 온라인 소통, 전화 통화 등 다양한 채널을 활용하여 소통의 폭과 깊이를 높여야 한다.

(3) 갈등 관리 전략

갈등이 발생하기 전에 미리 예방하는 것이 가장 좋다. 명확한 역할 분담, 투명한 의사소통, 공정한 이익 분배 등을 통해 갈등의 소지를 줄여야 한다. 갈등의 징후를 조기에 발견하고 신속하게 대응해야 한다. 작은 갈등을 방치하면 큰 문제로 발전할 수 있으므로, 문제가 생겼을 때 즉시 논의하고 해결방안을 모색해야 한다. 갈등을 부정적으로만 보지 말고, 더 나은 협력을 위한 기회로 활용해야 한다. 갈등을 통해 서로의 입장을 더 잘 이해하고, 개선방안을 찾을 수 있다.

5) 연계 모형별 실제 적용 방안

(1) 주제 중심 연계 모형

하나의 주제나 테마를 중심으로 관련된 모든 자원을 연결하는 방식이다. 예를 들어, '환경보호'라는 주제로 환경단체, 공원, 재활용 업체, 환경 연구소, 자연사 박물관 등을 연결하여 종합적인 환경교육 프로그램을 운영할 수 있다.

주제 중심 연계의 장점은 학습의 일관성과 깊이를 확보할 수 있다는 점이다. 하나의 주제를 다양한 각도에서 접근함으로써 포괄적이고 심층적인 이해가 가능하다.

이 모형을 적용할 때는 주제의 명확성과 관련성이 중요하다. 너무 추상적이거나 광범위한 주제보다는 구체적이고 명확한 주제를 선정하고, 각 자원이 주제와 어떤 관련성을 가지는지 명확히 해야 한다.

(2) 단계별 연계 모형

학습의 단계나 수준에 따라 자원을 순차적으로 연결하는 방식이다. 기초 단계에서는 쉽고 친근한 자원을, 심화 단계에서는 전문적이고 깊이 있는 자원을 활용한다.

단계별 연계는 학습자의 성장과 발전을 체계적으로 지원할 수 있다는 장점이 있다. 학습자가 자신의 수준에 맞는 적절한 도전을 받으면서 점진적으로 발전해나갈 수 있다.

이 모형의 성공을 위해서는 각 단계의 목표와 내용을 명확히 하고, 단계 간 연결성을 확보해야 한다. 또한 학습자의 수준 진단과 평가 체계가 필요하다.

(3) 지역 기반 연계 모형

특정 지역을 중심으로 해당 지역 내의 모든 교육 자원을 연결하는 방식이다. 하나의 마을이나 구역 내의 학교, 도서관, 문화시설, 기업체, 주민 조직 등이 모두 참여하여 지역 전체가 하나의 학습 공동체가 되도록 한다.

지역 기반 연계는 지역사회의 결속력을 높이고, 지역 특색을 살린 교육을 실현할 수 있다는 장점이 있다. 또한 접근성이 좋아 지속적인 참여가 용이하다.

이 모형을 위해서는 지역 리더십과 주민 참여가 핵심이다. 지역의 열정적인 리더가 있고, 주민들의 적극적인 참여가 있어야 성공할 수 있다.

(4) 생애주기별 연계 모형

학습자의 생애주기나 발달 단계에 맞춰 자원을 연결하는 방식이다. 유아기, 아동기, 청소년기, 성인기, 노년기 등 각 시기의 특성과 요구에 맞는 자원을 체

〈표 8-5〉 연계 모형별 특징 및 사례

비교 항목	주제 중심 연계 모형	단계별 연계 모형	지역 기반 연계 모형	생애주기별 연계 모형
연결 방식	하나의 주제를 중심으로 관련 자원들을 방사형으로 연결	학습 수준에 따라 자원들을 순차적으로 연결	특정 지역 내 모든 자원을 지역 경계 안에서 통합 연결	생애 발달 단계에 따라 시간 축으로 연결
주요 특징	• 주제의 일관성과 통합성 • 다각도 접근 가능 • 전문성과 깊이 확보	• 체계적 단계별 학습 • 점진적 역량 개발 • 명확한 학습 경로	• 지역성과 접근성 • 공동체 결속력 • 지역 특색 반영	• 생애 전반 지속성 • 발달 단계별 맞춤화 • 장기간 관계 유지
주요 장점	• 포괄적이고 심층적인 학습 가능 • 전문가 네트워크 활용 용이	• 체계적이고 순차적 학습 • 학습 성취감 향상 • 개인별 맞춤 진도 조절 가능	• 높은 접근성과 편의성 보장 • 지역사회 활성화 기여 • 지속적 참여 용이	• 평생학습 체계 구현 • 발달 과업 맞춤 교육 • 세대 간 연결 강화
주요 제약 사항	• 주제 외 영역 소홀 가능성 • 전문가 의존도 높음 • 주제 변화 시 재구성 필요	• 단계 이탈 시 복귀 어려움 • 융통성 부족 • 개인차 고려 한계	• 지역 자원의 질적 한계 • 폐쇄적 성향 위험 • 지역 간 격차 발생	• 장기간 관계 유지 어려움 • 생애 변화 대응 복잡 • 초기설계 비용 높음
적용 대상	특정 주제에 관심이 높은 학습자, 전문성 추구 집단	체계적 학습을 원하는 초보자, 자격증 취득 희망자	지역 주민 전체, 공동체 의식이 강한 집단	전 연령층, 가족 단위 학습자, 장기 학습 계획자
성공 핵심 요인	• 명확한 주제 선정 • 전문가 네트워크 구축 • 지속적 내용 업데이트	• 단계별 목표 명확화 • 연결성 확보 • 평가 체계 구축	• 지역 리더십 • 주민 참여도 • 지자체 지원	• 생애주기 이해 • 장기간 관계 유지 • 유연한 대응 체계
대표 적용 사례	**환경교육 네트워크:** 환경단체 재활용업체, 자연사박물관 공원관리소 연계	**문해교육 시스템:** 기초문해 → 생활문해 → 디지털문해 → 취업연계 단계별 진행	**마을교육공동체:** 한 마을 내 모든 교육자원이 참여하는 통합 교육 시스템	**가족생애주기 교육:** 예비부모 → 육아 → 청소년 → 노년기 연계 교육 프로그램

계적으로 연결한다.

생애주기별 연계는 평생학습의 관점에서 지속적이고 연속적인 교육을 가능하게 한다. 학습자가 삶의 각 단계에서 필요한 교육 기회를 제공받을 수 있다.

이 모형의 실현을 위해서는 각 생애주기별 특성과 요구에 대한 깊이 있는 이해가 필요하다. 또한 장기적인 관점에서 지속적인 관계를 유지할 수 있는 시스템이 필요하다.

Tip. 모형 선택 가이드라인

주제 중심 모형 추천 상황
- 특정 분야의 전문성을 추구하는 경우
- 다양한 전문가 자원이 풍부한 경우
- 학습자의 관심도가 명확한 경우

단계별 모형 추천 상황
- 체계적인 역량 개발이 필요한 경우
- 초보자 대상 프로그램인 경우
- 자격증이나 인증과 연계되는 경우

지역 기반 모형 추천 상황
- 지역사회 활성화가 목적인 경우
- 접근성이 중요한 경우
- 공동체 의식 함양이 필요한 경우

생애주기별 모형 추천 상황
- 평생학습 체계 구축이 목표인 경우
- 장지적 관점의 교육이 필요한 경우
- 가족 단위 교육을 지향하는 경우

6) 연계 성과 평가

(1) 정량적 평가 지표

참여 기관 수와 프로그램 수는 연계 사업의 규모를 나타내는 기본적인 지표이다. 시간이 지남에 따라 참여 기관과 프로그램이 증가하는 추세를 보인다면 연계 사업이 확산되고 있다는 것을 의미한다.

학습자 참여율과 만족도는 연계 사업의 효과성을 측정하는 중요한 지표이다. 참여율이 높고 만족도가 지속적으로 향상된다면 프로그램의 질이 개선되고 있다는 것을 의미한다.

자원 활용률과 비용 효율성은 연계 사업의 효율성을 평가하는 지표이다. 기존 자원을 얼마나 효과적으로 활용하고 있는지, 투입 비용 대비 얼마나 많은 성과를 거두고 있는지를 측정한다.

(2) 정성적 평가 지표

참여자들의 학습 성과와 역량 변화는 연계 사업의 실질적 효과를 평가하는 중요한 지표이다. 단순한 지식 습득을 넘어서 실생활에 적용할 수 있는 역량이 향상되었는지를 평가한다.

지역사회 네트워크 강화와 사회적 자본 축적도 중요한 평가 요소이다. 연계 사업을 통해 지역 내 다양한 주체들 간의 협력 관계가 강화되고, 상호 신뢰와 호혜적 관계가 형성되었는지를 평가한다.

지역 정체성 강화와 자긍심 향상은 연계 사업의 장기적 효과를 나타내는 지표이다. 지역의 고유한 자원을 활용한 교육을 통해 주민들의 지역에 대한 애착과 자부심이 높아졌는지를 평가한다.

(3) 지속가능성 평가

재정적 지속가능성은 연계 사업이 장기적으로 유지될 수 있는지를 판단하는 핵심 요소이다. 안정적인 재원 확보 방안이 마련되어 있는지, 다원화된 재정 구조를 갖추고 있는지를 평가한다.

조직적 지속가능성은 연계 사업을 추진하는 조직과 인력의 안정성을 평가한다. 전문성을 갖춘 인력이 확보되어 있는지, 조직 운영이 안정적인지, 리더십의 연속성이 보장되는지를 평가한다.

사회적 지속가능성은 지역사회의 지속적인 관심과 지지를 받을 수 있는지를 평가한다. 주민들의 참여 의지가 지속되는지, 정치적 변화에도 불구하고 사업이 지속될 수 있는지를 평가한다.

4. 실무 적용 방안과 과제

1) 실무추진체계

(1) 추진 조직 구성

지역사회 학습자원 연계 사업을 효과적으로 추진하기 위해서는 체계적인 추진 조직이 필요하다. 추진 조직은 의사결정 기구, 실행 기구, 지원 기구로 구성되며, 각각의 역할과 책임이 명확히 구분되어야 한다.

의사결정 기구는 연계 사업의 전체적인 방향을 설정하고 주요 정책을 결정하는 역할을 담당한다. 지방자치단체장, 교육청 관계자, 주요 기관장, 시민 대표 등으로 구성되며, 정기적인 회의를 통해 사업 추진 상황을 점검하고 주요 안건을 결정한다.

실행 기구는 구체적인 사업 계획을 수립하고 실행하는 역할을 담당한다. 평생교육 전문가, 각 분야 실무진, 프로그램 기획자 등으로 구성되며, 일상적인 업무 추진과 현장 관리를 담당한다.

지원 기구는 연계 사업의 원활한 추진을 위한 각종 지원 업무를 담당한다. 홍보, 재정 관리, 시설 관리, 자원봉사자 관리 등의 업무를 수행하며, 실행 기구의 업무를 효과적으로 뒷받침한다.

(2) 업무 프로세스 설계

연계 사업의 업무 프로세스는 기획, 준비, 실행, 평가의 4단계로 구성된다. 각 단계별로 구체적인 업무 내용과 책임자, 일정이 명확히 설정되어야 한다.

기획 단계에서는 지역 자원 조사, 주민 요구 파악, 연계 계획 수립, 예산 편성 등의 업무를 수행한다. 이 단계에서는 충분한 시간을 갖고 체계적인 계획을 수립하는 것이 중요하다.

준비 단계에서는 참여 기관 협약, 강사 섭외, 시설 확보, 홍보 활동 등의 업무를 수행한다. 실행 단계에서 차질이 없도록 모든 준비사항을 점검하고 보완한다.

실행 단계에서는 실제 프로그램을 운영하고 참여자를 관리하며, 발생하는 문제들을 즉시 해결한다. 현장 관리와 품질 관리에 특별한 주의를 기울여야 한다.

평가 단계에서는 사업 성과를 종합적으로 평가하고 개선 방안을 도출한다. 평가 결과는 다음 사업 계획 수립에 반영되어 지속적인 개선이 이루어지도록 한다.

(3) 소통 체계 구축

효과적인 소통 체계는 연계 사업의 성공을 위한 필수 요소이다. 참여 기관들 간의 원활한 소통과 정보 공유를 위한 다양한 채널을 구축해야 한다.

정기회의는 가장 기본적인 소통 수단이다. 전체 회의, 분야별 회의, 실무진 회의 등을 정기적으로 개최하여 현황을 공유하고 현안을 논의한다. 회의의 효율성을 높이기 위해 명확한 의제와 자료를 사전에 준비해야 한다.

온라인 플랫폼을 활용한 소통도 중요하다. 공식 홈페이지, 소셜미디어, 메신저 등을 통해 실시간으로 정보를 공유하고 의견을 교환할 수 있다. 특히 코로나19와 같은 상황에서는 온라인 소통이 더욱 중요해졌다.

소식지나 뉴스레터 발행을 통해 정기적으로 사업 현황과 성과를 공유할 수 있다. 이는 참여 기관들의 동기를 부여하고, 지역사회 전체의 관심을 유도하는 효과가 있다.

2) 예산 확보 및 관리

(1) 다원화된 재원 조달

지역사회 학습자원 연계 사업의 지속가능성을 위해서는 안정적인 재원 확보가 필수적이다. 단일 재원에 의존하지 않고 다양한 재원을 확보하여 재정의 안정성을 높여야 한다.

정부 예산은 가장 기본적인 재원이다. 중앙정부의 평생교육 관련 예산, 지방자치단체의 교육 예산, 특별교부세 등을 적극 활용해야 한다. 이를 위해서는 정부 정책과의 연계성을 강화하고, 사업의 공공성과 효과성을 입증해야 한다.

기업 후원과 사회적 투자도 중요한 재원이다. 지역 내 기업들의 사회공헌 활동과 연계하여 재정 지원을 받거나, 사회적 임팩트 투자를 유치할 수 있다. 기업들에게는 세제 혜택이나 홍보 효과 등의 인센티브를 제공할 수 있다.

참가비나 수익 사업을 통한 자체 수입도 고려해야 한다. 일부 프로그램에서는 적정한 참가비를 받거나, 지역 특산품 판매, 체험 프로그램 운영 등을 통해 수익을 창출할 수 있다.

(2) 효율적 예산 관리

한정된 예산을 효율적으로 활용하기 위해서는 체계적인 예산 관리가 필요하다. 예산 편성부터 집행, 결산까지 전 과정에 걸쳐 투명하고 효율적인 관리 체계를 구축해야 한다.

예산 편성 시에는 사업의 우선순위를 명확히 하고, 성과 목표와 연계하여 예산을 배분해야 한다. 핵심 사업과 부차적 사업을 구분하고, 예상 효과와 비용을 종합적으로 고려하여 예산을 편성한다.

예산 집행 과정에서는 투명성과 효율성을 동시에 추구해야 한다. 정기적인 예산 집행 현황 점검을 통해 계획대로 집행되고 있는지 확인하고, 필요시 예산 조정을 실시한다.

성과 기반 예산 관리를 도입하여 예산 투입 대비 성과를 지속적으로 모니터링하고 평가한다. 성과가 부족한 사업은 개선하거나 축소하고, 효과적인 사업은 확대하는 방향으로 예산을 조정한다.

3) 품질 관리 방안

(1) 프로그램 품질 기준 설정

연계 프로그램의 품질을 보장하기 위해서는 명확한 품질 기준을 설정하고 이를 체계적으로 관리해야 한다. 품질 기준은 교육 내용, 교육 방법, 교육 환경,

교육 성과 등 다양한 측면을 포괄해야 한다.

교육 내용의 품질 기준으로는 학습 목표의 명확성, 내용의 체계성과 적절성, 최신성과 정확성, 지역성과 실용성 등을 설정할 수 있다. 각 프로그램은 이러한 기준을 충족하도록 설계되어야 한다.

교육 방법의 품질 기준으로는 학습자 중심성, 참여성과 상호작용성, 다양성과 창의성, 개별화와 맞춤화 등을 설정할 수 있다. 일방적인 강의보다는 체험과 참여를 중심으로 한 교육 방법을 활용해야 한다.

교육 환경의 품질 기준으로는 안전성, 접근성, 편의성, 쾌적성 등을 설정할 수 있다. 학습자들이 안전하고 편안한 환경에서 학습할 수 있도록 시설과 장비를 관리해야 한다.

(2) 강사 역량 개발

연계 프로그램의 품질은 강사의 역량에 크게 좌우된다. 따라서 강사들의 전문성과 교수 능력을 지속적으로 개발하고 관리하는 시스템이 필요하다.

강사 선발 시에는 해당 분야의 전문성뿐만 아니라 교육에 대한 열정과 소통 능력도 중요하게 고려해야 한다. 특히 지역사회 교육의 특성을 이해하고 주민들과 친밀하게 소통할 수 있는 능력이 중요하다.

신규 강사에 대해서는 오리엔테이션과 기초 연수를 실시하여 지역사회 교육의 철학과 방법을 이해할 수 있도록 지원한다. 또한 멘토링 시스템을 통해 경험 있는 강사가 신규 강사를 지도하도록 한다.

기존 강사들에 대해서는 정기적인 보수 교육과 워크숍을 통해 새로운 교육 기법과 내용을 습득할 수 있도록 지원한다. 강사들 간의 경험 공유와 상호 학습의 기회도 제공한다.

(3) 지속적 개선 체계

연계 프로그램의 품질을 지속적으로 향상시키기 위해서는 체계적인 개선 체계가 필요하다. 정기적인 평가와 피드백을 통해 문제점을 파악하고 개선 방안을 도출해야 한다.

참여자 만족도 조사를 정기적으로 실시하여 프로그램에 대한 솔직한 의견을 수렴한다. 단순한 만족도 측정을 넘어서 구체적인 개선 사항에 대한 의견을 수집한다.

강사와 운영진에 대한 피드백도 중요하다. 프로그램 운영 과정에서 발견되는 문제점과 개선 아이디어를 적극적으로 수렴하고 반영한다.

우수 사례 공유와 벤치마킹을 통해 지속적인 혁신을 추진한다. 다른 지역의 성공 사례를 학습하고 자신의 상황에 맞게 적용하는 노력을 기울인다.

4) 현실적 과제와 해결 방안

(1) 참여 기관 간 갈등 조정

서로 다른 목적과 문화를 가진 기관들이 연계 사업에 참여하다 보면 다양한 갈등이 발생할 수 있다. 이러한 갈등을 예방하고 효과적으로 해결하는 방안이 필요하다.

예방 차원에서는 사업 초기에 참여 기관들 간의 명확한 역할 분담과 책임 한계를 설정해야 한다. 또한 정기적인 소통과 교류를 통해 상호 이해를 증진시키고 신뢰 관계를 구축해야 한다.

갈등이 발생했을 때는 중립적인 조정자를 통해 객관적이고 공정한 해결을 도모해야 한다. 감정적인 대립보다는 사실에 기반한 합리적인 해결 방안을 모색해야 한다.

갈등 해결 과정에서는 공동의 목표와 가치를 재확인하고, 상호 이익이 되는 해결책을 찾아야 한다. 일방적인 양보보다는 상호 윈-윈 할 수 있는 방안을 모색한다.

(2) 전문 인력 확보 방안

지역사회 학습자원 연계 사업을 성공적으로 추진하기 위해서는 전문성을 갖춘 인력이 필요하다. 그러나 많은 지역에서 이런 전문 인력이 부족한 것이 현실이다.

단기적으로는 외부 전문가를 활용하여 부족한 전문성을 보완할 수 있다. 대학교나 연구기관의 전문가들을 자문위원이나 컨설턴트로 위촉하여 전문적인 조언을 받는다.

중장기적으로는 지역 내 인력을 양성하여 자체적인 전문성을 확보해야 한다. 대학교와 연계하여 관련 교육과정을 개설하거나, 기존 인력에 대한 체계적인 교육과 훈련을 실시한다.

인력 교류와 순환 근무를 통해 다양한 경험과 전문성을 축적할 수 있도록 지원한다. 다른 지역이나 기관에서의 근무 경험을 통해 새로운 아이디어와 방법을 습득하도록 지원한다.

(3) 지속가능성 확보 방안

연계 사업의 지속가능성을 확보하는 것은 가장 중요하면서도 어려운 과제 중 하나이다. 정치적 변화나 예산 삭감 등의 외부 요인에도 불구하고 사업이 지속될 수 있는 기반을 마련해야 한다.

제도적 기반 강화를 통해 사업의 안정성을 확보해야 한다. 관련 조례 제정, 추진 조직의 법적 지위 부여, 예산 확보의 제도화 등을 통해 외부 변화에 대한 대응력을 높인다.

지역사회의 광범위한 지지 확보도 중요하다. 주민들의 적극적인 참여와 지지, 언론의 긍정적인 관심, 정치권의 초당적 지지 등을 통해 사회적 기반을 넓혀야 한다.

성과의 가시화를 통해 사업의 가치와 필요성을 지속적으로 입증해야 한다. 구체적이고 측정 가능한 성과를 제시하여 사업에 대한 신뢰와 지지를 확보한다.

결론적으로, 지역사회 학습자원의 연계는 평생학습 사회 구현을 위한 핵심 전략이자 지역발전을 위한 중요한 수단이다. 지역 내에 산재한 다양한 인적, 물적, 자연환경 자원들을 체계적으로 연결하여 활용함으로써 지역주민들에게 풍부하고 다양한 학습 기회를 제공할 수 있다.

성공적인 학습자원 연계를 위해서는 체계적인 자원 조사와 분석을 바탕으로 지역의 특성에 맞는 연계 전략을 수립해야 한다. 또한 다양한 이해관계자들의 적극적인 참여와 협력을 이끌어내고, 지속가능한 운영 체계를 구축하는 것이 중요하다.

현실적으로는 예산 부족, 전문 인력 부족, 기관 간 갈등 등 다양한 과제들이 존재하지만, 이러한 과제들을 체계적으로 해결해 나간다면 지역사회 학습자원 연계는 지역발전의 새로운 동력이 될 수 있다. 특히 디지털 기술의 발전과 사회적 가치에 대한 관심 증가는 연계 사업에 새로운 기회를 제공하고 있다.

앞으로 지역사회 학습자원 연계는 단순한 교육 서비스 제공을 넘어서 지역공동체 재생과 사회적 자본 축적, 지속가능한 지역발전의 핵심 수단으로 발전해 나갈 것이다. 모든 지역사회가 자신만의 고유한 학습자원을 발굴하고 연계하여 활용한다면, 우리 사회 전체의 학습 역량이 크게 향상될 수 있을 것이다.

용어정리

- **지역사회 학습자원:** 특정 지역 내에서 교육 및 학습 활동을 지원하고 촉진할 수 있는 모든 형태의 자원으로, 인적 자원, 물적 자원, 문화적 자산, 자연환경, 역사적 유산, 산업체, 공공기관 등 지역사회가 보유한 다양한 형태의 교육적 잠재력을 포괄하는 개념
- **자원 연계:** 지역사회의 다양한 교육 자원들을 체계적으로 연결하고 통합하여 교육의 효과를 극대화하는 과정으로, 자원들 간의 상호작용과 시너지 효과를 통해 새로운 교육적 가치를 창출하는 활동
- **학습자원 조사:** 지역사회 내 교육 자원의 존재와 현황을 체계적으로 파악하는 과정으로, 문헌 조사, 현장 조사, 설문 및 인터뷰 조사, 전문가 자문 등의 방법을 통해 잠재 자원을 발굴하고 활용 가능성을 탐색하는 활동
- **자원 분석:** 조사를 통해 수집한 학습자원 정보를 체계적으로 정리하고 분류하여 각 자원의 교육적 가치, 활용 조건, 제약 요인 등을 종합적으로 평가하고 우선순위를 설정하는 과정
- **연계 전략:** 지역사회 학습자원을 효과적으로 연결하고 활용하기 위한 체계적인 접근 방법으로, 파트너십 구축, 의사소통 체계 확립, 갈등 관리 등을 포함하는 종합적인 실행 계획
- **연계 모형:** 학습자원 간의 연결 방식을 체계화한 틀로, 수평적 연계 모형(같은 수준 자원 간 연계), 수직적 연계 모형(단계별 연계), 네트워크 연계 모형(복합적 연계) 등으로 구분되는 이론적 체계
- **교육적 잠재력:** 지역사회 자원이 가지고 있는 교육적 활용 가능성과 가치로, 겉으로 드러나지 않았지만 적절한 개발과 활용을 통해 교육 목적으로 활용될 수 있는 숨겨진 능력과 기능
- **지역성:** 특정 지역의 고유한 역사, 문화, 사회적 맥락 속에서 형성되고 발전해 온 고유한 특성으로, 해당 지역만의 독특한 정체성과 특색을 나타내는 속성

- **맥락성:** 학습자원이 단순히 정보나 지식을 전달하는 것이 아니라 실제 생활과 밀접하게 연결된 의미 있는 학습 경험을 제공하는 특성으로, 학습 내용이 실제 상황과 연결되어 이해도와 학습 동기를 높이는 속성

- **체험학습:** 직접적인 경험과 참여를 통해 이루어지는 학습 방식으로, 관찰, 실습, 활동 등을 통해 추상적인 개념을 구체적으로 이해하고 생생한 학습 경험을 얻는 교육 방법

- **파트너십:** 서로 다른 배경과 목적을 가진 다양한 주체들이 공동의 교육 목표를 위해 협력하는 관계로, 상호 이해와 신뢰를 바탕으로 각자의 강점을 살려 상호 보완적인 역할을 수행하는 협력 체계

- **네트워크:** 다양한 교육 주체들이 서로 연결되고 상호작용하는 관계망으로, 정보 공유, 자원 교환, 협력 활동 등을 통해 교육적 효과를 증대시키는 연결 구조

- **지속가능성:** 일회성이 아닌 장기적 관점에서 지속적으로 유지되고 발전할 수 있는 특성으로, 환경적, 사회적, 경제적 측면에서 균형 잡힌 발전을 추구하며 미래 세대까지 고려하는 지속 가능한 교육 생태계 구축

- **실무적 과제:** 지역사회 학습자원 연계를 실제로 추진하는 과정에서 발생하는 현실적인 문제와 해결해야 할 과제들로, 인식 부족, 제도적 장벽, 자원 한계, 의사소통 어려움 등 실무 현장에서 직면하는 구체적인 애로사항과 개선 과제

단원학습문제

객관식 문제

1. 지역사회 학습자원의 고유한 특성으로 가장 적절하지 않은 것은?

① 지역성과 맥락성　② 실제성과 체험성
③ 표준화와 획일성　④ 관계성과 네트워크성

2. 지역사회 학습자원을 성격에 따라 분류할 때 포함되지 않는 것은?

① 인적 자원　② 물적 자원
③ 가상 자원　④ 문화적 자원

3. 학습자원 조사 방법 중 직접 현장을 방문하여 자원의 실제 상황을 파악하는 방법은?

① 문헌 조사　② 현장 조사
③ 설문 조사　④ 전문가 자문

4. 다양한 성격과 수준의 자원들이 복합적으로 연결되어 통합적인 교육 생태계를 형성하는 연계 모형은?

① 수평적 연계 모형　② 수직적 연계 모형
③ 네트워크 연계 모형　④ 단계별 연계 모형

5. 지역사회 학습자원 연계의 기본 원리가 아닌 것은?

① 상호보완성의 원리　② 시너지 효과의 원리
③ 경쟁 우위의 원리　④ 지속가능성의 원리

6. 하나의 주제나 테마를 중심으로 관련된 모든 자원을 연결하는 연계 모형은?

① 주제 중심 연계 모형　② 단계별 연계 모형
③ 지역 기반 연계 모형　④ 생애주기별 연계 모형

7. 지역사회 학습자원의 교육적 의의로 가장 적절하지 않은 것은?

① 학습의 확장과 심화 ② 사회적 역량 개발
③ 표준화된 교육과정 제공 ④ 진로 탐색과 직업 체험

8. 학습자원의 접근성에 따른 분류에서 사전 예약이나 협의를 통해 방문할 수 있는 자원은?

① 상시 개방형 자원 ② 예약 방문형 자원
③ 행사 연계형 자원 ④ 제한 접근형 자원

9. 성공적인 파트너십 구축을 위한 전략이 아닌 것은?

① 상대방 이해하기 ② 상호 이익 모색
③ 일방적 요구 관철 ④ 신뢰 관계 형성

10. 지역사회 학습자원 연계의 실무적 과제가 아닌 것은?

① 인식 부족과 소극적 참여 ② 제도적 장벽
③ 자원의 과잉 공급 ④ 의사소통과 조정의 어려움

주관식 문제

1. 지역사회 학습자원의 개념을 정의하고, 일반적인 교육자원과의 차이점을 3가지 이상 설명하시오.

2. 학습자원 조사 시 문헌 조사의 세부 방법 3가지를 제시하고, 각각의 특징과 활용 방안을 설명하시오.

3. 수직적 연계 모형의 개념과 특징을 설명하시오.

4. 지역사회 학습자원 연계에서 발생할 수 있는 갈등의 원인 3가지를 제시하고, 각각에 대한 해결방안을 구체적으로 설명하시오.

5. 지역사회 학습자원 연계 활동의 성과를 평가하기 위한 지표를 양적 지표와 질적 지표로 구분하여 각각 3가지씩 제시하고, 측정 방법을 설명하시오.

정답 및 해설

1. 정답: ③

지역사회 학습자원의 고유한 특성은 지역성과 맥락성, 실제성과 체험성, 관계성과 네트워크성, 지속가능성과 발전성이다. 표준화와 획일성은 오히려 지역사회 학습자원과 반대되는 특성으로, 지역의 고유함과 다양성을 중시하는 지역사회 학습자원의 특성과 맞지 않는다.

2. 정답: ③

지역사회 학습자원을 성격에 따라 분류하면 인적 자원, 물적 자원, 제도적 자원, 문화적 자원으로 구분된다. 가상 자원은 이 분류에 포함되지 않는다.

3. 정답: ②

현장 조사는 직접 현장을 방문하여 자원의 실제 상황을 파악하는 방법으로, 관찰 조사, 면담 조사, 체험 조사 등을 포함한다.

4. 정답: ③

각 학습자원이 독립성을 유지하면서 수평적인 협력 관계를 구축하고, 다양한 성격의 자원들을 복합적으로 연결하여 통합적인 교육 생태계를 형성하는 방식이다.

5. 정답: ③

지역사회 학습자원 연계의 기본 원리는 상호보완성의 원리, 시너지 효과의 원리, 지속가능성의 원리, 학습자 중심의 원리이다. 경쟁 우위의 원리는 협력과 파트너십을 중시하는 연계의 기본 철학과 맞지 않는다.

6. 정답: ①

주제 중심 연계 모형은 하나의 주제나 테마를 중심으로 관련된 모든 자원을 연결하는 방식이다. 예를 들어 '환경보호'라는 주제로 환경단체, 공원, 재활용 업체 등을 연결하는 것이다.

7. 정답: ③

지역사회 학습자원의 교육적 의의는 학습의 확장과 심화, 사회적 역량 개발, 진로 탐색과 직업 체험 등이다. 표준화된 교육과정 제공은 지역의 특성과 다양성을 중시하는 지역사회 학습자원의 의의와 맞지 않는다.

8. 정답: ②

접근성에 따른 분류에서 예약 방문형 자원은 사전 예약이나 협의를 통해 방문할 수 있는 자원으로, 기업체, 관공서, 연구소 등이 포함된다.

9. 정답: ③

성공적인 파트너십 구축을 위해서는 상대방 이해하기, 상호 이익 모색, 신뢰 관계 형성이 필요하다. 일방적 요구 관철은 파트너십 구축에 장애가 되는 요소이다.

10. 정답: ③

지역사회 학습자원 연계의 실무적 과제로는 인식 부족과 소극적 참여, 제도적 장벽, 자원과 예산의 한계, 의사소통과 조정의 어려움 등이 있다. 자원의 과잉 공급은 일반적으로 문제가 되지 않으며, 오히려 자원 부족이 과제이다.

Chapter

09

디지털 기반 평생학습 역량

1. 디지털 사회와 평생학습의 재정의
2. AI 시대의 학습자 정체성과 역할
3. 디지털 불평등과 사회적 포용
4. 성인학습자의 미래역량

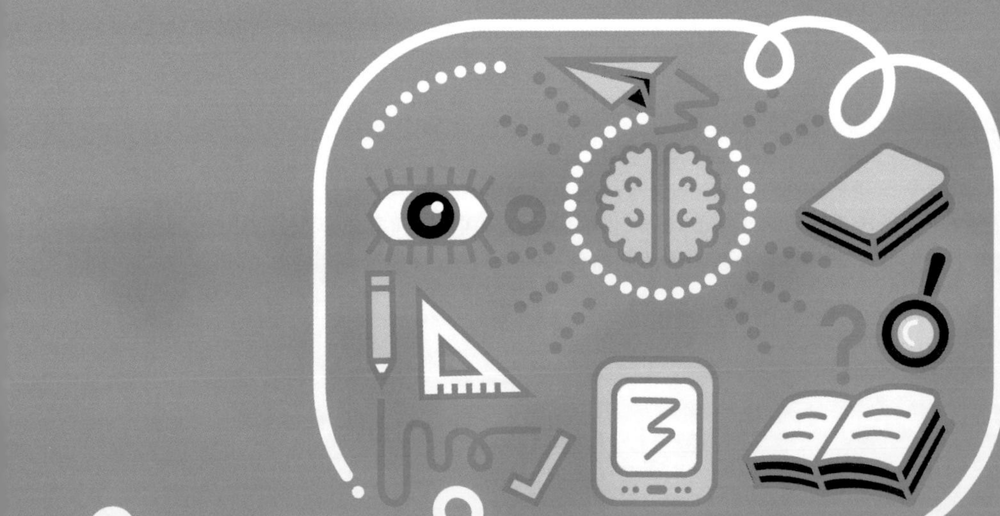

학습목표

1. 디지털 사회에서 평생학습의 변화 과정을 이해할 수 있다.
2. AI와 디지털 리터러시를 통해 성인학습자의 역량과 교육의 포용성을 탐구할 수 있다.
3. 핵심 개념을 분석하여 성인학습자의 미래 역할을 재정립할 수 있다.

단원 키워드

클라우드 컴퓨팅, IoT, 스마트러닝 , 메타인지, AI 튜터(AI Tutor), 에이전트 학습자, 디지털 시민성, 디지털 포용, AI 윤리, AI 리터러시, 접근권/사용권/이해권, 교육 민주화, 플랫폼 거버넌스, 글로벌 평생학습 전략, AI 협력학습

디지털 기반 평생학습 역량

1. 디지털 사회와 평생학습의 재정의

1) 디지털 사회의 도래와 평생학습 패러다임의 전환

디지털 사회는 학습의 시간과 공간의 경계를 해체하고, 학습자가 중심이 되는 생태계를 만들어 내고 있다. 4차 산업혁명의 중심에 있는 인공지능(AI), 사물인터넷(IoT), 빅데이터, 클라우드 컴퓨팅, 블록체인 등의 기술은 기존 교육 체계를 탈중앙화하고, 학습자의 자율성과 맞춤형 학습 기회를 확장시키고 있다.

이에 따라 평생학습은 생애의 특정 시기가 아닌, 일상 속에서 지속적으로 실천되어야 하는 삶의 방식으로 전환되고 있다.

4차 산업혁명은 인공지능(AI), 사물인터넷(IoT), 클라우드 컴퓨팅, 빅데이터, 블록체인 등 첨단 디지털 기술의 발전을 기반으로 사회의 구조와 운영방식을 근본적으로 변화시키고 있다.

이러한 변화는 산업 영역뿐만 아니라 개인의 일상생활과 교육의 전반적인 형태에도 영향을 미치고 있으며, 특히 교육의 시간적·공간적 제약을 허물고 학습자 중심의 자율적이고 유연한 학습 환경을 조성하고 있다.

디지털 기술은 정보의 생산, 유통, 소비 전 과정에서 새로운 질서를 형성하고 있다. 이는 과거 교사-학습자 중심의 일방적 전달 구조를 넘어, 학습자가 주체적으로 참여하고 기여하는 상호작용 기반의 네트워크 학습 구조로의 전환을 의미한다.

이로써 평생학습은 특정 생애주기나 공간에 국한된 활동이 아닌, 일상과 업무, 취미와 사회활동 전반에 내재된 지속적이고 상시적인 학습 행위로 재정의되고 있다.

과학기술정보통신부의 『디지털 뉴딜 종합계획(2023)』은 디지털 전환이 모든 사회 영역의 운영원리와 가치체계에 변화를 일으키고 있다고 진단하며, 이에 따라 평생학습도 본질적 전환이 불가피하다고 밝히고 있다.

디지털 전환 시대의 평생학습은 기술을 단순한 도구가 아닌 '학습을 가능하게 하는 구조적 조건'으로 간주하며, 국가 차원의 정책적 지원과 디지털 기반 역량 강화가 함께 이루어져야 함을 시사한다.

디지털 사회에서 학습자의 역할은 지식의 수용자에서 참여자, 나아가 창출자로 변화하고 있다. 유튜브, 블로그, 온라인 강좌 플랫폼(MOOC), SNS 등은 기존의 공급자 중심 교육 패러다임을 넘어, 학습자가 스스로 지식과 정보를 구성하고 유통하는 환경을 만들어내고 있다.

이러한 변화는 학습자의 에이전시(Agency)를 강화시키며, 평생교육의 목표 역시 지식 전달을 넘어 참여와 실천, 사회적 연결성을 중시하는 방향으로 진화하고 있다. 또한 기술의 단순 도입을 넘어서, 교육 철학과 목적의 근본적인 전환을 요구한다.

평생학습은 지식 습득의 도구를 넘어, 사회참여와 공동체적 실천, 시민적 책임을 포괄하는 포괄적 역량 강화의 과정으로 자리 잡고 있다.

2) 플랫폼 중심 학습 구조와 교육 거버넌스의 변화

디지털 사회의 확산은 전통적인 학교 기반 교육 체계에서 벗어나, 플랫폼을 중심으로 한 새로운 학습 구조를 형성하고 있다. 이러한 플랫폼 기반 학습은 정보기술의 발전과 함께 시간과 공간의 제약을 극복하고, 다양한 주체들이 참여하는 개방적이고 자율적인 학습생태계를 가능하게 하고 있다.

기존의 교육은 학교나 기관 등 중앙화된 구조를 통해 운영되었으나, 오늘날에는 학습 플랫폼을 통해 공공기관, 민간기업, 개인이 상호 협력하는 다중주체 기반의 혼합형 거버넌스로 전환되고 있다. 이는 교육의 통제와 운영이 특정 기관에 집중되지 않고, 다양한 이해관계자들이 함께 설계하고 실현하는 방향으로 변화하고 있음을 의미한다.

대표적인 예로, Coursera, EdX, Udemy 등의 글로벌 온라인 학습 플랫폼은 누구나 전 세계 대학과 전문가의 강의를 수강할 수 있도록 하고 있으며, 국내에서도 국가평생교육진흥원, 서울시평생학습포털, 각 지방자치단체의 온라인 학습 시스템이 활성화되고 있다.

〈표 9-1〉 국내·외 주요평생학습 플랫폼

글로벌 플랫폼	국내 플랫폼
Coursera	국가평생교육진흥원
EdX	서울시평생학습포털
Udemy	지방자치단체 학습 시스템
전 세계 대학과 전문가의 강의를 누구나 수강	학습자 맞춤형 콘텐츠로 접근성을 향상

이들은 학습자의 개인적 특성과 수요에 맞는 콘텐츠를 제공하며, 학습 접근성을 향상시키는 데 기여하고 있다.

서울시 평생교육진흥원이 2023년부터 운영 중인 '서울런' 플랫폼은 비대면 강의와 AI 기반 진단형 학습을 결합한 서비스로, 학습자의 수준과 관심사에 따라 교육 콘텐츠를 추천하고 진도를 조절할 수 있도록 설계되었다.

- **비대면 강의:** 시간과 공간의 제약 없이 언제 어디서나 학습할 수 있는 환경 제공
- **AI 기반 진단:** 학습자의 수준과 관심사를 분석하여 최적화된 학습 경로 제시
- **맞춤형 콘텐츠:** 개인별 맞춤 콘텐츠와 진도 조절로 학습 효과 극대화

이와 같은 서비스는 학습자 중심 교육의 구현 가능성을 높이며, 교육의 민주성과 다양성을 실현하는 실천적 사례로 평가받고 있다.

플랫폼 중심의 학습 구조는 학습자의 선택과 책임을 중시하는 수평적 구조로 거버넌스를 변화시키고 있다.

교육 운영의 중심축이 공급자에서 수요자, 즉 학습자에게로 이동하고 있으며, 학습자는 더 이상 교육 대상이 아니라 교육 생태계를 함께 만들어 가는 주체로 인식되고 있다. 이러한 거버넌스 변화는 교육의 투명성과 효율성뿐 아니라, 학습자 권리의 확대와 참여 민주주의 실현이라는 교육의 근본적 가치를 강화하고 있다.

궁극적으로 플랫폼 중심 학습 구조의 정착은 학습자 주권의 회복과 학습의 공공성 강화라는 두 가지 목표를 동시에 추구하고 있으며, 디지털 시대의 평생학습이 나아가야 할 방향성을 제시하고 있다.

3) 디지털 전환과 교육 패러다임 변화

디지털 기술의 급속한 발전은 교육의 전달 방식뿐만 아니라 학습 환경 전반의 패러다임을 근본적으로 변화시키고 있다.

전통적인 교수자 중심, 교실 기반의 교육은 점차 탈중앙화되고 있으며, 학습자는 시간과 공간의 제약 없이 자유롭게 학습에 참여할 수 있는 유연한 환경을 경험하고 있다.

스마트러닝(Smart Learning)은 이러한 디지털 교육 패러다임의 핵심적인 개념으로, 학습자의 수준, 흥미, 속도에 맞춰 맞춤형 학습을 제공하는 적응형 학

습 체계를 의미한다. 이는 단순한 온라인 콘텐츠 수강을 넘어서, 실시간 상호작용과 몰입형 경험을 통해 학습 효과를 극대화하며, 학습자가 자율적으로 학습을 계획하고 실행하는 능력을 강화한다.

최근에는 증강현실(AR), 가상현실(VR), 메타버스(Metaverse)와 같은 기술이 교육에 적극적으로 도입되고 있다. 이러한 기술들은 실제 환경을 모방하거나 가상의 학습 공간을 제공함으로써, 학습자가 단순히 정보를 습득하는 것을 넘어 실습 기반의 체험 학습을 경험할 수 있도록 한다.

특히 협업 기반 프로젝트, 문제해결 중심 학습 활동에서 이러한 기술은 몰입도를 높이고 창의성을 자극하는 데 효과적이다.

경기도 평생학습포털 'GSEEK'은 2024년부터 AR 콘텐츠를 결합한 실감형 교육 콘텐츠를 도입하였으며, 이를 통해 학습자의 만족도와 재참여율이 유의미하게 향상된 것으로 나타났다. 이러한 사례는 디지털 기술이 교육 접근성과 지속성을 동시에 향상시킬 수 있음을 보여준다.

또한, 학습자 데이터의 수집과 분석이 가능한 디지털 환경에서는 빅데이터 기반 학습 분석(Learning Analytics)이 가능해진다.

학습자의 활동 이력, 선호도, 반응 등 다양한 데이터를 실시간으로 분석함으로써, 학습자는 자신의 강점과 약점을 진단하고 이에 맞는 콘텐츠를 제공받을 수 있다. 이러한 시스템은 적응형 학습(Adaptive Learning)의 구현을 가능하게 하며, 학습자의 자기주도성을 강화하는 데 중요한 역할을 하고 있다.

디지털 기술은 또한 교육 거버넌스의 수직적 구조를 수평적 참여 구조로 전환시키고 있다. 학습자는 지식을 수동적으로 전달받는 대상이 아니라, 학습 과정을 공동으로 설계하고 의미를 구성하는 주체로서 인식되고 있으며, 이는 학습자의 권리를 존중하고 자율성을 보장하는 교육 민주화의 실현과도 연결된다.

교육부는 2024년 『디지털 시민교육 종합계획』을 통해 "학습자의 권리 중심 교육 전환"을 명시하였으며, 모든 평생교육기관에서 학습자의 의견을 반영한 교육과정 운영을 의무화하도록 정책을 추진하고 있다. 이와 같은 변화는 단지

교육 방식의 디지털화를 넘어, 교육의 본질과 철학을 전환하는 중요한 흐름으로 해석된다.

결과적으로, 디지털 전환은 단순한 교육 기술의 변화에 그치지 않고, 학습자 중심의 참여적 교육문화 정착, 교육의 질적 향상, 그리고 평등한 교육 기회의 확대를 실현하는 중요한 기반이 되고 있다.

디지털 기반 평생학습은 앞으로도 교육의 방향성과 가치를 재정의하는 핵심 축으로 작용할 것이다.

4) 빅데이터 기반 학습 분석과 맞춤형 학습

디지털 환경에서 학습자는 다양한 디지털 기기를 통해 학습 활동을 수행하며, 이 과정에서 생성되는 데이터는 학습 분석의 중요한 자원이 된다. 학습자가 수강한 강좌, 클릭한 콘텐츠, 응답한 문제, 체류 시간 등 모든 활동은 기록되고 축적되어, 그들의 학습 행동을 정량적으로 분석할 수 있는 근거가 된다.

이러한 데이터를 기반으로 한 학습 분석(Learning Analytics)은 학습자의 성취도, 학습 패턴, 선호도 등을 진단하고 예측하는 기능을 제공한다. 이를 통해 학습자는 자신의 학습 성향을 파악하고 적절한 학습 전략을 선택할 수 있으며, 교육자는 학습자의 필요에 맞는 콘텐츠를 추천하거나 개인별 피드백을 제공할 수 있다.

〈표 9-2〉 디지털 기술의 적용과 영향

기술명	적용 영역	교육적 영향	사회적 영향
인공지능(AI)	교육, 행정	맞춤형 학습, 진단평가	자동화, 효율화, 일자리 재편
사물인터넷(IoT)	직업교육, 시설	실습환경 디지털화, 원격제어	스마트시티, 건강관리
클라우드	온라인 교육	확장성 있는 플랫폼 운영	데이터 공유 및 접근성 강화
빅데이터	평가·분석	학습 분석, 성취도 예측	의사결정 최적화, 사용자 맞춤 서비스
블록체인	이력 인증	학습이력 무결성 확보	신뢰 기반 사회 운영

특히 적응형 학습(Adaptive Learning)은 학습 분석의 결과를 기반으로 학습자의 이해 수준에 맞게 학습 경로를 자동으로 조정하는 시스템을 말한다. 이는 학습자의 개인차를 고려한 맞춤형 교육이 가능하도록 하며, 단순한 대량 전달형 교육에서 벗어나 개별화된 학습 경험을 제공할 수 있다는 점에서 주목받고 있다.

국가평생교육진흥원이 개발한 '역량기반 AI 학습 플랫폼'은 이러한 적응형 학습 시스템의 대표적인 사례이다. 이 플랫폼은 학습자의 과거 이력과 현재 성과를 분석하여, 수준별 콘텐츠를 자동 추천하고, 학습자의 진도와 이해도를 실시간으로 반영한 피드백을 제공하는 기능을 포함하고 있다. 이러한 기능은 학습자의 흥미와 몰입도를 유지시키는 데 효과적일 뿐 아니라, 학습 지속률과 학습 성과 향상에도 긍정적인 영향을 미친다.

또한, 빅데이터 기반 학습 분석은 학습 과정 전반에 대한 종합적인 이해를 가능하게 하며, 학습 환경 설계와 교육 정책 수립에도 유용한 정보를 제공한다. 예컨대, 학습 이탈률이 높은 구간, 특정 콘텐츠에 대한 반응 분석, 학습 성향에 따른 접근 경향 등을 통해 교육 콘텐츠의 품질을 개선하고 학습자 중심의 교육 전략을 구체화할 수 있다.

이처럼 학습 분석은 단순한 기술적 분석을 넘어, 학습자 이해의 기반이자 교육 혁신의 도구로 자리매김하고 있으며, 향후 디지털 기반 평생학습의 질적 향상을 위한 필수 요소로 부각되고 있다.

5) 학습자의 에이전시와 교육의 민주화

디지털 전환은 학습자의 역할과 지위를 근본적으로 변화시키고 있다. 과거에는 학습자가 교사의 지시와 콘텐츠 중심의 수업을 수동적으로 따라야 했다면, 오늘날의 학습자는 자신의 학습을 계획하고 주도하며, 의미를 구성하는 참여적 주체로 자리매김하고 있다. 이러한 변화는 학습자의 에이전시(Agency), 즉 '자율성과 선택을 기반으로 한 학습 주도권'의 강화로 나타나고 있다.

에이전시는 단순히 학습자가 선택할 수 있는 옵션이 많아졌다는 의미를 넘어서, 학습의 과정 자체를 구성하고, 문제 해결의 주체로 나서는 것을 의미한다. 이는 학습자가 어떤 방식으로, 어떤 순서로, 어떤 콘텐츠를 학습할 것인지를 직접 설계할 수 있는 능력이며, 디지털 기반의 다양한 학습 도구는 이러한 자기주도성을 실현하는 데 기여하고 있다.

특히 온라인 학습 플랫폼에서는 학습자가 학습 목표와 경로를 자율적으로 설정하고, 피드백을 수용하며 학습 결과를 성찰하는 순환적 구조를 갖출 수 있도록 다양한 기능을 제공하고 있다. 이는 학습자가 일방적으로 지식을 소비하는 존재가 아니라, 콘텐츠를 수정하고 확장하며, 다른 학습자와 상호작용하는 생산자로서의 역할을 수행할 수 있도록 한다.

이와 같은 변화는 교육의 민주화와도 긴밀하게 연결된다.

교육의 민주화는 학습자가 단지 교육을 '받는' 위치에 머무르지 않고, 교육의 구성과 운영 과정에 능동적으로 참여할 수 있도록 하는 것을 의미하며, 이는 교육 소외계층의 참여 확대, 정보 접근성 향상, 학습자 권리 보장 등의 문제와 직결된다.

교육부는 2024년 『디지털 시민교육 종합계획』에서 "학습자의 권리 중심 교육 전환"을 명시하고 있으며, 평생교육기관에서 학습자의 요구와 의견을 반영한 교육과정 수립을 권장하고 있다. 특히 소득, 연령, 장애, 거주 지역 등 다양한 조건으로 인해 학습 접근에 제약을 받아온 계층의 참여를 촉진하고, 정보격차 해소를 위한 맞춤형 콘텐츠 개발과 플랫폼 보완을 주요 과제로 설정하였다.

디지털 기술은 이러한 교육 민주화 실현에 중요한 도구로 작용하고 있다.

음성 인식, 화면 해설, 자동 자막, 다언어 번역 등 접근성 기술은 학습자의 특성과 필요에 맞는 학습 환경을 제공하고 있으며, 이는 실질적인 교육 평등을 구현하는 데 기여하고 있다. 결국 학습자의 에이전시와 교육의 민주화는 디지털 기술에 의해 촉진되며, 이는 학습자 중심 교육을 실현하는 핵심 기반이 된다.

모든 학습자가 자율적이고 평등하게 교육에 참여할 수 있는 환경을 조성하는 일은, 평생학습의 본질적 가치를 실현하는 가장 중요한 실천과제라고 할 수 있다.

2. AI 시대의 학습자 정체성과 역할

디지털 전환과 생성형 AI의 비약적인 발전은 학습자의 역할과 정체성에 근본적인 전환을 요구하고 있다. 전통적으로 수동적인 수용자에 머물렀던 학습자는 이제 AI와의 상호작용을 통해 학습의 흐름을 스스로 설계하고, 정보와 지식을 창의적으로 재구성하는 능동적 설계자(Agentic Learner)로 변화하고 있다. 이는 단순한 기술 수용의 차원을 넘어서, 학습자의 주체성과 설계 역량을 중심으로 하는 새로운 학습 정체성의 형성을 의미한다.

학습자는 더 이상 단일 콘텐츠의 소비자나 결과 중심 평가의 수용자에 그치지 않으며, 학습 환경 내 다양한 자원을 결합하여 새로운 지식을 창출하는 창의적 생산자로서의 위치를 점하고 있다. 특히 생성형 AI는 이러한 학습자 전환을 실질적으로 지원하는 핵심 기술로 주목받고 있다.

1) 생성형 AI와 학습자 정체성의 전환

생성형 인공지능(Generative AI)은 텍스트, 이미지, 음성, 코드 등 다양한 형태의 콘텐츠를 자동으로 생성하는 기술로, 학습자에게 새로운 형태의 창의성과 자기주도성을 부여한다. 이 기술은 단순한 정보 제공 도구가 아니라, 학습자의 인지적 파트너로서 사고의 확장과 문제 해결을 도와주는 협력자로 기능한다. 예를 들어, 서울시 성인문해교육 프로그램에서는 GPT 기반 생성형 AI 튜터를 도입하여 중장년층 학습자가 질문-응답 기반으로 문해 내용을 반복 학습할 수 있도록 설계하였다.

학습자는 AI의 피드백을 통해 학습 내용을 자율적으로 조정하고, 반복과 선택의 과정을 통해 보다 높은 학습 지속성과 자기조절 학습 능력을 향상시킬 수 있었다. 이는 생성형 AI가 학습자의 정체성 변화에 실질적인 영향을 미치고 있음을 보여준다. 이러한 변화는 학습자 개인의 차원을 넘어 사회적 차원에서도 중요한 의미를 지닌다.

생성형 AI는 특정 집단에 한정된 고급 기술이 아닌, 누구나 활용 가능한 공공 학습 자원으로 인식되고 있으며, 이에 따라 성인학습자의 디지털 적응력은 곧 사회 참여와 연결되는 핵심 역량으로 간주되고 있다.

2) 협업형 학습자에서 에이전트형 학습자로

과거의 협업형 학습자는 집단 프로젝트 수행과 커뮤니케이션 능력을 중심으로 정의되었다면, 디지털 사회에서는 AI와의 협력 능력까지 포함하는 보다 확장된 개념으로 변화하고 있다.

오늘날의 학습자는 다양한 디지털 도구와 생성형 AI를 활용하여 학습을 공동 설계하고, 복잡한 문제를 창의적으로 해결하는 '에이전트형 학습자'로 자리매김하고 있다.

에이전트형 학습자는 학습 목표의 설정, 콘텐츠의 선택, 결과 평가 등 학습의 모든 과정을 능동적으로 조정할 수 있는 역량을 가진 존재이며, 자기 피드백과 메타인지적 성찰을 통해 지속적으로 학습의 질을 높인다. 이는 단순한 학습 참여를 넘어 학습생태계의 공동 설계자로 기능함을 의미한다.

이러한 전환은 정책 차원에서도 뚜렷하게 나타난다. 교육부의 『2024 디지털 기반 성인학습전략 가이드라인』에서는 "학습자 에이전시 중심의 AI 보조 학습 플랫폼" 개발을 주요 과제로 제시하고 있으며, 이는 기술 중심의 교육에서 사람 중심의 학습생태계로의 패러다임 이동을 강조하는 변화의 신호라 할 수 있다.

3) 학습자 중심 설계에서의 AI 보조 역할

AI는 단순히 자동화된 정보 제공 도구를 넘어, 학습자의 학습 데이터를 기반으로 정밀한 분석과 개인화된 피드백을 제공함으로써 진정한 학습자 중심 교육을 실현할 수 있는 핵심 매개로 작용하고 있다. 이러한 기술은 성인학습자의 이해도, 선호도, 학습 속도, 인지 스타일에 따라 교육 콘텐츠를 유연하게 조정할 수 있도록 하며, 이는 맞춤형 학습의 토대를 제공한다.

AI 기반 학습 시스템은 학습자의 개별 특성을 반영하여 최적의 학습 경로를 설계하고, 반복적인 피드백을 제공함으로써 자기주도 학습의 질을 높이는 데 기여한다. 이러한 환경에서 교사는 일방적인 지식 전달자가 아닌 학습을 촉진하고 조율하는 퍼실리테이터(Facilitator)로서의 역할을 수행하게 되며, 학습자는 자신의 학습 여정을 설계하고 통제하는 자기 설계자(Self-designer)로 기능하게 된다.

국가평생교육진흥원이 2023년부터 시범 운영한 'AI맞춤형 역량진단 플랫폼'은 이러한 변화의 대표적 사례이다. 이 플랫폼은 성인학습자의 성취 이력과 학습 유형을 기반으로 개별화된 학습 피드백을 제공하고 있으며, 실제로 학습자의 자기설계 역량 강화와 학습 지속성 제고에 긍정적인 효과를 나타내고 있다.

이처럼 AI는 단순한 기술 혁신을 넘어서, 학습자의 정체성과 역할을 재정의하며, 디지털 기반 평생학습의 구조적 전환을 이끄는 핵심 동력으로 작용하고 있다.

앞으로의 학습자는 AI와의 협력 속에서 문제 해결자이자 공동 설계자로 기능할 수 있어야 하며, 이러한 역량은 미래 사회에서의 교육 실천 방향을 결정짓는 중요한 기준이 될 것이다.

3. 디지털 불평등과 사회적 포용

디지털 사회는 정보 접근과 기술 활용의 기회를 확대함과 동시에, 새로운 형태의 불평등을 심화시키는 이중적 특성을 지닌다. 특히 고령층, 저소득층, 농어촌 주민과 같은 정보 취약계층은 디지털 격차로 인해 교육과 사회 참여에서 구조적으로 배제될 가능성이 높아지고 있다.

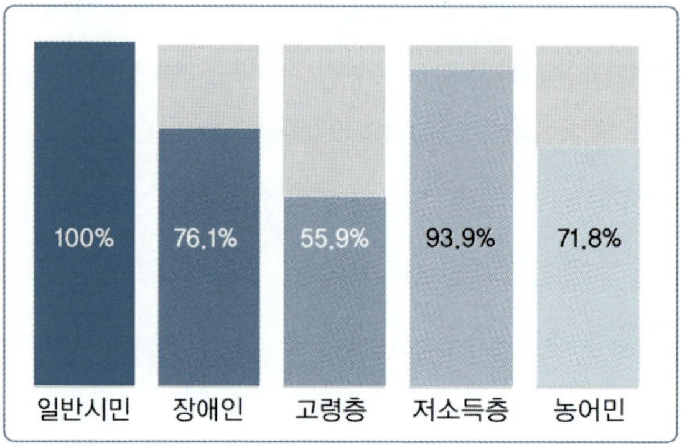

[그림 9-1] 계층별 디지털 사용 능력

출처: 한국지능정보사회진흥원(2025). 2024 디지털정보격차 실태조사 보고서.

이에 따라 평생학습 체제는 기술 보급에 머무르지 않고, 실질적이고 지속 가능한 포용 전략을 중심으로 재설계되어야 한다.

디지털 기술은 교육 접근성을 높이고 학습 기회를 확장하는 강력한 도구이지만, 이로 인해 기술 접근성, 이해력, 활용 능력의 격차가 발생하며 새로운 사회적 배제의 조건으로 작용할 수 있다. 연령, 소득, 지역, 장애 여부 등 다양한 요인에 따라 정보 불균형이 발생하고 있으며, 이는 디지털 사회 내에서 교육 형평성과 사회통합의 실현을 어렵게 만든다.

한국지능정보사회진흥원(NIA)의 「2024 디지털 정보격차 실태조사」에 따르면, 20대의 디지털 활용 역량은 평균 93.2점인 반면, 60대 이상은 61.5점으로 30점 이상 차이가 나타나고 있다. 이와 같은 수치는 디지털 전환이 모든 시민에게 동등한 기회를 제공하지 않는다면, 기술이 오히려 배제의 수단으로 작동할 수 있음을 시사한다.

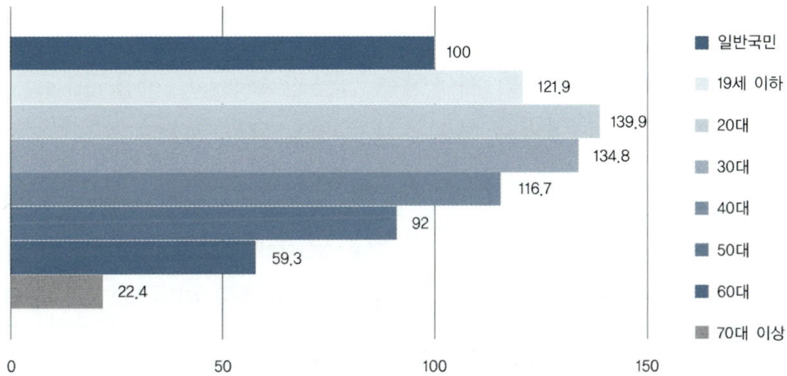

[그림 9-2] 연령별 디지털 정보화 역량 수준

1) 디지털 포용 전략과 공공 정책

디지털 포용을 실현하기 위한 정책은 단순한 기기 보급을 넘어서, 사용자의 실천 역량과 참여 권한을 강화하는 방향으로 전환되고 있다.

서울시의 '디지털 배움터' 사업은 고령층을 대상으로 스마트폰 사용법, 공공 앱 활용, 키오스크 실습 등을 교육하여 실생활에 즉시 적용 가능한 기술 습득을 지원하고 있으며, 현장 밀착형 교수-학습 모델을 통해 학습자의 자존감과 생활 만족도 향상에도 기여하고 있다.

행정안전부의 「2024 디지털 포용 정책 추진계획」은 "모든 세대의 디지털 생활권 보장"을 목표로, '디지털 튜터' 10만 명 양성을 통해 세대 간 정보 격차 해소를 전략적으로 추진하고 있다. 이 계획은 단순한 역량 향상이 아닌, 일상 속에서 기술을 지속적으로 활용할 수 있는 디지털 환경의 생태적 구축을 지향한다. 또한 AI 기술이 공공 서비스 영역에 본격적으로 도입되고 있는 현재, 보육, 건강, 복지, 행정 등 일상생활의 필수 영역에서 디지털 이해력 부족은 곧 사회적 소외를 의미한다.

따라서 디지털 포용은 기술 접근을 넘어, 모든 시민이 AI 기반 서비스를 이해하고 활용할 수 있도록 하는 공공 리터러시 체계 구축으로 확장되어야 한다.

2) 접근권, 사용권, 이해권 기반의 평생교육 설계

디지털 포용을 위한 평생교육의 재구성은 접근권(Access), 사용권(Use), 이해권(Understanding)의 삼중 구조를 중심으로 설계되어야 한다.

접근권은 정보기기, 통신 인프라, 플랫폼에 대한 물리적 접근성을 의미하며, 사용권은 기술을 실제 생활에 응용할 수 있는 기능적 활용 능력을 지칭한다. 마지막으로 이해권은 기술의 사회적 의미와 작동 원리를 비판적으로 해석하고 수용할 수 있는 시민적 판단력을 포함한다.

이와 같은 관점에서 부산시 평생교육진흥원의 '디지털 학습 접근권 지원사업'은 노인층에게 스마트패드를 제공하고 비대면 튜터링을 연계하여 물리적·인지적 장벽을 낮추는 데 기여하였다. 이러한 설계는 학습자의 기술 접근과 활용, 해석 능력을 종합적으로 고려한 통합형 포용 모델로 평가된다.

AI 기술이 급속히 확산되고 있는 현재, 단순한 기기 제공이나 기능 교육을 넘어, 시민이 기술 환경을 구성하는 주체로 참여할 수 있도록 평생학습은 전략적으로 설계되어야 한다.

3) AI 윤리와 평생학습의 사회적 책임

AI의 교육 도입은 기술 효율성뿐 아니라 윤리적 문제를 동반하고 있다. 학습자의 개인정보 보호, 알고리즘 편향, 자동화된 차별 등은 단순한 기술 문제가 아니라 학습자의 권리와 직결되는 사안이며, 이는 평생학습이 기술의 사회적 영향력과 윤리적 판단 능력을 동시에 다룰 필요성을 시사한다.

알고리즘은 학습자의 이력, 성별, 연령, 지역 등에 따라 편향된 추천을 생성할 수 있으며, 이는 학습 기회의 비대칭성을 초래할 수 있다. 따라서 교육 플랫폼은 알고리즘의 작동 원리에 대한 설명 가능성(Explainability), 학습자 중심의 통제력 보장, 편향 제거를 위한 사전·사후 조치 체계를 갖추어야 한다.

과학기술정보통신부의 「AI 윤리기준 가이드라인」(2024)은 '설명 가능한 알고리즘' 구현과 '데이터 삭제 요청 권리 보장'을 명시하고 있으며, 이는 교육 기술이 윤리적 정당성을 확보해야 함을 보여주는 정책적 기준이 된다.

4) AI 리터러시와 윤리적 사고 교육

디지털 시대의 성인학습자는 단순한 기능 습득자를 넘어, 기술의 구조와 사회적 함의를 판단할 수 있는 AI 리터러시를 갖추어야 한다. AI 리터러시는 정보 활용 능력을 포함하여, 알고리즘 이해, 데이터 윤리, 정보보안, 의사결정 구조에 대한 통찰력까지 포함하는 시민적 역량이다.

국가평생교육진흥원은 2024년부터 'AI와 윤리' 온라인 과정을 개설하고, 시나리오 기반 학습, 윤리적 딜레마 토론, 선택형 의사결정 훈련 등을 통해 학습자의 실천적 윤리 역량을 강화하고 있다. 이는 단순한 개념 전달을 넘어, 실제 사회문제에 대응 가능한 사고력 함양을 목표로 한다.

AI 리터러시는 디지털 시민성, 정보판별력, 책임 있는 표현 역량과 함께 구성되며, 특히 다음의 여섯 가지 핵심 영역이 제시되고 있다.

〈표 9-3〉 AI 리터러시 6가지 핵심 영역

영역	주요 내용	핵심 키워드
기초 디지털 접근	디지털 기기·인터넷 접근성 확보	디지털 격차 해소, 접근 환경 조성
기능적 활용 능력	문서 작성, 앱 활용, 정보 검색	ICT 활용, 디지털 기초 문해
비판적 정보 판별력	출처 판별, 알고리즘 인식	미디어 리터러시,가짜 뉴스 대응
참여적 디지털 표현	SNS·블로그·영상 표현과 시민참여	콘텐츠 생산,표현력 강화
책임 있는 시민성	개인정보 보호, 사이버 예절, 저작권 인식	윤리적 사고, 온라인 시민성
디지털 공동체 참여	공공 문제 해결, 협업·디지털 민주주의	공동체 활동, 사회적 연대

이러한 리터러시 교육은 단순한 정보 수용을 넘어서, 학습자가 디지털 기술을 활용해 공공의 문제를 해결하고, 사회적 책임을 수행하는 역량을 함양하는

데 중점을 두고 있다.

4. 성인학습자의 미래역량

AI 기반 사회는 초연결성, 초지능화, 초융합이라는 특성을 바탕으로 빠른 기술 변화와 정보 과잉, 복합적 사회문제에 직면하고 있다. 이러한 환경에서 성인학습자는 단순한 정보 수용 능력을 넘어, 비판적 사고, 문제 해결, 메타인지, 자기설계 능력 등을 포함한 미래역량을 필수적으로 갖추어야 한다.

서울디지털평생교육원은 2024년부터 메타인지 강화 학습 모듈을 정규과정에 통합하고, 학습자 자기설계 역량을 측정할 수 있는 진단 도구를 개발하여 교육과정에 도입하였다. 이 시스템은 학습자의 성찰 기반 학습을 촉진하고, 급변하는 환경 속에서 학습자가 지속적으로 역량을 갱신할 수 있는 기반을 제공하고 있다.

〈표 9-4〉 성인학습자의 미래역량 핵심 요소와 적용 사례

역량 영역	주요 내용	대표 사례
메타인지 역량	인지 과정 점검 및 조절 능력	서울디지털평생교육원 메타인지 모듈
자기주도 학습설계	지역-산업-기술 연계 설계	경기도 시민설계형 프로젝트
AI 협업 및 공존	비판적 수용 및 협력적 활용	AI 기반 직무재편 보고서
디지털 문해력	정보 접근성 및 윤리 고려	서울시 디지털배움터
시민 기술역량	공공서비스 활용 및 기술 참여	UNESCO 디지털 포용 전략

1) 학습 설계 능력과 학습생태계 조율

지역 중심의 디지털 기반 학습 환경은 성인학습자의 자기주도적 학습 설계를 촉진하고 있다. 성인학습자는 기존의 기관 중심 교육에서 벗어나, 지역사회,

산업, 기술의 자원을 통합적으로 분석하고 조율하는 설계자 역할을 수행해야 한다. 이는 지역 발전과 공동체 강화라는 공공적 목표와 결합되는 평생교육 모델로 진화하고 있다.

경기도 평생교육진흥원이 추진한 '시민설계형 학습설계 프로젝트'는 지역 내 학습 자원과 산업 생태계를 연결하는 디지털 학습 맵을 구축하고, 참여 학습자가 이를 기반으로 자신만의 학습 여정을 기획할 수 있도록 지원하였다. 이처럼 자율성과 실용성을 결합한 모델은 성인학습자의 교육적 주체성을 강화하고, 지역 평생학습의 선순환 구조를 형성한다.

2) AI와의 협업 역량, 공존의 기술

AI는 단순한 보조 도구를 넘어, 창의적 사고, 복잡한 문제 해결, 윤리적 판단 등 인간 고유의 인지 능력을 보완하는 협업 파트너로 기능하고 있다. 이에 따라 성인학습자는 AI의 기능을 단순히 활용하는 수준을 넘어서, 이를 비판적으로 분석하고 조화롭게 활용할 수 있는 협업 역량을 갖추어야 한다.

한국직업능력연구원이 발간한 『2025 AI 기반 직무재편 보고서』는 AI 협업 능력을 전 직업군의 필수 역량으로 규정하며, 향후 모든 학습자에게 공존적 사고와 협력적 설계 능력이 핵심 교육 목표가 될 것이라 분석하고 있다. 이러한 역량은 단지 기술적 이해를 넘어, 인간 중심 가치와 공동체 책임성을 반영하는 교육 철학과 연결된다.

3) 국내·외 적용 사례 비교분석

(1) 한국: 서울시 디지털배움터, AI 튜터 기반 문해교육

서울시는 고령층과 정보취약계층을 대상으로 스마트폰 사용, 키오스크 활용, 공공앱 이용 교육 등을 제공하는 디지털배움터 프로그램을 운영하고 있다. 또한 GPT 기반 AI 튜터를 활용한 문해교육은 반복 학습과 피드백을 통해 학습자의 자율성과 지속성을 높이며, 참여율 향상에 실질적인 효과를 보이고 있다.

(2) 핀란드: 'Elements of AI' 국민 AI 교육 캠페인

핀란드는 AI 리터러시를 문해력 수준의 기본역량으로 간주하고, 'Elements of AI'라는 온라인 과정을 무료 제공하여 2024년 기준 인구 대비 15% 이상의 수료율을 기록하고 있다. 이 프로그램은 기술 이해, 사회적 영향, 윤리 인식 등 AI 시대의 핵심 역량을 포괄적으로 다루며, 디지털 시민성 향상을 국가 교육 정책의 핵심으로 설정하고 있다.

(3) UNESCO: 디지털 교육 포용 전략

UNESCO는 "Leave No One Behind"를 핵심 원칙으로 삼아, 디지털 교육 격차 해소, AI 윤리 교육, 글로벌 협력 기반 학습 플랫폼 개발을 제안하고 있다. 이 전략은 디지털 교육의 국제적 기준을 제공하며, 각국의 평생학습 정책과 프로그램 설계에 실질적 가이드라인 역할을 수행하고 있다.

오늘날 디지털 학습 환경은 산업, 공공행정, 문화 등 다양한 사회 영역과 밀접하게 연결되어 있으며, AI 기술이 공공서비스 전반에 도입됨에 따라 성인학습자는 단순한 기술 사용자에서 나아가, 기술의 이해자이자 활용자, 나아가 개선에 참여하는 시민 기술 역량을 갖추어야 한다.

AI 기반 문해교육, 메타인지 설계, 데이터 기반 피드백 시스템은 단순한 교수법 혁신을 넘어, 학습자의 사회적 책임성과 지속가능한 발전 참여를 가능하게 하는 핵심 인프라로 기능하고 있다. 이러한 관점에서 성인학습자의 미래역량은 디지털 기반 평생학습의 실천성과를 결정짓는 핵심 척도로 작용한다.

용어정리

- **디지털 학습 플랫폼(Digital Learning Platform):** 인터넷 기반 학습을 지원하는 시스템으로, 맞춤형 콘텐츠, 피드백, 학습 분석 기능을 포함
- **에이전트형 학습자(Agentic Learner):** 학습 과정의 목표와 경로를 스스로 설계하고 주도하는 학습자
- **플랫폼 거버넌스(Platform Governance):** 공공·민간·개인 주체가 협력하여 디지털 플랫폼 기반 학습생태계를 운영하는 방식
- **디지털 포용(Digital Inclusion):** 사회 모든 구성원이 디지털 기술에 접근하고 활용할 수 있도록 보장하는 정책 및 교육적 접근
- **AI 리터러시(AI Literacy):** 인공지능의 구조, 기능, 윤리적 쟁점 등을 이해하고 활용하는 시민적 역량
- **메타인지(Metacognition):** 자신의 인지 과정을 점검하고 조절하는 능력으로, 자기주도 학습의 핵심 요소
- **AI 윤리(AI Ethics):** AI 기술 사용에 있어 공정성, 투명성, 신뢰성 등을 고려한 규범과 기준
- **디지털 시민성(Digital Citizenship):** 온라인 공간에서 책임 있고 윤리적인 태도로 참여하고 행동하는 능력
- **학습생태계(Learning Ecosystem):** 학습자, 기관, 지역 자원, 디지털 기술이 상호작용하는 종합적 학습 환경

단원학습문제

객관식 문제

1. 디지털 사회에서의 평생학습 개념 변화에 대한 설명으로 적절한 것은?

① 학교 교육의 보완적 수단으로 기능한다.
② 특정 연령대만을 대상으로 설계된다.
③ 시공간에 제한된 집합형 교육을 중심으로 한다.
④ 전 생애에 걸친 자율적이고 통합적인 학습으로 확장된다.

2. 디지털 학습 플랫폼이 학습자 중심 교육을 가능하게 하는 핵심 기능이 아닌 것은?

① 학습자 맞춤형 콘텐츠 추천
② 학습자의 자기 피드백 반영
③ 오프라인 출석률 관리 중심 운영
④ 실시간 진단 기반 학습 경로 조정

3. AI 시대 학습자 정체성의 전환을 설명하는 개념으로 가장 적절한 것은?

① 수동적 정보 수신자
② 교사의 지시를 따르는 사용자
③ 콘텐츠의 공동 설계자
④ 단순한 평가 수용자

4. 다음 중 디지털 불평등의 주요 원인으로 보기 어려운 것은?

① 고령층의 낮은 활용 역량
② 농어촌 지역의 인프라 제약
③ 저소득층의 정보기기 접근성 부족
④ 디지털 교육 콘텐츠의 과잉 공급

5. 디지털 포용을 실현하기 위한 정책으로 적절하지 않은 것은?

① 디지털 튜터 양성 사업
② 고령층 대상 실습형 교육 확대
③ 지역 정보 취약계층 대상 스마트기기 지원
④ 고급 코딩 기술 습득 의무화

6. 다음 중 에이전트형 학습자의 특징으로 적절한 것은?

① 기관이 제공한 커리큘럼만을 따름
② 스스로 학습 경로를 설계하고 조절
③ 교사의 피드백 없이 학습하지 않음
④ 정해진 진도를 수동적으로 따름

7. AI 윤리의 핵심 원칙이 아닌 것은?

① 투명성 ② 개인정보 보호
③ 알고리즘 무비판적 수용 ④ 설명 가능성

8. 다음 중 디지털 시민성의 핵심 역량으로 가장 적절한 것은?

① 사회 이슈에 대한 무관심 ② 기술의 맹목적 신뢰
③ 온라인 표현과 정보 책임 ④ 플랫폼 중립적 사용 태도

9. 성인학습자의 미래역량 중 '메타인지 역량'에 대한 설명으로 적절한 것은?

① 교사의 지시에 따라 기계적 반복 학습
② 인지 과정에 대한 비판적 성찰
③ 정보의 외우기 중심 암기 학습
④ 디지털 기기의 활용 숙련도

10. 다음 중 디지털 리터러시에 포함되지 않는 것은?

① 정보 판단력 ② 네트워크 소통 능력
③ 공공 데이터 활용 역량 ④ 신체 운동 능력

주관식 문제

1. 디지털 전환이 평생학습 구조에 미친 영향을 기술하고, 플랫폼 중심 학습의 장점과 한계를 서술하시오.

2. 생성형 AI가 학습자의 정체성에 미치는 긍정적/부정적 영향을 구체적 사례와 함께 서술하시오.

3. 디지털 불평등 해소를 위한 정부 정책의 주요 방향과 한계점을 논하시오.

4. AI 시대 성인학습자에게 요구되는 '공존의 기술'과 '미래역량'을 연계하여 설명하시오.

5. 핀란드, UNESCO, 한국 등에서 추진 중인 디지털 기반 평생학습 정책의 특징을 비교하고 시사점을 서술하시오.

정답 및 해설

1. 정답: ④

디지털 시대의 평생학습은 단절된 학교교육을 넘어서 전 생애를 아우르는 자율적 학습으로 확장된다.

2. 정답: ③

디지털 플랫폼은 온라인 기반 자율학습을 중심으로 하며, 오프라인 출석은 핵심 기능이 아니다.

3. 정답: ③

AI 시대의 학습자는 능동적 설계자(Agentic Learner)로, 학습을 공동 설계하고 지식을 재구성하는 주체다.

4. 정답: ④

콘텐츠 과잉은 불평등의 원인이 아니며, 인프라 · 기기 · 역량 부족 등이 핵심 원인이다.

5. 정답: ④

포용 정책은 기초 접근과 실생활 활용 중심으로, 고급 기술 의무화는 해당되지 않는다.

6. 정답: ②

에이전트형 학습자는 주체적 설계자이며, 학습 흐름을 자율적으로 조율하는 능력을 가진다.

7. 정답: ③

AI 윤리에서는 알고리즘 결과에 대한 비판적 수용과 설명 가능성이 필수적이다.

8. 정답: ③

디지털 시민성은 정보 책임성과 온라인 윤리, 표현의 책임을 핵심으로 한다.

9. 정답: ②

메타인지는 자신의 인지 과정을 자각하고 조정하는 고차적 학습 전략이다.

10. 정답: ④

디지털 리터러시는 정보 이해, 표현, 공유, 윤리 등 종합적 정보활용능력이며, 신체 능력과는 무관하다.

Chapter 10

로컬크리에이터와 지역문제 해결

1. 로컬크리에이터의 이해
2. 다양한 로컬크리에이터 사례연구

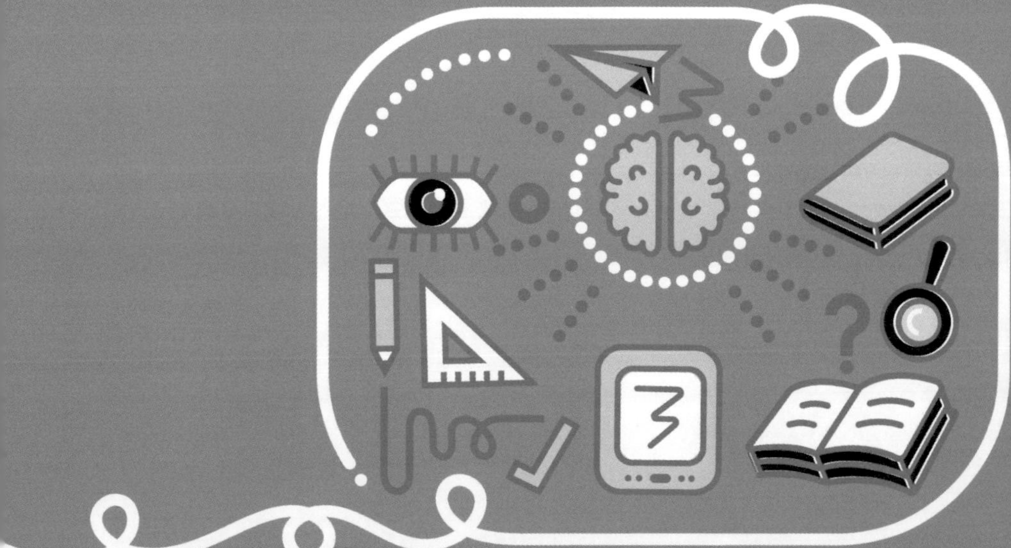

학습목표

1. 로컬크리에이터의 개념과 필요성을 이해한다.
2. 로컬크리에이터의 활동 분야와 지역문제의 실천에 대해 학습한다.

단원 키워드

로컬, 로컬크리에이터, 지역성, 지역자원, 거점브랜드, 디지털문화체험, 로컬푸드, 자연친화활동, 지방소멸, 지역가치, 지역기반제조, 지역특화관광

CHAPTER 10

로컬크리에이터와 지역문제 해결

1. 로컬크리에이터의 이해

1) 로컬크리에이터의 개념

대도시 중심의 국가발전은 인구 집중화, 지방 경제와 문화 낙후, 인구 감소 등의 문제를 가져온다. 이러한 문제를 해결하기 위해, 지역 고유 가치를 부각하고, 지방의 자생력을 키우기 위한 방안들이 속속 등장하고 있다. 정부 기관의 노력도 있지만 지역활동을 통해 자생적으로 지역활성화에 기여하는 사람들도 점차 늘어나고 있다. 이처럼 지역의 자원에 창의적인 아이디어를 더하여 지역 가치를 창출하는 사람을 '로컬크리에이터'라고 부른다.

로컬크리에이터의 정의를 종합해 보면 로컬크리에이터의 사업을 추진하고 있는 중소벤처기업부는 로컬크리에이터를 '지역의 자연환경, 문화적 자산을 소재로 창의성과 혁신을 통해 사업적 가치를 창출하는 창업가'로 정의하고 있다. 창업진흥원의 연구보고서(이창영 외, 2020)는 로컬크리에이터를 '로컬 거버넌스의 시대에 맞춰 지역 중심의 다양성과 창의성에 기반을 둔 지역경쟁력 강화를 실현하기 위해 4차 산업혁명의 혁신적인 기술과 혁신적인 아이디어를 기반으로 경쟁력 있는 지역 문화자원 및 특성을 발굴하여 지역발전 전략을 주도하고 견인할 창업가'로 정의한다. 경제적인 관점에서 벗어나 인문학적 관점에서 로컬크리에이터를 바라본 이송하(2020)는 '지역자원과 문화를 기반으로 가치를 창조하여 로컬 커뮤니티를 연결하는 촉진자이자 매개자로서 새로운 가능성을 창출하는 사람'으로 정의하고 있다. 이 정의에서는 지역자원, 문화, 가치창조, 로컬 커뮤니티, 촉진자, 매개자, 가능성 창출자 등으로 로컬크리에이터의 역할을 보다 다양하게 제시하고 있다.

이상의 정의들을 정리해 보면, 로컬크리에이터는 지역에 대한 이해를 바탕으로 지역의 지리적, 문화적 자원과 특성에 기초하여 창의적이고 혁신적인 아이디어를 내어 지역의 문제를 해결하고 새로운 사업모델을 창출해 내는 사람으로 볼 수 있다. 로컬크리에이터는 지역을 잘 이해하고 지역에 대해 애정을 가진 사람이며 지역민과 소통을 통해 지역 상권에 활력을 불어넣고 지역 문화를 현대적으로 다시 만들어 내는 역할을 한다.

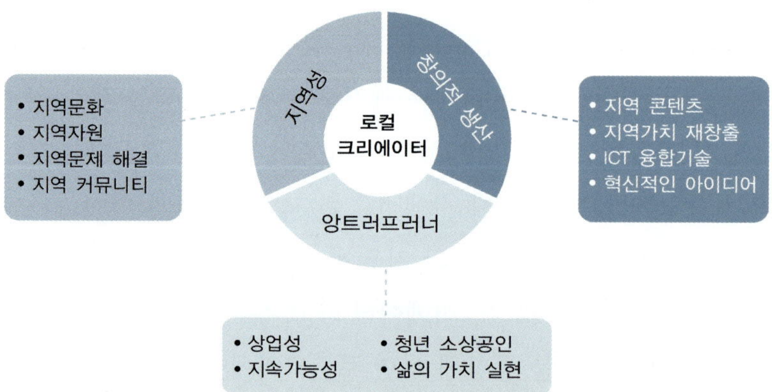

[그림 10-1] 로컬크리에이터(종합)

출처: 김순한, 장웅조(2022). 가치 기반 경제 속의 로컬크리에이터 연구, p.141.

[그림 10-1]과 같이 로컬크리에이터는 크게 세 가지로 나뉜다. 첫째, 외부 지원 없이 자생적으로 발생하여 지역경제를 변화시키는 '창업가'이다. 둘째, 지역의 독특한 정체성을 상품화하는 측면이 있어서 '지역성'은 핵심 요소이다. 셋

째, 혁신적인 기술이나 아이디어를 도구로 활용하여 기존과는 차별화된 '창의적 생산'을 하는 존재이다. 이런 특징을 아래와 같이 도식화하여 핵심 요소와 하위요소들을 구분하고 있다.

로컬크리에이터의 활동은 다양한 분야로 확장되고 있으며 지역경제에 기여하고 있음이 분명해졌다. 이에 정부기관과 지자체들이 나서서 지원을 확대해 가는 추세이다. 로컬크리에이터는 지역성과 결합된 자신만의 콘텐츠로 가치를 창출하려는 움직임이다. 전통콘텐츠 영역인 예술, 문학, 영화, 영상, 디자인 등을 넘어, 공간 기획, 복합문화공간, 콘셉트스토어, 커뮤니티 비즈니스 등과 같은 융합 콘텐츠 영역까지 지역에서 자발적으로 개척하고 발전시킴으로써, 지역은 성공한 소도시로 한 단계 스케일업할 수 있다(모종린, 2020).

2) 로컬크리에이터의 등장배경

(1) 라이프스타일의 가치 다원화

직업에 대한 만족감, 일의 성취, 예금 · 적금 · 투자를 통한 미래 삶에 대한 대비 등과 같은 가치보다 현재의 만족스러운 삶을 지향하는 새로운 라이프스타일에 대한 도전이 점차 가치 있게 여겨지고 있다. 취미로 여긴 책, 와인, 그림, 공예품 등을 전시 · 판매하는 터를 만들고, 찾아오는 사람들에게 친구 또는 공동체의 일원으로서 공유하는 것을 추구하기도 한다. 다양한 사람들이 지닌 다양한 가치가 존중받고, 다원화된 삶의 모습을 구현하는 사람들이 점점 많아지고, 이들이 살아가는 모습이 주목받게 되면서 로컬이 창조적으로 변화하고 지역이 활성화되고 로컬크리에이터의 다양성도 증가하고 있다.

(2) 지역의 가치 재인식

로컬크리에이터의 등장은 소도시보다는 대도시, 지역화보다는 광역화하려는 흐름과 달리, 마을이나 작은 골목들이 가진 가치를 부각하고, 이를 지켜내고자 하는 사람들의 실천적인 과정에서 시작됐다. 활동가, 혁신가, 실천가 등으로 용어는 다르지만, 이들은 사라져가는 동네 서점, 학교, 음식 등 지역이 보존하고 지켜야 할 자산에 눈을 뜨고, 이를 사업으로 연결한다. 이들의 출발 배경은 도시적 삶에 대한 회의나 공동체 중심의 삶 지향 등 다양하다. 서로 다른 출발이지만 지역 가치를 새로이 창출하고 사업적인 성과 또한 만들어 내어 지역 발전에 이바지한다. 특히 사업적인 성과는 지역에 대한 가치를 재인식하는 데 크게 기여한다.

(3) 지방소멸 대응

산업화가 대도시 발달을 이끌면서 교육·문화·교통 등의 사회 여건이 자연스럽게 대도시로 집중되며 지방(지역)의 기반이 흔들리게 된 것은 오래된 일이다. 더불어 저출산·고령화 추세에 따라 지역균형발전을 주요 정부 과제로 내세웠지만 지속적인 노력에도 불구하고 지방의 사회적·경제적 여건 약화 문제는 개선되지 않고 있으며, 지방소멸 현상을 보이는 지역은 점점 더 많아지고 있다.

지방소멸을 예방하기 위해 출산장려금 지원, 채용 시 지역민 우대, 지역 이주 정착민 자립 지원, 지방 소멸 대응 기금 조성과 배분 등 다양한 정책적 시도가 있었지만, 아직은 뚜렷한 효과를 보지 못하고 있다. 자연스럽게 지역으로 유동인구가 유입되고, 지역특화 산업이 자리 잡도록 만드는 것이 지방소멸 극복의 시작점일 것이다. 대규모 산업보다는 소상공인 중심으로 한 자생적인 로컬크리에이터의 활동은 외부인의 접근 문턱을 낮추어 지역특화 및 활성화에 기여한다.

3) 로컬크리에이터의 역할

로컬크리에이터는 지역 특성에 대한 이해를 기반으로 기초적인 지역자원을 조사·분석하여 새로운 사업화 아이템을 발굴하고, 이를 바탕으로 지역의 가치를 재창조하는 역할을 한다. 이러한 직무를 수행하는 데 필요한 역할을 세분화하면 다음과 같다.

(1) 지역 이해자

활동하려는 지역이 지닌 특성이 무엇인지 파악하는 것이 중요하다. 오래된 건축물, 골목길 등 지역을 대표할 만한 것이나, 창작활동을 희망하는 사람들이 공간을 구성하기에 적합한 곳, 어떤 직종의 사람들이 모이는지 등 지역 내에 관심을 끌 만한 요인이 무엇인지 파악해야 한다. 제주 '해녀의 부엌'은 해녀라는 직업이 관광 상품으로서 존재가 아니라, 해녀들의 삶에 대한 이해가 기본이 되어야 한다는 생각에서 출발했다. 지역을 이해한다는 것은 지역이 담고 있는 지역성, 역사의 의미, 지역민의 소망을 파악하는 것을 의미한다.

(2) 지역 활동가

지역민과 원활히 소통하고, 좋은 협력 관계를 만들기 위해서는, 지역 잘 이해하는 사람이 되어야 한다. 활동가는 지역민과 일상적으로 소통하며 지역 내에서 발생하는 문제에 관심 가지는 사람이다. 지역 주민들과 친밀하고 밀착된 관계를 만들려는 노력은 로컬크리에이터의 지역 정착에 큰 도움을 준다. '뭐하농'의 이지현 대표는 괴산이 고향이 아니었음에도 농부들의 축적된 노하우를 배우고 농사에서 실패를 줄이기 위해 자신이 먼저 나서서 스스럼없이 지역민들과 친해지려 노력했다. 이런 노력 덕분에 매장을 열거나 제품 판매 홍보에 있어 지역 농부들의 적극적인 도움을 받아 정착에 성공할 수 있었다고 한다. 사업화하려는 아이템에 대한 지역민의 의견을 청취하고 수용하면 위험 요소를 줄일 수 있고 사업 성공에 꼭 필요한 지역민 참여도 유도할 수 있다.

(3) 창의적 아이디어 제안자

지역 내 자연환경, 토산물, 축제 등은 갑자기 생겨난 것이 아니라 지역 내 역사나 문화적인 요소로 이미 자리를 잡은 자산이다. 이러한 지역 자산이 현시점을 살아가는 사람들에게 의미 있고 새로운 것으로 다가갈 수 있도록 아이디어를 내야 한다. 창의적인 아이디어는 완전히 새로운 것을 창안하기보다 기존 지역

행사, 유통구조, 산업 등을 새로운 시각으로 바라보는 것에서 출발한다.

'뮤지엄 재희'는 담양에서 유명한 대나무와 장어 가죽을 이용하여 구두를 제작·판매하고 있다. 대나무를 얇게 잘라 염색하여 기하학적 무늬를 만들고, 장어의 껍질을 염색하여 가죽 대용으로 사용한다. 아이디어는 지역 내 주요 생산물과 버려지는 부산물을 이용하며 친환경적이라는 특징이 있다.

아이디어 발상은 작은 요소에서부터 출발할 수 있다. 실용적이면서도 독창적인 상품이나 프로그램, 공간은 호응을 얻기 수월하다.

(4) 지역브랜드 기획·홍보자

한때 우리나라의 관광지 상품들은 어느 지역을 가나 지역구분 없이 동일한 제품을 판매하여 굳이 전국 방방곡곡을 다닐 필요가 없다고 말하기도 했을 정도로 제품이 획일화되어 있었다. 이제는 지역으로 사람들이 오고 싶도록, 지역 내 활동과 체험을 통해 지역을 깊이 있게 이해하고 사랑할 수 있도록 만들어야 한다. 이를 위해서는 지역의 특성과 가치를 대중에게 인식시킬 수 있는 브랜드를 기획하는 역할이 중요하다.

지역적 특색을 반영하는 브랜드를 만드는 것은 소비자나 이용자로 하여금 친숙성을 높일 수 있다. '브랜드화'된다는 것은 정체성을 갖는다는 의미도 된다. 강원도는 감자가 대표적인데, '감자 아일랜드'는 기업명으로 강원도의 특성을 드러낸다.

(5) 지역 비즈니스 실천가

로컬크리에이터들은 개인, 소규모의 팀이나 그룹으로 구성되어 시작하므로, 사업화 과정에서 역량이 부족할 수도 있다. 아이템에 대한 독창성, 사업 가능성, 타당성, 필요 자본금, 필요한 자원의 구매 방법과 협력 기관 파악, 이익 창출 요소 등 고려할 사항이 매우 많고 분야도 다양하다. 지역 비즈니스는 지역 내 자신의 사업 분야와 관련한 생산, 유통, 소비에 대한 이해와 지역민과 상생하는 사업방식을 말한다.

좋은 아이디어를 제안한다고 해도 사업화 가능성이 낮다면 공상에 불과할 수 있다. 지역에서 많이 생산되는 밀을 주재료로 한다면, 밀의 특성과 밀 생산지 탐색, 밀 단가의 흐름, 밀 보관법, 밀 가공과정 등에 관해 지역 생산자, 소비자, 유통관계자들과 사업 관계를 형성하고, 구입량 및 소모량에 따라 사업을 조절해야 한다. 이러한 과정에서 지역적 특성이 반영될 수 있으며(예: A생산자는 생산량의 80%를 B유통업체에게 판매한다), 지역 내에서 이루어지는 사업의 흐름을 이해하지 못하면 실패 가능성을 높이게 된다. 또한, 지역민과 상생은 홍보, 브랜드화, 이익 창출 등이 가능하므로 지역 비즈니스를 실천하는 데 노력을 기울여야 한다.

(6) 로컬크리에이터 양성가 · 중개자

성공적으로 지역 내에 정착하고 경제적 성과도 이룬 사례들이 점차 누적되고 있다. 우수사례로 뽑힌 로컬크리에이터들은 시작 동기와 어려움, 극복 과정 등을 초심자들에게 공유하여 더 많은 도전자들이 생기도록 도움을 줄 수 있다. 이들은 지역 커뮤니티에서 양성과정 프로그램을 교육하기도 하고, 인터뷰, 간담회, 소식지 등을 통해 성장과정을 공유하기도 한다.

로컬크리에이터 사업 제안 분야 중 플랫폼 사업에 대한 아이디어도 많이 제출되고 있다. '어반 플레이'는 공간 플랫폼을 사업 아이템으로 하고 있다. 크리에이터들이 마음껏 자신의 아이템을 구현해 볼 수 있는 실험적인 공간을 중개하는 역할로, 로컬크리에이터들의 도전 분야가 다양해지면서 플랫폼 사업이 나날이 중요해지고 있다.

4) 로컬크리에이터의 분야

지역의 가치를 활성화하는 것에 분야 제한은 없지만, 그동안 중소벤처기업부 중심으로 로컬크리에이터를 지원하는 정책이 시행되어 오며 몇몇 분야가 특정

되었다. 중소벤처기업부는 지역자원의 유형·무형의 형태와 아이디어나 비즈니스 모델링, ICT 융합기술 및 네트워킹을 이용한 창조 과정, 사업화 아이템 분야를 레저 관광과 식품, 문화 및 공간의 4가지로 구분하고, 이를 다시 세분화하여 7가지 분야로 나누어 제시했다.

7대 분야에 대한 개념과 기대효과를 살펴보면 다음 〈표 10-1〉과 같다.

〈표 10-1〉 로컬크리에이터의 7대 분야

구분	내용
지역가치	지역의 문화나 고유특성을 기반으로 혁신적인 아이디어를 융합하여 새로운 경제적·문화적 가치를 창출
	• (기대효과) 플랫폼과 더불어 콘텐츠의 중요성이 더욱 강조되므로, 지역을 콘텐츠화하여 다양한 비대면 비즈니스 모델 창출이 가능
로컬푸드	• 지역의 특산물, 미활용 작물 등 농수산물을 활용한 식품가공 및 유통
	(기대효과) 위생적인 환경에서 재배되는 스마트팜이나 농수산 산지와 연결된 구독경제, 종자개발부터 유통·제조·판매 등이 다양하게 결합된 6차 산업 발전
지역기반제조	• 지역에서 생산되는 소재를 활용하거나 지역특색을 반영한 제조업
	• (기대효과) 수공업과 DIY활동 증가가 예상되며, 이를 로컬제조업으로 육성
지역특화 관광	• 관광자원(자연환경, 여행지 등)을 활용하여 해당 지역으로 관광객 유입 확대 • 지역 방문을 위한 원스톱 서비스 및 자연생태계의 지속가능성
	• (기대효과) VR 등을 활용한 가상 관광, 체험 등의 관광 수요 증가 예상
거점 브랜드	• 지역 내 복합문화공간 등 지역거점 역할 • 지역성과 희소성을 기반으로 지역의 가치를 재창출
	• (기대효과) 쇼핑은 온라인 쇼핑으로 대체, 오프라인 소비는 단순소비보다는 가치소비(Meaning Out)가 중요해져 지역별 거점 브랜드 육성 필요
디지털 문화체험	• 지역별로 역사와 문화가 담긴 유적지와 문화재 등을 과학 기술 및 ICT를 활용하여 재해석 또는 체험
	• (기대효과) AR, VR 등과 결합된 디지털 문화체험 콘텐츠 시장 확대 예상
자연친화 활동	• 지역별로 상이한 자연환경(바다, 산, 강 등)에서 진행되는 서핑, 캠핑 등 아웃도어 활동을 위한 다양한 사업모델
	• (기대효과) 집단적 활동(테마파크 등)보다는 가족 또는 나홀로 단위의 레저활동(캠핑, 글램핑 등)의 수요 증가 예상

출처: 2022년 지역기반 로컬크리에이터 활성화 지원 사업 참고.

분명한 로컬창업은 빅테크 기반 창업보다 자발적인 상상력, 열정, 창조성 등의 역량이 중요하기 때문에 지역 중심으로 체계적인 로컬크리에이터 교육 프로그램을 운영할 필요가 있다. 지역에서 다양한 배경의 로컬크리에이터들이 서로 협업하고 자발적으로 활동할 수 있는 시설과 공간을 보유한 지역대학이 '지역혁신 양성기지'로서의 중추적인 역할을 담당해야 한다.

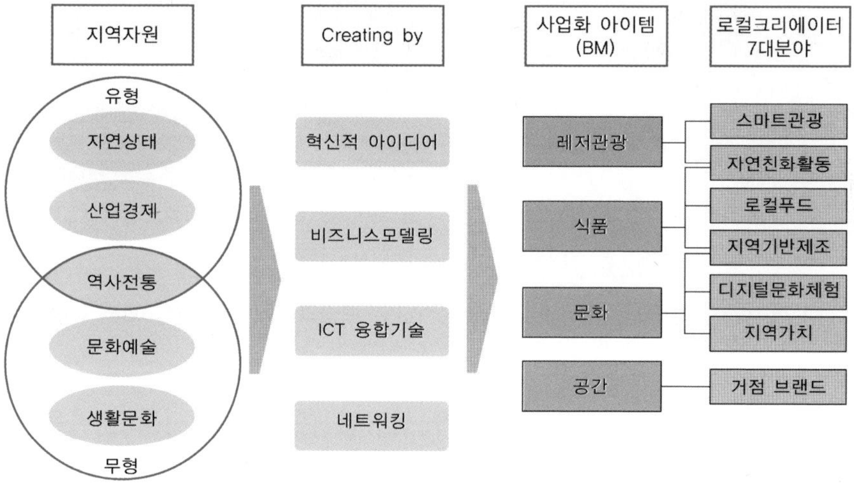

[그림 10-2] 로컬크리에이터 7대 분야 도출 프로세스

출처: 이창영 외(2020). 로컬크리에이터 활성화 지원방안 마련.

2. 다양한 로컬크리에이터 사례연구

1) 로컬크리에이터 활동사례

2020년~2022년 기간 동안 중소벤처기업부의 지역기반 로컬크리에이터 활성화 지원사업에 선정된 각 분야별 아이디어를 보면, 지역가치 112개, 거점브랜드 83개, 지역특화관광 61개, 지역기반제조 97개, 로컬푸드 145개, 디지털문화체험 39개, 자연친화활동 23개이다. 로컬크리에이터 7대 분야 중 가장 많은 분야는 로컬푸드였으며, 다음으로는 지역가치 분야, 지역기반제조 분야가 뒤를 잇고 있다.

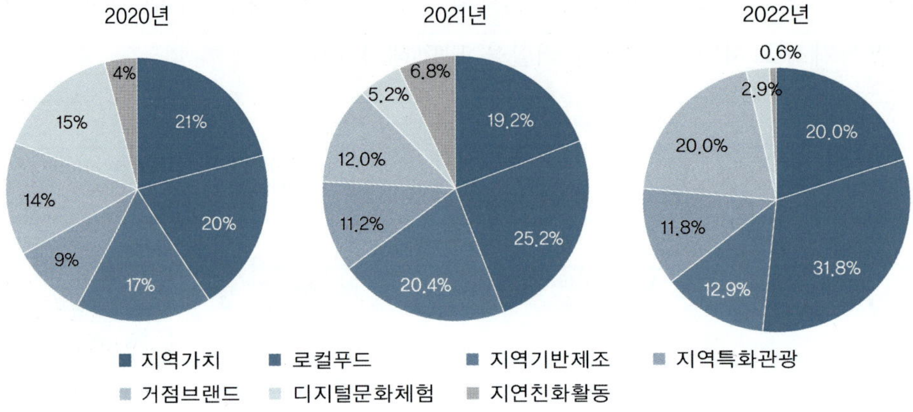

[그림 10-3] 2020~2022년 중소벤처기업부 로컬크리에이터 선정 과제 비율

로컬푸드는 3년간 가장 많은 과제가 선정된 분야이며, 선정된 비율 자체도 20%에서 31.8%까지 증가하였다. 신청과제가 가장 적은 분야는 자연친화활동이며 2022년에는 1개 과제밖에 선정되지 않았다. 자연친화활동은 앞으로 아이템 개발이 더 필요한 분야로 여겨진다.

다음으로, 분야별로 선정된 아이템들을 간략하게 살펴보고자 한다. 7대 분야의 명칭은 크게 달라진 부분이 없으나 한글과 영문 표기에 따라 약간의 변화가 있다.

(1) 지역가치

지역가치 분야는 지역문화와 혁신적인 아이디어를 융합해 새로운 가치를 창출하는 것이다. 각 지역은 지리적 조건에 따라 다양한 풍습과 역사를 지니고 있다. 풍습과 역사는 지역문화로 자리하고, 문화는 시대에 따라 변화가 필요하다. 이러한 변화에 잘 대응하고 혁신적인 아이디어로 가치가 재창출될 때 지역

가치를 높일 수 있다.

〈표 10-2〉 로컬크리에이터 지역가치 분야

지역	아이디어 사례명	사업내용
서울	주식회사 쉐어원프로퍼티	창신동을 중심으로 지역 패션 봉제제작자와 서울의 신진디자이너들의 협업 공간, 쇼룸 등 운영 플랫폼
대전	사이콘	스토리텔링형 대전과학기술(人) 커뮤니티 프로그램 개발 및 콘텐츠 제작, 과학 행사 및 미디어 서비스 제공
경남	시티앤로컬협동조합	진해 소재 근대역사문화와 건축물 스토리 및 시각 자료를 활용한 로컬 스토리북 제작과 드로잉 체험 프로그램
광주	바닐라씨(주)	광주 독립 출판물을 활용한 로컬 웹드라마 제작, 광주의 지역 서점 치 독립출판물과 관광 명소 홍보
경북	고결	옛 대장간을 문경 문화(공간, 염색, 공예 등)로 재생한 지역문화스테이
제주	도담스튜디오	제주의 폐플라스틱을 활용한 제주 업사이클 제품 생산·판매의 새로운 순환 구조 제시

(2) 로컬푸드

지역별 특산물은 로컬크리에이터들이 가장 많이 관심을 갖고 아이디어 산출하는 접근성이 높은 분야이다. 로컬푸드 분야는 지역에서 자생하거나 생산된 재료를 기반으로 현대적이고 다양한 제조기법, 체험 등이 적용되고 있다.

〈표 10-3〉 로컬크리에이터 로컬푸드 분야

지역	아이디어 사례명	사업내용
울산	선F&D	울산 미역을 먹는 고래 이야기와 미역바위 이야기를 연계한 미역 건조 체험과 생태체험으로 울산미역 판매 촉진
전남	농업회사법인(주)담우	고흥 특산물을 활용해 저염식 피클소스로 만든 나물 피클 장아찌 제조·가공을 통해 지역경제 활성화
강원	설악니트로	명란, 쑥, 메밀 등 강원도 로컬푸드를 활용한 액화 질소 가공 기반 로컬 젤라또
경북	안사우정국	의성 지역 농산물을 활용한 농가 레스토랑 운영, 스마트 팜을 활용한 농작물 쿠킹 클래스 및 의성 농작물을 재료로 한 밀키트 제작

경기	농업회사법인 독브루어리(주)	김포 금쌀과 현대 맥주 양조 기법 라거링을 접목하여 잡미를 잡고 깔끔함을 강조한 ‘대미’막걸리의 대중화
경북	농업회사법인 주식회사 밀과노닐다	안동 사과를 이용한 고품격 증류주 개발 및 체험 프로그램 운영

(3) 지역기반제조

지역기반제조 분야는 지역의 언어, 자연물, 농작물, 지역을 상징하는 인적 자원 등을 활용하여 화장품이나 착화제, 도자기 등 새로운 제품을 생산하는 것이다.

〈표 10-4〉 로컬크리에이터 지역기반제조 분야

지역	아이디어 사례명	사업내용
부산	코스마일코퍼레이션	부산을 관광지로 한 디자인과 사투리를 담아 ‘씨쓰라, 발라라’ 화장품 제작
전남	(주)미라클뮤지엄	순천만에서 버려지는 갈대 업사이클로 갈대 착화제 제조
경북	주식회사 인포터리	성주의 버려지는 참외 껍질을 활용하여 참외색 유약 기술 개발, 참외 모티브 도자기 제품 제작, 체험
제주	해녀복연구소	해녀들이 수상 스포츠웨어 디자인 및 개발에 직접 참여할 수 있는 패션 스튜디오 구축
서울	오브제플래닛	도봉구 내의 양말제조업체와 예술인, 프리랜서 디자이너들의 협업, 친환경 양말 제조
강원	감자 아일랜드	지역 특산물 감자와 토착 효모로 만드는 지역 특산 수제 맥주 제조로 관광명소 구축

(4) 지역특화관광

지역특화관광은 섬이나 무인도 등의 자연경관을 중심으로 하는 아이디어나 오랫동안 지역민의 생활을 통해 형성된 골목길의 특성이나 미디어를 통해 형성된 지역 이미지 등을 활용하여 지역 방문을 위한 서비스를 제공하는 것이다.

〈표 10-5〉 로컬크리에이터 지역특화관광 분야

지역	아이디어 사례명	사업내용
광주	오로지스튜디오	광주 지역 맛집을 소개하는 온라인 플랫폼을 통해 지역 상권 홍보하고 지역상권과의 상생 서비스 제공
강원	소호259 호스텔	속초 문화를 이해하는 골목길 도슨트 투어, 기념품 제작 원데이 클래스, 로컬 음식 체험 등 다채로운 액티비티 제공
경북	노마도르	울릉도 설화를 기반으로 지역별 유물, 물적 자원의 결합을 통한 경험형 추리게임 개발 및 키트, 굿즈 개발
인천	주식회사 펑키테일즈	인천의 섬 168개 중 유인도 40여 개의 반려동물 기반 여행 정보

(5) 거점브랜드

거점브랜드 분야는 고택, 폐산업시설, 구도심, 폐교, 지역문화나 예술인 등 지역 내 유휴자원을 활용하여 레스토랑, 전시 공간, 체험관 등과 같이 지역의 복합문화공간을 조성하는 것이다. 지역 내 복합문화공간은 지역성과 희소성을 기반으로 가치를 재창출하는 브랜드가 되고, 지역의 거점 역할을 할 수 있다.

〈표 10-6〉 로컬크리에이터 거점브랜드 분야

지역	아이디어 사례명	사업내용
호남	두잇(Doit)	유휴공간을 활용한 미래 도시 농업 플랫폼으로 도시농업 식물공장 콘텐츠, 공동소유, 모종심기 등 체험활동 운영
제주	주식회사 해녀의 부엌	해녀 관련 공간 체험 및 공연, 해산물 판매 등 해녀 관련 융복합 콘텐츠 제공, 해녀의 전통성 보전 및 제주 해산물 가치 전달
세종	두잉지 주식회사	조치원 정수장을 로컬의 거점화하고 지역 커뮤니티 공간으로 활용
전북	제이와이프롬	40년간 방치된 제지공장을 지역 내 거점으로 조성, 지역관광 및 체험학습 중심지로 변화
강원	옆집사람(주)	우물시장 길을 중심으로 지역 내의 빈집을 활용하여 마을 책방 구성, 활용

(6) 디지털문화체험

온라인 기반 사회에서 디지털문화체험을 위한 플랫폼과 콘텐츠 개발은 앞으로도 지속될 필요가 있다. 현재는 AR, VR 등의 콘텐츠 제작과 이미 디지털화되어 있는 문화콘텐츠를 체험하는 내용이 주를 이루고 있다.

〈표 10-7〉 로컬크리에이터 디지털문화체험 분야

지역	아이디어 사례명	사업내용
충남	비욘드커브	다채널 동시 라이브 커머스를 활용한 충남 농축산물 직거래 판매 플랫폼. 생산자 개인의 브랜드화와 합리적 가격으로 소비자 니즈 충족
경기	17정글	수원 인문기행 코스를 메타버스로 구현, 비대면 지역축제 활성화 및 이벤트 진행
충북	주식회사 주렁주렁스튜디오	단양의 설화 동화책을 카메라로 인식하여 AR로 즐기고, 독자들이 설화 속 장소에 방문하여 AR로 즐길 수 있는 증강현실 관광 구축
충청	주식회사 피에이엘 문화유산센터	세종 원 도심의 특성과 역사성을 활용한 빅게임 기획, 지역 주민 연계활동으로 일자리 창출 및 문화콘텐츠 조성

(7) 자연친화활동

자연친화활동 분야는 로컬크리에이터의 지원이 가장 적었던 분야이며, 온실, 마을, 폐교, 하천 등의 장소를 활용한 지역 생태 환경 인식 확산과 유휴 공간의 활용이 두드러진다.

〈표 10-8〉 로컬크리에이터 자연친화활동 분야

지역	아이디어 사례명	사업내용
경북	농업회사법인 주식회사 그루작	낙동강 상류의 자연 풍광을 활용. 낙동강 상류 인근의 지역 경관과 어울리는 독특한 디자인의 온실하우스 기반 팜파티, 팜마켓 등 농촌 라이프 스타일을 즐길 수 있는 플랫폼
강원	주시회사라온서피리조트	미운영 해변 및 공유지 활용을 통해 특색있고 차별화된 해양레저 융복합 공간 조성
충남	주식회사 소나기커뮤니케이션	폐교를 활용하여 부모와 자녀 캠핑, 로컬푸드 수확 및 요리 체험 등 다양한 활동이 가능한 캠핑장 운영
경남	팜프라&두모마을	도시에서 이주하려는 청년들이 촌(村) 라이프(life)를 실현하도록 기반을 제공하는 체험 공동체

2) 로컬크리에이터 우수사례

(1) 방랑싸롱(지역가치)

전북 순창의 방랑싸롱은 여행 전문가의 눈으로 순창 지역의 공간, 공연, 사람

사진출처: 문화공간 '방랑싸롱'(2020.11.12.), http://news.tf.co.kr/read/national/1824260.htm

을 연계하여 지역을 리브랜딩하는 농촌 활성화 플랫폼이다. 방랑싸롱의 장재영 대표는 여행자들이 붐비는 순창을 만들자는 일념으로 여행자 중심의 독특한 문화공간인 방랑싸롱을 만들고, 여행자들이 매력을 느낄만한 이벤트를 시작했다.

대표적으로 '재즈 페스티벌'과 '할미넴 프로젝트'가 있다. 방랑싸롱에서 시작한 '재즈 페스티벌'은 야외공간으로 무대를 넓혀 한국 대표 재즈 밴드인 신촌 블루스가 다녀갔을 정도이며, 지역 청년 뮤지션들을 발굴해 합동공연을 만들어주는 등 다양한 기회를 제공하며 문화적 네트워크를 구축해 가고 있다. '할미넴 프로젝트'에서는 농촌 할머니들에게 랩을 가르쳐 부르게 한다. 이 프로젝트의 진정한 성과는 청년과 어르신들의 어울림 과정, 그리고 합동공연을 통해 세대문화의 벽을 허물고 소통의 장을 마련했다는 것에 의미가 있다.

장 대표의 성공사례는 '장 대표 스타일'을 선망하는 대도시 기획자들이 순창 인근 지역으로의 거점 이동을 촉발하는 계기가 되기도 했다. 이들에 대한 조언을 부탁하자 장 대표는 지자체에 기대지 않는 기획자가 돼야 한다고 주문했다. 앞으로의 목표는 지역의 경계를 넘어 순창을 플랫폼으로 확장되는 전국 문화 네트워킹이라고 한다.

(2) 밀과노닐다(로컬푸드)

친환경적으로 농사를 지어보려던 '밀과노닐다'의 박성호 대표는 밀과 메밀이 돈과 연결되지 않는다는 것을 깨닫고 밀을 이용해 평소에 좋아하던 소주를 만들게 되었다. 소주로 유명한 안동 지역 주민들의 도움으로 직접 농사지은 밀을 원료로 소주를 만들어 제품화하였다. 국산 밀을 친환경적으로 재배하여 그 전문성을 인정받아 2022년 농림축산식품부로부터 국산 밀 전문 생산단지로 선정되었다.

안동 맹개마을은 자동차가 들어가기도 힘든 오지였지만 유기농 밀을 재배하는 대표적인 지역으로 거듭나고 있다. 밀과 메밀이 자라는 경관을 보려고 하는 관광객을 위한 펜션 운영 등으로 농촌 융복합산업 최우수사례에 뽑히기도 했다.

(3) (주)미라클뮤지엄(지역기반제조)

순천의 미라클 뮤지엄은 제조업이긴 하지만 업사이클링(재활용품을 활용해 기존의 제품보다 품질이나 가치가 높은 새 제품을 만드는 과정)이라는 창의적 과정을 동반한다는 점에서 독특하다. 특히 미라클 뮤지엄의 업사이클링은 용도를 다한 인공물의 리뉴얼이 아닌, 순천만 갈대밭에서 쓰레기로 버려진 갈대를 소재로 삼고 있다는 점에서 더욱 각별하다. 중소벤처기업부가 로컬크리에이터로 미라클 뮤지엄을 선정하며 소개한 문구를 보면 '순천만에서 해마다 버려지는 갈대 업사이클로 착화제를 제조, 밴라이프족·가캠족 등 캠퍼 비율 상승에 따른 업사이클 상품 개발로 시장 활성화'라고 명시되어 있다.

(4) 노마도르(지역특화관광)

사진출처: 노마도르(https://nomador.kr)

울릉도의 노마도르는 인물, 길, 상점, 마을의 고유한 이야기를 담은 다양한 콘텐츠를 바탕으로 많은 사람들에게 울릉도를 경험할 수 있는 기회를 제공하고 더 나아가 살고 싶은 로컬로 만들어 가기 위해 만들어졌다. 인구 9,500명에 불과한 울릉도의 문제를 인식하며 울릉도의 자연을 보존하면서도 더 많은 청년들이 울릉도에서 살 수 있도록 기회를 제공하는 활동을 하고 있다.

울릉도의 자연과 모습을 담아내는 '울릉살이' 브랜드를 활용하며 '가장 동쪽 영화제', 야외방탈출 게임 채널인 '미스터리 울릉', 아티스트 레지던시 공간인 '망망대해'까지 여러 콘텐츠 채널을 운영하며 울릉도 지역에 숨겨진 이야기를 콘텐츠로 만들고, 울릉도 단기살이 프로젝트, 영화제, 음악회 등의 체험 프로그램을 운영하며 울릉도의 숨은 매력을 홍보하고 있다.

(5) 해녀의 부엌(거점브랜드)

사진출처: 해녀의 부엌(https://haenyeokitchen.com)

공연이 함께하는 특별한 식당 '해녀의 부엌'은 해녀가 많기로 유명한 종달리의 해녀집안에서 자란 김하원 대표가 운영한다. 연극치료를 전공한 김 대표는 종달리에서 오랜 해녀생활을 해온 제주 어멍(어머니)들의 삶의 애환을 담은 연극 공연을 준비했다. 해녀의 부엌은 바다살이의 오래된 흔적이 물씬 풍기는 낡은 어판장을 리모델링한 공간이며, 식당이자 공연장이다.

공연은 해녀들의 애환 어린 삶과 유머가 진솔하게 펼쳐지며, 그녀들의 삶을 궁금해하는 식객들과의 인터뷰가 진행되고, 또 제주 특산물들과 해산물들에 대한 소개가 흥미롭게 이어진다. 종합 퍼포먼스라 일컬어질 수 있는 공연은 하루 두 차례 진행되며 예약해야만 해녀의 부엌에 초대될 수 있다. 김 대표를 비롯해 직원들 모두가 전통 해녀복장으로 메뉴를 서빙한다. 메뉴는 해녀들이 평소 채취하는 해산물 중심으로 차려진다.

(6) 네모픽스(디지털문화체험)

네모픽스는 울산 태화강 국가정원, 대왕암 공원을 중심으로 3D 도보용 AR 길안내, AR 포토존 구축 및 특산물 판매 서비스를 제공하고 있다.

사진출처: 네모랜드(https://nemoland.kr)

㈜네모픽스는 2019년, '네모 안, 넓은 세상'이라는 슬로건을 가지고 증강현실과 캐릭터를 활용한 콘텐츠로 다채로운 세상을 만들고자 설립되었다. 주요 콘텐츠로는 울산 동구 대왕암 공원에서 즐기는 야외 방탈출 게임 콘텐츠 '전설바위', 어린이 영어교육용 AR 단어 카드 '굿키즈클럽', 다양한 동물 캐릭터 문구 브랜드 'viva-viva' 등이 있다.

(7) 서피비치(자연친화활동)

사진출처: 시선뉴스(2022.08.06.). https://www.sisunnews.co.kr/news/articleView.html?idxno=168204

강원도 동해 바다의 유휴 해변과 공유지를 활용한 해양 레저 융복합 공간이다. 양양은 바다가 맑고 파도가 있어 서핑에 최적화된 환경이다. 서피비치는 우리나라에서 점차 증가하고 있는 서핑 인구를 타깃으로 한 서핑 전용 해변을 상징한다. 서핑 초보자를 위한 교육프로그램도 있어 초보자도 쉽게 참여할 수 있으며 중상급까지 수준별 맞춤 강습이 가능하다. 서핑 이외에도 롱보드나 스노쿨링 같은 프로그램도 운영한다.

서핑족을 위한 독립된 공간을 입구부터 디자인하고 일반 가족 물놀이와는 차별화하여 서핑을 즐기고자 하는 사람들에게 만족감을 높이고 있다. 또한 지역 축제, 자동차, 음료 등 다양한 산업분야의 기업과 연계하여 활발하게 활동하고 있다.

용어정리

- **로컬(Local):** 지리적 기준이나 행정적 기준으로 구분한 구체적 공간, 특정한 장소 뿐 아니라 일정한 공통의 장소를 기반으로 사회적 상호작용이 이루어지고, 사회적 관계에 의해 구성되는 다차원적 공간까지를 의미
- **로컬크리에이터(Local creator):** 로컬(Local)과 크리에이터(Creator)의 합성어로 지역의 문화적 특성이나 자원 등에 혁신적인 아이디어를 접목하여 지역문제를 해결하거나 새로운 경제적 가치를 창출할 수 있는 사람
- **지역성(로컬리티, Locality):** 그 지역이 특성. 지리적 지역성과 사회적·문화적 이해를 공유하는 사회적 지역성 포함
- **지역자원:** 지역의 혁신을 일으키고, 새로운 가치를 창출하며 생산 및 경제 활동의 기초가 되는 지역의 자연적 특성, 유형·무형의 문화적 자산
- **거점브랜드(거점상표):** 로컬크리에이터 7대 분야 중 지역 내 복합문화공간 등 지역거점 역할을 하며, 지역성과 희소성을 기반으로 지역의 가치를 재창출하는 사업모델
- **디지털문화체험:** 로컬크리에이터 7대 분야 중 지역별로 역사와 문화가 담긴 유적지와 문화재 등을 과학 기술 및 ICT를 활용하여 재해석 또는 체험을 위한 사업모델
- **로컬푸드(지역음식):** 로컬크리에이터 7대 분야 중 지역의 특산물, 미활용 작물 등 농수산물을 활용한 식품가공 및 유통을 위한 사업모델
- **자연친화활동:** 로컬크리에이터 7대 분야 중 지역별로 상이한 자연환경(바다, 산, 강 등)에서 진행되는 서핑, 캠핑 등 아웃도어 활동을 위한 다양한 사업모델
- **지방소멸(지역소멸):** 지방의 인구가 감소하여 궁극적으로 동, 구, 시 등의 지역이 없어지는 현상
- **지역가치:** 지역가치 분야는 지역문화와 혁신적인 아이디어를 융합해 새로운 가치를 창

출하는 것

- **지역기반제조:** 로컬크리에이터 7대 분야 중 지역에서 생산되는 소재를 활용하거나 지역특색을 반영한 제조업 분야 사업모델
- **지역특화관광:** 로컬크리에이터 7대 분야 중 관광자원(자연환경, 여행지 등)을 활용하여 해당 지역으로 관광객 유입을 확대하고, 지역 방문을 위한 원스톱 서비스 및 자연생태계의 지속가능성을 제고하는 사업모델

단원학습문제

객관식 문제

1. 로컬크리에이터와 연관된 개념으로서 로컬(Local)은 (　　)로서의 의미와 잠재적 가치(resource)로서의 의미를 가진다. (　　)에 들어갈 가장 적합한 단어는?

　① 장소　　② 문화
　③ 사회　　④ 역사

2. 로컬크리에이터 등장배경과 거리가 먼 것은?

　① 라이프스타일의 가치 다원화　　② 지역의 가치 재인식
　③ 하드웨어적 도시재생 추진　　④ 지방소멸 대응

3. 보기에서 로컬크리에이터의 중요성이 제기되는 요인과 관련 깊은 것은?

> • 행복한 삶에 대한 다양한 생각과 물질적인 풍요보다는 자신에게 의미 있는 삶을 추구
> • 자발적이고 창의적인 소상공인 또는 스타트업 출현

　① 지역의 가치 재인식　　② 라이프스타일의 가치 다원화
　③ 지방소멸 대응　　④ 지역 경제 활성화

4. 다음 보기에 해당하는 로컬크리에이터의 역할은?

> 지역 특성을 파악하고 지역 이해를 기반으로 지역민과 소통하고 지역민들의 협력을 이끌어 내는 역할을 한다.

　① 지역브랜드기획・홍보자　　② 지역 비즈니스 실천가
　③ 지역 활동가　　④ 지역 이해자

5. 보기에 해당하는 로컬크리에이터의 역할은?

지역 내 자신의 사업분야와 관련한 생산, 유통, 소비에 대한 이해와 지역민과 상생하는 사업방식 운영자의 역할을 한다.

① 지역브랜드기획·홍보자
② 지역 비즈니스 실천가
③ 지역 활동가
④ 지역 이해자

6. 지역 내 유휴자원을 활용하여 전시공간, 체험관 등과 같이 지역의 복합문화공간을 조성하는 로컬크리에이터 분야는?

① 지역가치
② 거점브랜드
③ 지역특화관광
④ 디지털문화체험

7. 다음 보기에 해당하는 로컬크리에이터의 활동분야는?

관광자원(자연환경, 여행지 등)을 활용하여 해당지역으로 관광객 유입을 확대한다.

① 거점브랜드
② 로컬푸드
③ 지역특화관광
④ 지역가치

8. 다음 보기에 해당하는 로컬크리에이터의 활동분야는?

지역의 문화나 고유특성을 기반으로 혁신적인 아이디어를 융합하여 새로운 경제적 · 문화적 가치를 창출한다.

① 거점브랜드
② 로컬푸드
③ 지역특화관광
④ 지역가치

9. 로컬크리에이터의 7대 분야에 해당하지 않는 것은?

① 지역기반제조
② 로컬푸드
③ 지역 벤처투자
④ 거점브랜드

10. 지역의 콘텐츠와 자원을 활용하여 지역사회 역량을 강화하는 정책이 아닌 것은?

① 로컬크리에이터 인력 양성
② 로컬브랜드 구축 및 골목산업 육성
③ 공공기관 이전을 통한 지역특화 발전 지원
④ 지역특화 로컬콘텐츠 타운 조성

주관식 문제

1. 로컬크리에이터를 정의하시오.

2. 로컬크리에이터가 왜 필요한지를 설명하시오.

3. 로컬크리에이터의 7가지 유형을 설명하시오.

4. 로컬크리에이터 7대 분야를 도출하기 위한 사업화 아이템(BM) 4가지를 설명하시오.

5. 로컬크리에이터의 자연친화활동을 통해 얻을 수 있는 기대효과를 설명하시오.

정답 및 해설

1. 정답: ①

공간의 장소의 혹은 특정한 장소(위치)의 어떤 토지에 한정된 그 고장 특유의, 지방의(도시의 상대적인 개념)와 같은 물리적인 공간(장소)을 의미하고, 인간 활동의 존재방식과 관련한 공간의 개념은 정의적 가치와 결부된 의미 공간으로 규정된다.

2. 정답: ③

로컬크리에이터는 문화를 기반으로 하는 소프트웨어적 도시재생에 주로 참여한다.

3. 정답: ②

행복한 삶에 대한 다양한 생각과 물질적인 풍요보다는 자신에게 의미 있는 삶을 추구, 자발적 창의적인 소상공인 또는 스타트업 출현

4. 정답: ③

지역 활동가는 지역 특성을 파악하고 지역 이해를 기반으로 지역민과 소통하고 지역민들의 협력을 이끌어내는 역할을 한다.

5. 정답: ②

지역 비즈니스 실천가는 지역 내 자신의 사업분야와 관련한 생산, 유통, 소비에 대한 이해와 지역민과 상생하는 사업방식 운영자의 역할을 한다.

6. 정답: ②

거점브랜드 분야는 고택, 폐산업시설, 구도심, 폐교, 지역 문화나 예술인 등 지역 내 유휴자원을 활용하여 레스토랑, 전시공간, 체험관 등과 같이 지역의 복합문화공간을 조성하는 것이다.

7. 정답: ③

지역특화관광: 관광자원(자연환경, 여행지 등)을 활용하여 해당지역으로 관광객 유입 확대

8. 정답: ④

지역가치: 지역의 문화나 고유특성을 기반으로 혁신적인 아이디어를 융합하여 새로운 경제적 · 문화적 가치 창출

9. 정답: ③

7대 분야는 지역가치, 로컬푸드, 지역기반제조, 지역특화관광, 거점브랜드, 디지털문화체험, 자연친화 활동 분야이다.

10. 정답: ③

지역사회의 자생적 창조역량을 강화하기 위하 정책과는 지역대학을 활용한 로컬크리에이터 인력 양성, 로컬브랜드 구축 및 골목산업 육성, 민간 주도 상권활성화를 위한 로컬 인프라 조성, 로컬 창조커뮤니티 기반 조성, 지역특화 로컬콘텐츠 타운 조성 등이 있다.

읽 | 을 | 거 | 리

지방의 미래 : 로컬크리에이터가 답이다

국립국어원에서 정의한 로컬크리에이터는 지역의 문화적 특성이나 자원 등에 혁신적 아이디어를 접목하여 지역문제를 해결하거나, 새로운 경제적 가치를 창출하는 사람으로 '지역가치 창출가'로 제시하고 있다.

로컬크리에이터의 등장배경에는 2010년대 홍대거리, 가로수길, 경리단길 등을 시작으로 전국에 확산된 'OO리단길'처럼 개성 있는 골목길이 다수 등장하였고, 이를 따라 골목여행 트렌드가 확산됐다.

현재 로컬크리에이터는 문화적 도시재생과 지역을 혁신하는 존재로서 더욱 필요해지고 있으며, 특히 지역의 다양한 낙후건물들의 공간기획과 문화콘텐츠를 통해 새로운 활력을 불어넣고 있다.

■ 중소벤처기업부가 제시한 로컬크리에이터 7대 유형

현재 중소벤처기업부에서 제시하고 있는 7대 유형으로는 ① 지역가치 창출형(지역문화와 혁신적인 아이디어를 융합해 새로운 경제적·문화적 가치를 창출하는 유형) ② 로컬푸드형(지역에서 재배 가능한 농수산물을 활용해 식품 가공·유통하는 유형) ③ 지역기반제조형(지역에서 생산되는 소재, 지역 특색을 반영한 제조 유형) ④ 지역특화관광형(지역특화관광 서비스를 제공하는 유형) ⑤ 거점브랜드형(지역 내 복합문화 공간 등 지역거점 역할을 하는 거점브랜드 유형) ⑥ 지털문화체험형(지역의 역사·문화를 기반으로 과학기술·ICT를 활용한 체험활동 유형) ⑦ 자연친화활동형(지역별로 특색 있는 자연환경에서 진행되는 자연친화활동 유형)을 제시하고 있다.

■ 지방에서 활력을 불어넣고 있는 로컬크리에이터들

대표사례를 몇 가지 소개하고자 한다. ① 재주상회(제주)는 로컬매거진 inn[인] 독자들에게 제주 식재료와 가공식품을 배송하여 생산자와 상생하는 정기구독 서비스를 제공하고 있다.

② 크래머리 브루어리(가평)는 가평특산물인 '잣'과 지역맥주를 제조하여 지역관광과 연계투어를 제공하고 있다. ③ 뮤지움재희(담양)는 담양특산물인 대나무에서 추출한 원사와 장어의 부산물로 버려지는 가죽을 재활용해 구두를 제조·판매하고 있다.

④ 마을호텔(공주)은 공주 원도심의 공실을 임대해 지역에 필요한 문화인프라와 방문객을 유치하고 있다. ⑤ 해녀의부엌(제주)은 해녀 관련 공간체험과 공연, 제주해산물 판매 등 융복합콘텐츠를 제공하고 있다.

⑥ 산너미목장(평창)은 목장과 차박 캠핑장을 운영하며 먹거리, 문화행사, 자연체험 여행서비스를 제공하고 있다. ⑦ 감자유원지(강릉)는 '감자타운'이라는 브랜드를 통해 감자를 단순 생산·판매하는 기존방식에서 벗어나 못난이 감자를 활용해 감자칩인 포파칩을 개발하고, 감자를 원료로 다양한 제품을 개발 확장해 나가고 있다.

이외에도 서피비치(양양), 명주정원(상주) 등이 로컬크리에이터로 활동하면서 지방소멸 방지 및 지역경제 활성화에 크게 기여하고 있다.

■ 앞으로 우리가 해야 할 일

지금은 우리 모두 미래사회를 책임지고 지방의 현안문제를 함께 해결해 나가야 할 때이다. 물론 좋은 건물을 짓고 리모델링(Remodeling)을 하는 것도 필요하겠지만, 이보다는 사람에 초점을 맞추고 필요한 사업을 심층적으로 고민할 때다.

앞으로 소상공인의 경쟁력 강화와 지속가능성을 담보하기 위해서는 구조적, 중장기적 접근방식이 필요하다. 인구감소와 소비자 구매 트렌드에 효과적으로 대응하여 근본적 체질 개선을 통해 자생력을 최대한 높여야 한다. 그 방안 중 하나가 로컬크리에이터를 체계적으로 육성하는 것이다.

이를 통해 궁극적으로는 로컬 → 로컬크리에이터 육성 → 로컬콘텐츠 → 로컬비즈니스로 이어지는 선순환 체계를 만들고, 창조적인 지역생태계를 구축하는 것이 선결과제다. 이를 위해 정부와 지자체(광역·기초), 대학 차원에서 로컬크리에이터를 육성하기 위한 맞춤형 지원 프로그램을 체계적으로 제공해 주어야 한다.

끝으로, 어려운 시기에 지방에 다양한 로컬크리에이터들이 육성되어 혁신을 일으키고 새로운 가치를 창출해 경제적 부가가치는 물론 청년 일자리 창출과 지역경쟁력을 높일 수 있는 터전이 마련되기를 간절히 소망한다.

출처: 한광식 전문대학평생직업교육협회 사무총장

Chapter

11

ESG 마인드셋

1. ESG의 기초개념
2. ESG 이슈와 필요성
3. 꼭 알아야 할 ESG 용어
4. ESG창업 사례연구

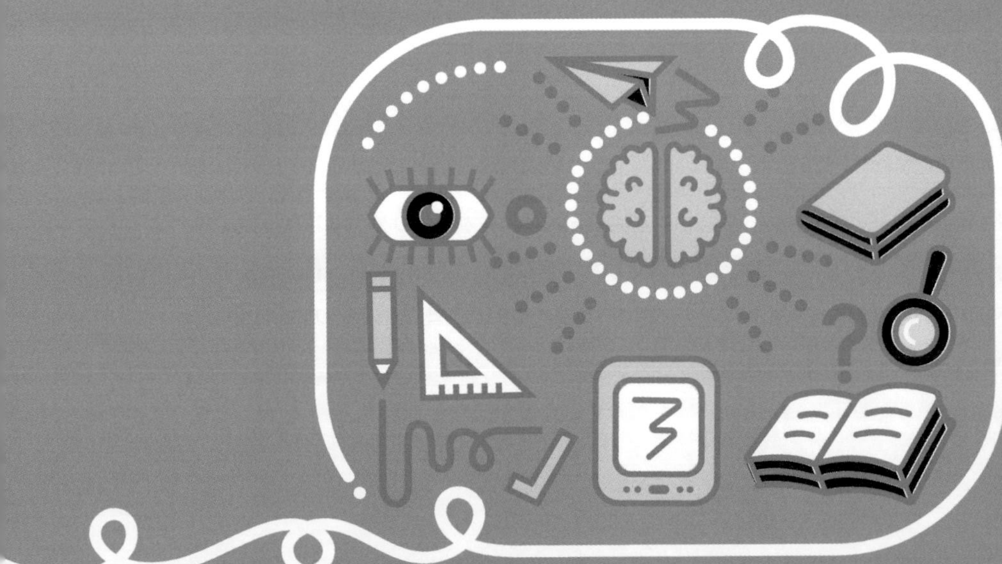

학습목표

1. ESG의 기초개념과 구성요소인 환경(Environmental), 사회(Social), 지배구조(Governance)를 이해한다.
2. ESG 이슈와 필요성에 대해 파악한다.
3. ESG 핵심용어와 실생활과 경영활동에 어떻게 적용할 수 있는지 학습한다.

단원 키워드

ESG, 환경(Environmental), 사회(Social), 지배구조(Governance), 생물다양성, 순환경제, 기후변화, 다양성, 형평성 및 포용성, 지구온난화 지수(GWP), 온실가스, 그린워싱(Greenwashing), 자연자본, 넷제로(Net zero), 재생가능 에너지, 과학기반 목표, 스코프(영역, Scope), 지속가능성, 가치사슬(Value Chain)

ESG 마인드셋

1. ESG의 기초개념

ESG는 환경(Environmental), 사회(Social), 기업을 운영하는 지배구조(Governance)라는 세 가지 큰 주제를 합친 단어로, 기업이 우리 사회와 지구에 미치는 영향을 생각하며 어떻게 좋은 일을 할 수 있을지를 고민하는 방식을 말한다. 환경(Environmental)은 기업이 환경을 보호하기 위해 어떤 노력을 하고 있는지를 나타내는 것으로 예를 들어, 공기와 물을 깨끗하게 유지하고, 쓰레기를 줄이며, 자연과 동물을 보호하는 일들이 여기에 포함된다. 사회(Social)는 기업이 사람들과 공동체에 긍정적인 영향을 주기 위해 노력하는 것으로 직원들에게 좋은 근무 환경을 제공하고, 지역 사회를 돕고, 모든 사람이 공평하게 대우받도록 하는 활동들이다. 기업을 운영하는 지배구조(Governance)는 지배구조라고도 하며 기업이 어떻게 운영되는지, 그 운영이 정직하고 투명한지를 나타내는 것으로 기업의 의사결정 과정에 모든 사람이 공정하게 참여할 수 있도록 하는 것이다.

기업 입장에서 ESG는 단순히 좋은 일을 하는 것을 넘어서, 기업이 장기적으로 성공하고 지속가능하게 성장할 수 있도록 돕는 중요한 역할을 한다. ESG

활동은 재무제표에 바로 보이지 않지만, 기업의 이미지를 좋게 하고, 더 많은 고객과 투자를 끌어들여, 기업의 가치를 높일 수 있다. 예를 들어, 환경을 생각하는 기업은 장기적으로 비용을 절약할 수 있고, 사회적 책임을 잘 지키는 기업은 사람들에게 더 많은 신뢰를 받게 되며, 운영을 투명하게 하는 기업은 더 많은 투자를 유치할 수 있다. 이처럼 ESG는 기업이 더 좋은 미래를 만들어 가는 데 중요한 역할을 한다.

요약하면 ESG는 기업이 얼마나 환경을 보호하고, 사회적 책임을 지며, 투명하고 공정한 방식으로 운영되는지를 나타내는 지표이다. ESG의 진정한 의미는 지속가능성, 기업가치, 그리고 비재무적 성과지표라고 할 수 있다.

첫째, '지속가능성'은 기업이 오랫동안 계속해서 성장하고 발전할 수 있는 방법에 대해 중점을 두고 있다. 환경을 보호하고 사회적 책임을 다함으로써, 기업은 미래에도 계속해서 사람들과 환경에 긍정적인 영향을 미칠 수 있게 된다.

둘째, '기업가치'는 기업이 얼마나 가치가 있는지, 즉 그 기업이 장기적으로 얼마나 성공할 수 있을지를 나타내는 것으로 ESG를 잘 실천하는 기업은 사람들로부터 더 많은 신뢰와 지지를 받게 되며, 이는 결국 기업의 가치를 높이는 데 기여한다.

셋째, '비재무적 성과지표'는 돈으로 측정할 수 없는 기업의 성과지표이다. 예를 들면, 기업이 얼마나 환경을 보호하고 있는지, 직원들과 지역사회에 얼마나 긍정적인 영향을 미치고 있는지 등은 기업의 장기적인 성공에 매우 중요한 요소이다.

과거에는 기업가치를 평가할 때 재무제표와 같은 정량적 지표가 주로 사용되었다. 이러한 지표들은 기업의 수익성, 자산, 부채와 같은 재무 상태를 나타내며, 투자자들이 기업을 평가하는 데 중요한 기준이 되었지만 최근 몇 년간 전 세계적인 기후변화 위기와 팬데믹 같은 글로벌 이슈들을 겪으면서, 기업가치를 평가하는 데 있어 비재무적 가치의 중요성이 커지고 있다.

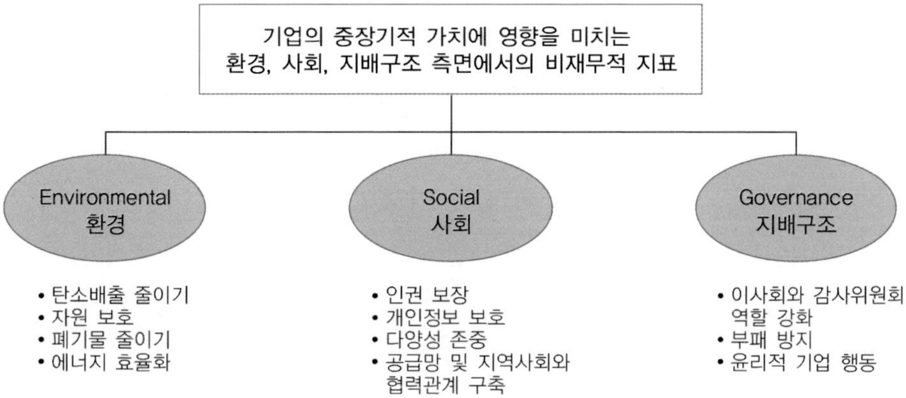

[그림 11-1] ESG의 구성요소와 개념

ESG(Environmental, Social, Governance: 환경, 사회, 기업을 운영하는 지배구조)는 바로 이런 비재무적 가치를 평가하는 핵심 요소로 '지속가능성'이라는 용어가 시사하듯, 기업의 중장기적 가치에 영향을 미치며, 단기적인 재무 성과만큼 중요하다. 전 세계적인 패러다임이 환경과 사회적 가치를 중시하는 방향으로 변화하면서, 기업의 장기적 생존과 번영에 직결되는 핵심가치로 자리 잡고 있다.

ESG를 세부적으로 살펴보면, 환경(E) 측면에서는 기후변화와 탄소배출이 핵심 이슈이다. 기업은 탄소배출을 줄이고 궁극적으로 탄소 중립을 달성하기 위한 노력을 하고 환경오염 완화를 위해 자원 및 폐기물 관리, 에너지 효율화에도 주력해야 한다.

사회(S) 측면에서는 기업이 인권을 보장하고, 개인정보 보호, 다양성 존중, 공급망 및 지역사회와의 협력적 관계 구축에 힘써야 한다. 이는 기업이 사회적 책임을 다하고 지속 가능한 관계를 유지하는 데 필수적이다.

기업을 운영하는 지배구조(G) 측면에서는 환경과 사회가치를 지키기 위한 기업의 노력을 지원하는 투명하고 신뢰할 수 있는 경영구조가 중요하며 이는 효과적인 이사회 운영, 감사위원회의 역할 강화, 부패 방지, 윤리적 기업 행동을 통해 달성할 수 있다.

결국, ESG는 기업이 단기적인 이익을 넘어 장기적으로 지속 가능하고 책임 있는 방식으로 운영되도록 하는 데 중점을 두는 것으로 기업뿐만 아니라 전체 사회와 환경에 긍정적인 영향을 미치며, 기업의 장기적 가치를 높이는 데 기여한다. ESG는 단순한 추세가 아니라, 앞으로의 기업 운영과 가치 평가에 있어 필수적인 요소가 되었다.

2. ESG 이슈와 필요성

1) 투자자의 ESG 요구 증대

기업의 ESG 활동이란, 기업이 환경을 보호하고, 사람들에게 좋은 영향을 주며, 기업을 투명하고 정직하게 운영하는 것이다. 이런 활동은 기업뿐만 아니라 많은 사람들과 연결되어 있다. 예를 들면, 우리가 자주 가는 슈퍼마켓이나 우리가 입는 옷을 만드는 곳에서도 이런 ESG 활동을 해야 한다. 요즘처럼 날씨 변화가 크고, 팬데믹이 유행할 때, 사람들은 기업이 이런 문제에 관심을 가지고 해결하기 위해 얼마나 노력하는지 더 유심히 관찰하게 된다. 얼마나 기업에 돈을 투자하는 사람들이나, 기업에서 물건을 사는 고객들, 그리고 정부나 신용을 평가하는 기업들도 회사가 ESG를 잘 실천하는지 살펴보고 있다.

스튜어드십 코드(Stewardship Code)는 기업에 돈을 투자하는 큰 기관들이 기업의 중요한 결정에 참여하고 의견을 내는 것으로, 마치 학교에서 학생회가 학교의 중요한 일에 목소리를 내는 것과 비슷하다. 과거에는 이런 큰 기관들이 비용이 많이 들거나 여러 가지 문제로 기업의 일에 크게 관여하지 않았지만, 2008년에 글로벌 금융위기가 일어나자 사람들은 기관투자자들이 기업을 잘 감시하고 조언해야 한다고 생각하기 시작했다. 2010년에 영국에서 처음으로 규칙을 만들었고, 우리나라에서는 2016년에 비슷한 제도를 만들어 2018년부터 적용하기 시작했다. 이제는 보험사나 자산을 관리하는 기업들도 이 규칙을 따르고 있을 정도로, 기업을 운영하는 데 이런 큰 기관들의 역할이 더 중요해지고 있다.

블랙록은 세계에서 아주 큰 돈을 관리하는 기업으로, 그들은 자신들이 투자한 기업들이 환경을 보호하고, 사람들을 잘 대우하며, 기업 운영을 투명하게 하는지 잘 살펴보고 있다. 만약 그렇지 않다면 블랙록은 "우리는 너희 회사 운영 방침에 찬성하지 않아"라고 말할 수 있는 투표권을 가지고 투자에 반대의견을 행사할 수 있다. 블랙록은 엑슨모빌이 환경에 해를 끼치지 않도록 더 잘 신경 쓰고, 그 영향을 사람들에게 잘 알려야 한다고 생각해서 엑슨모빌 회사의 중요한 결정을 내리는 사람들이 다시 기업을 운영할 수 있도록 하는 것에 반대표를 던졌다. 또한 기업의 대표(CEO)와 회사를 감독하는 사람(이사회 의장)이 같은 사람이면 안 된다고 생각해서, 두 역할을 나누자고 제안했고, 이에 찬성표를 던졌다. 블랙록은 엑슨모빌 외에도 환경오염 개선 활동이 부족하다는 이유로 볼보 등 35개 기업에게 투표권을 행사했다.

이와 같이 투자자들은 돈을 어디에 투자할지 결정할 때도 ESG를 염두에 두고 있다. 그들은 세상에 나쁜 영향을 미치는 제품을 제조하는 기업에는 투자하지 않으려고 한다. 예를 들어, 담배를 만드는 기업이나 무기를 제조하는 기업 같은 곳은 '투자하지 않기' 목록에 올려서 돈을 주지 않기로 하고 이걸 '네거티브 스크리닝(Negative Screening)'이라고 한다.

그리고 투자할 때 돈을 벌 수 있을지, 기업이 미래에도 계속 잘 성장할 수 있을지 결정하는 데 ESG를 중요하게 생각하고 있다. ESG를 고려하여 투자하는 것을 'ESG 통합 전략'이라고 하며, 이를 고려한 투자액은 지속적으로 증가하고 있다. 이 방법은 기업이 돈을 어떻게 버는지, 사람들과 환경에 어떤 영향을 미치는지를 함께 생각해서 투자 결정을 내리는 것이다.

apg 네덜란드 연기금	• 에어버스 필립모리스 등 159개 기업 – 무기 제조 및 담배 판매 등의 이유로 투자 배제
NORGES BANK INVESTMENT MANAGEMENT 노르웨이 연기금	• 듀크에너지, 콜인디아(Coal India) – 환경 파괴 때문에 투자 배제
Vanguard 뱅가드	• 차이나 모바일, 차이나 유니콤, 차이나 텔레콤 – 중국 군수 관련 기업 투자로 주식 매도

[그림 11-2] 투자자의 투자 배제 사례

예를 들어, 네덜란드 연기금(APG)은 에어버스나 필립모리스 같은 159개 회사에 투자하지 않기로 결정했다. 왜냐하면 그 회사들이 무기를 만들거나 담배를 팔아서 돈을 버는 것이 ESG 기준에 맞지 않다고 판단했기 때문이다. 노르웨이 연기금(NBIM)도 비슷한 결정을 했다. 환경을 해치는 일을 하는 듀크에너지나 콜인디아(Coal India)라는 회사에는 투자하지 않기로 결정했다. 뱅가드(Vanguard)는 차이나 모바일, 차이나 유니콤, 차이나 텔레콤이 군사와 관련된 일을 하고 있기 때문에 투자를 하는 것이 좋지 않다고 판단하여 주식을 매도했다.

투자자뿐 아니라 유럽에 있는 은행들은 회사에 돈을 빌려줄 때 ESG를 중요하게 고려하여 회사가 새로운 대출을 받거나 기존의 대출을 갱신할 때, ESG 실행 정도를 확인하고 이자율을 결정한다. 환경을 잘 보호하고, 사람들을 잘 대하며, 회사 운영을 투명하게 하는 회사는 더 낮은 이자로 돈을 빌릴 수 있게 되었다.

이렇게 대출조건과 투자여부를 정하는 것은 회사가 사업을 운영하는 방법에 큰 영향을 미친다. ESG를 잘 지키는 회사는 많은 사람들로부터 좋은 조건의 대출과 투자를 받을 수 있어서, 앞으로도 잘 성장할 수 있게 된다. 그래서 회사도 ESG를 중요하게 생각하게 되었다.

2) 고객의 ESG 요구 증대

최근 글로벌 기업들은 지구를 보호하고, 모든 사람들을 잘 대우하며, 올바르게 운영되는 'ESG'라는 중요한 규칙을 이행하고 있다. 기업들이 제품이나 서비스를 만들기 위해서는 다른 회사들의 도움이 필요한데, 이를 '공급망'이라고 한다. 만약 이 공급망에 있는 회사들 중에 ESG 규칙을 잘 따르지 않는 회사가 있으면, 큰 기업들은 ESG를 준수하지 않는 회사들과 거래를 하지 않으려고 할 것이다.

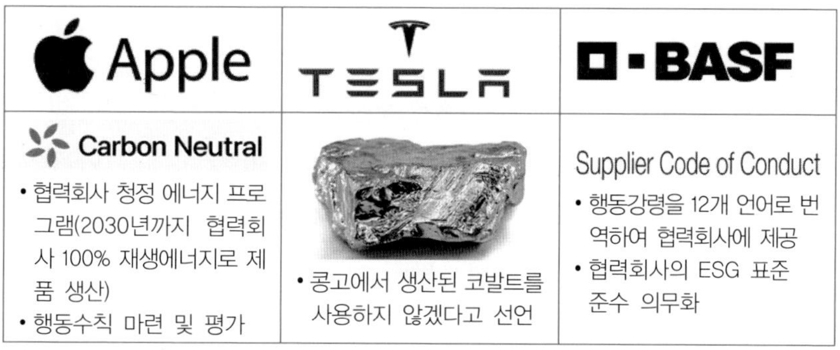

[그림 11-3] 글로벌 기업의 ESG 공급망 관리 사례

예를 들면, 애플(APPLE)은 ESG를 기반으로 공급망을 관리하기 위해, 2030년까지 자사의 모든 사업 활동, 공급망, 제품 수명 주기에서 탄소 중립을 달성하겠다는 목표를 세우고 재생가능 에너지 사용을 확대하고 있다. 그래서 2030년까지 애플과 일하는 모든 협력 회사들이 환경을 생각하는 재생에너지(renewable energy)만 사용하여 제품을 만들겠다고 선언을 했다. 최근 혁신적 설계와 재생에너지 사용을 통해 75% 이상의 탄소배출을 줄인 애플워치를 세계 최초 탄소 중립 제품으로 출시했다. 이를 달성하기 위해서 가죽 사용을 중단하고 재활용 소재의 사용을 늘려 제품의 환경 영향을 줄이기 위해 노력하고 있다.

코발트(cobalt)는 휴대폰이나 전기차 배터리를 만드는 데 꼭 필요한 광물이다. 그런데 콩고에서는 어린아이들이 코발트를 채굴하는 현장에서 일을 하고 있다. 글로벌 기업인 애플, 구글, 마이크로소프트, 테슬라 그리고 델은 이런 문제로 큰 비판을 받았고, 심지어 법적인 문제에도 휘말렸다. 이에 이런 일이 발생하자, 테슬라(TESLA)는 "우리는 코발트를 사용하지 않겠다"라고 선언(cobalt free)을 했다. 테슬라는 코발트가 배터리 성능을 높이는 데 도움이 되지만, 채굴 과정에서 환경오염과 인권 문제가 발생할 수 있다는 것을 문제로 인식하고 코발트가 들어가지 않은 니켈 배터리(Nickel-based battery)를 개발하고 있다.

니켈은 코발트보다 가격이 저렴하고 환경영향도 적다. 이를 통해 테슬라는 배터리 원료 조달 과정에서 발생할 수 있는 환경 및 인권 문제를 해결하고 배터리 원료 가격 변동에 따른 리스크를 줄일 수 있어 전기차 가격 인하에도 도움이 될 것으로 기대하고 있다. 바스프(BASF)는 세계에서 가장 큰 화학 회사로 협력회사들이 직원들을 잘 대우하고 건강하게 일할 수 있는 환경을 만들기 위해서 ESG 규칙이 담긴 '행동강령'을 12개 언어로 번역하여 협력회사에 따르도록 요구하고 있다. '행동강령'에는 협력회사들이 지켜야 할 노동권, 인권, 건강, 환경 보호 등의 규칙이 담겨 있다. 바스프는 협력회사들이 '행동강령'을 잘 지키고 있는지 정기적으로 평가하고 개선 방안을 제시하고 있다. 이를 통해 바스프는 공급망 전체에서 직원들의 권리와 건강, 환경을 보호하고자 노력하고 있다.

3) 기업 평가에 ESG 반영

신용평가기관에는 무디스(Moody's), 피치(Fitch Ratings), 그리고 S&P(Standard & Poor's)와 같은 기업들이 있는데, 이들은 기업이 돈을 버는 능력뿐만 아니라 환경을 어떻게 보호하고, 사람들을 어떻게 대우하며, 사업을 어떻게 책임감 있게 운영하는지에 대해서 '등급'을 제시한다. 즉, ESG를 기업이 얼마나 잘하고 있는지를 평가에 반영하고 성적표에 등급을 제공하는 것이다.

기업들이 ESG 분야를 잘 이행하지 못하면, 마치 학교에서 나쁜 성적을 받는 것과 같이 취급된다. S&P 글로벌과 같은 '선생님'들은 회사가 환경을 너무 많이 오염시키는 것을 발견하면 회사의 등급을 낮출 수 있다. 예를 들어, 듀크 에너지는 석탄 발전소에서 너무 많은 석탄재를 배출한다는 이유로 'A-Stable(안정적)'에서 'A-Negative(부정적)'로 등급이 조정되었다. 이는 학교에서 숙제를 내지 않아 성적이 하락하는 것과 유사한 개념이다.

신용평가기관들은 ESG가 기업이 자신의 미래와 지구의 미래를 생각하고 있는지를 보여주기 때문에, ESG에 더 많은 주의를 기울이고 있다. 이에 기업은 ESG를 더 잘 이해하기 위해 전문가들을 고용하기도 한다. 한국의 사례로 한국신용평가는 한국중부발전이 발행한 59번째 공모채권(지속가능채권)을 평가하기 위해 ESG 채권 인증평가 프로젝트를 처음으로 시작했다. 한국신용평가는 기업의 지속 가능한 관리와 기후 변화 완화 및 대응에 대한 기업의 약속이 반영되었는지를 평가했다. 이와 같은 사회적 추세는 기업의 ESG 관리가 금융 위험을 넘어 신용 위험에도 영향을 미칠 수 있음을 보여주는 것이다.

4) 정부의 ESG 활동 요구 증가

ESG에 초점을 맞춰 기업이 지구와 사회에 대한 책임을 더 많이 참여하도록 하기 위해 전 세계가 다양한 노력을 하고 있다. 2006년 유엔 책임투자원칙(UN PRI)은 환경 영향, 기업이 사람을 대하는 방식, 기업을 운영하는 방식 등을 고려하는 투자 원칙을 수립하여 ESG를 향한 큰 변화가 시작되었다. 이후, 유럽은 연기금을 시작으로 은행, 보험 회사, 많은 돈을 관리하는 자산운용회사들이 ESG 영역에서 기업들이 어떻게 하고 있는지 공유하도록 요청하기 시작했다. 영국은 2025년까지 주식시장에 상장한 기업들에게 ESG를 어떻게 활용하고 있는지 모든 사람에게 알려야 한다는 목표를 수립했다.

한국도 이와 같은 움직임에 동참하여 2019년부터 한국 증권거래소에 상장된 대기업들은 기업을 운영하는 지배구조(G) 측면에서 어떻게 하고 있는지 의무적으로 보고해야 한다. 2021년에는 우리나라도 한 단계 더 나아가 기업들이 의사결정구조뿐만 아니라 환경적, 사회적 노력에 대해서도 점차 공유할 수 있도록 할 계획이라고 밝혔다. 한국은 2030년까지 대기업뿐만 아니라 모든 증권거래소 상장기업의 ESG 정보 공시를 목표로 하고 있다.

또한, 2015년 파리 협약에서 전 세계 국가들은 지구의 온도가 산업화 이전 대비 2℃보다 낮은 수준인 1.5℃ 이내로 제한하자 약속했고, 5년마다 지구 온도가 너무 올라가지 않도록 어떤 활동을 계획하고 실행했는지 확인하기로 합의했다. 이 목표를 달성하기 위해서는 2050년까지 이산화탄소 총배출량이 0(Net Zero)이 되어야 한다. 유럽 연합(EU)은 2050년까지 순 탄소 배출을 0으로 만들겠다고 선언하고 탄소국경세를 도입하여 2026년 1월부터 탄소세를 부과할 예정이다. 즉, 유럽 연합(EU)보다 지구에 해로운 방식으로 제품을 생산하는 경우, 다시 말해 탄소를 많이 배출한 국가의 제품이 유럽에서 판매되려면 유럽보다 많이 배출된 탄소의 양만큼 세금을 내야 하는 제도인 것이다.

세계 최대 탄소 배출국인 중국도 탄소를 낮추기 위해 노력하고 있으며 탄소를 많이 배출하는 기업에게 탄소배출량을 작성하여 보고하도록 하고 있다. 이를 위반하게 되면 1만 위안에서 3만 위안의 벌금이 부과된다. 기후위기에 대한 심각한 위협으로 전 세계적으로 탄소국경세가 확산되고 있다.

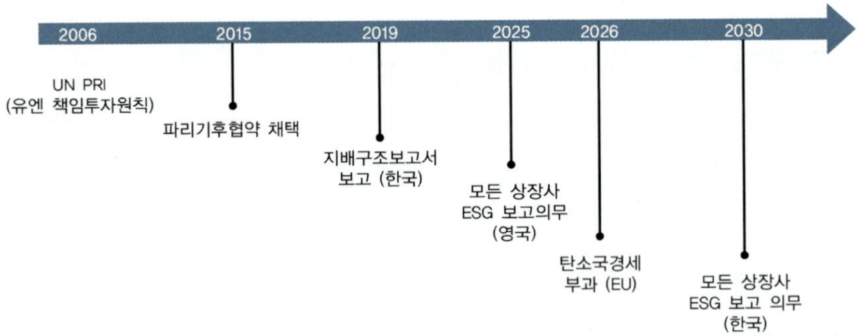

[그림 11-4] ESG 활동 요구 추이

3. 꼭 알아야 할 ESG 용어

1) 생물다양성(Biodiversity)

생물다양성이란 지구상의 모든 생명체가 가진 다양성을 말한다. 이 용어는 1985년에 처음 만들어졌고, 본래 '생물학적 다양성'이라는 말의 줄임말이다. 생물다양성에는 크게 세 가지 유형이 있다.

- **유전자 다양성:** 사람들이 각기 다른 외모와 특징을 가지고 있는 것처럼, 같은 종 내에서도 각각의 개체가 유전적으로 조금씩 다르다는 개념
- **종 다양성:** 숲에서 발견되는 수많은 식물과 동물종을 포함하여 다양한 종류의 동식물이 서로 다른 환경에서 살아가는 것
- **생태계 다양성:** 숲, 산호초, 사막 등 지구상의 다양한 환경에서 생명체들이 어떻게 상호 작용하는지를 포함한 큰 범위에서의 생태계 다양성

각각의 생물이 자신의 역할을 하며 생태계를 건강하게 유지하는 데 기여한다. 따라서 생물다양성은 지구의 건강과 균형을 유지하는 데 매우 중요하다.

2) 순환경제(Circular Economy)

순환경제는 우리가 사용하는 자원을 가능한 한 효율적으로 사용하고, 재활용하여 지속 가능한 방식으로 환경에 미치는 영향을 최소화하려는 경제 모델이다. 이 경제 모델은 자원을 쓰고 버리는 전통적인 '선형 경제'와는 다르다. 선형 경제에서는 자원을 채굴하고, 제품을 만든 뒤, 사용이 끝나면 버려지는 과정을 반복하지만 순환경제에서는 제품과 재료를 가능한 오래 돌려 쓰이도록 설계되며, 사용된 자원은 계속해서 재활용된다.

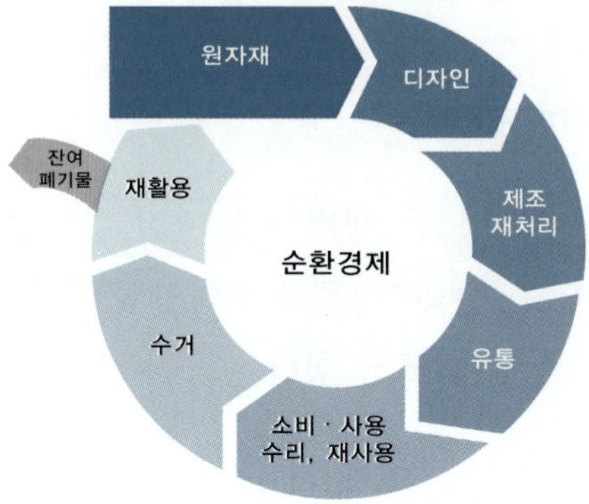

순환경제의 핵심은 재생가능한 자원 사용, 제품의 재사용 및 재활용, 폐기물 제거 세 가지이다.

- **재생가능한 자원 사용:** 환경에 미치는 부담을 줄이기 위해 가능한 재생가능한 자원을 사용
- **제품의 재사용 및 재활용:** 자원을 낭비하지 않도록 제품의 수명이 끝난 후에도 가능한 한 재활용하거나 다른 형태로 재사용
- **폐기물 제거:** 폐기물을 가능한 줄여 자원을 더 효율적으로 사용

순환경제 접근 방식은 자원을 절약하고 환경을 보호하는 동시에 경제적으로도 이득을 가져다준다. 금융, 인간, 사회, 생태 등 모든 종류의 자본을 재건하고 강화하는데 목표를 두고 있어 순환경제 모델을 통해 자연을 보호하고 미래 세대를 위한 지속 가능한 성장을 도모할 수 있다.

3) 기후 변화(Climate Change)

기후 변화는 우리가 일상에서 하는 다양한 활동들이 지구의 대기 조성을 변화시키면서 일어나는 현상이다. 대기 중에 이산화탄소와 같은 온실가스가 증가

하고, 이 가스들이 태양으로부터 오는 열을 지구 근처에 가둬 두면서 지구의 평균 온도가 점점 높아지게 된다. 이 과정을 우리는 '지구 온난화'라고 부르며, 이것이 기후 변화의 주된 원인 중 하나이다.

기후 변화의 영향으로는 날씨 패턴의 변화, 빙하의 녹음, 해수면 상승 등이 있으며, 이러한 변화들은 식량 생산, 물 자원, 인간 건강 등 다양한 분야에 영향을 미친다. 기후 변화를 줄이기 위해서는 화석 연료 사용을 줄이고, 재생가능한 에너지를 늘리는 등의 노력이 필요하다. 이러한 노력은 각 개인의 생활방식 변화부터 시작될 수 있으며, 국가 차원의 정책 변경도 중요하다.

4) 다양성, 형평성 및 포용성(Diversity, Equity, and Inclusion, DE&I)

다양성, 형평성 및 포용성은 모든 사람들이 차별받지 않고 공정하게 대우받는 환경을 만들기 위해 조직이 추진하는 중요한 원칙들로 세 가지 원칙은 조금씩 다른 의미가 있다.

- **다양성(Diversity)**: 다양성은 사람들 사이에서 볼 수 있는 여러 가지 차이점으로, 흔히 생각하는 인종이나 성별뿐만 아니라, 나이, 출신 국가, 종교, 장애 상태, 성적 취향, 사회 경제적 지위, 교육 수준, 결혼 유무, 언어, 심지어 외모까지 포함되며, 이렇게 다양한 배경과 특성을 가진 사람들이 모여 있을 때, 우리는 그 곳을 '다양성이 존재하는 곳'이라고 함
- **형평성(Equity)**: 형평성은 모든 사람에게 필요한 자원과 기회를 공정하게 제공함으로써 각자가 성공할 수 있는 기회를 만들어주는 것으로 단순히 모두

에게 동등하게 자원을 나누어 주는 것이 아니라, 각 개인의 상황과 필요에 따라 맞춤형 지원을 제공하는 것으로 어떤 사람들은 다른 사람보다 더 많은 지원이 필요할 수 있으며, 형평성은 이러한 차이를 인정하고 적절히 지원하는 것

- **포용성**(Inclusion): 포용성은 모든 사람이 자신이 속한 곳에서 존중받고 가치 있게 여겨진다고 느낄 수 있는 환경을 만드는 것으로 포용적인 환경에서는 모든 사람들이 자신의 의견을 자유롭게 표현할 수 있고, 결정 과정에 참여할 수 있으며, 자신이 속한 공동체의 중요한 일원으로 인정받는 것

결론적으로, DE&I는 모든 사람이 공평하게 대우받고, 그들의 다양성을 존중받으며, 모두가 참여할 수 있는 포용적인 사회를 만드는 것을 목표로 한다. 이러한 원칙들이 잘 지켜질 때, 우리 사회는 더욱 건강하고 행복한 곳이 된다.

5) 지구온난화 지수(Global Warming Potential, GWP)

지구온난화 지수는 다양한 온실가스가 지구를 얼마나 따뜻하게 만드는지를 비교하는 수치이다. 각 온실가스가 지구 온난화에 미치는 영향은 다르기 때문에, 과학자들은 이산화탄소를 기준으로 각 가스의 온난화 기여도를 측정했다.

예를 들어, 메탄이나 아산화질소 같은 가스는 이산화탄소보다 지구를 더 많이 데우기 때문에, 지구온난화 지수가 이산화탄소보다 높다. 지구온난화 지수는 보통 100년 기간 동안 1kg의 특정 온실가스가 지구에 얼마나 많은 열을 가두는지를 보여준다.

이 지수를 사용함으로써, 우리는 다양한 온실가스가 내뿜는 열의 양을 '이산화탄소 환산단위($CO_{2}e$)'로 바꾸어 표현할 수 있다. 이는 온실가스의 영향을 이산화탄소의 영향과 동등하게 비교할 수 있게 해주며 이렇게 함으로써, 각 나라나 기관은 자신들이 배출하는 다양한 온실가스의 총 영향을 쉽게 계산하고, 관

리할 수 있다. 이는 지구 온난화를 줄이는 데 중요한 도구가 된다.

6) 온실가스(Greenhouse Gases)

유엔 기후변화협약은 전 세계적으로 기후 변화를 관리하고 대응하기 위한 국제적인 협약이다. 이 협약 하에서 각국은 온실가스 배출을 감소시키기 위한 여러 의무를 지닌다. 온실가스는 지구의 온도를 상승시키는 주요 원인으로 지목되며, 이 중 일부는 다음과 같다.

- **이산화탄소(CO_2)**: 화석 연료의 연소, 삼림 벌채 등으로 발생
- **메탄(CH_4)**: 쓰레기 매립지, 가축의 소화 과정 등에서 나옴
- **아산화질소(N_2O)**: 농업 활동과 산업 공정 중에 배출
- **수소불화탄소(HFCs)**: 냉장고나 에어컨 냉매로 사용
- **과불화탄소(PFCs)**: 전자제품, 도금산업, 반도체, 소화기 등에서 배출
- **육불화황(SF6)**: 반도체 생산 공정에서 배출

7) 그린워싱(Greenwashing)

그린워싱은 '그린(친환경)'과 '화장(위장)'을 합친 말로, 기업이나 조직이 자신들의 제품이나 서비스가 환경에 미치는 영향을 실제보다 훨씬 친환경적이라고 과장하거나, 잘못된 정보를 제공하는 행위를 말한다. 예를 들어, 어떤 기업이 자사 제품을 "친환경"이라고 광고하지만, 생산 과정에서 많은 양의 오염 물질이 배출된다면, 이는 그린워싱에 해당할 수 있다. 그린워싱은 소비자들이 제품을 선택할 때 환경적인 측면을 고려하도록 유도하지만,

실제로는 환경에 도움이 되지 않는 상황을 만든다. 이로 인해 소비자는 착각하게 되고, 실제 환경에 좋은 선택을 할 수 있는 기회를 잃게 된다.

8) 자연자본(Natural Capital)

자연자본은 회사가 이용할 수 있는 자연에서 나오는 모든 자원으로 물, 금, 천연가스, 은, 석유 등이 해당된다. 이러한 자원들은 회사가 제품을 만들거나 서비스를 제공하는 데 필수적인 요소이다.

회사는 자연자본을 잘 관리하고 기록해야 하며 이를 위해 자연 자본 회계라는 방법을 사용하여, 자연 자원의 사용과 보유 상태를 회사의 재무제표에 정확히 기록한다. 이렇게 하면 회사는 자원을 얼마나 효율적으로 사용하고 있는지, 얼마나 남아있는지를 정확히 알 수 있어 더 나은 경영 결정을 내릴 수 있다.

자연자본은 회사 운영에 필수적인 요소이지만, 그 가치를 잘 인정받지 못했다. 하지만 최근 기후변화 등의 문제로 자연자본의 중요성이 점점 더 부각되고 있다. 이에 따라 세계경제포럼(WEF), 블랙록(BlackRock) 등 여러 기관에서 자연자본의 영향을 평가하고 관리하려는 노력이 이뤄지고 있다.

9) 넷제로(Net Zero)

넷제로(Net Zero)는 지구의 대기 중으로 방출되는 온실가스 양과 그 온실가스를 제거하는 양이 같아져 실질적으로 대기 중 온실가스 농도가 늘어나지 않는 상태로 지구온난화를 멈추게 하고, 기후 변화를 제어하는 데 중요한 역할을 한다.

파리협정은 전 세계 국가들이 이 넷제로 상태를 달성할 수 있도록 강조하고 있다. 각국이 2050년경까지는 인간 활동으로 인한 온실가스 배출과 자연이나 기술을 통해 이산화탄소를 제거하는 양을 균형 있게 맞추도록 요구하고 있다. 이를 통해 지구 온난화를 제한하고 지속 가능한 환경을 유지하는데 목표를 갖고 있다.

넷제로를 달성하기 위해서는 온실가스 배출량을 줄이고, 동시에 이산화탄소(CO2) 흡수량을 늘려야 한다. 이를 위해 신재생에너지 사용 확대, 에너지 효율 개선, 산림 보호 및 복원 등의 다양한 노력이 필요하다.

10) 재생가능 에너지(Renewable Energy)

재생가능 에너지는 자연에서 지속적으로 공급되는 에너지원에서 얻어지는 에너지를 의미한다. 여기에는 바람(풍력), 물(수력), 태양광(태양 에너지), 지열 및 바이오 연료 같은 자원이 포함된다. 이런 에너지원들은 지구상에 계속 존재하며, 사용해도 고갈되지 않기 때문에 '재생가능'이라고 불린다. 재생가능 에너지의 특징은 다음과 같다.

- **지속가능성:** 계속해서 공급되기 때문에 지속 가능한 발전을 위한 중요한 에너지원
- **환경친화적:** 화석연료와 달리 온실가스를 배출하지 않아 환경에 미치는 부정적인 영향이 적음
- **다양성:** 다양한 에너지원이 포함되어 있어 에너지 공급의 안정성을 높일 수 있음

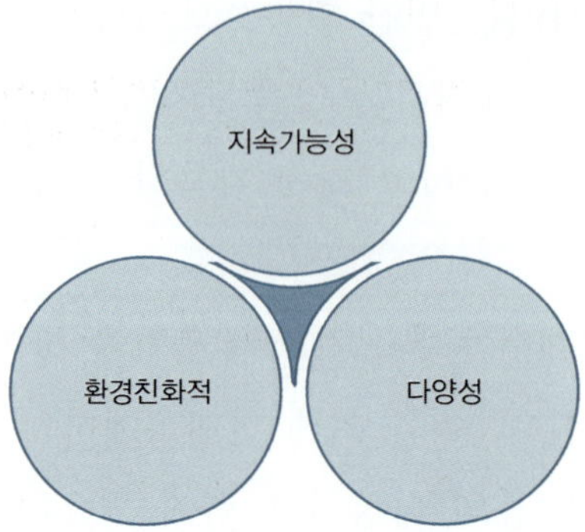

[그림 11-5] 재생가능 에너지의 특징

재생가능 에너지는 화석연료 고갈과 기후변화 문제를 해결할 수 있는 중요한 대안으로 전 세계적으로 재생가능 에너지 사용이 늘어나고 있다. 특히, 독일과 호주에서 큰 성과를 거두고 있다.

앞으로 우리나라에서도 태양광, 풍력, 수력 등 다양한 재생가능 에너지원의 활용을 확대하여 우리 사회가 보다 지속 가능한 방향으로 나아갈 수 있도록 해야 한다.

11) 과학기반 목표(Science-Based Target)

SCIENCE BASED TARGETS
DRIVING AMBITIOUS CORPORATE CLIMATE ACTION

과학기반 목표는 기후 변화에 대응하기 위해 설정된 목표(Target)로, 이는 기후 과학의 최신 연구 결과에 기반을 두고 있다. 이 목표는 파리 협정의 주요 목표인 지구의 온도 상승을 산업화 이전 수준보다 2°C 이하로 유지하고, 가능하면 1.5°C로 제한하려는 노력과 일치해야 한다. 과학 기반 목표를 설정함으로써 기업들은 자신들의 온실가스 배출을 줄이는 구체적이고 명확한 계획을 가질 수 있으며, 이는 기후 변화의 심각한 영향을 막고 지속 가능한 비즈니스 성장을 이루는 데 큰 도움이 된다. 이런 목표는 기업이 환경에 덜 해를 끼치면서도 효과적으로 운영될 수 있도록 지원한다.

12) 스코프(영역, Scope)

온실가스 배출량은 기업이나 조직이 환경에 미치는 영향을 측정하기 위해 사용되는 국제적인 방법에 따라 세 가지 범주, 즉 '스코프(영역, Scope)'로 분류된다.

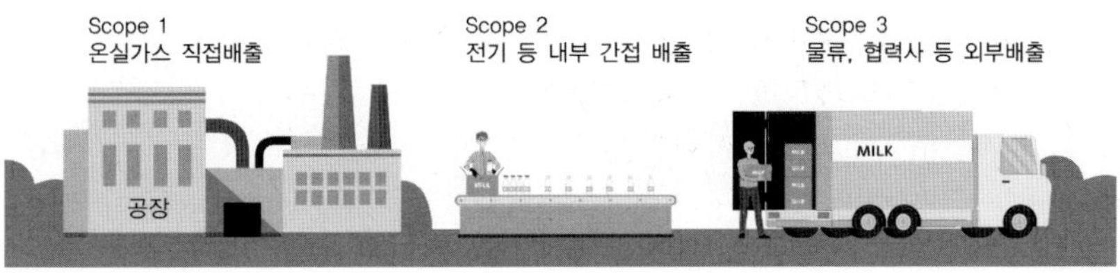

- **스코프** 1(Scope 1): 기업이 직접 운영하는 건물이나 기계 등에서 바로 발생하는 온실가스를 포함하는 것으로 공장에서 기계를 돌리거나 회사 차량을 운행할 때 나오는 배기가스가 여기에 해당
- **스코프** 2(Scope 2): 기업이 사용하는 전기나 난방, 냉각 등을 외부에서 구매할 때 발생하는 간접적인 온실가스로 전기 회사에서 생산한 전기를 사용함으로써 발생하는 배출량이 이에 해당
- **스코프** 3(Scope 3): 기업의 직접적인 활동 이외에 발생하는 다른 모든 간접 배출을 포함하는 매우 광범위한 범위로 구매한 재료나 연료의 생산, 기업이 직접 운영하지 않는 운송수단에서 발생하는 배출, 외부 업체에 의한 활동, 제품의 폐기물 처리 등이 여기에 포함

온실가스 배출을 세 가지 스코프로 나누어 관리하면, 기업들은 자신들의 환경적 영향을 더 잘 파악하고 줄이는 데 필요한 조치를 취할 수 있다.

13) 지속가능성(Sustainability)

지속가능성은 우리가 자연환경을 잘 보호하고, 기후 변화에 효과적으로 대응하면서도, 사회가 건강하게 성장할 수 있도록 하는 개념이다. 간단히 말해, 우리가 지금 쓰는 자원과 환경을 앞으로 올 사람들도 안전하게 사용할 수 있도록 아끼고 보호하는 것이다. 지속가능성은 단순히 환경 보호에만 국한되지 않는다. 사회적, 경제적 영역에서도 매우 중요한 역할을 한다.

예를 들어, 기업들이 지속가능한 방식으로 경영하면 장기적으로 더 큰 이익을 얻을 수 있고 지속가능한 사회를 만들기 위해서는 모든 사람들이 함께 노력해야 한다. 이런 행동은 환경뿐만 아니라 사회적, 경제적 영역에서도 중요한 역할을 한다.

14) 가치사슬(Value Chain)

가치사슬은 한 조직이 제품이나 서비스를 만들고 고객에게 전달할 때까지의 모든 과정으로, 이 과정에는 제품을 디자인하고, 원재료를 구입하고, 제품을 제조하고, 판매하며, 고객에게 서비스를 제공하는 일련의 활동이 포함된다. 이 과정은 회사 내부의 활동뿐만 아니라 외부 파트너나 협력 업체와의 관계도 포함할 수 있다. 가치사슬을 잘 관리하면 제품이나 서비스의 가치를 높일 수 있어 조직의 성공에 크게 기여한다.

예를 들어, 원재료 구입 과정을 효율적으로 관리하면 제품 원가를 낮출 수 있고 고객 서비스를 강화하면 고객 만족도를 높일 수 있다.

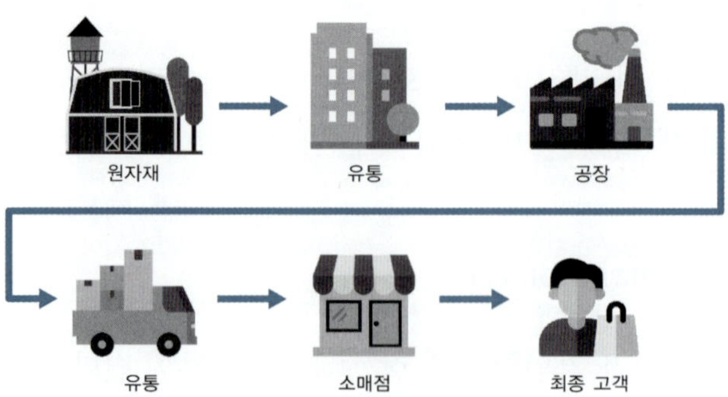

가치사슬 분석은 기업의 경쟁전략을 수립하는 데 중요한 도구로 기업은 가치사슬 분석을 통해 각 활동의 효율성을 평가하고, 개선할 점을 찾아낼 수 있다. 이를 통해 기업은 핵심역량을 강화하고, 한정된 자원을 효과적으로 활용하여 기업의 경쟁력을 높일 수 있다.

4. ESG창업 사례연구

국내 ESG창업 사례는 대기업의 사내벤처형태나 개별적인 스타트업 형태로 이루어지고 있다.

1) 대기업의 사내벤처형

(1) (주)에바

- 대표자: 이훈
- 기업구분: 중소기업
- 업종: 기타 전기 변환장치 제조업
- 설립일: 2018. 11. 16.
- 매출액: 50억~100억 원 미만(2024. 12. GAAP 개별)
- 종업원: 70명~100명 미만(2024. 12.)
- 본사: 경기도 성남시 수정구 창업로 42 919호

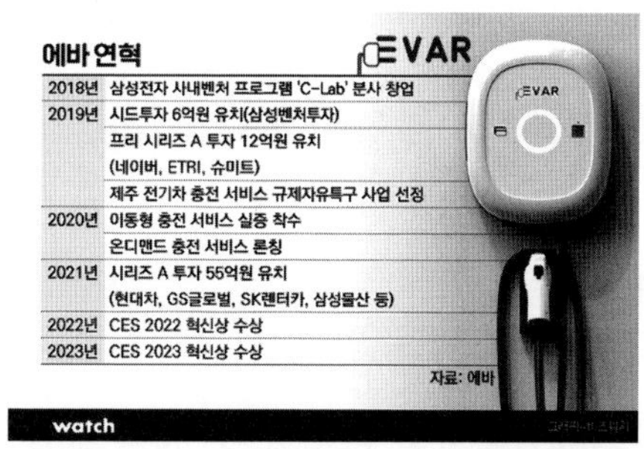

삼성전자 사내벤처로 출발한 에바(EVAR)는 폐배터리를 회수해 만든 이동형 전기차 자동 충전 로봇을 개발했다. 에바를 활용하면 충전소를 찾지 않아도 어디서든 손쉽게 충전이 가능하다. 충전기 배터리로 폐배터리를 활용해 친환경적이며, 대용량 배터리를 적용해 완충 시 최대 2~3대의 전기차를 충전할 수 있다.

(2) (주)마이셀

- 대표자: 사성진
- 기업구분: 중소기업
- 업종: 재생섬유 제조업
- 설립일: 2020. 3. 9.
- 매출액: 5억 원 미만(2023. 12. GAAP 개별)
- 종업원: 20명~40명 미만(2024. 11.)
- 본사: 경기 용인시 기흥구 고매로 125

MYCEL PROJECT
Fungi-inspired start-up

마이셀 프로젝트는 현대자동차 분사 스타트업으로, 곰팡이/버섯균의 생리적, 생화학적, 물리적 특성을 활용, 생물 모방(biomimicry)을 통해 회수 및 순환이 고려된 생물공정을 디자인하고, 다양한 바이오 소재를 개발/생산합니다.

'마이셀(MYCEL)'은 2016년부터 친환경 소재인 버섯 균사를 기반으로 차량 복합재, 패브릭 등 소재를 개발하는 바이오 소재 기업으로, 밀레니얼 세대를 겨냥한 디자이너 제품 출시를 준비하고 있다.

버섯 균사는 수입 의존도가 높고 환경오염을 유발하는 기존 화학 소재와는 차별화된 친환경 소재로, 균사 가죽, 대체육 등 다양한 분야에 확장 적용이 가능한 점이 특징이다.

마이셀은 천연가죽이나 합성피혁에 비해 환경오염이 적은 데다 경제성까지 갖춘 버섯 균사를 활용한 식물성 가죽(비건 레더) 사의 선두주자이며, 천연가죽과 비슷한 질감으로 품질도 우수하다.

2) ESG 스타트업

환경(E) 스타트업으로 생분해성 플라스틱을 개발 제조하는 (주)그린바이오, 폐이차전지 분리막을 재활용하여 섬유 원단을 개발하는 리사이클 기업인 (주)라잇루트 등이 있다.

기업소개	그린바이오 greenbiosystem.com
• 대표 • 주요사업 • 참여사업 • 설립일 • 소재지	이용환 플라스틱을 대체할 생분해 친환경 상품 및 생산 자동화 로봇 개발 2022년 K-스타트업센터, 2021년 아기유니콘 200 등 2016. 11. 1. (본사) 광주광역시 북구 첨단과기로 333 벤처지원센터 201호 (광교사무실) 경기도 용인시 수지고 광교중앙로 338 광교우미뉴브 S306호 (공장) 전라남도 함평군 대동면 동함평산단길 97-20 제1공장 전라남도 함평군 신광면 일강로 560 제2공장 전라남도 함평군 대동면 동함평산단길 97-18 제3공장
기업소개	(주)라잇루트 rightroute.kr
• 대표 • 주요사업 • 참여사업 • 설립일 • 소재지	신민정 이차전지 폐분리막을 재활용한 리사이클 고기능 신소재 2021년 창업도약패키지(SK이노베이션 협업과제 선정) 2016. 10. 서울특별시 중구 명동길73, 603호

출처: 창업진흥원(2022.12). ESG 우수사례집.

사회적 책임(S) 스타트업은 경제적, 사회적 배경에 상관없이 누구나 잠재력을 발휘할 수 있는 사회를 추구하는 ㈜코드스테이츠, 발달장애 예술가 에이전시 ㈜디스에이블드, 시각장애인의 독립적인 삶, '누구에게나 공평한 기술'로 구현하는 ㈜에스엠플래닛 등이 있다.

기업소개	(주)코드스테이츠 www.codestates.com
• 대표 • 주요사업 • 참여사업 • 설립일 • 소재지	김인기 현장에 필요한 IT 직무 교육과 취업연계 서비스 2021년 아기유니콘 200 2018. 1. 25. 서울특별시 서초구 서초대로 396, 강남빌딩 20층(스파크플러스 강남2호점)
기업소개	(주)디스에이블드 thisabled.co.kr
• 대표 • 주요사업 • 참여사업 • 설립일 • 소재지	김현일 장애인 예술가 에이전시, ESG 올인원 소셜서비스 2022년 대-스타 해결사 플랫폼 2016. 9. 서울특별시 서초구 잠원동 36-16, 2층

기업소개	(주)에스엠플래닛 smplanet.co.kr
• 대표 • 주요사업 • 참여사업 • 설립일 • 소재지	조현선 시각장애인 등 디지털 취약계층을 위한 스마트폰 소프트웨어 런처 개발 2022년 대-스타 해결사 플랫폼, 2020년 창업도약패키지 등 2017. 2. 28. (본사) 충남 아산시 배방읍 희망로 46번길 45-29 (지사) 서울특별시 도봉구 마들로 13길 84

출처: 창업진흥원(2022.12). ESG 우수사례집.

거버넌스(G) 스타트업은 푸드업사이클링 전문기업인 ㈜리하베스트, 소규모 재생에너지를 통합·관리하는 가상발전소를 만든 식스티헤르츠(주) 등이 있다.

기업소개	(주)리하베스트 www.reharvestshop.com
• 대표 • 주요사업 • 참여사업 • 설립일 • 소재지	민알렉산더명준 푸드 업사이클을 활용한 친환경 식품원료 생산 및 이를 기반으로 한 제품생산 2022년 민관공동 창업자 발굴육성 2019. 8. 14. 서울특별시 서초구 논현로 171(양재동) 제일빌딩
기업소개	식스티헤르츠(주) 60hz.io
• 대표 • 주요사업 • 참여사업 • 설립일 • 소재지	김종규 다양한 종류의 분산전원을 IT 기술로 연결하고 예측·관리할 수 있는 가상발전소 구축 2022년 창업도약패키지, 2021년 초기창업패키지 등 2020. 12. 09 서울특별시 중구 명동길 73 6층 602호

출처: 창업진흥원(2022.12). ESG 우수사례집.

3) 해외 ESG창업 사례

다양한 형태의 ESG창업이 이루어지고 있는데, 미국 Impossible Food, 영국 Olio 및 네덜란드 Fairphone 등은 국제적으로 유명한 ESG 스타트업이다.

(1) 미국 IMPOSSIBLE FOOD

- 대표자: 피터 맥기니스(Peter McGuinness)
- 업종: 대체육 제조
- 설립일: 2011년
- 매출액: 4억 4000만 달러(2020년)
- 종업원: 700명 미만(2023)
- 본사: 미국(Redwood City)

임파서블푸드는 2011년 미국 스탠포드대 생화학과 패트릭 브라운 교수가 설립한 대체육 제조사다. 콩 등 식물성 재료로 유사 육류를 만들어 스타벅스, 버거킹 등 글로벌 식음료 체인 4만여 개 매장과 월마트 · 코스트코 등 미국 슈퍼마켓체인 2만여 개 점포에 공급하고 있다.

(2) 영국 OLIO

- 대표자: 테사 클라크(Tessa Clarke)
- 업종: 음식물, 가정용품 공유 서비스
- 설립일: 2015년
- 사용자수: 500만 명(2022년)
- 서비스 지역: 영국 등 50여 개국
- 투자유치: 4,900만 달러(약 610억 3000만 원)
- 직원(자원봉사자): 30,000명
- 본사: 영국

올리오의 창업자인 테사 클라크(Tessa Clarke). 그녀는 올리오를 통해 남은 음식·식재료에 대한 사람들의 생각을 바꾸고, 이를 통해 음식물 쓰레기가 줄기를 바란다. [사진 올리오]

2016년 올리오 애플레이케이션(앱)이 출시되었다. 올리오 비즈니스 모델의 핵심은 남은 음식물을 폐기물이 아닌 자원으로 생각하고 필요한 사람에게 연결해 준다. 올리오의 매출은 기업 측으로부터 식료품을 수거하고 공유하면서 수수료를 받는다(과거: 기업은 폐기된 음식물을 처리하기 위해 폐기물 업체와 계약을 하고 비용을 지불).

용어정리

- **ESG:** 환경(Environmental), 사회(Social), 지배구조(Governance)라는 주제를 합친 단어로, 기업이 얼마나 환경을 보호하고, 사회적 책임을 지며, 투명하고 공정한 방식으로 운영되는지를 나타내는 지표
- **환경(Environmental):** 기업이 환경을 보호하기 위해 어떤 노력을 실천하고 있는지를 나타내는 것으로, 예를 들어 공기와 물을 깨끗하게 유지하고, 쓰레기를 줄이며, 자연과 동물을 보호하는 일 등이 여기에 포함
- **사회(Social):** 기업이 사람들과 공동체에 긍정적인 영향을 주기 위해 노력하는 것으로, 직원들에게 좋은 근무 환경을 제공하고, 지역사회를 돕고, 모든 사람이 공평하게 대우받도록 하는 활동 등이 여기에 포함됨
- **지배구조(Governance):** 기업이 어떻게 운영되는지, 그 운영이 정직하고 투명한지를 나타내는 것으로, 기업이 어떻게 결정을 내리고, 모든 사람이 그 결정 과정에 공정하게 참여할 수 있도록 하는 일 등이 여기에 포함
- **생물다양성(Biodiversity):** 생물다양성이란 지구상의 모든 생명체가 가진 다양성. 유전자 다양성, 종 다양성, 생태계 다양성의 세 가지 유형으로 나뉨
- **순환경제(Circular Economy):** 순환경제는 우리가 사용하는 자원을 가능한 한 효율적으로 사용하고, 재활용하여 지속 가능한 방식으로 환경에 미치는 영향을 최소화하려는 경제 모델
- **기후 변화(Climate Change):** 기후 변화는 우리가 일상에서 하는 다양한 활동들이 지구의 대기 조성을 변화시키면서 일어나는 현상
- **다양성, 형평성 및 포용성(Diversity, Equity, and Inclusion, DE&I):** 모든 사람들이 차별받지 않고 공정하게 대우받는 환경을 만들기 위해 조직이 추진하는 중요한 원칙
  - **다양성(Diversity):** 사람들 사이에서 볼 수 있는 여러 가지 차이점. 인종, 성별, 나이, 출신 국가, 종교, 장애 상태, 성적 취향, 사회 경제적 지위, 교육 수준, 결혼 유무,

언어, 외모 등을 의미

- **형평성(Equity):** 모든 사람에게 필요한 자원과 기회를 공정하게 제공함으로써 각자가 성공할 수 있는 기회를 만들어 주는 것
- **포용성(Inclusion):** 모든 사람이 자신이 속한 곳에서 존중받고 가치 있게 여겨진다고 느낄 수 있는 환경을 만드는 것

- **지구온난화 지수(Global Warming Potential, GWP):** 다양한 온실가스가 지구를 얼마나 따뜻하게 만드는지를 비교하는 수치
- **온실가스(Greenhouse Gases):** 지구의 온도를 상승시키는 주요 원인으로 지목되며, 이산화탄소(CO_2), 메탄(CH_4), 아산화질소(N_2O), 수소불화탄소(HFCs), 과불화탄소(PFCs), 육불화황(SF6) 등이 있음
- **그린워싱(Greenwashing):** 기업이나 조직이 자신들의 제품이나 서비스가 환경에 미치는 영향을 실제보다 훨씬 친환경적이라고 과장하거나, 잘못된 정보를 제공하는 행위
- **자연자본(Natural Capital):** 회사가 이용할 수 있는 자연에서 나오는 모든 자원으로 물, 금, 천연가스, 은, 석유 등이 해당
- **넷제로(Net Zero):** 지구의 대기 중으로 방출되는 온실가스 양과 그 온실가스를 제거하는 양이 같아져서 실질적으로 대기 중의 온실가스 농도가 늘어나지 않는 상태
- **재생가능 에너지(Renewable Energy):** 온실가스 프로토콜에 의해 자연에서 지속적으로 공급되는 에너지원에서 얻어지는 에너지를 의미하며, 바람(풍력), 물(수력), 태양광(태양 에너지), 지열 및 바이오 연료 같은 자원이 포함
- **과학기반 목표(Science-Based Target):** 기후변화에 대응하기 위해 기후 과학의 최신 연구를 기반으로 설정된 목표
- **스코프(영역, Scope):** 온실가스 배출량은 기업이나 조직이 환경에 미치는 영향을 측정하기 위해 사용되는 국제적인 방법으로, 스코프 1, 스코프 2, 스코프 3으로 분류
- **지속가능성(Sustainability):** 우리가 자연환경을 잘 보호하고, 기후 변화에 효과적으로 대응하면서도, 사회가 건강하게 성장할 수 있도록 하는 개념

- **가치사슬(Value Chain):** 한 조직이 제품이나 서비스를 만들고 고객에게 전달할 때까지의 모든 과정

단원학습문제

객관식 문제

1. ESG의 구성 요소에 대한 설명으로 올바른 것은?
   ① ESG에서 지배구조(G)는 기업이 사람들과 공동체에 긍정적 영향을 주기 위해 노력하는 것이다.
   ② 지역사회를 돕고 모든 사람이 공평하게 대우 받도록 하는 활동은 ESG의 지배구조이다.
   ③ ESG의 지배구조는 기업이 결정을 내리고 모든 사람이 결정과정에 공정하게 참여할 수 있도록 하는 것이다.
   ④ 직원들에게 좋은 근무환경을 제공하는 것은 ESG의 지배구조 활동이다.

2. 스튜어디십 코드에 대한 설명으로 옳은 것은?
   ① 스튜어드십 코드는 개인 투자자의 권한을 강화하기 위한 국제 회계기준이다.
   ② 스튜어드십 코드는 기업이 환경, 사회, 지배구조에 책임지도록 의무화한 법률이다.
   ③ 스튜어드십 코드는 기관투자자가 기업의 의사결정에 적극적으로 참여하도록 유도하는 행동 원칙이다.
   ④ 스튜어드십 코드는 ESG 평가기관이 기업을 평가할 때 사용하는 기준을 말한다.

3. 블랙록(BlackRock)의 활동으로 옳지 않은 것은?
   ① 기업의 ESG 경영 부족 시 의결권을 행사할 수 있다.
   ② ESG에 무관심한 기업에 투자 확대를 장려한다.
   ③ CEO와 이사회 의장이 동일할 경우, 역할 분리를 제안한 바 있다.
   ④ 환경 문제에 대한 개선이 미흡한 기업에 반대표를 던진 사례가 있다.

4. 기업의 성적 평가에 ESG를 반영하고 있는데 ESG를 평가하는 기관은?
   ① 블랙록(Black rock) ② GRI
   ③ CDP ④ 무디스(Moody's)

5. 정부의 ESG 활동 요구와 관련된 설명으로 옳지 않은 것은?
   ① 유엔 책임투자원칙(UN PRI)은 ESG 투자 원칙 수립을 통해 변화의 계기를 마련했다.
   ② 한국은 2021년부터 모든 상장기업의 ESG 정보 공시를 의무화하였다.
   ③ 영국은 2025년까지 상장기업들이 ESG 활동 내용을 공개하는 것을 목표로 하고 있다.
   ④ 한국은 2030년까지 모든 상장기업의 ESG 공시를 목표로 하고 있다.

6. 탄소국경세에 대한 설명으로 적절하지 않은 것은?

① 탄소국경세는 2026년부터 유럽연합에서 본격적으로 시행될 예정이다.
② 유럽보다 탄소를 적게 배출한 제품일 경우 추가 세금을 내야 한다.
③ 탄소국경세는 기후위기에 대응하고 공정 경쟁을 유도하기 위한 정책이다.
④ 탄소국경세는 제품 생산 과정에서 발생한 탄소 배출량에 따라 세금을 부과한다.

7. 생물다양성의 유형 중 다음에서 설명하는 것은?

> 숲에서 발견되는 수많은 식물과 동물 종을 포함해서 다양한 종류의 동식물이 서로 다른 환경에서 살아가는 것

① 유전자 다양성 ② 종 다양성
③ 생태계 다양성 ④ 숲 다양성

8. 다음 중 순환경제에 대한 설명은?

① 자원을 쓰고 버리는 것이다.
② 제품과 재료가 가능한 오래 돌려쓰도록 설계된다.
③ 사용된 자원은 바로 폐기한다.
④ 순환경제 접근 방식은 자원을 절약하고 환경을 보호하지만 경제적 손실이 발생한다.

9. 유엔 기후변화협약에서 지목한 지구의 온도를 상승시키는 6대 온실가스에 포함되지 않는 것은?

① 수소(H) ② 이산화탄소(CO_2)
③ 메탄(CH_4) ④ 육불화황(SF_6)

10. DE&I의 원칙 중 다음이 설명하는 것은?

> • 모든 사람이 자신이 속한 곳에서 존중받고 가치 있게 여겨진다고 느낄 수 있는 환경을 만드는 것
> • 모든 사람들이 자신의 의견을 자유롭게 표현할 수 있고, 결정 과정에 참여할 수 있으며, 자신이 속한 공동체의 중요한 일원으로 인정받는 것

① 형평성(공평성) ② 다양성
③ 개별성 ④ 포용성

주관식 문제

1. ESG의 개념에 대해서 설명하시오.

2. 지속가능성(Sustainability)에 대해서 설명하시오.

3. 그린워싱(Greenwashing)에 대해서 설명하시오.

4. 순환경제(Circular Economy)의 개념에 대해서 설명하시오.

5. 지구온난화지수(GWP)의 개념에 대해서 설명하시오.

정답 및 해설

1. 정답: ③

① ESG에서 사회(S)는 기업이 사람들과 공동체에 긍정적 영향을 주기 위해 노력하는 것이다.
② 지역사회를 돕고 모든 사람이 공평하게 대우받도록 하는 활동은 ESG의 사회(S)활동이다.
④ 직원들에게 좋은 근무환경을 제공하는 것은 ESG의 사회(S) 활동이다.

2. 정답: ③

스튜어드십 코드는 기관투자자가 기업의 장기적 가치 제고를 위해 경영 감시 및 의결권 행사 등 책임 있는 행동을 하도록 유도하는 규범적 원칙이다.

3. 정답: ②

블랙록은 ESG에 무관심한 기업에 대해 반대 의결권을 행사하거나 개선을 요구하는 활동을 하고 있으며, 투자 확대를 장려하지 않는다.

4. 정답: ④

신용평가기관들을 무디스(Moody's), 피치(Fitch Ratings), 그리고 S&P(Standard & Poor's)가 있다.

5. 정답: ②

2021년부터 ESG 전체가 아닌 의사결정구조(G) 중심의 공시가 진행되었으며, 전체 ESG 공시는 단계적으로 확대할 계획이다.

6. 정답: ②

탄소국경세는 유럽보다 탄소를 많이 배출한 제품에 대해 추가 세금을 부과하는 제도로, 탄소 배출이 적을 경우에는 세금이 부과되지 않는다.

7. 정답: ②

생물다양성 중 종 다양성에 대한 설명이다.

8. 정답: ②

순환경제의 핵심은 재생 가능한 자원 사용, 제품의 재사용 및 재활용, 폐기물 제거 세 가지이다.

9. 정답: ①

유엔기후변화협약에서 지목한 6대 온실가스는 이산화탄소(CO_2), 메탄(CH_4), 아산화질소(N_2O), 수소불화탄소(HFCs), 과불화탄소(PFCs), 육불화황(SF_6)이다.

10. 정답: ④

포용성은 모든 사람이 자신이 속한 곳에서 존중받고 가치 있게 여겨진다고 느낄 수 있는 환경을 만드는 것으로 포용적인 환경에서는 모든 사람들이 자신의 의견을 자유롭게 표현할 수 있고, 결정 과정에 참여할 수 있으며, 자신이 속한 공동체의 중요한 일원으로 인정받는 것이다.

읽 | 을 | 거 | 리

ESG는 실천이 중요하다

ESG는 Environmental(환경), Social(사회), Governance(지배구조)의 영문 첫 글자를 조합한 약자로, 기존의 지속가능경영이나 기업의 사회적 책임(Corporate Social Responsibility, CSR)이 확장된 개념으로 볼 수 있다.

ESG는 과거 기업에서 재무적 성과만을 판단하던 기준에서 벗어나 이제는 환경, 사회 문제까지도 책임을 가지고 지속가능성(Sustainability)을 제고해야 한다는 의미를 담고 있다.

이제 ESG는 기업의 비(非)재무적 성과를 판단하는 기준이 되고 있으며, 글로벌적으로는 규제 및 디지털 전환과 연계해서 혁신하고 있다.

2030년까지 국제사회의 최대 공동목표는 인류의 보편적 문제인 △빈곤 △질병 △교육 △성평등 △난민 △분쟁 등을 해결하고, 지구 환경문제인 △기후변화 △에너지 △환경오염 △물 △생물다양성 등과 경제 사회문제인 △기술 △주거 △노사 △고용 △생산 소비 △사회구조 △법 △대내·외 경제 등을 해결하는데 있다.

ESG의 주요내용을 살펴보면, Environmental(환경) 측면에서는 기후변화, 탄소중립, 환경오염과 환경규제, 생태계와 생물 다양성 등이 핵심 사안이며, Social(사회) 측면에서는 데이터 보호, 인권보장과 성별 그리고 다양성 문제, 지역사회와의 협력관계 구축 등에 힘써야 하며, 사회와 얼마나 적절한 관계를 구축하고 있는지가 핵심 사안이다.

또한, Governance(지배구조) 측면에서는 투명하고 신뢰도 높은 이사회 구성과 활동, 투명성이 높은 감사제도 운영 등을 요구하고 있다. 최대한 부패를 방지하고, 기업윤리를 준수함으로써 높은 지배구조 가치를 확보하는데 있다.

긍정적인 것은 소비패턴도 과거와는 달리 MZ세대를 중심으로 소비자와 투자자가 세상에 유익을 주는 기업을 응원하고, 이런 기업의 가치 소비를 향상시키고 있다. 참고로, 대한상공회의소 조사에 따르면, 60%가 넘는 소비자들이 제품 구매 시 ESG 활동을 고려한다고 응답했으며, ESG 활동에 부정적인 기업의 제품을 의도적으로 구매하지 않는 경험이 있다고 응답한 비율도 70%에 육박하고 있다.

특히, 환경 혹은 사회에 도움이 되는 소비라 생각하면 조금 더 비싼 가격의 제품이라도 구매하겠다는 응답이 68%에 이르며, 사회문제를 이유로 제품 불매 운동에 참여한 경험이 있다는 비율도 절반이 넘는다.

이와 같이 앞에서 열거한 사안을 바탕으로 대학도 이에 부응하는 ESG경영에 대한 체계적인 준비가 필요하다. ESG는 무엇보다 실천이 중요하다. 우선 대학에서 쉽게 실천할 수 있는 항목을 나열하면 다음과 같다.

환경 차원에서는 △캠퍼스 내 나무심기 △생활 속 일회용품 줄이기 △업싸이클링(upcycling) △쓰담 달리기 운동 △플로킹(plogging) 등을 실천할 수 있다. 사회 차원에서는 △교육봉사 △대학생 농촌일손 돕기 △대학생 동아리 재능기부 △대학생 사랑의 헌혈캠페인 전개 △대학생·대학 교직원 등을 위한 인권센터 운영 등을 실천할 수 있다. 또한 지배구조 차원에서는 △청렴한 대학문화 조성 △성희롱·성폭력에 대한 인식개선 및 예방교육 △구성원 소통 네트워크 강화 △교직원 공개채용 및 처우개선 등을 실천할 수 있다.

이제 우리나라도 2026년까지는 자산총액 2조 원 이상의 유가증권시장 상장사는 ESG 공시가 의무화되고, 2030년까지는 모든 코스피 상장사로 확대될 전망이다. 앞으로 ESG가 제대로 정착되기 위해서는 대학의 역할이 매우 중요하다.

그래야 미래사회도 지속적으로 발전할 수 있다. 정부에서도 좀 더 효과적인 ESG 정책과 이에 따른 교육시스템이 체계적으로 마련돼야 한다. 우리 모두가 환경을 보호하고 사회적 약자를 배려하며 지속가능한 미래를 위한 ESG 실천 활동이 활발하게 전개되기를 기대한다.

출처: 한광식 전문대학평생직업교육협회 사무총장

읽 | 을 | 거 | 리

파타고니아(Patagonia)를 통해서 본 ESG 실천

세계 최고의 지속가능 경영을 펼치고 있는 파타고니아(Patagonia)는 등반 장비를 제작하는 소규모기업으로 출발했지만 지금은 고품질의 아웃도어 의류와 장비를 제공하는 세계적으로 사랑받는 글로벌기업이 되었다.

'지구를 위한 비즈니스(Business for the Planet)'라는 철학 아래 환경보호와 혁신적인 제품 개발, 사회적 책임 실천을 경영의 핵심가치로 삼고 있는 파타고니아는 지속가능성, 윤리적 경영 등 다방 면에서 두각을 나타내고 있다.

이와 관련하여 필자는 우리나라에서도 ESG 실천활동이 활발하게 전개되기를 바라면서 파타고니아를 통해서 본 ESG 실천사례를 살펴보고자 한다.

첫째, 많은 기업이 사업목표를 수익과 성장에 두고 있지만 파타고니아는 '환경을 구하기 위한 도구'라는 것을 강조하며, 재활용 소재 사용, 공정무역 인증제품 출시, 수익 중 일부를 환경단체에 기부하는 등 다양한 방법으로 지속가능성을 실천하고 있다.

더욱 놀라운 점은 설립자 이본 쉬나드(Yvon Chouinard)는 2022년에는 '지구는 우리의 유일한 주주'라고 강조하면서 자신을 포함한 가족이 가지고 있던 모든 지분을 신탁회사에 기탁하고 환경보호를 위해서만 사용하겠다고 선언한 바 있다.

둘째, 파타고니아는 소비자들이 단순히 제품을 구매하는 것이 아니라 환경보호 운동에 동참한다는 자부심을 심어 주고 있다. 특히, 제품 개발부터 폐기까지 전 과정에서 환경과 사회에 미치는 영향을 분석해 부정적 영향을 최소화하는 시스템인 환경 손익계산서(EP&L)'을 도입하고 있다.

이는 기존의 환경 전과정 평가(LCA)와는 달리 환경지표(물 사용량, 탄소발자국, 폐기물 등)와 사회지표(생산, 노동자 임금 등)를 평가하는 시스템으로, 파타고니아의 모든 제품은 EP&L에서 요구하는 기준점수를 충족해야만 출시되고, 기존 제품도 재출시할 경우에는 새로운 원재료나 기술을 활용해 추가 개선을 거치고 있다는 점이다.

셋째, 혁신적인 제품 개발에 있다. 창업자 이본 쉬나드는 자신이 직접 아웃도어 활동을 하면서 경험한 불편함을 해결하기 위해 최선을 다했다. 그 결과, 기능성과 내구성이 뛰어난 제품을 개발하였고, 이는 곧 소비자들의 만족도를 높였을 뿐 아니라, 재활용 소재를 사용한 제품 생산과 친환경적인 제조과정을 통해 환경에 미치는 영향을 최소화하고 고성능의 제품을 만드는데 집중하고 있다.

넷째, 진정성 있는 마케팅 전략도 차별화된다. 'Don't Buy This Jacket' 광고캠페인은 소비자에게 불필요한 소비를 최대한 줄이고, 지속가능한 소비를 장려하는 메시지를 전달하고 있다. 이 캠페인은 소비자들에게 불필요한 제품은 구매하지 말 것을 촉구하면서, 자원 낭비를 줄이기 위한 파타고니아의 철학을 잘 보여주고 있다.

다섯째, 파타고니아는 사회적 책임을 매우 중시하고 있다. 직원들에게 쾌적한 근무환경을 제공하고, 지역사회와의 상생을 강조하며, 사회문제에 대한 다양한 캠페인을 통해 사회적 변화를 촉구하고 있다. 이러한 활동은 소비자들에게 긍정적인 이미지를 심어주고, 브랜드 가치를 더욱 높이는 계기가 되었다.

이와 같이 파타고니아의 성공은 단순히 좋은 제품만을 만드는 것이 아니라 환경보호와 지속가능한 경영을 최우선에 두고, 진정성 있는 브랜드를 구축한다는 점이다.

파타고니아의 현 대표인 제나 존슨(Jenna Johnson)는 파타고니아를 한마디로 정의하면, '자연과 가까이 있고자 하는 사람들이 아웃도어 스포츠를 즐기며, 동시에 야생을 보호하는 실천을 이어가는 커뮤니티이다.'라는 자부심을 갖고 있는 것처럼, 우리나라에서도 모두가 아껴주고 믿어주는 기업이 많이 나올 수 있기를 소망해 본다.

출처: 한광식 전문대학평생직업교육협회 사무총장

부록

알아두면 도움이 되는 스킬업

1. 기획서 작성법
2. 보고서 작성법
3. 프레젠테이션 스킬업

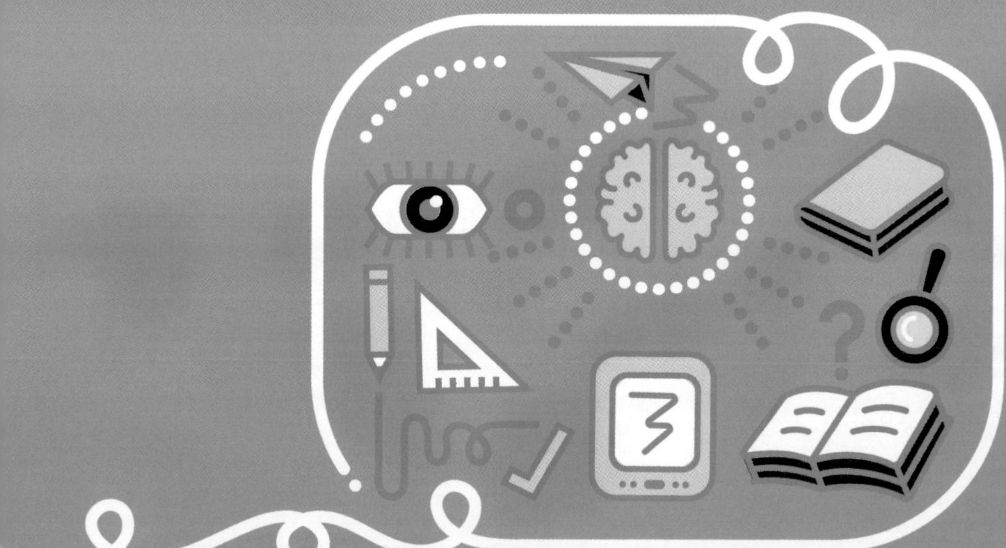

1. 기획서 작성법

1) 기획서 작성의 핵심포인트

- 가득 채우기보다는 여백의 미를 고려하라.
- 디테일보다 키워드로 요약하라.
- 가급적 포인트를 3가지로 정리하라.
- 명확히 이해할 수 있는 흐름을 보여줘라.
- 문장만이 아니라 비주얼로 차별화하라.
- 특색 없는 이미지보다 실제 사진을 활용하라.
- 고객이 이해하기 쉽게 비교법을 사용하라.
- 수치보다 그래프로 표현하는 방법을 연구하라.
- 복잡하지 않도록 이미지를 통일하라.
- 상대의 꿈을 실현하는 제안을 하라.

2) 기획서의 8요소

- why : 왜 이 기획을 입안하는가?
- what : 이 기획으로 무엇을 하려 하는가?
- target : 무엇에 대해 이 기획을 실시하는가?
- how : 이 기획을 어떻게 추진하려고 하는가?
- when : 언제 어떠한 일정으로 추진하려고 하는가?
- who : 누가 하는가?
- where : 어디에서 실시하는가?
- how much : 비용과 이익은 어떠한가?

3) 프레임 설정

- 살보다 통뼈가 중요하다.
- 숲을 그리고 나무를 심는다.

- 요약해 주고 상세하게 풀어간다.
- 핵심과 부연
- 연역적 방법
- 답부터, 결론부터 말하기

4) 메시지를 강조하는 방법

- 덜 중요한 항목은 회색으로 처리하기
- 정보를 강조하기 위한 색 사용하기
- 모양을 다르게 지정해 차이점 강조하기
- 크기의 차이를 이용해 핵심 강조하기
- 관련 있는 것끼리 가깝게 배치하기

5) 비즈니스 글쓰기

- 상사가 이해하고 설득이 되도록 한다.
- 목적을 충분히 생각하고 작성한다.
- 'know-how'보다 'know-where'가 중요하다.

6) 기획서가 갖추어야 할 가장 기본적인 4법칙

차별성 + 접근 용이성(이해 및 보기가 쉬워야 한다), 집중성(기획서의 모든 메시지는 콘셉트를 향해 집중되어야 한다), 일관성

2. 보고서 작성법

보고서는 일종의 짧은 논문으로 특정주제에 대한 이해도, 질문에 대한 문제해결 능력, 조사 및 연구능력을 보여주는 글이다. 보고서는 목적에 맞게 내용을 요약 또는 서술하거나, 자료를 토대로 자신의 논리를 적절히 풀어 작성해야 한다.

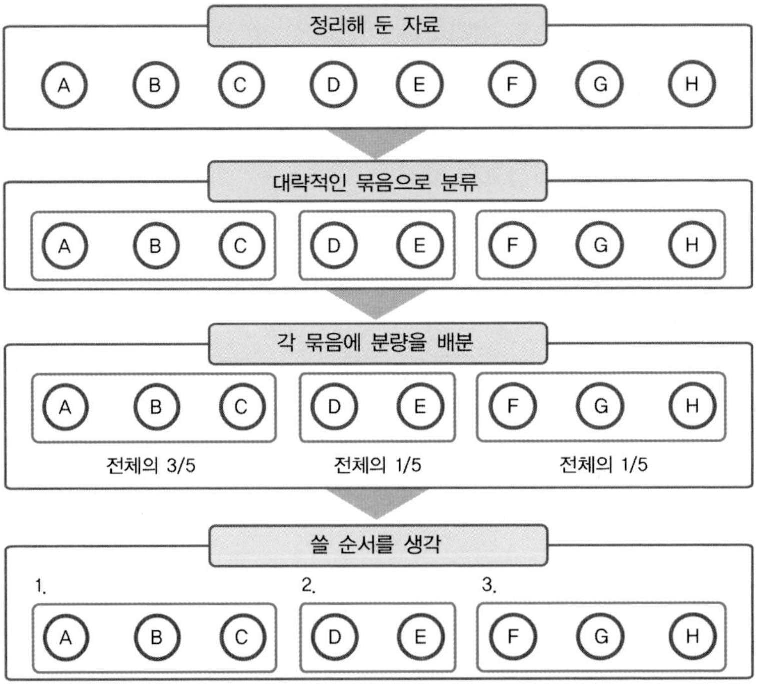

[그림 1] 보고서 작성법

1) 자료수집

- 주제에 맞는 자료를 찾는다.
- 근거가 명확한 자료를 수집한다.
- 수집한 자료를 요약 및 정리한다.
- 참고문헌 목록을 만든다.
- 조사결과 보고서인 경우에는 조사 과정을 상세히 설명한다.

2) 개요작성

- 유사한 내용끼리 몇 개의 묶음으로 분류한다.
- 각 묶음에 해당되는 분량을 배분한다.
- 구성상의 흐름을 고려한다.

3) 원고작성

- 서론 : 다루고자 하는 주제 소개, 앞으로 전개할 핵심내용과 방향을 제시한다.
- 본론 : 핵심주제와 뒷받침하는 증거 등을 논리적으로 전개한다.
- 결론 : 본론의 내용을 요약하고 해결책을 제시하거나 나만의 최종 결론이나 제안으로 마무리한다.

4) 탈고

- 시간을 두고 검토 : 객관성을 유지할 수 있도록 시간이 지난 뒤 수정한다.
- 전체적인 흐름을 고려 : 글의 전체 구조로부터 시작하여 세부단위로 검토한다.
- 표현방식에 주안점을 맞춰 검토 : 단어, 문장 전환, 어투, 구두점, 문법 등을 검토한다.
- 불필요한 부분이 과도하게 쓰여 산만한가를 검토한다.

단계	주요내용	
서론	• 보고서 작성의 필요성 또는 문제 제기 • 보고서 작성의 목적과 방법	• 의의 또는 기대효과
본론	• 보고서의 주요내용에 대한 서술 • 보고서 결과 제시	• 보고서 내용분석 및 해석 • 관련 표, 그림, 통계자료 제시
결론	• 내용결과의 요약 • 결과에 대한 강조	• 문제점 또는 미흡점 서술

5) 기타사항

○ 참고자료 정리

- 저자명, 연도, 서명, 출판지, 출판사, 해당 페이지 등의 사항은 모두 기록한다.

- 참고자료 목록은 국내자료, 해외자료 순으로 기록한다.
- 국내서적은 저자명의 가나다순, 외국서적은 저자명의 알파벳순으로 기록한다.

자료 인용

- 인용 시 저자, 연도, 인용페이지를 괄호 안에 분명히 표기한다.
- 직접 인용 시 인용문이 짧을 때는 " "를 사용한다.
- 직접 인용 시 인용문이 비교적 길 때는 본문보다 안으로 좀 더 들어가서 본문 글자보다 작은 글자로 된 별개 문단을 사용한다.
- 간접 인용은 원문을 요약하거나 원문의 함축된 뜻을 작성자의 말로 표현하는 경우에 사용되는데 인용부호를 사용하지 않고 출처만 밝힌다.

시각효과

- 독자의 흥미를 유도하기 위해 그림이나 표를 삽입한다. 특히, 상호비교나 수치자료를 제시할 때는 그래프나 표로 작성하는 것이 훨씬 효과적이다.

3. 프레젠테이션 스킬업

프레젠테이션이란 개인이 가지고 있는 지식 또는 정보를 상대방에게 알기 쉽도록 다양한 기법을 활용하여 전달하는 표현기술이다. 주어진 시간 안에 자신이 전달하고자 하는 내용을 명확히 전달하거나, 상대방을 설득하는 것은 그리 쉬운 일이 아니다. 따라서 많은 연습을 통해 효과적으로 발표할 수 있는 능력을 기르는 것이 요구된다.

또한, 프레젠테이션의 발표내용을 구성할 때는 일반적으로 서론 →본론→결론의 순서인 '3단 논법'을 많이 사용한다. 참고로, '래니 아르돈도(Lani Arredondo)'가 제시한 자료 조직화의 5단계에 따라 발표내용을 구성하면 매우 효과적이다.

단계	주요내용
1단계	프레젠테이션 발표시간을 결정한다.(60분)
2단계	시작과 끝맺는 부분(각 5분)
3단계	알맞은 요지의 수를 결정한다. 3-3-3기법(오프닝 〉 주제 〉 소주제 1, 2, 3 〉 본론 1, 2, 3 〉 요약 1, 2, 3 〉 결론)
4단계	각 단계별로 세분화 및 구체화한다.
5단계	내용 개발 및 부제목, 주제목을 결정한다

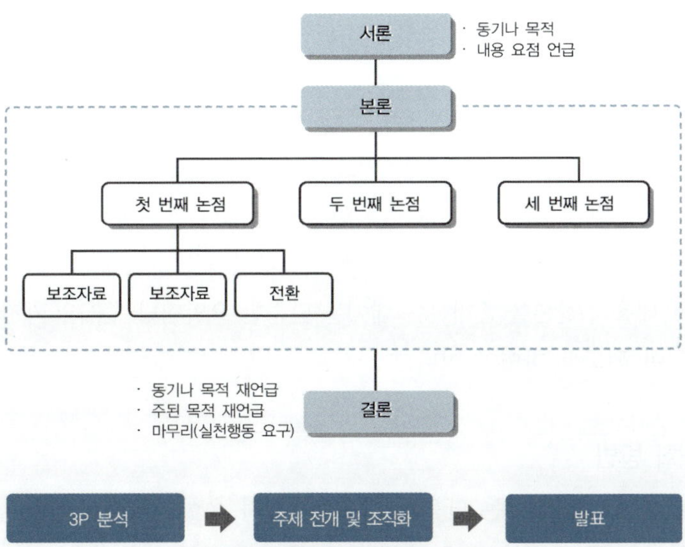

[그림 2] 발표내용의 구성

1) 3P 분석

해당 주제를 발표하기에 앞서 3P(Purpose, Place, People) 분석을 명확히 파악해야 한다.

(1) 목적(Purpose)분석

프레젠테이션의 목적이 정확하게 무엇인지를 파악하는 것이다. 즉, 목적분석은 ① 왜 프레젠테이션을 하는가, ② 청중은 무엇을 기대하고 있는가, ③ 청중으로부터 최종적으로 무엇을 얻고 싶은가에 대한 목적을 정하는 것이라고 할 수 있다.

(2) 장소(Place)분석

장소분석은 프레젠테이션을 실시하는 구체적인 장소뿐 아니라 일정 및 시간까지 포함한다. 따라서 시연 장소에 따라 프레젠테이션을 준비하는 과정도 달라질 수 있기 때문에 프레젠터(Presenter)는 발표장소의 환경을 면밀하게 살펴보아야 한다.

(3) 청중(People)분석

청중분석은 청중이 원하는 것(Needs), 청중의 특성 및 주제에 대한 지식수준, 호감도 등을 파악하는 것이다. 이에 따라 프레젠테이션의 전개방식을 결정해야 한다.

2) 주제 전개 및 조직화

- 발표할 내용을 단계별로 구성하며, 필요한 자료에 대해 충분히 이해한다.
- 발표내용을 청중이 호응하며 들을 수 있도록 적절한 표현방식을 고민한다.
- 일반적으로 20분 정도의 발표일 경우에는 세부영역을 3~4개로 제한한다.
- 특히, 발표내용의 결론을 준비하는 데에는 단순한 요약이나 주제의 재강조가 아닌 그 이상의 것이 되도록 하여야 한다.

● 자료 조직화 방법

자료를 조직화하는 방법에는 다음과 같은 몇 가지 유형이 있다.

- 전체와 부분 : 큰 주제와 그에 따른 작은 주제로 구분하여 전개하는 방법

- 시간적 순서 : 과거로부터 현재까지의 사건의 흐름을 중심으로 전개하는 방법
- 문제해결 : 문제의 인과관계를 풀어 해결방안을 제시하는 방법
- 공간적 순서 : 전후, 좌우, 동서남북 등 공간적 배치를 기준으로 전개하는 방법
- 뉴스 기사식 : '5W(Who, What, When, Where, Why)'식으로 전개하는 방법
- 최선의 대안 : 제시된 대안을 하나씩 제시하면서 최적의 대안을 결정하는 방법

3) 발표 전 유의사항

- 도입부에서 간단한 유머를 통해 청중을 집중시킨다.
- 발표의 도입, 주제 제시, 본론, 결론의 주요 키워드 등을 메모하여 발표할 때 사용할 수 있도록 준비한다.
- 전달할 내용이 논리적인지, 표현이나 자료가 적절한지, 내용의 순서가 적합한지에 대한 전체적 흐름을 검토한다.
- 발표내용을 강조하기 위한 제스처를 고민한다.
- 발표주제 이외의 내용은 다루지 않는다.
- 예상질문을 준비한다.
- 제한시간을 준수한다.
- 실제 발표를 하기 전에 사전에 시연해 본다.
- 시선은 가능한 여러 사람을 골고루 바라보되, 시선을 너무 자주 바꾸지 않는다.

〈표 1〉 설득력을 높이는 표현법

요소	주요내용
언어적 표현법	목소리 톤, 발음, 음색, 고저, 강약, 속도 및 쉼표
비언어적 표현법	표정과 눈 맞춤, 몸동작, 복장, 태도 등
질문법	반대 의견 처리하기, 질문이 나오지 않는 경우 대처하기

<지역평생직업교육전문가 2급> 민간자격 안내

■ 자격 개요

- 지역 내 평생교육과 직업교육의 연계, AI 등 신기술 인력 양성, 지역사회의 평생학습과 고용 창출을 지원할 수 있는 전문가 양성
- 지역 내 평생직업교육 수요를 진단하고, 지역자원을 연계하여 성인학습자 맞춤형 교육과정을 기획·운영할 수 있는 전문가 양성
- 자격증 승인 : 2025년 9월 10일

■ 자격검정 기준(2급)

등급	직무내용
2급	지역의 평생직업교육 환경과 성인학습자의 특성 이해를 바탕으로 평생직업교육 프로그램을 기획·운영하고, 디지털 도구와 홍보·마케팅 기초역량을 활용하여 현장 중심의 교육을 수행할 수 있는 전문가 수준

■ 응시자격

등급	직무내용
2급	• 연령 : 해당 없음 • 학력 : 전문학사 재학생 이상 • 자격 : 전문대학평생직업교육협회(COLiVE)가 지정한 교육기관의 지역평생직업교육전문가 2급 교육과정을 이수한 자

■ 자격검정 과목(영역)

등급	자격검정 과목(영역)	시험형태	문항 수	배점기준	시험시간
2급	지역과 지역사회의 이해	4지 선다형 객관식과 단답형 필기시험	총 40문항 (객관식+주관식)	1문항 2.5점, 100점 만점	50분
	지역의 평생직업교육 프로그램 기획				
	지역의 평생직업교육 프로그램 홍보마케팅 지원				
	디지털 도구를 활용한 자료검색 및 활용				

참고문헌

강대기(2001). 현대사회에서 공동체는 가능한가. 서울: 아카넷.

강대중(2022). 평생학습 참여 보장을 위한 평생학습 기금과 전생애 학제. 미래교육과 평생학습: 전망과 대책. 제2회 미래포럼 자료집. 국회미래연구원.

강명순(2020). 성인학습자의 진로설계 단계와 교육지원 방안. 평생교육연구, 26(4), 95-118.

강인애 외(2020). 시민교육 프로그램의 통합적 설계모형 연구. 한국교육과정평가원.

강인애(2019). 시민참여교육의 교육과정 설계와 실천 방안. 시민교육연구, 4(1), 5-27.

경기도평생교육진흥원(2023). 시민설계형 평생학습프로젝트 사례집.

고순철(1994). 공동체 문화운동의 의의와 필요성, 공동체 문화형성과 시민의식. 서울대학교 사회교육과 시민교육연구실.

고영상(2010). 한국 평생교육법제 변화과정과 주요 쟁점. 평생교육 HRD 연구, 6(3), 1-27.

고영상(2012). 지역평생교육 활성화 관련 제도의 문제와 개선방향. 지역평생교육 활성화를 위한 제도 개선방안세미나. 국회의원 박혜자·국가평생교육진흥원.

고용노동부(2023). 2023년 신중년 경력형 일자리 사업 운영지침.

과학기술정보통신부(2023). 디지털 뉴딜 종합계획.

곽삼근 외(2016). 문해교육에서 학습자주도의 관점 탐색. 평생교육학연구, 22(4), 81-102.

관계부처 합동(2022). 기업 경쟁력 제고와 지속 가능 경제구축을 위한 ESG인프라 고도화 방안.

교육부(2000). 평생교육법·평생교육법시행령·평생교육법시행규칙 해설자료.

교육부(2023). 제5차 평생교육진흥 기본계획(2023-2027).

교육부(2024). 디지털 시민교육 종합계획.

교육부(2024). 평생교육기관 설치·운영 가이드라인.

교육부(2025). 2025년도 예산개요. 미출판 유인물.

교육부, 국가평생교육진흥원(2024). 2023 평생교육 백서.

교육부, 한국교육개발원(2024). 2024년 한국성인의 평생학습실태.

국가평생교육진흥원(2015). 글로벌 평생교육 동향.

국가평생교육진흥원(2015). 지속가능한 평생학습도시 발전방안. 정책토론회 자료집.

국가평생교육진흥원(2022). 평생학습도시 운영 매뉴얼. 국가평생교육진흥원.

국가평생교육진흥원(2023). 평생교육 통계연보 2023.

국가평생교육진흥원(2024). AI 기반 맞춤형 역량진단 시스템 연구 보고서. 국가평생교육진흥원 연구자료집.

국가평생교육진흥원(2024). 평생교육기관 품질관리 지침서.

국가평생교육진흥원(2024). 평생교육통계자료집.

국가평생교육진흥원·유네스코한국위원회(2021). 평생학습문화 수용하기, '교육의 미래' 이니셔티브에 대한 기여.

권두승(1999). 평생교육관계법의 주요과제 - 지식기반사회와 평생학습권의 보장 -. 교육법학연구, 11, 63-84.

권두승(2004). 평생교육 프로그램 개발론. 서울: 교육과학사.

권두승, 이해주 외(2017). 평생교육방법론. 서울: 교육과학사.

권두승, 조아미(2023). 성인학습 및 상담. 서울: 교육과학사.

기영화 외(2020). 평생교육론. 서울: 학지사.

기영화(2004). 성인교육의 이해. 서울: 학지사.

김경식(2023). 착한 자본의 탄생. 서울: 어바웃어북.

김경화(2015). 문화예술교육의 가치와 정책적 과제. 문화정책논총, 29(3), 5-26.

김경희, 이재연, 한지혜(2023). AI 리터러시 교육을 위한 성인학습자 역량모델 연구. 미래교육학연구, 30(1), 57-80.

김기연(2005). 한국평생교육 정책의 변화과정 및 변화 형성요인 분석. 석사학위 청구논문. 이화여자대학교.

김남선(2003). 지역사회 교육론. 서울: 형설.

김동철, 장유경(2023). 생성형 AI 환경에서의 학습자 역할 재정의. 교육정보미디어연구, 29(4), 91-112.

김미영(2021). 공연예술교육의 치유성과 자아효능감에 관한 사례연구. 예술심리치료연구, 11(2), 111-132.

김민정(2022). 평생교육 활성화를 위한 재정확보방안. 한국교육재정의 오늘과 내일.

2022년 한국교육학회 연차 학술대회. 한국교육학회.
김민정, 남수경(2023). 평생교육 활성화를 위한 재정확대 방안: 평생교육 바우처 사업을 중심으로. 평생학습사회, 19(1), 97-117.
김민호(2004). "학습공동체를 통한 지역혁신", 지역학습력 향상, 평생교육이 해법이다. 2004년 제3차 평생교육포럼자료집. 한국교육개발원 평생교육센터.
김민희, 최희용(2024). 고등·평생교육지원특별회계 운용 정점 및 개선 방안 탐색-전문가의견을 중심으로. 교육재정경제연구, 33(4), 163-187.
김병주(2020). 다중경력 시대의 진로설계 전략. 직업과 인력, 23(3), 77-99.
김성경 외(2021). 민주시민교육의 이론과 실제. 파주: 양서원.
김성기(2022). 학력보완교육의 제도와 실천과제에 대한 고찰. 평생교육연구, 28(3), 101-124.
김성훈(2020). 자기주도학습 기반 경력개발 프로그램에 대한 연구. HRD연구, 22(2), 135-156.
김수혜(2019). 성인문해교육의 이해. 파주: 교육과학사.
김순한, 장웅조(2022). 가치 기반 경제 속의 로컬크리에이터 연구- 제주 〈해녀의 부엌〉 사례를 중심으로. 문화경제연구, 25(1), 133-159.
김신일(2004). 평생교육의 이해. 파주: 교육과학사.
김신일(2004). 평생학습도시 조성을 위한 추진모형 연구. 평생교육학연구, 10(3), 1-30.
김영미(2021). 프로틴 경력이론의 평생교육 적용 가능성 탐색. 평생교육학연구, 27(1), 67-90.
김윤태(2000). 교육행정·경영 및 정책의 탐구. 서울: 동문사.
김재영(2021). 직업인의 윤리의식과 사회적 책임. 윤리교육연구, 25(1), 101-119.
김정숙 외(2021). 평생학습과 진로설계. 서울: 학지사.
김정은(2021). 진로전환의 이해와 상담적 접근. 성인학습과 상담, 9(2), 45-72.
김종서 외(2009). 평생교육개론. 파주: 교육과학사.
김종일(2012). 문화예술교육론. 서울: 학지사.
김종철(1990). 한국교육 정책연구. 파주: 교육과학사.
김주헌, 허희영, 황용식(2025). 경영학원론. 서울: 북넷.
김지현(2021). 성인학습자의 진로정체성 탐색과 자아이해. 진로개발연구, 17(1), 88-109.
김지혜(2020). 역량중심의 합창교육의 요구도 연구, 영남대학교 박사학위논문.

김진화 외(2020). 평생교육경영론. 서울: 학지사.
김진화(2010). 평생교육 프로그램 개발과 실제. 서울: 학지사
김진희 외(2022). 디지털 기반 평생학습 정책 방향 연구. 평생교육연구, 28(3), 203-226.
김태식 외(2012). 고등학교 창의적 사고기법. 서울특별시교육청.
김태준, 최상덕, 박승재 외(2022). 평생학습체제로의 전환을 위한 평생교육 거버넌스 혁신 방안 연구. 한국교육개발원.
김향식, 최은수(2022). 지역사회학교의 평생교육 실천적 함의: 지역사회 학교의 평생교육 활동 사례를 중심으로. 한국평생교육·HRD연구소.
김현곤(2022). 대한민국의 미래와 교육아젠다 10선. 국회미래연구원.
김현진(2016). 교육개혁의 전망과 과제(Ⅰ): 고등·평생교육 영역. 세종: 한국교육개발원.
김형주(2022). 진로전환검사(CTI)의 활용과 적용방안. 직업상담연구, 11(1), 39-60.
남수경(2022). 평생교육 활성화를 위한 재정확충 방안, 공적지원대상으로서 평생교육의 범위와 평생교육 재정 확충방안. 평생교육 재정포럼. 교육재정중점연구소·한국평생교육학회·한국교육재정경제학회.
남수경, 김현수, 양병찬(2023). 평생교육 재정지원 확대를 위한 논의. 평생교육학연구, 29(4), 215-248.
대한민국 평생교육 연대(2025). 모든 국민의 배움 권리 보장을 위한 평생학습.
대한상공회의소(2022). 지속가능경영을 위한 기업 가이드 ESG A to Z.
대한상공회의소, 삼정KPMG(2021). 중소·중견기업 CEO를 위한 알기 쉬운 ESG.
마스다 히로야(2014). 지방소멸. 김정환 역. 서울: 와이즈베리.
모종린, 박민아, 강예나(2019). The Local Creater: 지역경제의 미래. 서울: 로우프레스.
문병효(2021). 지방분권과 지방소멸 대응방안-이른바 ‘지방소멸’에 직면한 지방자치의 현실과 대응책을 중심으로-. 지방자치법연구, 21(3), 243-288.
박경숙(2019). 중장년 경력역량의 구조에 관한 연구. 노동정책연구, 39(2), 55-78.
박봉수(2015). 잠자는 창의력을 깨워라. 서울: 호이테북스.
박영주(2021). ESG Handbook Social. 서울: 사회적가치연구원.
박종철 외(2021). ESG 경영과 법률. 고양: 도서출판 정독.
박종철 외(2022). ESG레볼루션. 서울: 캐피털북스.
박찬열(2020). 시민교육의 역사적 전개와 한국적 과제. 교육사상연구, 34(3), 91-110.
박태준, 손유미, 최영렬 외(2005). 평생학습의 새 패러다임. 연구보고서. 2005-5. 한

국직업능력개발원.
박혜진(2022). 시민인문교육 생태계 조성방안 연구. 평생교육 정책포럼, 23(2), 51-68.
박혜진(2024). 디지털시대 느린인문학의 가능성. 인문과 사회, 45, 33-50.
변종임, 윤미경(2020). 지속가능발전목표(SDGs) 실천에 관한 고찰: 글로벌학습도시 네트워크 참여 평생학습도시를 중심으로. 평생학습사회, 16(3), 1-30.
서상혁(2016). 창업마케팅. 한국과학기술정보연구원.
서울디지털평생교육원(2024). 메타인지 기반 교육과정 설계 연구보고서.
서울시 평생교육진흥원(2022). 서울시 성인문해교육 운영사례집.
서울시50플러스재단(2023). 서울특별시 50플러스재단 2023 연차보고서.
서울시평생교육진흥원(2024). AI 튜터 기반 문해교육 실천 사례집.
서희정(2019). 르네상스 교양교육의 구조와 의미. 서양고전연구, 56, 75-95.
손순종(2020). 문해교육론. 서울: 박영스토리.
심보균(2023). ESG공공기관, 지방자치단체의 역할과 교육. 한국ESG학회 제2회 세계 ESG포럼.
안광호, 하영원, 유시진(2024). 마케팅원론(8판). 파주: 학현사.
안현용(2024). 한국 중장기 교육 정책 의제 발굴을 위한 고등교육기관의 평생교육 활성화 방안. CIP 2024-09. 한국교육개발원.
양흥권(2019). 한국 대학평생교육의 특성 변천에 관한 연구: 1900년부터 현재까지의 시기별 특성을 중심으로. HRD연구, 15(2), 281-302.
여성가족부(2024). 건강가정지원센터 운영현황.
오혁진(2014). 지역공동체와 평생학습. 서울: 집문당.
유네스코한국위원회(2018). 유네스코 글로벌 학습도시 네트워크 안내서.
유네스코한국위원회(2021). 지속가능발전과 인권 시민교육 자료집.
유승권, 윤설화(2023). ESG Handbook Governance. 사회적가치연구원.
윤보영(2021). 진로전환 7단계 모형의 실제 적용 사례. 직업상담연구, 10(2), 61-83.
이동현, 정운채(2021). ESG Handbook Basic. 서울: 사회적가치연구원.
이동현, 정운채(2021). ESG Handbook Environmental. 서울: 사회적가치연구원.
이복희,유인숙,이소희, 장나리, 최세이(2024). 평생교육론. 파주: 양성원.
이상용(2011). 지역평생교육 진흥을 위한 추진체계 구축. 대전평생교육진흥원.
이상훈(2024). 국가 평생교육 정책의 현황과 전환시대 개선과제. The HRD Review,

27(3), 24-41.
이상훈, 최동선, 이정민 외(2023). 직업교육을 위한 고등교육기관의 미래역할과 발전방안. 2022-09. 한국직업능력연구원.
이선영(2015). 1인 창업이 답이다. 서울: 갈라북스.
이선영(2019). 공동체 기반 공연예술교육의 교육적 의의에 대한 탐색. 교육문화연구, 25(1), 59-83.
이송하(2020). 로컬크리에이터의 경험을 통한 지역문화예술교육의 대안 모색. 모드니예술, 17, 33-53.
이순형 편(1989). 교육적 사회론. 파주: 양서원.
이유경, 이승호, 조영태(2018). 유엔의 '지속가능발전목표(SDGs)'와 '새로운 도시의제(NUA)' 간 비교연구. 한국도시설계학회지, 19(3), 91-110.
이은정(2019). 현대사회에서의 직업윤리 개념과 적용 사례. 윤리와 교육, 14(3), 85-103.
이재홍(2018). 심리적 전환기의 특성과 진로상담 전략. 상담과 심리연구, 14(1), 101-124.
이정석, 임호(2013). 2013 부산시 평생교육 추진체계 정립 및 활성화 방안. 현안연구. 부산발전연구원.
이정훈(2020). 자기주도적 경력관리와 평생직업 교육. 교육 정책포럼, 9(2), 22-36.
이지혜, 허준, 김지현(2021). 평생학습도시 사업 실행과정에 나타난 성과와 한계: G도시 사례를 중심으로. 평생학습사회, 7(1), 49-80. 한국방송통신대학교·원격교육연구소.
이창영, 김진수, 김대진, 박다인, 김영준, 정용주(2020). 로컬크리에이터 활성화 지원방안 마련. 중소벤처기업부·창업진흥원.
이해주 외(2018). 평생교육 프로그램개발. 파주: 양서원.
이해주 외(2021). 평생교육론. 파주: 양서원.
이형빈 외(2022). 참여형 시민교육 교수법 개발 연구. 한국교육개발원.
이화정, 양병찬, 변종임(2003). 평생교육 프로그램개발의 실제. 서울: 학지사.
이희수(2012). "지역평생교육 정책의 공과와 한계." 지역평생교육 활성화를 위한 제도개선방안 세미나. 국회의원 박혜자·국가평생교육진흥원.
이희수(2013). 한국평생학습도시 미래전략으로서의 학습형 일자리 창출. 2013년 세계평생학습포럼 자료집, 33-67.

이희수(2019). 평생교육개론 중앙대학교 KOCW 강의자료.

이희수, 박경은, 유길준(2016). 성인학습 및 상담. 파주: 양서원.

임소현, 이강주, 장윤성 외(2024). 2024년도 평생학습 개인 실태조사 사업보고서. CTR 2024-67. 한국교육개발원.

임은자(2021). 문해교육의 권리적 성격과 실천 방향에 관한 연구. 평생교육·HRD연구, 17(1), 1-24.

전국평생교육기관협의회(2024). 평생교육기관 운영실태조사.

정민승(2024). 이상주의적 비전과 정책대상의 소실: 평생교육진흥기본계획에 대한 비판적 분석. 평생교육학연구, 30(2), 1-26. 한국평생교육학회.

정원순(2020). 오케스트라 교육과 엘 시스테마 모델에 관한 고찰. 음악교육연구, 48(2), 101-125.

정은지(2021). 직업가치 구성요소 탐색을 통한 직업윤리교육 방향 제안. 평생직업교육연구, 19(1), 91-110.

정일환(2003). 교육행정학의 탐구. 서울: 도서출판 원미사.

정지웅 외(2000).지역사회학. 서울: 서울대학교 출판부.

정지은(2020). 문화예술교육의 이론과 실제. 고양: 공동체.

조대연, 이경호, 장은하 외(2022). 평생교육진흥기본계획 비교·분석 연구. 교육부 연구과제보고서.

조세형(2011). 노르웨이 Alesund지역의 평생학습네트워크 사례분석과 시사점. 한국실천공학교육학회논문지, 3(1),167- 175.

조연순 외(2008). 창의성 교육, 서울: 이화여자대학교출판부.

조용상(2013). 학습 분석 기술 활용 가능성 및 전망. 대구: 한국교육학술정보원.

조준동(2015). 창의융합 프로젝트 아이디어북. 서울: 한빛아카데미.

조효제(2017). 인권의 이해. 파주: 창비.

조희형 외(2018). 다문화 시민교육의 이론과 실제. 서울: 학지사.

조희형(2018). 민주시민교육의 철학과 실천. 서울: 교육과학사.

중소벤처기업부(2021). 한국 창업생태계의 변화.

중소벤처기업부(2022.1.). 지역을 기반으로 가치를 창출하는 지역가치 창업가 170개팀 모집 보도자료.

중소벤처기업부(2022.5.). 올해 청년마을 12곳 선정. 청년과 지역 상생 모델 만든다 보도자료.

중소벤처기업부(2022a). '2022년 지역기반 로컬크리에이터 활성화 지원' (예비)창업 기업 모집공고(중소벤처기업부 공고 제2022-93호).

중소벤처기업부(2022a). 2022년 창업지원사업 통합 공고.

중소벤처기업부(2022b). '2022년 지역기반 로컬크리에이터 활성화 지원' 로컬크리에이터 협업과제 모집공고(중소벤처기업부 공고 제2022-305호).

중소벤처기업부(2022c). 2023년 소상공인 지원사업 통합공고.

중소벤처기업부(2023.2.). 소상공인과 상선기획자가 협업하여 지역상표(로컬브랜드) 창출 보도자료.

차갑부 외(2019). 평생교육기관 운영관리론. 파주: 양서원.

최돈민(2013). 평생학습의 사회경제적 효과에 대한 국제비교 분석. 비교교육연구, 23(6), 211-236.

최운실(2006). 지식정보화사회에서의 문해교육의 개념 재정립. 평생교육연구, 12(1), 27-45.

최운실(2017). 인문학의 눈으로 평생학습을 보다. 서울: 학이시습.

최은수(2012). 평생교육 정책론. 서울: 학지사.

최현규 외(2013). 아이디어 보호 매뉴얼. 서울: 창조경제타운.

최혜리(2022). 학교 기반 성인지 감수성 시민교육 사례 연구. 교육과 젠더, 15(2), 27-53.

코트라, 법무법인 지평(2022). 중소중견기업을 위한 ESG 통상 정책·규제 대응 핸드북, 코트라 통상협력팀.

통계청 KOSIS 국가통계포털(2023). 보건복지부 노인복지시설현황.

통계청 KOSIS 국가통계포털(2024). 전국도서관통계.

통계청(2024). 주민등록인구통계.

표시열(2002). 교육 정책과 법. 서울: 박영사.

학습자중심교과교육학회(2023). 학습자중심교과교육연구. 학습자중심교과교육학회.

한광식(2017). 창업과 기업가정신. 서울: 이프레스.

한광식(2018). 컨설턴트에 도전하다. 서울: 이프레스.

한광식, 강석훈, 최미진, 김형주(2011). 향토자원의 개념 및 분류체계의 적용실태 분석. 문화정책논총, 25(2), 141-167.

한광식, 박종철, 이종현(2023). ESG컨설팅. 서울: 이프레스.

한광식, 박종철, 이종현(2024). ESG창업 가이드북. 서울: 이프레스.

한국고용정보원(2022). 2022 한국직업전망.

한국교육개발원(2002). 지역을 살리기 위한 평생학습마을/도시 만들기. 연구자료. 한국교육개발원 평생교육센터.

한국교육개발원(2004). 2024 한국의 교육지표.

한국교육개발원(2005). 지역혁신의 성공적 실행을 위한 평생학습도시 매뉴얼. 연구자료. 한국교육개발원 평생교육센터.

한국교육개발원(2022). 인문교양교육 콘텐츠 개발 및 적용방안 연구.

한국교육개발원(2023). 교육개발.

한국교육개발원(2024). 교육통계연보.

한국교육연구협회(2023). 교육연구논총.

한국교육학술정보원(2024). 디지털 시민교육 교수자료 개발 보고서. 교육부 수탁연구.

한국문화예술교육진흥원(2022). 지역문화 기반 문화예술교육 실태조사.

한국문화예술교육진흥원(2023). 2023 문화예술교육백서.

한국사회복지관협회(2024). 사회복지관 현황보고서.

한국산업인력공단(2020). NCS 기반 직무능력 체계, HRD-Net 기업직업훈련카드 운영 안내.

한국수력원자력(2025). 2025년도 일반직무교육 지원사업 공고.

한국윤리교육학회(2020). 현대사회의 윤리와 직업윤리 교육.

한국지능정보사회진흥원(2024). 2024 디지털 정보격차 실태조사.

한국직업능력연구원(2023). 직업교육훈련 정책동향과 과제. 민간자격정보서비스, www.pqi.or.kr

한국직업능력연구원(2025). AI 기반 직무재편 보고서.

한국청소년수련시설협회(2024). 청소년수련시설 운영현황.

한국평생교육학회(2023). 평생교육기관 운영의 이론과 실제. 서울: 학지사.

한국평생교육학회(2023). 평생교육학연구.

한숭희(2019). 시민교육과 평생학습. 파주: 교육과학사.

한은정(2017). 직업능력개발훈련의 체계와 실천. 파주: 교육과학사.

한은정(2017). 직업능력교육 프로그램 구성 원리 연구. 직업교육연구, 36(2), 55-78.

한인섭, 김정렬, 김진화 외(2022). 평생학습도시 평생학습지수 개발 연구. 국가평생교육진흥원.

한혜영(2004). 일본의 지역사회와 시민운동. 서울: 원미사.

행정안전부(2024). 디지털 포용 정책 추진계획.

허남식(2023). 한국ESG학회의 진단과 대처, 한국ESG학회 제2회 세계ESG포럼.

현대경제연구원(2004). 창의와 혁신의 핵심 전략. 서울: 청림출판.

홍세화(2019). 인간의 길, 직업의 길. 서울: 한겨레출판.

환경부(2021). 탄소중립 생활 실천 안내서 - 가정편. 환경부 신기후체제대응팀.

환경부(2023). 제5차 국가환경교육종합계획(2023-2027).

伊村義孝(2017). 가케가와시의 평생학습 인문도시 만들기와 신무라 쥰이찌(榛村純一)의 애민철학, 인문도시 확산을 위한 대학과 지역사회의 역할. 2017 대학인문역량강화사업 대구한의대학교 韓·日경국제학술대회 자료집. 대구한의대학교 CORE사업단.

福留強(2003). 평생학습마을 만들기론. 김득영 역. 대전: 대전지역평생교육정보센터.

Bailey, B., & Davidson, J. (2005). Effects of group singing and performance for marginalized and middle-class singers. *Psychology of Music, 33*(3), 269-303.

Bamford, A. (2006). The Wow Factor: Global Research Compendium on the Impact of the Arts in Education. Waxmann.

Berridge, R. I. (1973). *The Commuinty Education Handbook*. Pendel Publishing Company.

Boone, E. J., Safrit, R. D., & Jones, J. (2002). *Developing Programs in Adult Education: A Conceptual Programming Model*(2nd ed.). Long Grove, IL: Waveland Press.

Boyle, P. G. (1981). *Planning Better Programs*. New York: McGraw-Hill.

Brookfield, S. D. (1986). *Understanding and Facilitating Adult Learning: A Comprehensive Analysis of Principles and Effective Practices*. San Francisco: Jossey-Bass.

Butts, R. F. (1980). *The Revival of Civic Learning: A Rationale for Citizenship Education in American Schools*. Washington, DC: Phi Delta Kappa.

Caffarella, R. S. (1994). *Planning programs for adult learners: A practical guide*(1st ed.). San Francisco: Jossey-Bass.

Caffarella, R. S. (2002). *Planning Programs for Adult Learners: A Practical Guide*(2nd ed.). San Francisco: Jossey-Bass.

Caffarella, R. S., & Daffron, S. R. (2013). *Planning Programs for Adult Learners: A Practical Guide*(3rd ed.). San Francisco: Jossey-Bass.

Catterall, J. S. (2009). *Doing Well and Doing Good by Doing Art*. I-Group Books.

Catterall, J. S., Dumais, S. A., & Hampden-Thompson, G. (2012). *The Arts and Achievement in At-Risk Youth*. National Endowment for the Arts.

CEDEFOP (2014). Navigating Difficult Waters: Learning for Career and Labour Market Transitions. Publications Office of the European Union.

Cervero, R. M., & Wilson, A. L. (2006). *Working the Planning Table: Negotiating Democratically for Adult, Continuing, and Workplace Education*. San Francisco: Jossey-Bass.

Delors, J. et al. (1996). *Learning: The Treasure Within*. Paris: UNESCO.

DEMOS and Learning and Skills Developaaaaament Agency (2001). *Learning communities: Strengthening Lifelong learning through Practice*. London: Learning and Skills Development Agency.

Dewey, J. (1916). *Democracy and Education*. New York: Macmillan.

Dobson, A. (2003). *Citizenship and the Environment*. Oxford University Press.

Eisner, E. (2002). *The Arts and the Creation of Mind*. Yale University Press.

Elfert, M. (2023). "Adult Education and the Legacy of the Faure Report." *International Review of Education, 69*, 1-21.

European Commission (2023). *Ethical guidelines for artificial intelligence in education*. Brussels: Directorate-General for Education and Culture.

Faure, E. et al. (1972). Learning to Be: The World of Education Today and Tomorrow. Paris: UNESCO.

Field, J. (2005). Social Capital and Lifelong Learning. Bristol: Policy Press.

Fraser, N. (2022). "Social Cohesion through Collective Reading." *Canadian Journal of Education, 45*(3), 512-535.

Freedman, K. (2003). *Teaching Visual Culture: Curriculum, Aesthetics, and the Social Life of Art*. Teachers College Press.

Freedman, K., & Wood, J. (1999). "Art Community and Context." *Studies in Art Education, 40*(4), 314-329.

Galtung, J. (1969). "Violence, Peace, and Peace Research." *Journal of Peace Research, 6*(3), 167-191.

Garrison, D. R., & Vaughan, N. D. (2008). *Blended Learning in Higher Education: Framework, Principles, and Guideline*s. San Francisco: Jossey-Bass.

Gilbert, T. F., & Specht, H. (1977). *Planning for Social Welfare: Issues, Models and Tasks.* Englewood Cliffs, NJ: Prentice-Hall.

Goodman, J. (1994). "Career Transition Inventory." *Journal of Vocational Behavior, 44*(4), 423-440.

Graff, H. (1990). *The Literacy Myth.* Rutgers University Press.

Hall, D. T. (2004). "The Protean Career." *Journal of Vocational Behavior, 65*(1), 1-13.

Hansen, S. S. (2002). "Integrative Life Planning." In D. Brown (Ed.), *Career Choice and Development.* Jossey-Bass.

Hill, C. W. L., & MaShane, S. L. (2011). 경영학원론. 김기태 외 9인 공역. 경문사.

Holland, J. L. (1997). *Making Vocational Choices* (3rd ed.). Psychological Assessment Resources.

Jarvis, P. (1987). T*wentieth Century Tbinkers in Adult Education.* New York: Croomhelm.

Jarvis, P. (2007). *Lifelong Learning and the Learning Society*(Vol. 2). London: Routledge.

Knowles, M. S., Holton, E. F., & Swanson, R. A. (2016). *The Adult Learner: The Definitive Classic in Adult Education and Human Resource Development*(8th ed.). New York: Routledge.

Kolb, D. A. (1984). *Experiential Learning.* Prentice Hall.

Kotler, P. T. & Keller, K. L. (2022). *Marketing Management*(16th Edition), Pearson Education: New York.

Kowalski, T. J. (1988). *The Organization and Planning of Adult Education.* Albany, NY: State University of New York Press.

Laakkonen, R. (2021). "Workplace Humanities in Finland." *Nordic Adult Education Review, 37*, 88-104.

Longworth, N. (2000). Making lifelong learning work: learning cities for a learning century. Kogan Page, 205-206.

Maeda, Y. (2017). "Youth Musical Projects and Intergenerational Communication." *Arts Education Policy Review, 118*(1), 12-22.

McCaslin, N. (2006). *Creative Drama in the Classroom and Beyond.* Pearson Education.

McIntyre, L. C. (2019). *Post-Truth.* MIT Press.

Merriam, S. B., & Bierema, L. L. (2014). *Adult Learning: Linking Theory and Practice.* San Francisco: Jossey-Bass.

Mezirow, J. (1991). *Transformative dimensions of adult learning.* San Francisco: Jossey-Bass.

Ministry of Education, Finland (2024). *Elements of AI: Nationalstrategy for lifelong AI literacy.* Helsinki: Ministry of Education and Culture.

Niemi, J. A., & Nagle, R. J. (1979). *Adult Education: Philosophy and Practice.* Malabar, FL: Krieger Publishing Company.

OECD (1996). Lifelong Learning for All. OECD.

OECD (2016). Global Competency for an Inclusive World.

OECD (2019). OECD Skills Strategy 2019.

OECD (2019). Working Better with Age. Paris: OECD Publishing.

OECD (2020). Employment Outlook; Are Students Ready to Thrive in an Interconnected World?; Trends Shaping Education 2020.

OECD (2023). AI and the future of skills, Volume 2: Capabilities and assessments. Paris: OECD Publishing.

Posavac, E. J., & Carey, R. G. (2007). *Program Evaluation: Methods and Case Studies*(7th ed.). Upper Saddle River, NJ: Pearson Prentice Hall.

Sachs, J. D. (2015). *The age of sustainable development.* New York: Columbia University Press.

Savickas, M. L. (2005). "Career Construction Theory." In Brown & Lent (Eds.), *Career Development and Counseling.* Wiley.

Schlossberg, N. K. (1981). "A Model for Analyzing Human Adaptation to Transition." *The Counseling Psychologist, 9*(2), 2-18.

Schroeder, W. L. (1980). "Typology of Adult Learning Systems." In Peters, J. M. & Associates (Eds.), *Building an Effective Adult Education Enterprise*(pp. 41-77). San Francisco: Jossey-Bass.

Senge, P. M. (1990). *The Fifth Discipline: The Art and Practice of the Learning Organization*. New York: Doubleday/Currency.

Sergiovanni, T. J. (2004). 학교공동체 만들기. 주철안 역. 서울: 에듀케어.

UNESCO (1996). Learning: the treasure within.

UNESCO (2006). Road Map for Arts Education. Lisbon: The World Conference on Arts Education.

UNESCO (2013). GRALE II: Global Report on Adult Learning and Education.

UNESCO (2014). Shaping the Future We Want.

UNESCO (2015). Global Citizenship Education.

UNESCO (2017). Education for Sustainable Development Goals.

UNESCO (2018). Media and Information Literacy Curriculum.

UNESCO (2019). Global Report on Adult Learning and Education.

UNESCO (2020). Embracing a culture of lifelong learning: Contribution to the Futures of Education Initiative. Hamburg: UNESCO Institute for Lifelong Learning.

UNESCO (2023). Guidelines on AI literacy.

UNESCO Asia and Pacific Programme of Educational Innovation for Development(APEID). (1998). Learning to live together in peace and harmony. Bangkok: UNESCO Principal Regional Office for Asia and the Pacific.

UNESCO UIL(2025). Futures of Education: Humanities in the Age of AI.

United Nations General Assembly (2015). Transforming our world: The 2030 agenda for sustainable development.

국립국어원 표준국어대사전.

찾아보기

성인학습자를 위한 평생교육론

초판발행 2025년 12월 10일 **1판 1쇄 인쇄** | 2025년 12월 15일 **1판 1쇄 발행**

지은이 김지현 박미희 손성화 이재주 이종원 장나리 최경밀 한광식
펴낸이 최용구 | **펴낸곳** 도서출판 **신정**
주소 (04316) 서울시 용산구 원효로 89길 19(원효로1가)
전화 02)3211-4782, 0266(영업부), 3211-4783(편집부), 3211-4784(팩스)
이메일 shinjeong72@naver.com | **홈페이지** www.sjbook.co.kr
등록 2001년 5월 11일 제13-702호
기획마케팅 최용구 장만동 송대용 최충구 | **책임편집** 석기은 황가연

ISBN 978-89-5912-967-6 93370
정가 29,000원